IT 업무의 기본이 되는

브라우저에서 서버까지 데이터가 이동하는 찐짜 과정을 알려주는 네트워크 메커니즘 해설

네트워크 구조 원리 교과서

도네 쓰토무 지음 | **김현옥** 옮김

보누스

NETWORK WA NAZE TSUNAGARUNOKA DAI 2 HAN
by Tsutomu Tone
Copyright © 2007 by Tsutomu Tone. All rights reserved.
Originally published in Japan by Nikkei Business Publications, Inc.
Korean translation rights arranged with Nikkei Business Publications, Inc. through BC Agency.

이 책의 한국어판 저작권은 BC 에이전시를 통한 저작권자와의 독점 계약으로 보누스출판사에 있습니다.
저작권법에 의해 보호를 받는 저작물이므로 무단전재와 무단복제를 금합니다.

들어가는 말

이 책은 네트워크 기술을 해설한 《IT 업무의 기본이 되는 네트워크 구조 원리 교과서》의 제2판입니다. 이 책에는 제1판과 마찬가지로, 같은 분야의 책에는 없는 특징이 몇 가지 있습니다.

일단 네트워크 전체의 움직임을 해설하고 있다는 점입니다. 인터넷의 사례를 들 것도 없이, 네트워크는 거대하고 복잡한 시스템이라서 모든 것을 책 한 권으로 해설하는 것이 불가능합니다. 하지만 특정 URL을 브라우저에 입력한 후, 화면에 웹 페이지가 출력될 때까지의 과정을 탐험하듯 좇아가는 방법이라면 전체적인 움직임을 책 한 권에 정리할 수 있죠. 이렇게 한 권에 정리한 데는 이유가 있습니다. TCP/IP나 이더넷 같은 개별적인 기술을 보여주기만 하면 네트워크라는 시스템 전체가 보이지 않기 때문입니다. 전체를 보지 못하면 개별 기술의 진짜 의미도 이해하기 힘듭니다. 이해하지 못하면 단순히 외우고 끝나버리기 때문에 응용할 수가 없죠. 그런 사태가 벌어지지 않도록, 한정된 상황에 불과하지만 전체 움직임을 한 권으로 정리했습니다.

또 다른 특징은 현실의 네트워크 기기나 소프트웨어가 어떻게 작동하는지에 중점을 두고 있다는 겁니다. TCP/IP나 이더넷 같은 기술은 네트워크 기기나 소프트웨어가 어떻게 움직여야 할지를 규정한 일종의 규칙이라고 할 수 있습니다. 그 규칙을 이해하는 건 굳이 다시 말할 것도 없이 아주 중요합니다. 하지만 아무리 규칙을 공부해도 기기나 소프트웨어의 내용은 보이지 않을 겁니다. 기기나 소프트웨어의 내부 구조는 블랙박스처럼 만들어져 있고, 네트워크의 규칙은 외부에서 봤을 때의 작동 방식을 규정하기 때문입니다. 이는 개발 시 내부 제약을 최소

화하고, 유연성을 확보하기 위한 설계 원칙에서 비롯됩니다.

또 현실의 기기나 소프트웨어에는 규칙으로 규정하지 않은 요소도 많습니다. 네트워크를 완벽하게 사용하는 것만큼 중요한 것은 현실의 기기나 소프트웨어를 이해하는 것인데, 아무리 규칙을 공부해 봐야 충분히 이해하기는 힘듭니다. 이 점을 고려해, 이 책은 기기나 소프트웨어 내부의 움직임에 중점을 뒀습니다.

이런 특징이 좋은 평가를 받은 덕분에 제1판은 예상을 뛰어넘어 많은 독자분의 사랑을 받았습니다. 결과가 좋았던 만큼 필자 또한 매우 기뻤지만, 그렇다고 가만히 있을 수는 없었습니다. 서둘러 제2판을 준비했지요. 제1판이 독자분들의 요구를 제대로 반영하지 못했기 때문입니다. 현실의 기기나 소프트웨어의 움직임을 이해하려면 어느 정도의 기초 지식이 필요한데, 제1판에서는 그 부분을 충분히 해설하지 못했습니다.

제2판은 이 점에 중점을 두고 내용을 전면적으로 수정해 기초적인 해설을 많이 추가했습니다. 그 결과, 제1판에서는 330면 정도였던 책이 420면으로 늘어났습니다. 그만큼 많은 개선이 이뤄졌다고 봐주시면 좋겠습니다. 장거리 달리기가 되겠지만, 마지막까지 함께해 주시면 감사하겠습니다.

도네 쓰토무

차 례

들어가는 말   3
네트워크를 따라가는 탐험   13
이 책에서 해설할 주요 키워드   22

제1장 웹 브라우저가 만드는 메시지
브라우저 내부 탐험하기

- **1.1 HTTP 요청 메시지 작성하기**   29
  - 1.1.1 URL을 입력하는 데서 시작되는 네트워크 탐험   29
  - 1.1.2 브라우저는 먼저 URL을 해독   31
  - 1.1.3 파일명을 생략한 경우   33
  - 1.1.4 HTTP의 기본적인 작동 방식   35
  - 1.1.5 HTTP 요청 메시지 만들기   39
  - 1.1.6 요청을 보내면 되돌아오는 응답   45

- **1.2 DNS 서버에 웹 서버의 IP 주소 질의하기**   50
  - 1.2.1 IP 주소의 기본   50
  - 1.2.2 도메인명과 IP 주소를 구분해 사용하는 이유   54
  - 1.2.3 IP 주소를 찾는 기능은 Socket 라이브러리가 제공   56
  - 1.2.4 리졸버를 이용해 DNS 서버에 질의하기   58
  - 1.2.5 리졸버 내부의 움직임   59

- **1.3 연계하는 전 세계의 DNS 서버**   63
  - 1.3.1 DNS 서버의 기본 작동   63
  - 1.3.2 도메인의 계층   67
  - 1.3.3 담당 DNS 서버를 검색해 IP 주소를 취득   69
  - 1.3.4 DNS 서버는 캐시 기능으로 빠르게 회답   74

■ 1.4 프로토콜 스택에 메시지 송신 의뢰하기　　　　　　　75
　1.4.1 데이터 송수신 작동의 개요　　　　　　　　　　　75
　1.4.2 소켓을 만드는 생성 단계　　　　　　　　　　　　78
　1.4.3 파이프를 연결하는 접속 단계　　　　　　　　　　81
　1.4.4 메시지를 주고받는 송수신 단계　　　　　　　　　84
　1.4.5 종료 단계에서 송수신은 끝　　　　　　　　　　　85

 실제로는 어렵지 않은 네트워크 용어
　괴도 리졸버　　　　　　　　　　　　　　　　　　　　　87

제2장 TCP/IP의 데이터를 전기신호로 만들어 보내기
프로토콜 스택과 LAN 어댑터를 탐험하기

■ 2.1 소켓 생성하기　　　　　　　　　　　　　　　　　　93
　2.1.1 프로토콜 스택의 내부 구성　　　　　　　　　　　93
　2.1.2 소켓의 실체는 통신 제어 정보　　　　　　　　　　95
　2.1.3 socket을 호출했을 때의 움직임　　　　　　　　　　97

■ 2.2 서버에 접속하기　　　　　　　　　　　　　　　　101
　2.2.1 접속한다는 것은 무엇일까?　　　　　　　　　　101
　2.2.2 앞부분에 제어 정보를 기재한 헤더 배치하기　　103
　2.2.3 접속 작동의 실제　　　　　　　　　　　　　　107

■ 2.3 데이터 송수신하기　　　　　　　　　　　　　　　110
　2.3.1 프로토콜 스택에 HTTP 요청 메시지 건네기　　110
　2.3.2 데이터가 클 때는 분할해서 보내기　　　　　　112
　2.3.3 패킷이 도달한 것을 ACK 번호를 사용해 확인　114
　2.3.4 패킷 평균 왕복 시간으로 ACK 번호의 대기 시간을 조정　120
　2.3.5 윈도 제어 방식으로 ACK 번호를 효율적으로 관리　121
　2.3.6 ACK 번호와 윈도를 함께 통지하기　　　　　　124
　2.3.7 HTTP 응답 메시지를 수신　　　　　　　　　　126

- **2.4 서버에서 소켓을 종료**   **127**
  - 2.4.1 데이터를 다 보냈을 때 종료   127
  - 2.4.2 소켓 종료   129
  - 2.4.3 데이터 송수신 작동의 정리   131

- **2.5 IP와 이더넷의 패킷 송수신 작동**   **134**
  - 2.5.1 패킷의 기본   134
  - 2.5.2 패킷 송수신 작동의 개요   139
  - 2.5.3 수신처 IP 주소를 기재한 IP 헤더 만들기   142
  - 2.5.4 이더넷용 MAC 헤더 만들기   147
  - 2.5.5 ARP로 수신처 라우터의 MAC 주소 조회하기   150
  - 2.5.6 이더넷의 기본   153
  - 2.5.7 IP 패킷을 전기나 빛의 신호로 변환해 송신   156
  - 2.5.8 추가로 패킷에 제어용 데이터 3개를 붙이기   159
  - 2.5.9 허브로 패킷 송신   164
  - 2.5.10 돌아온 패킷 받기   167
  - 2.5.11 서버에서 온 응답 패킷을 IP에서 TCP로 건네기   170

- **2.6 UDP 프로토콜을 사용한 송수신 작동**   **173**
  - 2.6.1 다시 보낼 필요가 없는 데이터 송신은 UDP가 효율적   173
  - 2.6.2 제어용의 짧은 데이터   175
  - 2.6.3 음성이나 동영상 데이터   176

COLUMN 실제로는 어렵지 않은 네트워크 용어

소켓에 끼워 넣는 건 전구인가, 프로그램인가   178

제3장 케이블의 끝이었던 LAN 기기
허브와 스위치, 라우터를 탐험하기

- **3.1 케이블과 중계기 허브로 흘러가는 신호**   **185**
  - 3.1.1 독립적으로 움직이는 하나하나의 패킷   185

3.1.2 LAN 케이블은 신호를 열화시키지 않는 것이 포인트 — 186
3.1.3 '꼬임'은 잡음을 방지하기 위한 아이디어 — 190
3.1.4 중계기 허브는 연결된 모든 케이블에 신호를 송신 — 193

■ 3.2 스위칭 허브의 패킷 중계 작동 — 197
3.2.1 스위칭 허브는 주소 테이블에서 중계 — 197
3.2.2 MAC 주소 테이블의 등록 및 업데이트 — 201
3.2.3 예외적인 작동 — 203
3.2.4 전이중 모드로 송신과 수신을 동시에 실행 — 205
3.2.5 최적의 전송 속도로 보내는 자동 협상 — 206
3.2.6 스위칭 허브는 여러 중계 작동을 동시에 실행 — 209

■ 3.3 라우터의 패킷 중계 작동 — 209
3.3.1 라우터의 기본 — 209
3.3.2 경로표에 등록되는 정보 — 212
3.3.3 라우터의 패킷 수신 작동 — 217
3.3.4 경로표를 검색해 출력 포트 찾기 — 218
3.3.5 해당하는 경로가 없을 경우 채택하는 디폴트 경로 — 220
3.3.6 패킷에는 유효 기한이 있음 — 221
3.3.7 큰 패킷은 단편화 기능으로 분할 — 222
3.3.8 라우터의 송신 작동은 컴퓨터와 동일 — 224
3.3.9 라우터와 스위칭 허브의 관계 — 226

■ 3.4 라우터의 부가 기능 — 229
3.4.1 주소 변환으로 IP 주소를 효과적으로 이용 — 229
3.4.2 주소 변환의 기본 작동 — 231
3.4.3 포트 번호를 변환하는 이유 — 234
3.4.4 인터넷에서 사내로 접속하기 — 235
3.4.5 라우터의 패킷 필터링 기능 — 237

COLUMN 실제로는 어렵지 않은 네트워크 용어

허브와 라우터 이름을 바꾸면 가격도 바뀐다? — 239

접근 회선을 통해 인터넷 내부로
접근 회선과 프로바이더 탐험하기

■ **4.1 ADSL 기술을 사용한 접근 회선의 구조와 작동**   **245**
    4.1.1 인터넷의 기본은 가정이나 사내의 LAN과 동일   **245**
    4.1.2 사용자와 인터넷을 연결하는 접근 회선   **246**
    4.1.3 ADSL 모뎀에서 패킷을 셀로 분할   **247**
    4.1.4 ADSL은 '변조 방식'으로 셀을 암호화   **252**
    4.1.5 ADSL은 파동을 다수 사용해 고속화를 실현   **255**
    4.1.6 스플리터의 역할   **257**
    4.1.7 전화국까지의 거리   **258**
    4.1.8 잡음의 영향   **260**
    4.1.9 DSLAM을 통과해 BAS에 도달   **261**

■ **4.2 광케이블을 사용한 접근 회선(FTTH)**   **263**
    4.2.1 광케이블의 기본   **263**
    4.2.2 싱글 모드와 멀티 모드의 차이   **265**
    4.2.3 광케이블을 분기하면 비용이 절감   **271**

■ **4.3 접근 회선으로 사용하는 PPP와 터널링 프로토콜**   **275**
    4.3.1 본인 확인과 설정 정보 통지   **275**
    4.3.2 이더넷에서 PPP 메시지를 주고받는 PPPoE   **278**
    4.3.3 터널링 기능으로 프로바이더에 패킷 보내기   **282**
    4.3.4 접근 회선 전체의 움직임   **284**
    4.3.5 IP 주소를 할당하지 않는 언넘버드   **288**
    4.3.6 인터넷 접속용 라우터에서 프라이빗 주소를 글로벌 주소로 변환   **289**
    4.3.7 PPPoE 이외의 방식   **290**

■ **4.4 프로바이더의 내부**   **294**
    4.4.1 POP과 NOC   **294**
    4.4.2 건물 바깥은 통신 회선으로 접속   **299**

4.5 프로바이더를 거쳐서 흐르는 패킷   301
    4.5.1 프로바이더끼리 접속하기   301
    4.5.2 프로바이더끼리 경로 정보를 교환   302
    4.5.3 사내 네트워크에서 쓰는 자동 등록과의 차이   305
    4.5.4 IX의 필요성   306
    4.5.5 IX에서 프로바이더끼리 접속하는 상황   308

COLUMN 실제로는 어렵지 않은 네트워크 용어
    이름은 서버 내용은 라우터   311

제5장 서버 쪽의 LAN에는 무엇이 있을까

5.1 웹 서버의 설치 장소   317
    5.1.1 사내에 웹 서버를 설치할 경우   317
    5.1.2 데이터 센터에 웹 서버를 설치할 경우   319

5.2 방화벽 시스템과 기능   320
    5.2.1 패킷 필터링이 주류   320
    5.2.2 패킷 필터링의 조건 설정에 대한 작동 방식   321
    5.2.3 애플리케이션을 한정하는 데 포트 번호를 사용   325
    5.2.4 접속 방향을 컨트롤 비트로 판단   326
    5.2.5 사내 LAN에서 공개 서버용 LAN으로 조건을 설정   328
    5.2.6 바깥에서 사내 LAN으로 접속할 수 없음   328
    5.2.7 방화벽 통과하기   329
    5.2.8 방화벽으로 막을 수 없는 공격   330

5.3 여러 서버에 요청을 할당해 서버의 부하를 분산   331
    5.3.1 처리 능력이 부족하다면 여러 서버로 부하를 분산   331
    5.3.2 부하 분산 장치로 여러 웹 서버에 할당   334

- **5.4 캐시 서버를 이용한 서버의 부하 분산** — 337
  - 5.4.1 캐시 서버의 이용 — 337
  - 5.4.2 캐시 서버는 업데이트 일시로 콘텐츠를 관리 — 338
  - 5.4.3 프록시의 원점은 포워드 프록시 — 344
  - 5.4.4 포워드 프록시를 개량한 리버스 프록시 — 347
  - 5.4.5 투명 프록시 — 347

- **5.5 콘텐츠 배포 서비스** — 349
  - 5.5.1 콘텐츠 배포 서비스를 이용한 부하 분산 — 349
  - 5.5.2 가장 가까운 캐시 서버를 찾는 방법 — 352
  - 5.5.3 리다이렉트용 서버에서 접속처를 할당 — 355
  - 5.5.4 캐시 내용의 업데이트 방법에 따른 성능 차이 — 360

COLUMN 실제로는 어렵지 않은 네트워크 용어
통신 회선이 LAN이 되는 날 — 363

제6장 웹 서버에 도달해, 응답 데이터가 웹 브라우저로 복귀

- **6.1 서버의 개요** — 369
  - 6.1.1 클라이언트와 서버의 차이 — 369
  - 6.1.2 서버 애플리케이션의 구조 — 370
  - 6.1.3 서버 쪽 소켓과 포트 번호 — 372

- **6.2 서버의 수신 작동** — 379
  - 6.2.1 LAN 어댑터로 수신 신호를 디지털 데이터로 변환 — 379
  - 6.2.2 IP 담당 부분의 수신 작동 — 383
  - 6.2.3 TCP 담당 부분이 접속 패킷을 수신했을 때의 움직임 — 384
  - 6.2.4 TCP 담당 부분이 데이터 소켓을 수신했을 때의 움직임 — 386
  - 6.2.5 TCP 담당 부분의 종료 작동 — 388

- **6.3 웹 서버 소프트웨어가 요청 메시지의 의미를 해석해 요청에 응답** — **388**
  - 6.3.1 질의 URI를 실제 파일명으로 변환 — **388**
  - 6.3.2 CGI 프로그램이 작동할 경우 — **393**
  - 6.3.3 웹 서버로 접속 제어하기 — **395**
  - 6.3.4 응답 메시지를 반송 — **400**

- **6.4 브라우저가 응답 메시지를 받아 화면에 출력** — **400**
  - 6.4.1 응답 데이터 타입을 보고 내용을 판단 — **400**
  - 6.4.2 브라우저 화면에 웹 페이지를 출력! 접속 완료! — **404**

COLUMN 실제로는 어렵지 않은 네트워크 용어

게이트웨이는 다른 세계로 통하는 입구 — **406**

패킷이 지나가는 길 — **408**
맺음말 — **412**
찾아보기 — **413**

이 책의 구성

네트워크를 따라가는 탐험

브라우저에 URL을 입력한 후 홈페이지가 출력될 때까지, 그 몇 초 사이에 많은 하드웨어와 소프트웨어가 각각의 역할에 따라 연계되며 움직입니다. 이 책은 그 움직임을 하나하나 탐험하듯 좇아가며 설명할 예정입니다. 하나하나의 움직임은 그렇게 복잡하지 않으니 천천히 읽다 보면 이해할 수 있을 겁니다. 하지만 이 탐험에 등장하는 하드웨어와 소프트웨어의 수가 많기에, 미시적인 관점으로 하나하나 좇아가기만 해서는 전체적인 그림을 보지 못하고 미로에 들어온 듯한 기분을 느낄지도 모릅니다. 탐험을 떠나기 전에 네트워크의 전체적인 개요를 그림으로 쉽게 설명하고 넘어갈 생각입니다. 만약 중간에 길을 잃었다 싶거든 한 번 더 이 설명을 떠올려주기를 바랍니다.

네트워크의 전체상

브라우저에서 웹 서버에 접속하는 전체적인 그림부터 그려볼까요? 웹 서버에 접속해 페이지를 출력하는 작동은 다음과 같이 브라우저와 웹 서버가 데이터를 주고받는 작동으로 성립된다고 생각하면 됩니다.

(1) 브라우저 : "xxx라는 페이지의 데이터를 줘."
(2) 웹 서버 : "네, 알았습니다. 이게 그 데이터예요."

이렇게 웹 서버가 보낸 데이터를 브라우저가 화면에 출력합니다. 이 작동은 꽤

네트워크 탐험의 흐름

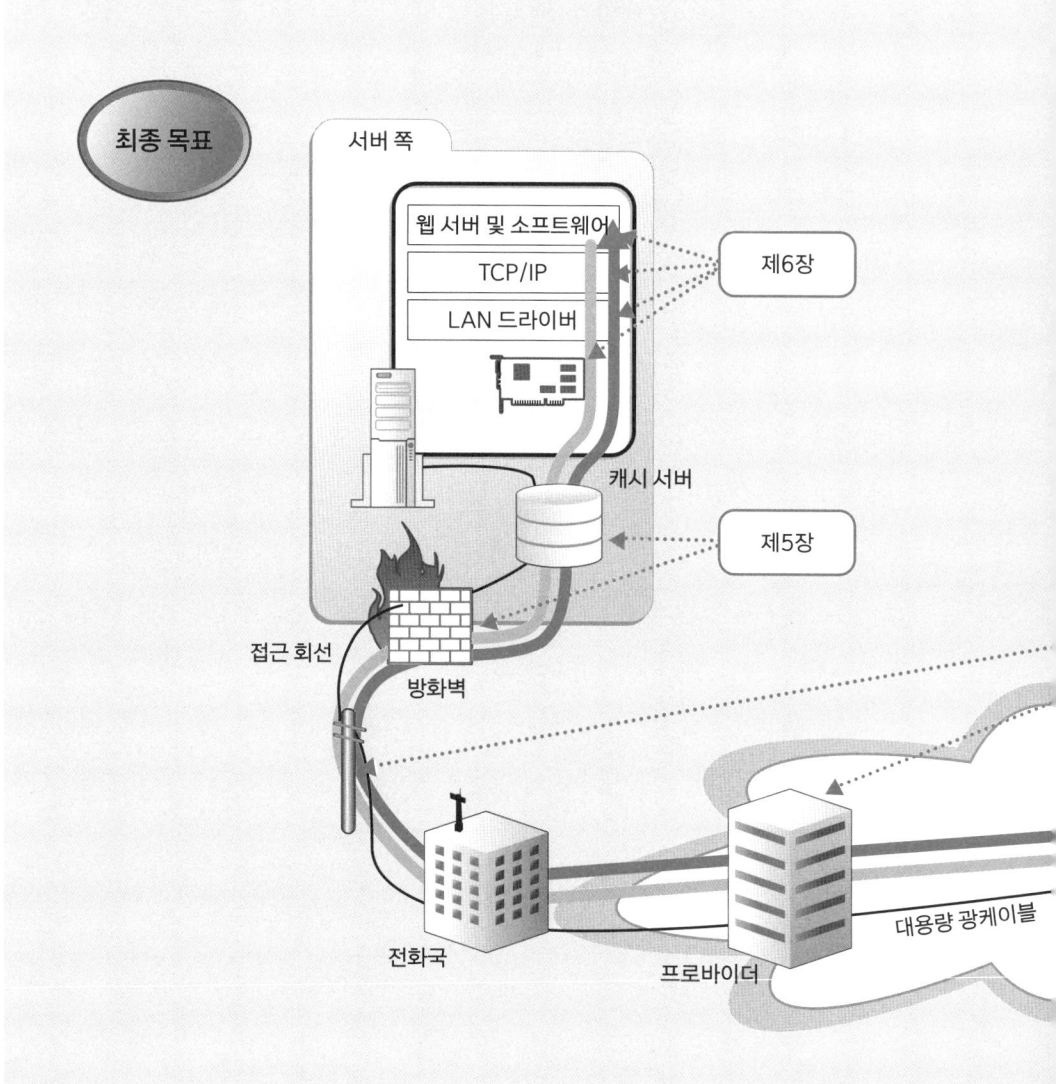

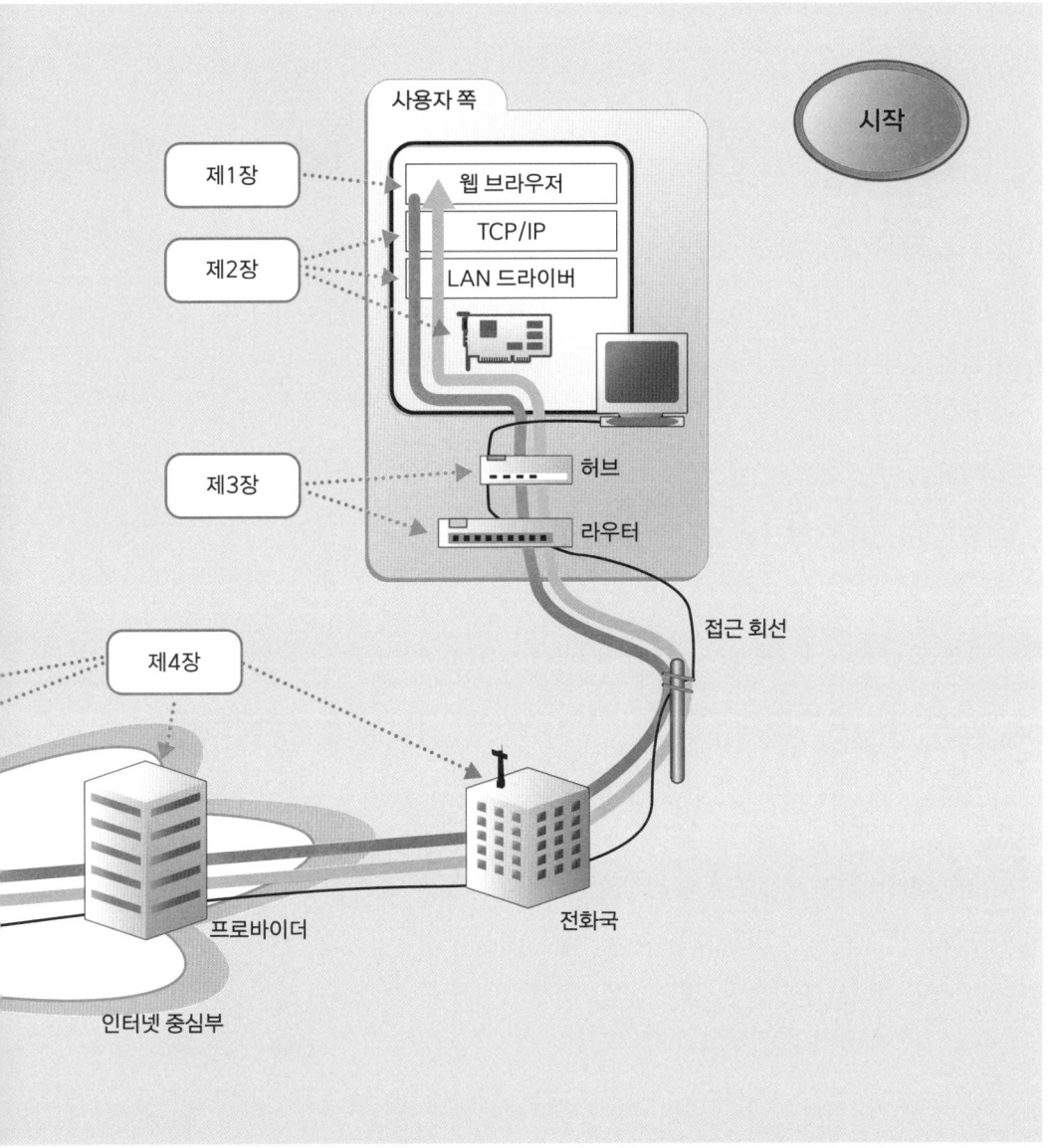

복잡하지만, 네트워크를 사용해 브라우저와 웹 서버가 데이터를 주고받는 모습은 의외다 싶을 만큼 간단하다고 할 수 있어요. 인터넷 쇼핑 사이트에서 입력 필드에 상품명이나 보낼 주소 등을 입력해 웹 서버에 송신할 때도 이와 비슷하다고 보면 됩니다.

(1) 브라우저 : "이 주문 데이터를 처리해 줘."
(2) 웹 서버 : "네, 주문 데이터를 접수했습니다."

즉 이런 식인 거죠. 주문 데이터를 받은 웹 서버가 판매 시스템과 연동해 주문 처리를 실행하는 부분은 복잡하지만, 이 경우라고 하더라도 브라우저와 웹 서버는 간단하게 데이터를 주고받습니다. 정리하자면, 다음과 같습니다.

(1) 브라우저에서 특정한 요청(리퀘스트)을 웹 서버에 발송
(2) 웹 서버는 요청에 따라 움직임, 결과(응답)를 브라우저로 보냄

이렇게 서로 요청과 응답을 주고받을 뿐입니다. 따라서 이 레벨, 즉 브라우저나 웹 서버라는 네트워크 애플리케이션이 메시지를 주고받는 레벨에서의 작동은 비교적 간단하게 이해할 수 있을 겁니다. 인간이 대화하는 것과 꽤 비슷하니까 그런 면으로 봐도 이해하기 쉬울 테죠.[1]

이 애플리케이션의 상호작용을 실현하려면 브라우저와 웹 서버 사이에서 주고받는 요청이나 응답을 상대 쪽으로 옮겨주는 시스템이 필요합니다. 네트워크에는 컴퓨터 같은 기기가 다수 연결돼 그 안에서 통신 상대를 정확하게 식별하고, 그

---

[1] 작동 방식이 간단하다고 해도, 애플리케이션 프로그램을 만드는 건 간단하지 않습니다. 구석구석 세세한 부분까지 사양을 만들고, 방대한 규모의 프로그램을 만들어야 애플리케이션이 완성되기 때문입니다.

상대에게 요청이나 응답을 보냅니다. 보내는 중간에 요청이나 응답이 사라져 버리거나 파괴되는 경우도 있으니 그런 사태도 미리 생각해 둬야 하고요.[2] 어떤 상황에서도 요청이나 응답을 무조건 정확하게 상대에게 전달하는 시스템이 필요합니다. 요청과 응답은 모두 0과 1로 구성된 디지털 데이터이기에, 디지털 데이터를 목적지까지 옮겨주는 시스템이라고 할 수 있습니다.

이 시스템은 OS에 내장된 네트워크 제어용 소프트웨어, 스위치, 라우터 같은 기기가 역할을 분담하며 실현합니다. 기본이 되는 작동 방식은 디지털 데이터를 작은 덩어리로 분할해 패킷이라는 이름의 그릇 안에 넣어 옮긴다는 점에 있습니다. 패킷은 핸드폰 때문에 익숙할 텐데, 우편이나 택배 시스템과 비슷합니다. 패킷이 편지나 소포에 해당하고, 스위치나 라우터가 우체국이나 택배 기사에 해당한다고 보면 됩니다.

패킷에는 수신처 같은 제어 정보가 앞부분에 기재돼 있는데, 여러 스위치와 라우터가 연계돼 제어 정보를 보면서 이건 이쪽, 이건 저쪽이라는 식으로 할당하며 목적지에 가까워질 수 있도록 패킷을 옮기는 겁니다. 가정이나 회사 내부의 LAN이나 인터넷도 규모에 차이가 있을 뿐이며, 기본적인 시스템은 크게 다르지 않아요.

① 웹 브라우저

제일 먼저 브라우저의 작동을 따라가 보겠습니다. 브라우저에 URL을 입력하는 부분에서 탐험이 시작된다고 생각하면 됩니다.

http://www.lab.glasscom.com/sample1.html

---

2 요청과 응답의 실체는 전기와 빛의 신호입니다. 그 신호가 잡음 같은 영향을 받아 파괴되는 경우가 있습니다.

예를 들어 17쪽의 URL을 브라우저에 입력하면 브라우저는 정해진 규칙에 따라 URL의 의미를 조사합니다. 그 의미에 따라 응답 메시지를 만들죠. 이 예로 본다면 "sample1.html이라는 파일에 저장된 페이지의 데이터를 주세요."라는 의미의 요청 메시지를 만듭니다. 이걸 웹 서버로 보내죠.

말은 이렇게 해도, 브라우저가 직접 보내는 게 아닙니다. 메시지를 보내는 건 디지털 데이터를 옮기는 시스템의 역할이기 때문에 시스템에 의뢰해 데이터를 보내달라고 합니다. 구체적으로는 OS에 내장된 네트워크 제어용 소프트웨어에 의뢰해 메시지를 서버 쪽으로 보내달라고 하죠. 제1장에서는 서버에 메시지를 의뢰하는 작동까지 좇아가 봅니다.

② **프로토콜 스택, LAN 어댑터**

제2장에서는 데이터를 옮기는 시스템을 살펴보겠습니다. 여기서 OS에 내장된 프로토콜 스택이 처음 등장합니다. (네트워크 제어용 소프트웨어를 프로토콜 스택이라고 부름)

이 소프트웨어는 브라우저가 보낸 메시지를 패킷 안에 저장해, 받는 이의 주소 같은 제어 정보를 부가합니다. 우편으로 비유하자면, 편지를 봉투에 넣고 받는 이의 이름을 쓴다고 생각하면 됩니다. 이 소프트웨어는 이외에도 통신 오류가 일어났을 때 패킷을 다시 보내거나 데이터 송신 페이스를 조절하는 등의 다양한 역할을 수행합니다. 편지를 우체통에 넣어주는 비서 같은 존재라고 생각해도 되겠네요.

다음으로 프로토콜 스택은 그 패킷을 LAN 어댑터(이더넷이나 무선 LAN으로 통신할 때 사용하는 하드웨어를 말함)에 건넵니다. 그리고 LAN 어댑터가 패킷을 전기신호로 변환해 LAN의 케이블로 보내죠. 이렇게 하고 나면 패킷이 네트워크 안에 들어갑니다.

③ 허브, 스위치, 라우터

그다음에 등장하는 것은 인터넷에 접속하는 형태에 따라 다릅니다. 클라이언트 PC는 가정이나 회사 내부의 LAN을 경유해 인터넷에 접속돼 있거나, 단독으로 인터넷에 접속돼 있을겁니다. 아쉽게도 이번 탐험으로는 다양한 경우를 모두 설명할 수 없기에, 클라이언트 PC는 가정이나 회사 내부의 LAN에 접속되고, 그 끝이 ADSL이나 광케이블(FTTH)이라는 브로드밴드 회선으로 인터넷에 접속돼 있는 전형적인 상황을 가정해 탐험을 진행하겠습니다.

이 경우, LAN 어댑터가 송신한 패킷은 스위칭 허브를 거쳐 인터넷 접속용 라우터로 보냅니다. 라우터의 끝은 이미 인터넷이기 때문에, 거기서부터는 프로바이더가 패킷을 상대에게 옮겨다 줍니다. 우체통에 봉투를 넣으면, 그 후에는 우체국 직원이 편지를 상대에게 전달하는 것과 비슷합니다.

④ 접근 회선, 프로바이더

다음은 인터넷 접속용 라우터의 끝, 즉 인터넷 내부입니다. 인터넷 입구에는 접근 회선이라는 통신 회선이 있습니다. 보통은 전화 회선, ISDN, ADSL, CATV, FTTH, 전용선 같은 통신 회선을 사용해 인터넷에 접속하지만 이런 통신 회선을 총칭해 접근 회선이라고 부릅니다. 그리고 접근 회선은 계약한 프로바이더에 연결돼 있고, 그곳에 POP(Point Of Presence)이라고 부르는 설비가 있습니다.

POP의 실체는 프로바이더 전용으로 만들어진 라우터입니다. 이게 가장 가까이 있는 우체국에 해당한다고 생각하면 됩니다. 우체통에서 회수한 편지는 우체국에서 분류해 전국 또는 전 세계로 배송하는데, 인터넷도 이와 마찬가지로 일단 접근 회선으로 POP까지 패킷을 옮긴 다음, 거기서 전국 또는 전 세계로 배송합니다. POP 끝이 인터넷의 중심이라고 할 수 있는 거죠.

그곳에는 다수의 프로바이더가 있고, 방대한 수의 라우터가 설치돼 있습니다.

라우터는 상호 간에 접속돼 있어서 그물코 같은 상태라고 생각하면 됩니다. 그곳에 있는 라우터가 연계해서 패킷을 목적지의 웹 서버 쪽으로 운반합니다. 그 시스템은 본문에서 설명하겠지만, 기본 원리는 가정이나 회사에서 사용하는 라우터와 같습니다. 즉 인터넷 내부도 가정이나 회사의 LAN과 똑같은 시스템으로 패킷을 운반합니다. 이게 인터넷의 큰 특징이에요.

다만 프로바이더의 라우터는 가정에서 사용하는 소형이 아닙니다. 케이블을 몇십 개나 접속할 수 있는 거대하고 빠른 라우터거든요. 인터넷의 중심에는 이런 라우터가 많이 설치돼 있어요. 그게 복잡하게 연결돼 있고, 패킷은 그 사이를 흘러갑니다.

또 라우터의 규모가 다를 뿐 아니라 라우터 사이를 연결하는 부분도 달라요. 가정이나 사내의 LAN인 경우, 단순히 이더넷 케이블로 연결하지만 인터넷은 이더넷 케이블로 연결하는 게 다가 아닙니다. 옛날 전화 기술을 사용해 패킷을 운반하는 경우도 있다면, 요즘엔 대부분 광통신 기술을 사용해 패킷을 운반합니다. 여기서 사용하는 기술이 지금 네트워크에서 가장 주목받는 요소이며, 기술 개발의 최첨단이 이 부분에 응축돼 있다고도 할 수 있습니다.

⑤ 방화벽, 캐시 서버

인터넷의 중심부를 거쳐 패킷은 최종적으로 웹 서버 쪽의 LAN에 도달합니다. 그곳에는 방화벽이 대기하고 있으며 들어오는 패킷을 점검합니다. 방화벽은 문지기 같은 존재라고 생각하면 됩니다. 위험한 패킷이 들어오지는 않을지 확인하는 겁니다. 확인이 끝나면 그다음으로 캐시 서버가 대기하고 있습니다. 페이지의 데이터에는 재활용할 수 있는 게 있는데, 그게 캐시 서버에 들어 있습니다. 접속한 페이지의 데이터가 그곳에 있으면 웹 서버를 번거롭게 하지 않고 데이터를 읽을 수 있어요. 또 대규모의 웹 사이트라면 여러 웹 서버에 메시지를 할당하는 부하 분산 장치가 설치돼 있을지도 모릅니다. 인터넷 전체에 캐시 서버를 분산하는 콘텐츠 배포 서비스를 이용할 가능성도 있습니다. 이와 같은 시스템을 이용해 패킷은 웹 서버에 도달합니다.

⑥ 웹 서버

패킷이 웹 서버 머신에 도달하면 패킷의 내용물을 추출해 원래의 요청 메시지를 복원하고, 웹 서버 애플리케이션에 건넵니다. 이건 클라이언트와 마찬가지로 OS에 내장된 프로토콜 스택(네트워크 제어용 소프트웨어)의 역할입니다. 그리고 웹 서버 애플리케이션이 요청 메시지의 의미를 읽은 다음, 그곳에 적힌 지시 내용에 따라 데이터를 응답 메시지에 넣어 클라이언트에 반송합니다.

그때 응답 메시지가 클라이언트에 도달할 때까지의 움직임은 지금까지의 과정과 정반대입니다. 그리고 응답이 클라이언트로 되돌아오면 거기서 페이지의 데이터를 추출해 화면에 출력합니다. 이렇게 하면 웹 서버에 접속하는 일련의 과정이 완료됩니다. 우리의 탐험도 여기서 끝납니다.

이 책에서 해설할 주요 키워드

제1장 **웹 브라우저가 만드는 메시지**
브라우저, 웹 서버, URL, HTTP, HTML, 프로토콜, URI, 요청 메시지, 리졸버, Socket 라이브러리, DNS 서버, 도메인명

제2장 **TCP/IP의 데이터를 전기신호로 만들어 보내기**
TCP/IP, 소켓, 프로토콜 스택, IP 주소, 포트 번호, 패킷, 헤더, LAN 어댑터, LAN 드라이버, MAC 주소, 이더넷 컨트롤러, ICMP, UDP

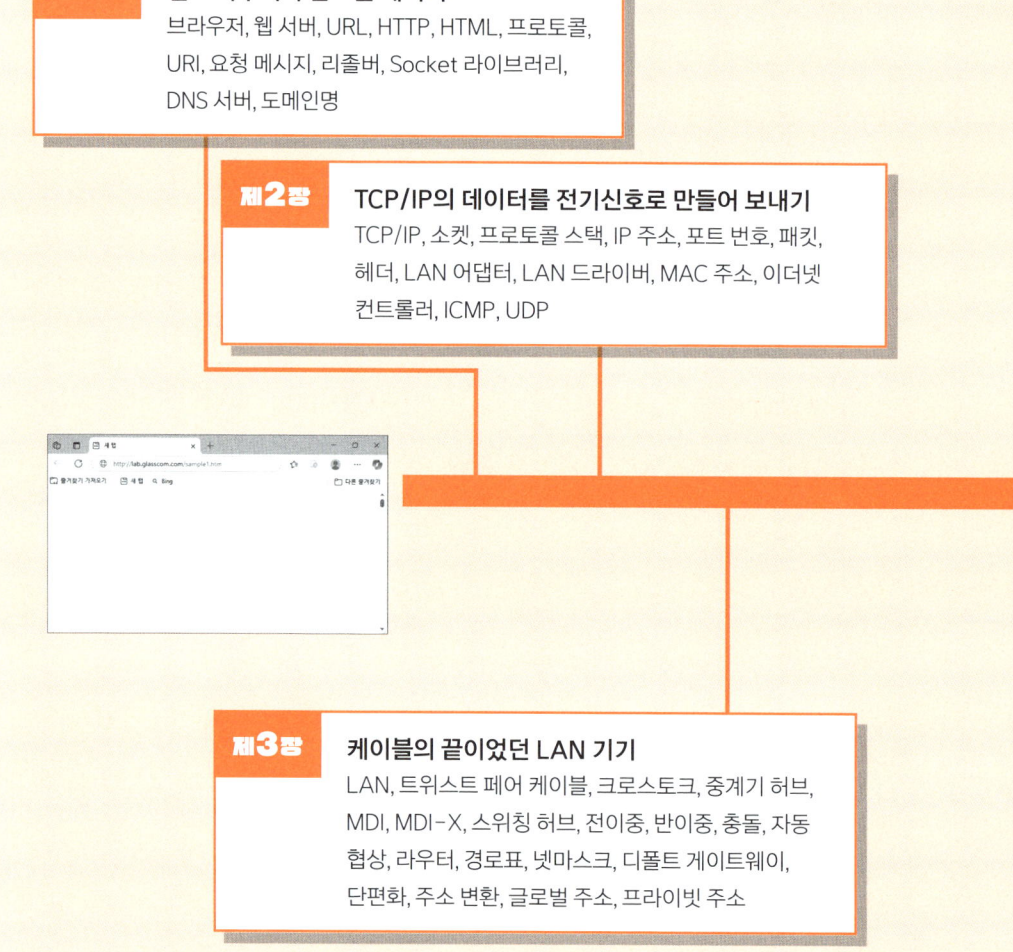

제3장 **케이블의 끝이었던 LAN 기기**
LAN, 트위스트 페어 케이블, 크로스토크, 중계기 허브, MDI, MDI-X, 스위칭 허브, 전이중, 반이중, 충돌, 자동 협상, 라우터, 경로표, 넷마스크, 디폴트 게이트웨이, 단편화, 주소 변환, 글로벌 주소, 프라이빗 주소

제4장 프로바이더에서 인터넷 내부로
ADSL, FTTH, 접근 회선, ADSL 모뎀 일체형 라우터, ATM, 셀, 직교 진폭 변조, 스플리터, DSLAM, 브로드밴드 접속 서버, 원격 접속 서버, PPP, 네트워크 운영 센터, 광케이블, IX(Internet eXchange)

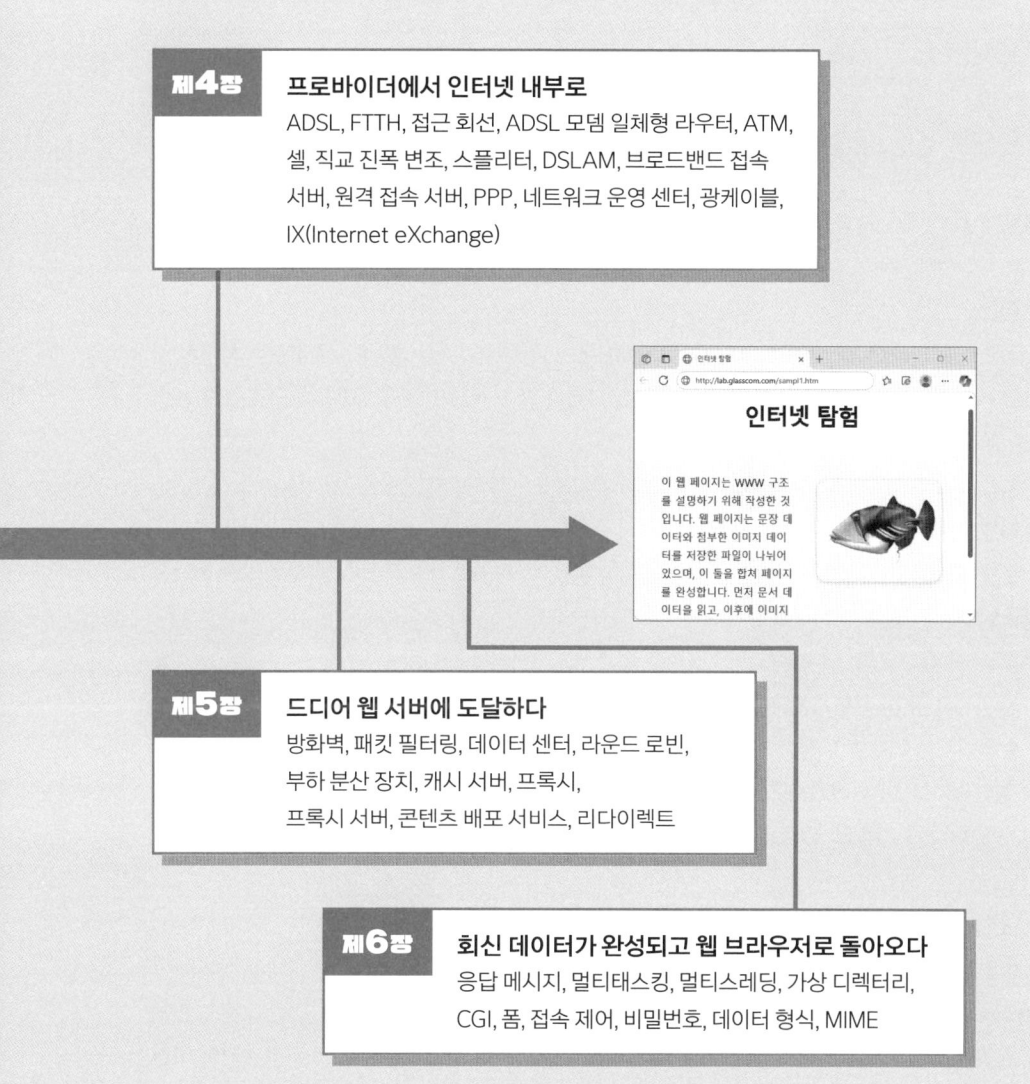

제5장 드디어 웹 서버에 도달하다
방화벽, 패킷 필터링, 데이터 센터, 라운드 로빈, 부하 분산 장치, 캐시 서버, 프록시, 프록시 서버, 콘텐츠 배포 서비스, 리다이렉트

제6장 회신 데이터가 완성되고 웹 브라우저로 돌아오다
응답 메시지, 멀티태스킹, 멀티스레딩, 가상 디렉터리, CGI, 폼, 접속 제어, 비밀번호, 데이터 형식, MIME

각 장의 구성

각 장의 내용은 워밍업·볼거리·본문·확인 퀴즈·칼럼 등으로 구성했습니다.

■ 워밍업
각 장의 서두에는 '워밍업'으로 간단한 퀴즈를 실었습니다. ○X 형식의 간단한 문제이니 꼭 풀어보세요.

■ 볼거리
본문에서 설명하는 주제를 보여줍니다. 그 장의 개요를 맨 먼저 파악할 수 있으니 반드시 읽어보세요.

■ 본문
볼거리를 파악했다면 네트워크의 정체를 파헤치는 탐험을 떠나볼 겁니다. 이 부분은 풍부한 경험을 바탕으로 친절하게 설명합니다. 네트워크 지식이 없는 사람도 실제 네트워크의 모습을 점차 알아볼 겁니다. 천천히 즐기기를 바랍니다.

■ 확인 퀴즈
본문에서 설명한 내용을 묻는 퀴즈를 게재했습니다. 이 퀴즈로 이해도를 확인해 보세요. 정답은 다음 페이지의 '칼럼' 마지막에 있습니다.

■ 칼럼 '실제로는 어렵지 않은 네트워크 용어'
칼럼에서는 네트워크 용어의 어원과 관련한 내용을 탐험 대장과 대원이 대화를 나누는 형식으로 실었습니다. 항상 어렵게 느껴지던 용어도 어원을 알아보면, 그 본질을 이해할 수 있는 법입니다. 편안한 마음으로 읽어보세요.

■ 그림에 대해
일반적으로 그림을 그릴 때는 화살표가 오른쪽을 향하도록 그리지만, 이 책은 반대로 왼쪽을 향하도록 그렸습니다. 패킷의 포맷을 설명하는 그림이나 신호의 파형을 설명하는 그림의 위치 관계를 통일하기 위해서죠. 흐름이 일반적인 경우와는 반대이니, 그 점을 이해하고 읽어주기를 바랍니다.

제 1 장

웹 브라우저가 만드는 메시지
브라우저 내부 탐험하기

워밍업

탐험을 시작하기 전에 워밍업으로 이 장에 관련된 주제를 모아 퀴즈를 만들어봤습니다. 한번 풀어보세요. 또한 퀴즈 정답을 몰라도 탐험하는 데는 지장이 없으니 편하게 시도해 보길 바랍니다.

퀴즈

아래 설명은 O 아니면 X?

1. www.naver.com의 www는 World Wide Web이라는 프로토콜(통신 작동의 규칙을 규정한 것)을 나타냅니다.

2. 인터넷에서 사용하는 도메인명은 개인도 취득할 수 있습니다.

3. 브라우저를 비롯한 네트워크 애플리케이션은 사실 네트워크를 제어하는 기능이 없습니다.

정답

1. X

www.naver.com의 www는 웹 서버에 붙인 이름을 나타냅니다. 또한 World Wide Web이라는 이름은 프로토콜을 나타내는 것이 아니라, 웹의 고안자가 맨 처음으로 만든 브라우저 겸 HTML 편집기에 붙인 이름입니다.

2. O

'.com' '.net' '.org' '.kr' 등, 등록 대상이 한정돼 있지 않은 도메인명은 개인도 취득할 수 있습니다. 또 개인을 등록 대상으로 한 '.name'이라는 도메인명도 있습니다.

3. O

애플리케이션은 직접 네트워크를 제어하는 것이 아니라, OS에 의뢰해 네트워크를 제어해 달라고 합니다.

드디어 탐험을 떠납니다. 그 전에 볼거리를 소개할게요.

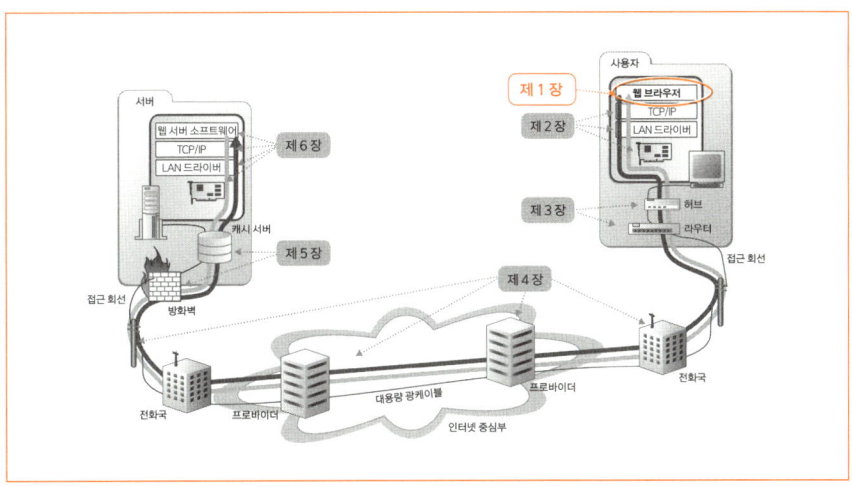

(1) HTTP 요청 메시지를 작성한다

탐험의 출발점은 사용자가 브라우저에 URL을 입력하는 것입니다. 그리고 해당 URL을 해독하며 브라우저가 작동하죠. 그때 브라우저가 URL을 어떻게 해독하는지, 그 부분이 바로 첫 볼거리입니다. 다음은 URL의 의미를 따라 요청 메시지를 만듭니다. 브라우저는 이 요청 메시지로 웹 서버가 뭘 해줬으면 좋겠는지를 전달하는데, 그 메시지의 실제 모습도 볼거리입니다. 구체적인 메시지의 모습과 의미를 이해하면, 웹 서버에 접속할 때 사용하는 HTTP라는 프로토콜을 이해할 수 있습니다.

(2) 웹 서버의 IP 주소를 DNS 서버에 질의한다

메시지를 만들면 OS에 의뢰해 웹 서버로 송신해 달라고 하는데, 그때 메시지를 보내는 상대의 IP 주소를 OS에 통지해야 합니다. 그때 브라우저는 웹 서버의 IP 주소를 조회하죠. URL에는 웹 서버의 도메인명이 적혀 있기에 그 이름을 DNS 서버에 질의해서 IP 주소를 조회합니다. 이 과정의 브라우저 작동도 중요한 볼거리입니다.

(3) 전 세계의 DNS 서버가 연계한다

탐험은 브라우저에서 IP 주소에 관한 질의를 받은 DNS 서버가 IP 주소를 조회하는 단계로 넘어갑니다. DNS 서버는 전 세계에 수없이 많습니다. 그것들이 연계돼 IP 주소를 조회하는데 연계 방법도 중요한 볼거리입니다.

(4) 프로토콜 스택에 메시지 송신을 의뢰한다

IP 주소를 조회하면 메시지를 웹 서버에 송신하도록 OS에 의뢰하는데, 그때 구체적으로 어떻게 의뢰할 것인가. 이 또한 볼거리입니다. 말로 설명하면 OS에 의뢰한다는 한마디로 끝나버리지만, OS에 뭔가를 의뢰할 때는 꽤 세세한 규칙이 있고 그 규칙을 따라야 합니다. 프로그램을 만들 경우를 제외하면 그 규칙에 정통할 필요는 없으니, 일반인 사용자들을 위해 그 규칙을 해설한 책자는 거의 찾아볼 수 없습니다. 하지만 그 규칙의 분위기만 알고 있어도 나중에 여러모로 도움이 됩니다. OS에 의뢰할 때의 규칙을 알아야 어떻게 의뢰했을 때 무엇을 해줄지 알기 때문입니다. 네트워크의 잠재적인 능력을 구체적으로 이해하는 것과 똑같다고 할 수 있겠죠. 이는 프로그램을 만들어본 적이 없는 사람들에게도 중요합니다.

1.1 HTTP 요청 메시지 작성하기
1.1.1 URL을 입력하는 데서 시작되는 네트워크 탐험

브라우저에서 URL[1]을 입력하는 지점이 탐험의 출발점입니다.[2] 따라서 브라우저 작동을 설명하기 전에 URL을 설명하고 넘어가겠습니다. URL이라는 건 http://로 시작되는 그것이라고 하면 아실 텐데, 사실 http:뿐만이 아니라 ftp:으로 시작되는 것, file:으로 시작되는 것, mailto:[3]으로 시작되는 것 등 다양합니다.

URL이 다양한 데에는 이유가 있습니다. 브라우저는 웹 서버에 접속하는 클라이언트로 사용하는 경우가 많은데, 브라우저의 기능은 그게 다가 아닙니다. 파일을 다운로드/업로드하는 FTP[4]의 클라이언트 기능과 메일의 클라이언트 기능도 있거든요. 브라우저는 몇 가지 클라이언트 기능을 겸비한 복합적 클라이언트 소프트웨어라고 할 수 있습니다. 그렇기에 몇 가지 기능 중 어느 것을 사용해 데이터에 접속하면 될지 판단해 줄 재료가 필요합니다. 그래서 웹 서버에 접속할 때는 http:, FTP 서버라면 ftp:이라는 식으로 다양한 종류의 URL이 준비돼 있습니다.

다음 페이지의 그림 1.1에 현재 인터넷에서 사용하는 주요 URL을 정리했는데, 기재하는 방법은 접속처에 따라 다릅니다. 예를 들어 웹 서버나 FTP 서버에 접속한다면 서버의 도메인명[5]이나 접속할 파일의 경로명 등을 URL에 삽입하고, 메일이라면 보낼 상대의 메일 주소를 URL에 삽입하는 식입니다. 또 필요에 따라 사용자 이름과 비밀번호, 서버 쪽의 포트 번호[6] 등을 쓸 수도 있습니다.

1 URL : Uniform Resource Locator
2 Web 페이지에 있는 링크를 클릭하면 Web이 작동하는 경우가 있습니다. 이 경우는 링크에 내장된 URL을 주소창에 입력하는 것과 같다고 생각하면 됩니다.
3 메일·소프트웨어를 세트업하지 않으면 주소창에 mailto:라고 입력해도 올바르게 움직이지 않습니다.
4 FTP : File Transfer Protocol. 파일을 업로드하거나 다운로드할 때 사용하는 프로토콜. FTP 프로토콜을 이용해 파일 전송을 실행하는 프로그램도 FTP라고 부릅니다.
5 도메인명: www.glasscom.com 같이 마침표로 구분해 표기하는 이름을 말합니다.
6 포트 번호 : '1.4.3 파이프를 연결하는 접속 단계'와 제6장의 '6.1.3 서버 쪽 소켓과 포트 번호'에서 설명하겠지만, 여기서는 접속처인 서버 애플리케이션을 특정하기 위해 사용하는 번호라고 생각하면 됩니다. 웹이면 80번, 메일이면 25번처럼 애플리케이션에 따라 번호가 정해져 있습니다.

HTTP 프로토콜로 웹 서버에 접속할 경우

FTP 프로토콜로 파일을 다운로드하거나 업로드할 경우

클라이언트 PC 자신의 파일에서 데이터를 읽어올 경우

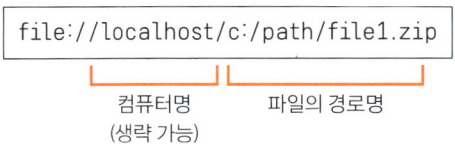

메일을 송신할 경우

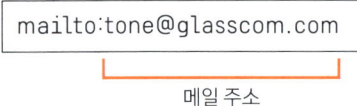

뉴스 그룹의 기사를 읽을 경우

그림 1.1 URL의 각종 포맷

이렇게 작성 방법은 각각 다르지만, 어느 URL에나 공통되는 점이 하나 있습니다. URL의 맨 앞에 있는 문자열, 즉 http:, ftp:, file:, mailto:이라는 부분으로 접속 방법을 나타낸다는 점입니다. 접속처가 웹 서버면 HTTP[7]라는 프로토콜을 사용해 접속하고, FTP 서버면 FTP라는 프로토콜을 사용하는 식이죠. 이 부분에는 접속할 때의 프로토콜[8] 종류가 적혀 있다고 생각하면 됩니다.[9] 그 후에 이어지는 부분을 기재하는 방법은 각각 다르지만, 앞부분이 어떻냐에 따라 뒤에 이어지는 작성 방법이 결정되기 때문에 혼란스러워할 필요는 없습니다.

1.1.2 브라우저는 먼저 URL을 해독

브라우저가 하는 첫 번째 일은 웹 서버에 보낼 요청 메시지를 만들기 위해 URL을 해독하는 것입니다. 아까 설명했듯이 URL 포맷은 프로토콜에 따라 다르므로 여기서는 웹 서버에 접속하는 경우를 예로 들어 설명할게요.

HTTP 사양에 따라 생각하면, URL은 다음 페이지에 있는 그림 1.2 (a)와 같이 몇 개의 요소를 나열한 것입니다. 여기서 URL을 해독할 때는 먼저 (a)처럼 요소를 조각조각 분해합니다. 그 예로, (b)의 URL을 분해한 것이 (c)입니다. 그리고 분해한 요소를 나열하는 방법을 확인해 보면 URL의 의미를 알 수 있어요. 예를 들어 분해한 결과인 (c)를 보면, 웹 서버의 이름을 나타내는 곳에 www.lab.glasscom.com이라는 이름이 있고, 파일의 경로명에 해당하는 부분에 /dir1/file1.html이라는 문자열이 있습니다.

이걸로 (b)의 URL은 www.lab.glasscom.com이라는 이름의 웹 서버상에 있

---

7 HTTP : Hypertext Transfer Protocol
8 프로토콜 : 통신 작동에 대한 규약을 프로토콜이라고 부릅니다.
9 file:으로 시작되는 URL처럼 접속할 때 네트워크를 사용하지 않는 것도 있으므로, 프로토콜을 나타낸다고 단정할 수는 없습니다. 접속 방법 같은 걸로 생각하면 됩니다.

(a) URL의 요소

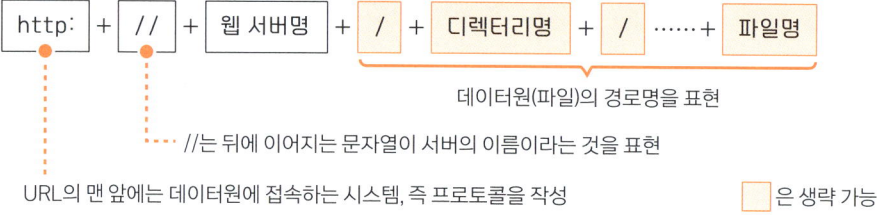

(b) URL의 예

```
http://www.lab.glasscom.com/dir1/file1.html
```

(c) (a)의 요소에 비춰 (b)를 해독했을 때

그림 1.2 웹 브라우저가 URL을 해독하는 흐름

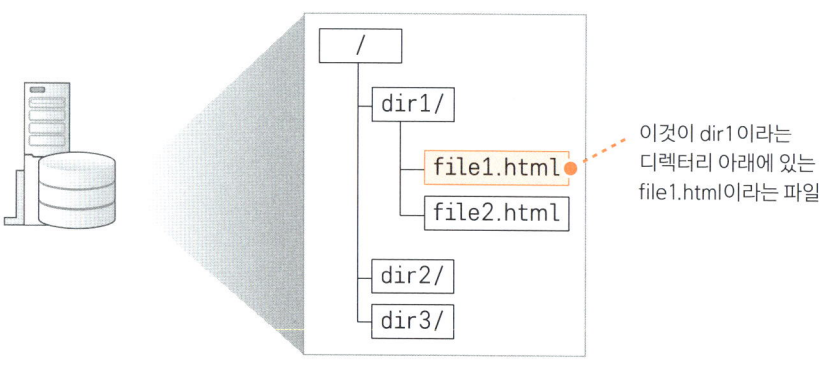

그림 1.3 /dir1/file1.html이라는 경로명의 파일

는 /dir1/file1.html이라는 경로명의 파일, 즉 /dir1/라는 디렉터리[10] 아래에 있는 file1.html이라는 이름의 파일에 접속한다는 의미라는 것을 알 수 있습니다.(그림 1.3)

1.1.3 파일명을 생략한 경우

그림 1.2 (b)는 http:으로 시작되는 URL의 전형적인 예지만, 이와는 조금 다른 URL도 찾아볼 수 있습니다. 다음과 같이 끝이 '/'로 끝나기도 합니다.

(a) http://www.lab.glasscom.com/dir/

이건 다음과 같이 생각합니다. 끝이 /로 끝났다는 것은 /dir/ 다음에 써야 할 파일명을 쓰지 않고 생략했다는 의미입니다. URL 규칙으로는 이처럼 파일명을 생략해도 됩니다.

하지만 파일명을 쓰지 않으면 어떤 파일에 접속해야 할지 알 수가 없습니다. 여기서 파일명을 생략했을 때를 위해 미리 파일명을 서버 쪽으로 설정해 둡니다. 이 설정은 서버에 따라 다르지만, index.html 또는 default.htm이라는 파일명을 설정해 두는 서버가 태반입니다. 이 때문에 위와 같이 파일명을 생략하면 /dir/index.html 또는 /dir/default.htm이라는 파일에 접속합니다. 다음과 같이 웹 서버의 도메인명만 쓴 URL을 자주 발견할 수 있는데, 이것도 파일명을 생략한 것입니다.

(b) http://www.lab.glasscom.com/

---

[10] 디렉터리는 Windows의 폴더와 같은 의미입니다.

끝에 /가 있어서 /라는 디렉터리[11]가 지정됩니다. 그리고 파일명은 생략돼 있습니다. 그 결과, /index.html 또는 /default.htm이라는 파일에 접속하죠. 그럼 다음과 같은 URL은 어떨까요?

(c) http://www.lab.glasscom.com

이번에는 끝의 /까지 생략됐습니다. 이렇게 디렉터리명까지 생략해 버리면, 진짜 뭘 요청하고 있는 건지 알 수 없기에 이건 과하다고 할 수 있어요. 하지만 이 작성 방법은 인정됩니다. 경로명이 아무것도 없을 경우, 루트 디렉터리 아래에 미리 설정한 파일명의 파일[12], 즉 /index.html 또는 /default.htm이라는 파일에 접속하면 혼란이 일어나지 않기 때문이죠.
다만 다음과 같은 예는 좀 애매합니다.

(d) http://www.lab.glasscom.com/whatisthis

이 예는 마지막에 /가 없기 때문에 whatisthis는 파일명으로 간주하는 것이 맞겠죠. 하지만 실제로는 파일명을 생략하는 규칙을 정확하게 이해하지 않고 디렉터리 끝에 있는 /까지 생략해 버리는 사람도 있습니다. 그럼 whatisthis를 파일명

---

[11] /는 디렉터리 계층의 최상위에 존재하는 '루트 디렉터리'를 표현합니다. /라고 쓰기만 하면 루트 디렉터리를 표현할 수 있다는 점이 신기할 수도 있겠지만, 디렉터리의 규칙을 알면 이해가 되는 부분입니다. 디렉터리명을 쓸 때는 dir/처럼 /를 붙여 디렉터리라는 걸 알 수 있게 하는데, 디렉터리에 이름이 붙어 있지 않은 경우라면 어떻게 될까요? 이 예의 특징은 dir/의 dir이 없다는 겁니다. 이 경우에는 /만 남죠. 이게 루트 디렉터리를 나타내는 /입니다. 디렉터리 계층의 최상위에 존재하는 디렉터리는 편의상 루트 디렉터리라고 부르는데, 실제로는 이름이 없습니다. 이 때문에 /만 남는 겁니다.

[12] 처음에는 이 파일을 홈페이지라고 불렀습니다. 파일명을 생략했을 때의 디폴트 페이지라는 의미입니다. 하지만 웹이 보급될 때 다들 이 의미를 알지 못해, 디폴트 페이지뿐만 아니라 웹 페이지면 뭐든 다 홈페이지라고 부르게 됐습니다.

이라고 단정하지 않는 게 좋습니다. 여기서는 다음과 같이 취급하는 것이 일반적입니다. 웹 서버상에 whatisthis라는 파일이 있으면 whatisthis는 파일명으로 간주하고, whatisthis라는 디렉터리가 있으면 whatisthis는 디렉터리명이라고 간주하는 겁니다.[13]

> 브라우저가 하는 첫 번째 일은 URL을 해독하는 것입니다.

1.1.4 HTTP의 기본적인 작동 방식

URL을 해독하면 어디에 접속해야 할지 판명이 납니다. 그렇게 하면 브라우저는 HTTP 프로토콜을 사용해 웹 서버에 접속하는데, 그 움직임을 설명하기 전에 애당초 HTTP 프로토콜이 어떤 것인지부터 설명하고 넘어가도록 하겠습니다.

HTTP 프로토콜은 클라이언트와 서버가 주고받는 메시지의 내용과 절차를 정해놓은 건데, 기본적인 작동 방식은 단순합니다. 먼저 클라이언트가 서버를 향해 요청 메시지를 보냅니다.(그림 1.4) 요청 메시지에는 '무엇을' '어떻게' 해주길 바라는지가 적혀 있습니다. '무엇을'에 해당하는 것을 URI[14]라고 부르고, 보통 페이지의 데이터를 저장한 파일의 이름과 CGI 프로그램[15]의 파일명을 URI라고 씁니다. 예를 들면 /dir1/file1.html이라든가, /dir1/program1.cgi 같은 형태죠. 하지만 URI는 그것뿐만이 아닙니다. 이곳에 http:으로 시작하는 URL을 그대로 쓸 수도 있습니다.[16] 즉 이곳에는 다양한 접속처를 쓸 수 있습니다. 그 접속처를 총칭

---

[13] 이름이 똑같은 파일과 디렉터리를 둘 다 만드는 것은 불가능하기에, whatisthis라는 파일과 whatisthis라는 디렉터리가 둘 다 존재하는 일은 없습니다. 따라서 실제로 디스크 안을 살펴보면 whatisthis를 파일명이라고 판단해야 할지 디렉터리명이라고 판단해야 할지 알 수 있으므로 헷갈릴 일은 없습니다.
[14] URI : Uniform Resource Identifier
[15] CGI 프로그램 : 웹 서버 소프트웨어에서 프로그램을 호출할 때의 규칙을 정한 것이 CGI고, CGI의 규칙에 따라 작동하는 프로그램을 CGI 프로그램이라고 부릅니다.
[16] '5.4.3 프록시의 원점은 포워드 프록시'에서 설명합니다.

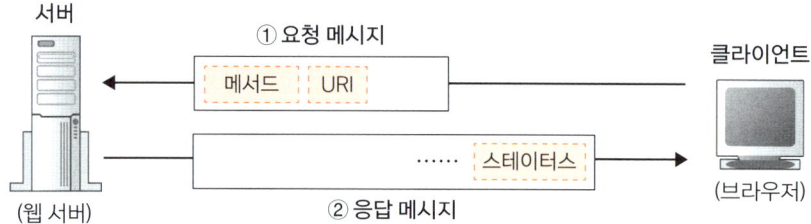

그림 1.4 HTTP의 기본적인 작동 방식

한 말이 URI입니다.

다음의 '어떻게'에 해당하는 것을 **메서드**라고 불러요. 메서드로 웹 서버가 어떤 작동을 해줬으면 하는지 전달합니다. URI로 표현한 데이터를 읽어달라든가, 클라이언트 쪽에서 입력한 데이터를 URI로 표현한 프로그램에 건네달라는 등의 작동이 전형적인 예입니다.

표 1.1에 주요 메서드를 정리해 뒀으니, 이 표를 보면 메서드로 어떤 작동을 요구할 수 있는지 알 수 있을 겁니다. 또 그림 1.4에는 적혀 있지 않지만, HTTP의 메시지에는 보충 정보를 보여주는 헤더 필드라는 것도 있습니다. 클라이언트가 웹 서버에 데이터를 보낼 경우, 헤더 필드 뒤에 데이터가 들어갑니다.

하지만 그 부분은 플러스알파의 요소이니 나중에 설명하도록 할게요. 요청 메시지가 웹 서버에 도달하면 웹 서버는 그 안에 적혀 있는 내용을 해독하고, URI와 메서드를 확인하고, '무엇을' '어떻게 할지' 판단해 그 요구에 따라 작동합니다. 그 결과로 나온 데이터를 응답 메시지에 저장합니다. 그 앞부분에는 실행 결과가 정상적으로 종료됐는지, 이상이 발생했는지를 나타내는 **상태 코드**(스테이터스)가 있습니다. 웹 서버에 접속했을 때 파일을 찾지 못하고 '404 Not Found' 같은 표시가 나올 때가 있는데, 이게 바로 상태 코드입니다. 그 뒤에는 헤더 필드와 페이

표 1.1 HTTP의 주요 메서드

메서드	HTTP의 버전 1.0	HTTP의 버전 1.1	의미
GET	○	○	URI로 지정한 정보를 추출한다. 파일의 경우, 그 파일의 내용을 되돌려보낸다. CGI 프로그램의 경우에는 그 프로그램의 출력 데이터를 그대로 반송한다.
POST	○	○	클라이언트에서 서버로 데이터를 송신한다. 폼에 입력한 데이터를 송신할 경우에 사용한다.
HEAD	○	○	GET과 거의 동일. 다만 HTTP의 메시지 헤더를 되돌려보내는 것만으로, 데이터의 내용은 반환하지 않는다. 파일의 최종 업데이트 일시 같은 속성 정보를 확인할 때 사용한다.
OPTIONS		○	통신 옵션을 통지하거나 조회할 때 사용한다.
PUT	△	○	URI로 지정한 서버상의 파일을 치환한다. URI로 지정한 파일이 존재하지 않을 경우에는 새로 파일을 작성한다.
DELETE	△	○	URI로 지정한 서버상의 파일을 삭제한다.
TRACE		○	서버 쪽에서 받은 요청 라인과 헤더를 그대로 클라이언트로 되돌려보낸다. 프록시 서버를 사용하는 환경에서 요청이 수정되는 상태를 확인할 때 사용한다.
CONNECT		○	암호화한 메시지를 프록시로 전송할 때 사용하는 메서드다.

○ : 각 버전에서 사양으로 정의한 것
△ : 정식 사양이 아니라 부가 기능으로 사양서의 부록(Appendix)에 기재한 것. 또한 버전 1.0은 RFC1945이고, 버전 1.1은 RFC2616이라고 기술한 내용에 기반함.

지의 데이터가 이어집니다. 이 응답 메시지를 클라이언트로 되돌려보냅니다. 그럼 메시지가 클라이언트에 도달하고, 브라우저가 메시지 안에서 데이터를 추출해 화면에 출력합니다. 이걸로 HTTP의 작동은 끝납니다.

HTTP의 전체상을 파악했으니, 메서드를 추가로 설명해 보겠습니다. 표 1.1에 기재한 메서드 중 가장 자주 사용하는 것은 GET 메서드겠죠. 일반적으로 웹 서버에 접속해 페이지의 데이터를 읽어올 때 사용하는 것이 GET 메서드이기 때문입니다. 이 일반적인 접속 작동은 다음과 같습니다. 먼저 요청 메시지의 메서드에는

GET이라고 쓰고, 또 URI에는 /dir1/file1.html과 같이 페이지의 데이터를 저장한 파일의 이름을 씁니다. 이러면 /dir1/file1.html이라는 파일의 데이터를 읽어 온다는 의미가 됩니다. 이 메시지가 웹 서버에 도달하면 서버는 /dir1/file1.html이라는 파일을 열어 그 안의 내용을 추출합니다. 그리고 추출한 데이터를 응답 메시지에 저장해 클라이언트로 되돌려보냅니다. 클라이언트 쪽의 브라우저가 그걸 받아 화면에 출력하는 거죠.

다음으로 자주 사용하는 메서드는 POST입니다. 이쪽은 폼[17]에 데이터를 기입해 웹 서버에 송신할 때 사용합니다. 인터넷 쇼핑에서 주소나 이름을 기입하거나 설문조사에 답변하는 상황에서 입력 필드가 있는 페이지를 볼 수 있는데, 입력 필드 부분이 바로 폼입니다.

POST 메서드를 사용할 경우, URI에는 웹 서버 머신에서 작동하는 애플리케이션 프로그램[18]의 파일명을 씁니다. index.cgi 또는 index.php 같은 파일명이 전형적인 예죠. 그리고 요청 메시지에는 메서드와 URI에 더해 CGI 프로그램이나 스크립트에 건네줄 데이터도 씁니다. 그 데이터는 사용자가 필드에 입력한 값을 말합니다. 이 메시지가 서버 머신에 도달하면 웹 서버 소프트웨어는 URI로 지정된 애플리케이션 프로그램에 응답 메시지에 적혀 있는 데이터를 건넵니다. 그리고 그 프로그램이 출력하는 데이터를 받아 응답 메시지에 저장해 클라이언트로 되돌려보냅니다.

이 두 가지가 HTTP의 전형적인 사용 방법이고, 인터넷에서 이것 이외의 메서드를 사용하는 예는 거의 없습니다. 이 두 가지를 알고 있으면 평소에 어려움을 겪을 일은 없을 겁니다. 하지만 여유가 있으면 표 1.1의 메서드를 훑어보고 의미를 생각해 보세요. 그럼 HTTP 프로토콜이 본래 가지고 있는 기능을 잘 이해할

---

17 폼 : 웹 페이지에 있는 텍스트 입력란이나 체크 박스 등이 표시된 부분을 말합니다.
18 쇼핑의 주문 데이터를 처리하거나 설문조사 데이터를 처리하는 프로그램을 말합니다.

수 있습니다. GET과 POST뿐이면 페이지 데이터를 웹 서버에서 읽어오거나 페이지에 있는 필드에 기입한 데이터를 웹 서버에 보내는 방법만 쓸 수 있지만, PUT이나 DELETE를 사용하면 클라이언트에서 웹 서버의 파일을 수정하거나 삭제하는 일도 가능합니다. 이 기능을 잘 사용하면 웹 서버를 파일 서버 대신 사용할 수 있다는 사실을 알 수 있어요.

보안상 문제가 있거나 GET과 POST 이외의 메서드를 사용하는 클라이언트가 널리 보급되지 않았다는 이유로 평소에 자주 사용하지는 않지만[19] HTTP 프로토콜은 여러 가지 가능성이 잠재된 프로토콜입니다.

1.1.5 HTTP 요청 메시지 만들기

자, 그럼 HTTP의 기본을 이해했으니 브라우저 이야기로 전환해 볼까요? URL을 해독해 웹 서버와 파일명을 판명하면 브라우저는 이를 기반으로 HTTP 요청 메시지를 만듭니다. 실제 HTTP 메시지는 작성 방법, 즉 포맷이 정해져 있으므로 브라우저는 이 포맷에 맞춰 요청 메시지를 만듭니다.(그림 1.5)

먼저 요청 메시지의 1행에 있는 **요청 라인**을 씁니다. 여기서 포인트는 맨 앞에 있는 메서드입니다. 이걸로 웹 브라우저는 웹 서버가 어떻게 해주기를 전달하는데, 여기서 한 가지 문제를 해결해야 합니다. 메서드는 여러 종류가 있어서, 어떤 메서드를 써야 할지 판단해야 하죠.

이 문제를 해결하는 열쇠는 브라우저의 작동 상태에 있습니다. 지금 여러분과 함께하는 이 탐험은 브라우저 상부에 있는 주소창에 URL을 입력하고, 그 페이지를 출력하는 것을 전제로 진행하고 있습니다. 그런데 브라우저가 웹 서버에 요청 메시지를 보내는 상황은 이뿐만이 아닙니다. 웹 페이지에 삽입된 하이퍼링크[20]를

---

19 사내 네트워크에 한정해 보안 문제를 회피하면 이런 사용 방법은 유용합니다.
20 HTML 문서에 〈a href="......"〉라는 HTML 태그를 삽입해 "......" 부분에 URL을 쓴 것이 하이퍼링크입니다.

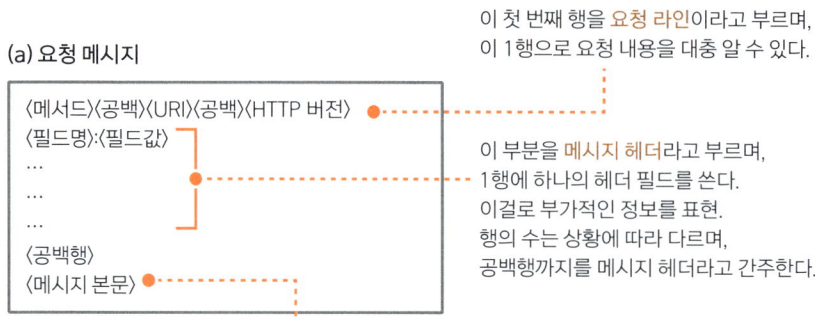

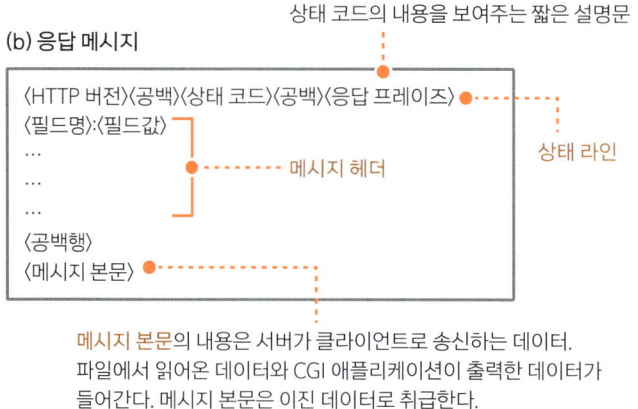

그림 1.5 HTTP 메시지의 포맷
브라우저나 웹 서버는 이 포맷에 맞춰 메시지를 만든다.

클릭하거나 폼에 데이터를 기입해 송신 버튼을 눌렀을 때 등, 여러 가지 상황이 있어요. 메서드 종류는 이런 상황에 따라 달라집니다.

주소창에 URL을 입력했을 경우, 그 페이지를 표시하므로 GET 메서드를 사용합니다. 하이퍼링크를 클릭했을 때에도 마찬가지로 GET 메서드를 사용하죠.

폼을 사용할 경우, 폼 부분의 HTML 소스 코드에 어떤 메서드를 사용해 요청

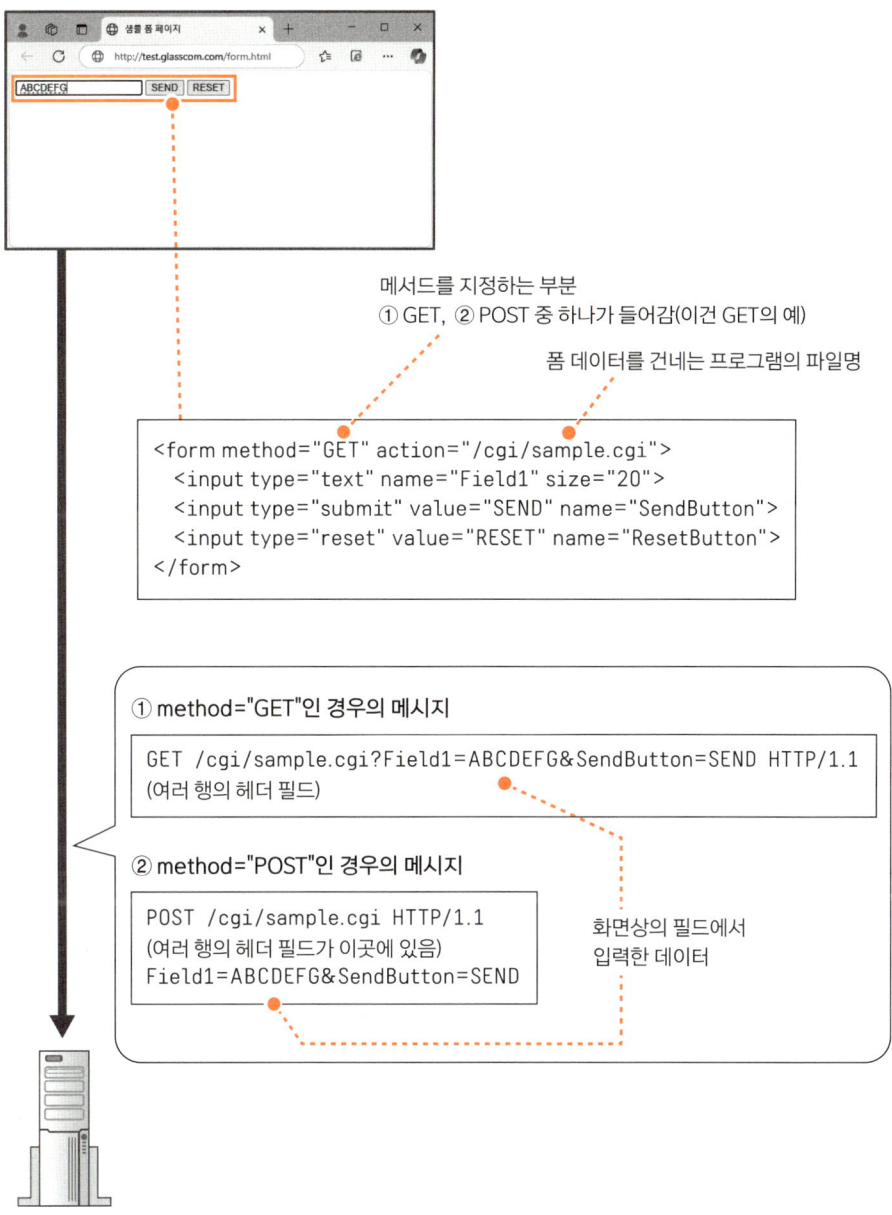

그림 1.6 폼 안에서 메서드를 구분해 사용

을 보낼지 지정돼 있기 때문에, 그 지정에 따라 GET과 POST를 구분해서 사용합니다.(그림 1.6)[21]

메서드를 쓰면 공백을 두고, 다음에 URI를 씁니다. URI 부분에는 다음과 같은 모양으로 필드와 프로그램의 경로명을 쓰는 것이 통상적입니다.

/<디렉터리명>/.../<파일명>

앞에서 설명한 대로 경로명은 보통 URL에 삽입돼 있기에, URL에서 경로명을 추출해 베껴 씁니다. 그리고 1행 마지막에 그 메시지가 어느 버전의 HTTP 사양에 따라 쓰여 있는지 나타내기 위해 버전 번호를 쓰게 합니다. 이걸로 1행은 끝입니다.

2행부터는 **메시지 헤더**라는 행이 이어집니다. 1행의 요청 내용은 대충 이해했지만, 부가적인 세부 정보가 필요한 경우도 있습니다. 그걸 적어두는 것이 메시지 헤더의 역할입니다. 날짜, 클라이언트 쪽이 취급할 수 있는 데이터의 종류, 언어, 압축 형식, 클라이언트나 서버의 소프트웨어 명칭과 버전, 데이터의 유효 기한과 최종 업데이트 일시 등 여러 항목이 사양으로 정해져 있습니다. 모두 상세한 정보를 나타내는 것이라 그 의미를 정확하게 이해하려면 HTTP 지식에 밝아야 합니다. 주요한 내용을 다음 페이지의 표 1.2에 정리해 뒀는데, 모두 이해할 필요는 없습니다. 메시지 헤더에 쓸 내용은 브라우저의 종류와 버전, 설정 등에 따라 다릅니다. 어느 쪽이든 수 행에서 십수 행 정도의 메시지 헤더를 쓰는 예가 대부분입니다.

메시지 헤더를 쓰면 그 뒤에 아무것도 쓰지 않는 공백을 1행 넣고, 그 뒤에 송신할 데이터를 씁니다. 이 부분을 **메시지 본문**라고 부르는데 이게 메시지의 본체입니다. 다만 메서드가 GET이라면 메서드와 URI만 있어도 웹 서버는 무엇을 해

---

[21] GET으로 보낼 수 있는 데이터는 기껏해야 수백 바이트입니다. 필드에 입력하는 데이터가 한계를 넘으면 POST 메서드를 사용해야 합니다.

표 1.2 HTTP에서 사용하는 주요 헤더 필드

헤더 필드의 종류	HTTP의 버전 1.0	HTTP의 버전 1.1	설명
공통 헤더 : 요청과 응답 둘 다 사용되는 헤더 필드			
Date	○	○	요청과 응답이 작성된 일시를 표시한다.
Pragma	○	○	데이터의 캐시를 허용할지 말지 통신 옵션을 보여준다.
Cache-Control		○	캐시를 제어하기 위한 정보
Connection		○	응답 송신 후에 TCP 접속을 유지할지 종료할지 같은 통신 옵션을 지정
Transfer-Encoding		○	메시지 본체의 인코딩 방식을 표시한다.
Via		○	중간에 거친 프록시와 게이트웨이를 기록
요청 헤더 : 요청의 부가 정보로 사용되는 헤더 필드			
Authorization	○	○	사용자 인증용 데이터
From	○	○	요청 발신자의 메일 주소
If-Modified-Since	○	○	특정한 일시 이후 정보가 업데이트됐을 경우에만 요청을 실행하고 싶을 때 필드값으로 그 일시를 지정한다. 통상적으로 클라이언트에 캐시한 정보와 비교해 그게 오래됐을 경우, 새로운 정보를 받고 싶을 때 사용한다.
Referer	○	○	하이퍼링크를 추적해 다음 페이지를 읽어올 경우, 참조 페이지의 URI를 표시한다.
User-Agent	○	○	클라이언트 소프트웨어의 명칭과 버전에 관한 정보
Accept	△	○	클라이언트가 Content-Type으로 받아들일 수 있는 데이터의 종류. MIME 사양의 데이터 타입으로 표현한 것.
Accept-Charset	△	○	클라이언트가 받아들일 수 있는 문자 코드 세트
Accept-Encoding	△	○	클라이언트가 Content-Encoding으로 받아들일 수 있는 인코딩 방식. 통상적으로 데이터 압축 형식을 나타낸다.
Accept-Language	△	○	클라이언트가 받아들일 수 있는 언어의 종류. 한국어는 ko, 영어는 en.
Host		○	요청을 받는 서버의 IP 주소와 포트 번호
If-Match		○	Etag를 참고
If-None-Match		○	Etag를 참고
If-Unmodified-Since		○	지정한 일시 이후 업데이트가 없었던 경우에만 요청을 실행한다.
Range		○	데이터 전체가 아니라 일부분만 읽어올 때 그 범위를 지정한다.

헤더 필드의 종류	HTTP의 버전		설명
	1.0	1.1	
응답 헤더 : 응답의 부가 정보로 사용되는 헤더 필드			
Location	○	○	정보의 정확한 장소를 표시한다. 요청 URI가 상대 경로 (relative path)로 지정된 경우, 절대 경로로 정보의 위치를 통지하기 위해 사용한다.
Server	○	○	서버 소프트웨어의 명칭과 버전에 관한 정보
WWW-Authenticate	○	○	요청된 정보로 접속하는 것이 제한된 경우에 사용자 인증용 데이터(챌린지 등)를 반송한다.
Accept-Ranges		○	데이터의 일부만 요청하는 Range 지정이 있었을 경우, 서버에 그 기능이 있는지를 클라이언트에 통지한다.
엔티티 헤더 : 엔티티(메시지 본문)의 부가 정보로 사용되는 헤더 필드			
Allow	○	○	지정한 URI로 사용 가능한 메서드를 표시한다.
Content-Encoding	○	○	메시지 본문에 압축 같은 인코딩 처리가 된 경우에 그 방식을 표시한다.
Content-Length	○	○	메시지 본문의 길이를 표시한다.
Content-Type	○	○	메시지 본문이 어떤 데이터인지 그 종류를 표시한다. MIME 사양으로 정의된 데이터 타입으로 데이터 종류를 표시한다.
Expires	○	○	메시지 본문의 유효 기한을 표시한다.
Last-Modified	○	○	정보의 최종 업데이트 일시
Content-Language		○	메시지 본문의 언어를 표시한다. 한국어일 경우에는 ko, 영어일 경우에는 en.
Content-Location		○	메시지 본문이 서버상의 어디에 놓여 있는지 그 위치를 URI로 표시한 것
Content-Range		○	데이터 전체가 아닌 일부분이 요청됐을 때, 메시지 본문에 어느 범위의 데이터가 포함돼 있는지를 표시한다.
Etag		○	업데이트 처리 등으로 지난번 요청의 응답을 원래대로 한 업데이트 데이터를 다음 요청으로 송신하는 경우가 있는데, 그때 지난번 응답과 다음 요청을 관련짓기 위해 사용하는 정보. 지난번 응답에서 서버가 Etag로 독특한 값을 클라이언트에 건네, 다음번 요청의 If-match, If-None-Match, If-Range 필드에서 그 값을 서버에 통지하면 서버는 지난번과 이어지는 것으로 인식한다. 쿠키라고 부르는 필드와 역할이 같다. 쿠키는 NetScape의 독자 사양이며, Etag는 그걸 표준화한 것이다.

○: 사양으로 정의된 것. △: 정식 사양이 아닌 부가 기능으로 Appendix에 기술된 것.

야 할지 판단할 수 있기 때문에 메시지 본문에 쓸 송신 데이터는 없습니다. 메시지 헤더가 끝나면 메시지는 끝납니다. 메서드가 POST라면, 폼에 기입한 데이터를 메시지 본문 부분에 씁니다. 이걸로 요청 메시지 작성 작동은 끝입니다.

1.1.6 요청을 보내면 되돌아오는 응답

이 메시지를 보내면 웹 서버에서 **응답 메시지**가 되돌아옵니다. 자세한 내용은 제6장에서 설명하겠지만, 여기서도 간단하게 보도록 하죠. 응답 메시지의 포맷도 기본적인 작동 방식은 요청 메시지와 같습니다.[그림 1.5 (b)] 다만 1행이 달라요. 응답의 경우, 정상적으로 종료됐는지 에러가 발생했는지와 같이 요청의 실행 결과를 보여주는 상태 코드와 응답 프레이즈를 1행에 써야 합니다. 이 둘은 똑같은 내용을 나타내지만, 용도가 다릅니다. 상태 코드는 숫자로 쓴 것으로, 주로 프로그램에 실행 결과를 알리는 목적이 있습니다.(표 1.3) 반면 응답 프레이즈 쪽은 문장으로 쓰여 있어, 인간에게 실행 결과를 알려주는 것이 목적입니다.

응답 메시지가 되돌아왔을 때, 거기서 데이터를 추출해 화면에 출력하면 웹 페이지가 눈에 보이는 형태로 나옵니다. 페이지가 문장뿐이면 이걸로 끝이지만, 이미지가 붙어 있는 경우에는 그 뒤에 내용이 더 있습니다.

이미지를 붙일 경우에는 문장에 이미지 파일을 표시하는 태그[22]라는 제어 정보가 삽입돼 있어서, 브라우저는 화면에 문장을 출력할 때 태그를 찾습니다. 그리고 이미지를 붙인다는 의미의 태그를 만나면 그곳에 이미지용 공간을 비워두고 문장을 출력합니다. 그리고 한 번 더 웹 서버에 접속해 태그에 적혀 있는 이미지 파일을 웹 서버에서 읽어와 그 공간에 출력합니다.

그때도 문장 파일을 읽어올 때와 마찬가지로, URI 부분에 이미지 파일의 이름

---

22 태그 : 웹 페이지를 쓸 때 사용하는 제어 정보로, HTML이라는 문법으로 규정돼 있습니다. 예를 들어 문장 안에 이미지를 삽입할 때는 〈img src="image1.jpg"〉라는 형태의 태그를 문장에 삽입합니다.

표 1.3 HTTP의 상태 코드 개요

상태 코드는 1행에서 개요를 표현하고 2, 3행에서 상세한 상황을 표현한다. 아래 표는 1행의 의미를 정리한 것.

코드 값	설명
1xx	처리의 경과 상황 등을 통지한다.
2xx	정상 종료
3xx	특정한 다른 액션이 필요하다는 것을 나타낸다.
4xx	클라이언트 쪽의 오류
5xx	서버 쪽의 오류

을 쓰거나 요청 메시지를 만들어 보냅니다. 요청 메시지에 쓰는 URI는 하나뿐이라고 정해져 있어서 파일은 한 번에 1개씩만 읽어올 수 있습니다. 그러니까 이런 식으로 따로따로 파일을 읽어오는 거죠. 예를 들어 한 문장에 이미지가 3장 붙어 있으면 문장 파일을 읽어오라는 요청과 이미지 파일을 읽어오라는 요청, 이렇게 다 합쳐 4번의 요청 메시지를 웹 서버로 보냅니다.

그렇게 필요한 파일을 판단하고 읽어와 레이아웃해서 화면에 출력하는 방식으로 전체 작동을 조정하는 것도 브라우저의 역할입니다. 웹 서버는 그런 사정에 관여하지 않습니다. 4번의 요청이 한 페이지의 것인지, 아니면 개별 페이지의 것인지 전혀 신경 쓸 필요가 없습니다. 단순히 리퀘스트(요청) 하나당 응답 하나를 되돌려줄 뿐이거든요.

이게 브라우저와 웹 서버가 서로 주고받는 모든 내용입니다. 참고할 수 있도록 실제로 브라우저와 웹 서버가 주고받은 메시지의 예를 그림 1.7에 실어 두겠습니다. 이 예는 fish.jpg라는 이미지 파일을 삽입한 sample1.htm이라는 페이지를 읽어올 때 뜨는 메시지를 나타낸 것입니다.

요청 메시지에 쓰는 URL은 하나뿐. 여러 파일을 읽어올 때는 개별로 요청 메시지를 웹 서버로 보낸다.

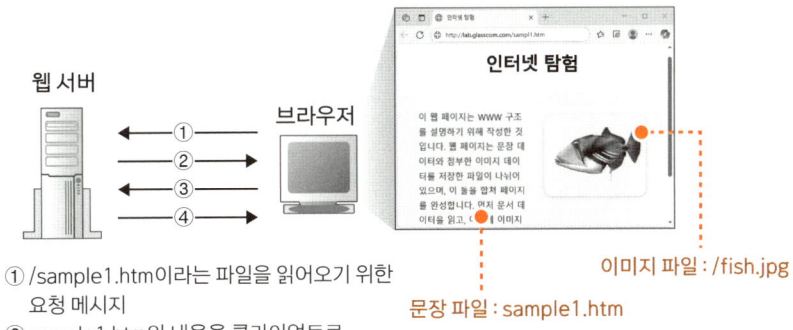

① /sample1.htm이라는 파일을 읽어오기 위한
   요청 메시지
② sample1.htm의 내용을 클라이언트로
   되돌려주는 요청 메시지
③ /fish.jpg라는 파일을 읽어오기 위한
   요청 메시지
④ /fish.jpg의 내용을 클라이언트로
   되돌려주는 응답 메시지

문장 파일 : sample1.htm
이미지 파일 : /fish.jpg

①의 요청 메시지 내용

요청 라인의 맨 앞에는 웹 서버로 보내는 요청 종류를 나타내는 메서드(일종의 명령)가 있다. 명령은 여럿 있지만 통상적으로 사용하는 것은 아래를 참고. 그 외에 HEAD, PUT, DELETE 등의 명령이 있다.(표 1.1 참조)

GET 데이터를 읽어온다. 명령 뒤에 파일명과 프로그램을 표시하는 URI를 덧붙인다. URI 뒤에 폼 페이지에 입력한 데이터를 덧붙여 송신할 수도 있다.

POST 서버에 데이터를 송신한다. 폼 페이지에 입력한 값을 서버에 송신할 때 사용한다.

그림 1.7 HTTP 메시지의 예

② /sample1.htm의 내용을 클라이언트로 되돌려주는 응답 메시지

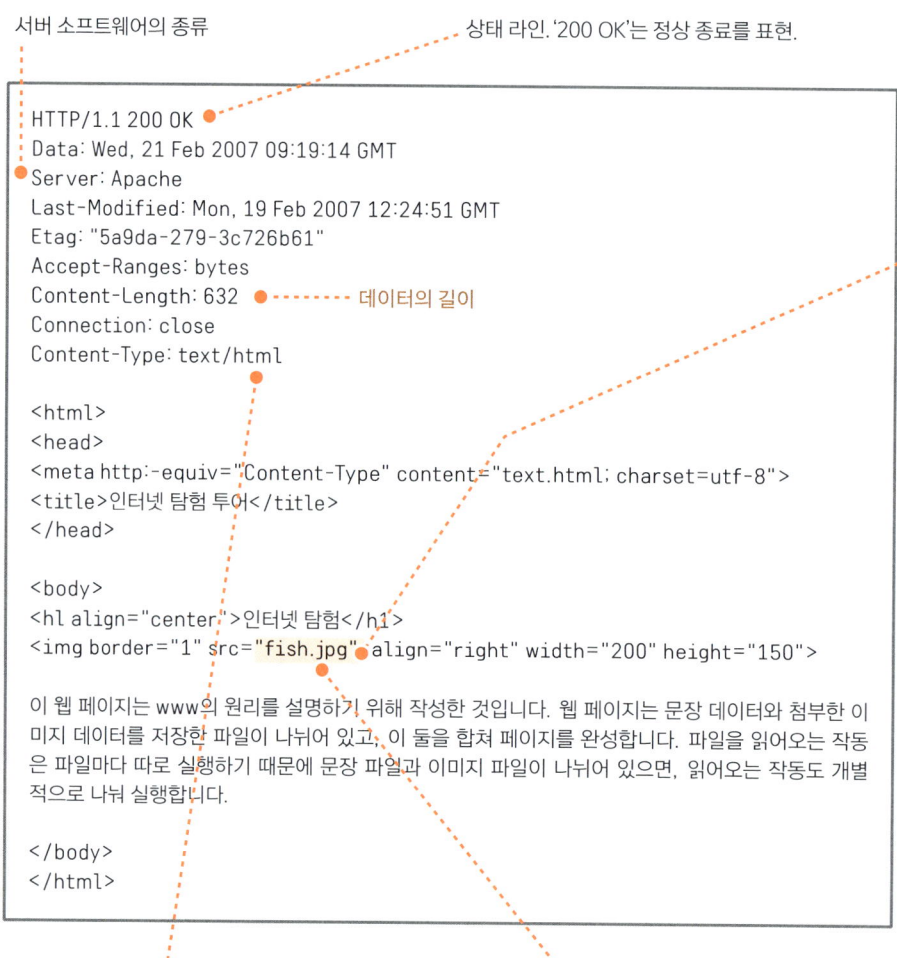

그림 1.7 HTTP 메시지의 예(47쪽에서 이어지는 내용)

③ /fish.jpg를 읽어오기 위한 요청 메시지

```
GET /fish.jpg HTTP/1.1
Accept: */*
Referer: http://www.lab.glasscom.com/sample1.htm
Accept-Language: ko
Accept-Encoding: gzip, deflate
User-Agent: Mozilla/4.0 (compatible;   [우쪽 끝 생략]
Host: www.lab.glasscom.com
Connection: Keep-Alive
```

④ /fish.jpg의 내용을 클라이언트로 되돌려주는 응답 메시지

```
HTTP/1.1 200 OK
Date: Wed, 21 Feb 2007 09:19:14 GMT
Server: Apache
Last-Modified: Mon, 19 Feb 2007 13:50:32 GMT
ETag: "5a9d1-1913-3aefa236"
Accept-Ranges: bytes
Content-Length: 6419
Connection: close
Content-Type: image/jpeg    ●······ image/jpeg는 JPEG 형식의 이미지
                                     데이터라는 것을 나타냄

[여기서 이미지 데이터가 시작되는데, 이진 데이터이기 때문에 생략]
```

제1장 웹 브라우저가 만드는 메시지

1.2 DNS 서버에 웹 서버의 IP 주소 질의하기

1.2.1 IP 주소의 기본

HTTP 메시지를 만들면, 다음으로는 OS에 의뢰해 접속처인 웹 서버가 메시지를 송신하도록 합니다. 브라우저는 URL을 해독하거나 HTTP 메시지를 만드는 기능이 있지만, 그 메시지를 네트워크로 보내는 기능은 없기에 OS에 의뢰해 보내 달라고 하는 겁니다.[23] 그때 해야 할 일이 한 가지 있는데요. 그건 바로 URL에 쓰인 서버의 도메인명에서 IP 주소를 조회하는 일입니다. OS에 송신을 의뢰할 때는 도메인명이 아니라 IP 주소로 메시지를 보낼 상대를 지정해야 하기 때문입니다. 그렇기에 HTTP 메시지를 만드는 작동의 다음은 도메인명에서 IP 주소를 조회하는 일이지만, 이걸 설명하기 전에 IP 주소에 대해 간단하게 정리하고 넘어가겠습니다.

인터넷이나 사내의 LAN은 TCP/IP의 작동 방식에 기반해 만들어졌기 때문에 TCP/IP의 기본적인 작동 방식으로 설명하겠습니다. TCP/IP는 그림 1.8과 같이 **서브넷**이라는 작은 네트워크를 라우터[24]로 접속하면 전체 네트워크가 만들어졌다고 생각합니다. 여기서 말하는 서브넷은 허브[25]에 몇 대의 PC가 접속된 것이라고 생각하면 됩니다.[26] 그걸 한 단위로 생각해 서브넷이라고 부릅니다. 그걸 라우터로 연결하면 네트워크 전체가 완성됩니다.[27]

그리고 이곳에 네트워크상의 주소라고도 할 수 있는 주소를 할당합니다. 도로

---

[23] 메시지를 송신하는 기능은 모든 애플리케이션에 필요합니다. OS에 해당 기능이 있고, 애플리케이션은 OS에 의존하는 관계가 일반적입니다.
[24] 라우터 : 패킷을 중계하는 장치의 일종. 자세한 내용은 제3장에서 설명합니다.
[25] 허브 : 패킷을 중계하는 장치의 일종으로, 중계기 허브와 스위치 허브 두 가지 유형이 있습니다. 자세한 내용은 제3장에서 설명합니다.
[26] 컴퓨터 대수가 적을 때는 한 허브에 컴퓨터를 다 접속할 수 있지만, 컴퓨터 대수가 많아지면 허브 1대에 다 연결하지 못합니다. 그럴 때는 허브끼리 연결해 허브 대수를 늘리는데, 그럴 때 허브끼리 연결한 것도 서브넷 하나입니다.
[27] 가정에서 사용하는 라우터에는 허브를 내장한 기종이 있습니다. 이 경우에는 라우터 내부에 허브와 라우터가 들어가 있고, 내부에서 둘이 연결돼 있다고 생각하면 됩니다.

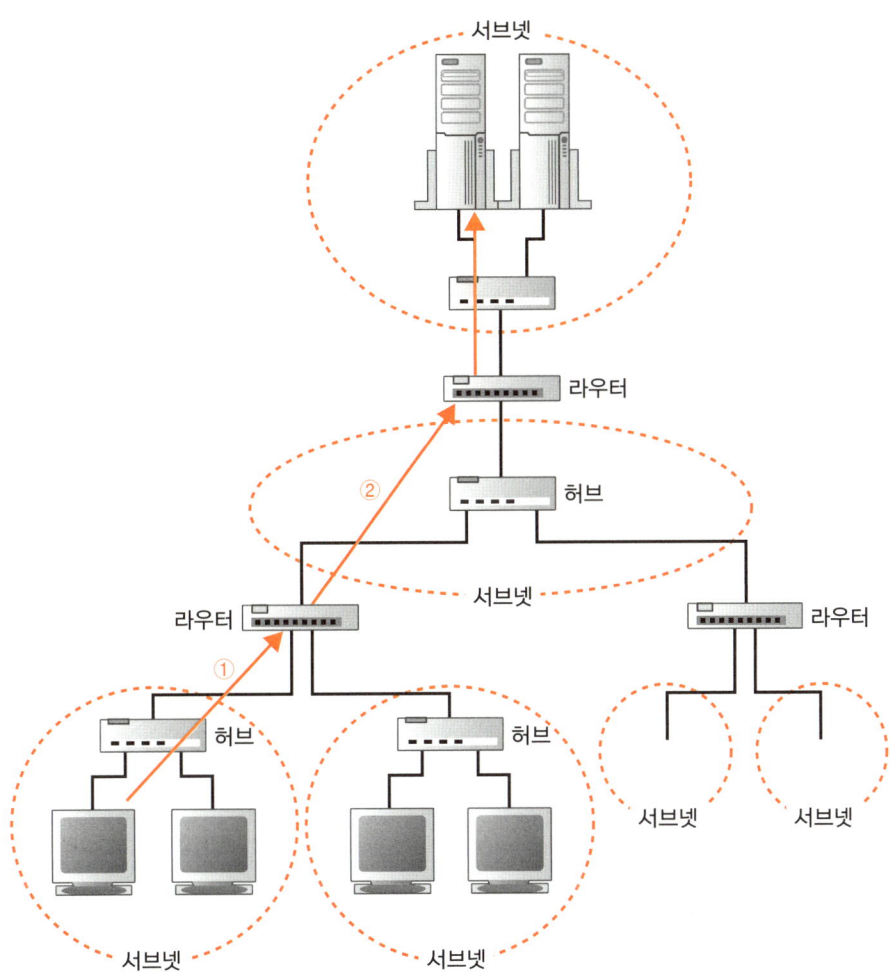

TCP/IP 네트워크는 작은 서브넷을 라우터로 연결해야 전체 네트워크가 완성된다. 서브넷에 네트워크 주소를 할당한다. 그리고 택배 전표에 수신자의 이름을 기입하는 것과 같이, 통신 데이터의 수신자 기입란에 접속처의 주소를 기재해 데이터를 보낸다. 그럼 라우터가 수신자의 이름을 보고 어느 방향에 있는지 확인한 다음, 그 방향으로 데이터를 중계한다. 이 중계 작동을 반복하면 접속처에 데이터가 도달한다.

그림 1.8 IP의 기본적인 작동 방식

명에 해당하는 번호를 서브넷에 할당하고 건물 번호에 해당하는 번호를 컴퓨터에 할당한 것이 네트워크상의 주소인데요. 도로명에 해당하는 번호를 **네트워크 번호**라고 부르고, 건물 번호에 해당하는 번호를 **호스트 번호**라고 부릅니다. 이 주소를 IP 주소라고 부르죠.[28] IP 주소에 따라 접속처가 어디에 있는지 판단해서 접속처의 서버까지 메시지를 옮깁니다. 자세한 내용은 나중에 설명하겠지만, 여기서도 간단하게 소개하고 넘어갈게요.

송신원이 메시지를 보내면 서브넷에 있는 허브가 메시지를 옮기고,[29] 송신원에서 가장 가까운 라우터까지 보냅니다.(그림 1.8 ①) 그리고 라우터가 메시지를 보내는 상대를 확인해 다음 라우터를 판단하고, 그곳에 보내도록 지시해 송신 작동을 실행하면 다시 서브넷의 허브가 그 라우터까지 메시지를 보냅니다.(②) 이를 반복하면 최종적으로 접속처 서버에 데이터가 도달하는 거죠.

이게 TCP/IP와 IP 주소의 기본적인 작동 방식입니다. 이걸 이해했으면 실제 IP 주소에 관해서도 설명할게요. 실제 IP 주소는 32비트의 디지털 데이터입니다. 그림 1.9 (a)와 같이 8비트(1바이트)씩 도트로 구분해 10진수로 표기합니다. 이 형태가 보통 우리가 보는 IP 주소인데, 이러면 어떤 게 네트워크 번호이고 호스트 번호인지 알 수 없어요. IP 주소의 규약으로 네트워크 번호와 호스트 번호 둘을 합쳐 32비트라고 정해놨을 뿐이고, 그 내역은 정해진 게 없기 때문입니다.

네트워크를 구축할 때 사용자가 직접 내역을 정할 수 있는 거죠. 이 때문에 내역을 나타내는 정보를 필요에 따라 IP 주소에 덧붙입니다.

그 정보를 **넷마스크**라고 불러요. 넷마스크는 54쪽에 있는 그림 1.10 ②에서 보듯 IP 주소와 똑같이 32비트의 디지털 데이터로, 왼쪽에 1이 나열되고 오른쪽에

---

[28] IP 주소는 주소 같은 거라서, 똑같은 값을 할당한 기기가 존재해서는 안 됩니다. 실제로 어떤 실수로 똑같은 IP 주소를 여러 기기에 할당해 버리는 때도 있는데, 이때 네트워크는 올바르게 움직이지 않고 문제를 일으킵니다.
[29] 데이터는 패킷 형태로 옮겨집니다.

(a) IP 주소 본체의 표기 방법

10.11.12.13

(b) IP 주소 본체와 똑같은 방법으로 넷마스크를 표기하는 방법

10.11.12.13/255.255.255.0

(c) 네트워크 번호의 비트 수로 넷마스크를 표기하는 방법

10.11.12.13/**24**

(d) 서브넷을 표현하는 주소

10.11.12.**0**/24

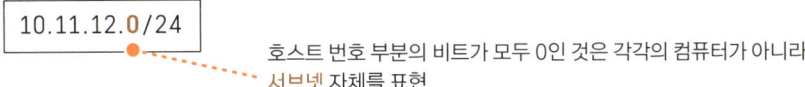

호스트 번호 부분의 비트가 모두 0인 것은 각각의 컴퓨터가 아니라
서브넷 자체를 표현

(e) 서브넷 내의 브로드캐스트를 표현하는 주소

10.11.12.**255**/24

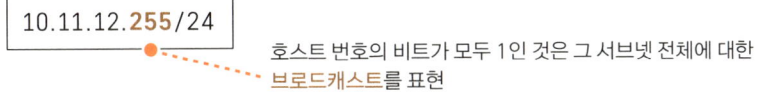

호스트 번호의 비트가 모두 1인 것은 그 서브넷 전체에 대한
브로드캐스트를 표현

그림 1.9 IP 주소의 표기 방법

0이 나열됩니다. 그리고 넷마스크가 1인 곳이 네트워크 번호를 나타내고, 넷마스크가 0인 곳이 호스트 번호를 나타냅니다. 넷마스크를 IP 주소와 마찬가지로 8비트씩 도트로 구분해 표기하고, IP 주소의 오른쪽에 병기한 것이 그림 1.9 (b)입니다.

이 표기 방법을 사용하면 길어져 버리기 때문에, 1이 있는 부분의 비트 수를 10진수로 나타내 IP 주소의 오른쪽에 병기한 것이 그림 1.9 (c)입니다. 둘 다 표기 방법이 다를 뿐이고, 의미는 다르지 않습니다.

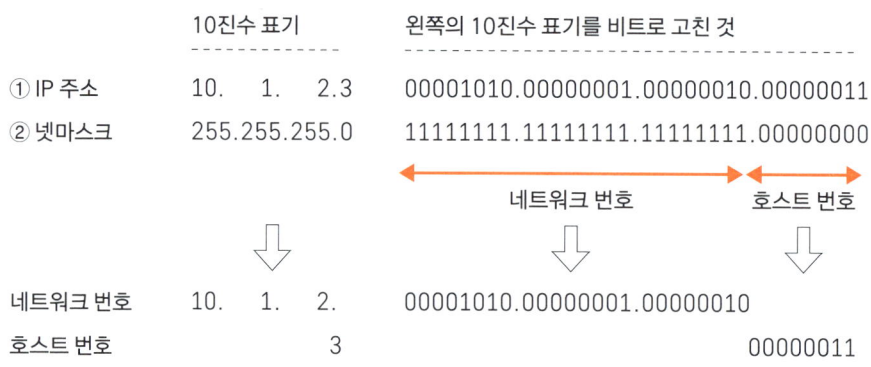

그림 1.10 IP 주소의 구조
넷마스크로 네트워크 번호와 호스트 번호의 경계를 표현한다. 이 예는 경계가 바이트의 경계와 일치한다. 즉 마침표의 위치와 일치하는데, 바이트 중간에 경계를 둬도 상관없다.

여담이지만 호스트 번호의 비트값이 모두 0 혹은 1인 경우에는 특별한 의미가 있습니다. 호스트 번호 부분이 모두 0인 IP 주소는 각각의 기기를 나타내는 것이 아니라 서브넷 자체를 나타냅니다.[그림 1.9 (d)] 또 호스트 번호가 모두 1이면 서브넷상에 있는 모든 기기에 패킷을 보내는 **브로드캐스트**를 나타냅니다.[그림 1.9 (e)]

IP 주소의 호스트 번호
모두 0: 서브넷 자체를 나타냄
모두 1: 서브넷상에 있는 모든 기기에 패킷을 보내는 '브로드캐스트'를 나타냄

1.2.2 도메인명과 IP 주소를 구분해 사용하는 이유

TCP/IP의 네트워크는 IP 주소로 통신 상대를 특정하기 때문에 이를 모르면 상대에게 메시지를 보낼 수 없습니다. 그러한 사정은 전화를 걸 때 상대의 전화번호가 필요한 것과 비슷합니다. 이 때문에 OS에 메시지 송신을 의뢰할 때는 IP 주소를 모두 지정해야 합니다.

이럴 거면 URL에 서버명이 아니라 그냥 IP 주소를 쓰면 되는 것 아닌가 하는 의문이 생길지도 모릅니다. 실제로 서버명 대신 IP 주소를 써도 올바르게 작동하긴 해요.[30] 하지만 전화번호를 외우는 게 보통 일이 아닌 것처럼, 숫자를 나열한 IP 주소를 외우는 것 또한 보통 일이 아닙니다. 그래서 URL에는 IP 주소가 아니라 서버 이름을 쓰는 것이 좋아요.[31]

　　그럼 아예 IP 주소고 뭐고 때려치우고 이름으로 상대를 지정해 통신할 수 있게 하면 되는 것 아니냐는 의견도 있을지 모르겠네요. 인터넷은 최신 네트워크 기술을 사용하기 때문에 전화와 달리 그 정도의 일은 할 수 있지 않겠냐고 생각하는 사람들이 있어도 이상한 일은 아닙니다.[32]

　　하지만 실행 효율이라는 관점에서 봤을 때, 이건 좋은 방법이라고 하기 어렵습니다. 인터넷 내부에는 라우터가 여러 개 있고, 그것이 연계돼 IP 주소를 통해 목적지가 어디에 있는지 판단한 후 데이터를 옮기는데, IP 주소 대신 이름을 사용하면 어떻게 될까요? IP 주소는 32비트, 즉 4바이트인 반면 도메인명은 최소 수십 바이트에서 최대 255바이트나 되는데 말이죠.

　　IP 주소면 4바이트만큼의 수치만 취급하면 되는데, 도메인명이면 수십에서 255바이트에 달하는 문자를 취급해야 합니다. 그만큼 라우터 부하가 늘어나고, 데이터를 옮기는 데 시간이 더 걸리고 맙니다.[33] 그 결과 네트워크 속도는 느려질 테죠. 고성능 라우터를 사용하면 해결된다고 생각할 수도 있습니다. 하지만 라우터 속도에는 한계가 있고, 그 한계에 부딪힐 만큼 방대한 데이터가 인터넷에 흐르

30　웹 서버가 가상 호스트라는 기능을 사용할 경우, IP 주소로는 접속하지 못할 수도 있습니다.
31　도메인명도 외우기 어렵다는 의견도 있을 겁니다. 하지만 TCP/IP 시스템이 고안된 당시에는 지금의 검색 엔진 같은 건 기술적으로 실현 불가능했기 때문에 주소 대신 이름을 사용할 수 있다는 것만으로도 가치가 있었습니다.
32　실제로 이름을 사용해 통신 상대를 지정하는 네트워크도 있었습니다. 예를 들어 Windows 네트워크의 원형이 되었던 PC-Networks가 있습니다.
33　도메인명은 길고 게다가 길이가 정해져 있지 않습니다. 길이가 정해져 있지 않은 데이터를 취급하는 것은 길이가 정해진 데이터를 취급하는 것보다 복잡해서 효율 저하의 요인이 됩니다.

는 때도 있습니다. 이 때문에 효율이 낮은 방법을 채택하는 것은 좋은 방법이 아닙니다. 기술 개발과 함께 라우터의 작동 속도는 향상되고 있지만, 데이터양도 그에 지지 않을 만큼 늘어나고 있어서 앞으로 한동안은 이 상황이 바뀌지 않을 겁니다. 그런 사정이 있는 만큼, 이름을 그대로 사용해 상대와 통신하는 것은 현명한 방법이라고 할 수 없습니다.

그래서 인간은 이름을 사용하고, 라우터는 IP 주소를 사용한다는 방법을 생각해 냈고, 지금은 그 방법이 정착했습니다. 이름을 알면 IP 주소를 알 수 있고, 또는 IP 주소를 알면 이름을 알 수 있는 시스템을 사용해 양쪽의 갭을 메우면 양쪽의 문제를 모두 해결할 수 있죠. 그 시스템이 바로 DNS[34]입니다.

1.2.3 IP 주소를 찾는 기능은 Socket 라이브러리가 제공

IP 주소를 조회하는 방법은 간단합니다. 가장 가까운 DNS 서버에 "www.lab.glasscom.com이라는 서버의 IP 주소를 가르쳐주세요."라는 식으로 질의를 하기만 하면 됩니다.

그럼 DNS 서버가 "그 서버의 IP 주소는 xxx.xxx.xxx.xxx입니다."라는 식으로 가르쳐줍니다. 여기까지는 간단하고 알고 있는 사람들도 많을 겁니다. 그런데 브라우저는 어떻게 DNS 서버에 질의할까요? 웹 서버에 요청 메시지를 송신하는 이야기는 일단 보류하고, 그 부분을 알아보도록 하죠.

DNS 서버에 질의한다는 것은 DNS 서버에 질의 메시지를 보내 거기서 반송되는 응답 메시지를 받는다는 뜻입니다. 이건 DNS 서버에 대해 클라이언트로 작동한다고도 할 수 있습니다. DNS 클라이언트에 해당하는 것을 **DNS 리졸버**, 또는

---

[34] DNS : Domain Name System. 서버명과 IP 주소를 대응시키기 위해 DNS를 사용하는 방법이 널리 쓰이지만, DNS의 기능은 그게 다가 아닙니다. 메일 주소와 메일 서버를 대응시키는 것처럼 다양한 정보를 이름에 대응시켜 등록할 수 있습니다.

그냥 **리졸버**라고 부릅니다. DNS 시스템을 사용해 IP 주소를 조회하는 것을 **이름 분석**이라고 부르는데, 그 분석(resolution)을 실행한다는 의미에서 리졸버(resolver)라고 부르기도 합니다.

리졸버의 실체는 Socket 라이브러리에 들어 있는 부품화된 프로그램인데, 리졸버를 설명하기 전에 Socket 라이브러리를 간단하게 설명하고 넘어가겠습니다. 먼저 라이브러리부터 알아보죠.

라이브러리는 다양한 애플리케이션으로 이용할 수 있도록 부품화된 프로그램을 다수 모은 것을 가리킵니다. 프로그램의 부품집이라고 생각하면 됩니다. 이러한 라이브러리를 이용하는 효과는 여러 가지입니다. 일단 이미 완성된 부품을 모아 애플리케이션을 만들기 때문에, 프로그래밍 작업에 드는 수고를 덜 수 있습니다. 부품을 이용하는 부분은 어느 프로그램이든 같아서 프로그램 표준화도 노릴 수 있습니다. 이 외에도 다양한 효과를 기대할 수 있는 터라 라이브러리는 소프트웨어의 전 분야에 보급돼 있고, 다양한 라이브러리가 세상에 존재합니다. Socket 라이브러리는 라이브러리의 일종인데, OS에 내장된 네트워크 기능을 애플리케이션에서 호출하기 위한 부품을 모은 것입니다.[35]

리졸버는 그 안에 들어 있는 프로그램 모듈 중 하나입니다. Socket 라이브러리에는 데이터를 송수신할 때 사용하는 부품을 비롯해 프로그램 모듈이 다수 들어 있는데, 그 부분은 잠깐 뒤로 미루고 일단 리졸버에 대해 계속해서 알아보도록 하죠.

> Socket 라이브러리는 네트워크 기능을 호출하기 위한 프로그램 모듈의 모음

---

[35] Socket 라이브러리는 캘리포니아 대학 버클리 캠퍼스에서 만든 BSD(Berkeley Software Distribution)라는 UNIX OS의 파생 버전에 쓰려고 C 언어로 개발한 라이브러리로, 인터넷에서 사용하는 기능 대부분이 Socket 라이브러리로 개발됐습니다. 이 때문에 C 언어 이외의 언어로 네트워크 라이브러리를 개발하거나 BSD 이외의 OS에 쓸 라이브러리를 개발할 때 Socket 라이브러리를 바탕으로 삼았습니다. 이 같은 과정을 거쳐 네트워크용 표준 라이브러리로 자리매김했습니다.

1.2.4 리졸버를 이용해 DNS 서버에 질의하기

이제 리졸버를 이용하는 방법을 이야기해 볼 건데, 이건 간단합니다. Socket 라이브러리에 들어 있는 프로그램은 부품화돼 있어, 간단하게 애플리케이션에서 호출해 이용할 수 있도록 만들어져 있기 때문입니다. 구체적으로는 브라우저 같은 애플리케이션 프로그램을 만들 때 그림 1.11과 같이 리졸버의 프로그램명(gethostbyname)과 웹 서버의 이름(www.lab.glasscom.com)을 쓰기만 하면 됩니다. 이걸로 리졸버를 호출할 수 있어요.[36]

이렇게 리졸버를 호출하면 리졸버가 DNS 서버에 질의 메시지를 보냅니다. 그럼 DNS 서버에서 응답 메시지가 되돌아옵니다. 이 응답 메시지에 IP 주소가 저장돼 있기 때문에 리졸버는 주소를 추출해 브라우저에서 지정된 메모리 영역 안에 씁니다.

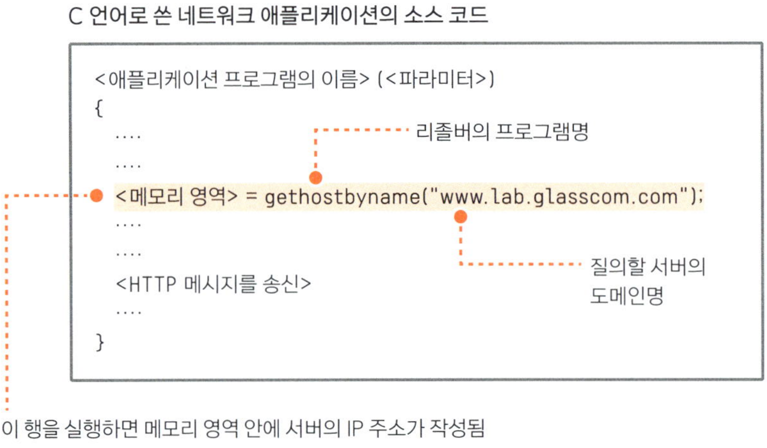

C 언어로 쓴 네트워크 애플리케이션의 소스 코드

```
<애플리케이션 프로그램의 이름> (<파라미터>)
{
    ....
    ....                            리졸버의 프로그램명
    <메모리 영역> = gethostbyname("www.lab.glasscom.com");
    ....
    ....                                    질의할 서버의
    <HTTP 메시지를 송신>                        도메인명
    ....
}
```

이 행을 실행하면 메모리 영역 안에 서버의 IP 주소가 작성됨

그림 1.11 리졸버를 호출하는 방법
애플리케이션에 위와 같이 1행을 써두면, 리졸버가 호출돼 DNS 서버로 IP 주소를 물어본다.

---

36 실제로는 이외에 IP 주소를 저장하는 메모리 영역의 배치 등을 기록한 파일을 #include라는 지시어로 프로그램 맨 앞부분에서 읽어와야 합니다.

그림 1.11의 1행을 실행하기만 해도, 이 정도의 일을 해내는 거죠. 이걸로 IP 주소를 조회하는 작동은 끝납니다. 브라우저가 웹 서버에 메시지를 보낼 때는 이 메모리 영역에서 IP 주소를 추출해 HTTP 요청 메시지와 함께 OS에 건네 송신을 의뢰하기만 하면 됩니다.

> 도메인명으로 IP 주소를 조회하면, 브라우저는 Socket 라이브러리의 리졸버를 이용한다.

1.2.5 리졸버 내부의 움직임

애플리케이션에서 호출한 리졸버가 어떻게 작동하는지 간단하게 알아보죠.(그림 1.12) 네트워크 애플리케이션(여기서는 브라우저)이 리졸버를 호출하면 제어가 리졸버 내부로 옮겨집니다.

'제어가 이동'한다는 표현은 프로그래밍 경험이 없으면 이해하기 어려울 수도 있으니 간단하게 설명할게요. 애플리케이션 프로그램에 적혀 있는 작업 내용은 통상적으로 위에서 아래로 실행되는데, 리졸버를 호출하는 부분에 다다르고 그 행을 실행하면 거기서 애플리케이션 작동이 일시적으로 멈춥니다.(그림 1.12 ①) 그리고 Socket 라이브러리 내부에 있는 리졸버가 작동해(②), 애플리케이션에서 의뢰받은 작업을 실행합니다. 이처럼 별도의 프로그램을 호출해 호출원인 프로그램이 휴지 상태에 들어가고, 호출한 프로그램이 작동하는 것을 '제어가 이동'한다고 표현합니다.[37]

리졸버로 제어가 이동하면, 그곳에서 DNS 서버에 보낼 질의용 메시지를 만듭

---

[37] 그림 1.12에서는 gethostbyname이라는 프로그램이 리졸버의 기능을 전부 실현한다고 가정했지만, 실제로는 여러 프로그램이 연계해 리졸버의 기능을 실현하도록 만들어져 있어 gethostbyname이라는 프로그램에서 별도의 프로그램을 호출하는 형태로 보일지도 모릅니다. 하지만 그렇게까지 깊게 파고들면, 이해가 어려울 테니 gethostname이 리졸버의 기능을 모두 실현하는 걸로 이야기를 진행하겠습니다.

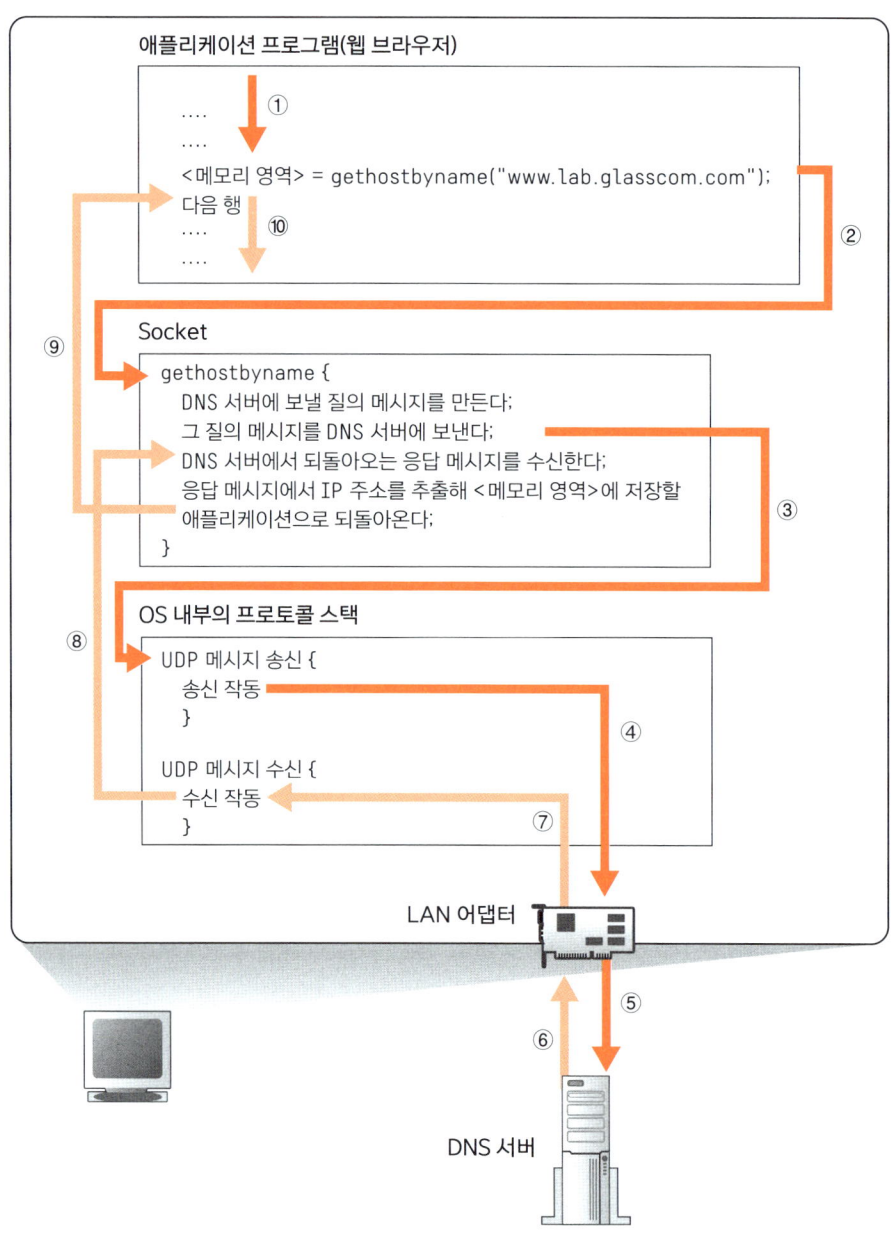

그림 1.12 리졸버를 호출할 때 PC 내부의 움직임
여러 프로그램이 순서대로 작업을 처리하면 데이터가 송신된다.

니다. 이건 브라우저가 웹 서버로 보내는 HTTP 요청 메시지를 만드는 것과 비슷해요. DNS의 사양에 따라 www.lab.glasscom.com이라는 서버의 IP 주소를 가르쳐달라는 의미의 데이터를 만드는 겁니다.[38] 그렇게 하면 해당 메시지를 DNS 서버로 보냅니다.(③) 메시지 송신 작동은 리졸버가 직접 실행하는 것이 아니라, OS 내부에 내장된 프로토콜 스택[39]을 호출해 실행을 의뢰합니다. 리졸버도 브라우저와 마찬가지로 네트워크에 데이터를 송수신하는 기능이 없기 때문이에요. 리졸버가 프로토콜 스택을 호출하면 이번에는 그곳으로 제어가 이동하고 그곳에서 메시지를 보내는 작동을 실행한 후, LAN 어댑터를 통해 메시지가 DNS 서버로 송신됩니다.(④, ⑤)

그럼 질의 메시지는 DNS 서버에 도달하고, DNS 서버는 메시지에 적힌 질의 내용을 확인한 다음 그 답을 찾습니다. 그 방법은 조금 복잡하니 나중에 설명하기로 하고, 여기서는 확인할 방법이 있는 걸로 치죠.

아무튼 접속처인 웹 서버가 DNS 서버에 등록돼 있으면 답을 찾을 수 있을 테니, 그 답을 응답 메시지에 써서 클라이언트에 반송합니다.(⑥) 그렇게 하면 메시지는 네트워크를 통해 클라이언트 쪽에 도달하고, 프로토콜 스택을 거쳐 리졸버에 건네집니다.(⑦, ⑧) 그리고 리졸버가 내용을 해독해 거기서 IP 주소를 추출한 다음, 애플리케이션에 IP 주소를 건넵니다.(⑨) 실제로는 리졸버를 호출할 때 지정한 메모리 영역에 IP 주소를 저장해요. 그림 1.11에서는 그 메모리 영역을 〈메모리 영역〉이라고 적었는데, 실제 프로그램에서는 그곳에 메모리 영역을 나타내는 이름이 적혀 있을 겁니다.

이로써 리졸버의 작동이 끝나고, 제어가 애플리케이션(브라우저)으로 되돌아옵

---

38   HTTP는 메시지를 문자로 쓰지만, DNS의 메시지는 문자가 아닌 이진 데이터로 표현됩니다.
39   프로토콜 스택 : OS 내부에 내장된 네트워크 제어용 소프트웨어. 프로토콜 드라이버, TCP/IP 소프트웨어 등으로 불리기도 합니다.

니다. 애플리케이션은 메모리 영역에 저장한 IP 주소를 필요할 때 추출할 수 있기 때문에, 이를 통해 IP 주소가 애플리케이션에 건네집니다.

컴퓨터 내부는 이처럼 다층 구조로 돼 있습니다. 층을 이루듯 여러 프로그램이 존재하고, 서로 역할을 분담하고 있는 거예요. 그리고 상위층에서 특정한 일을 의뢰받았을 때, 그 일을 직접 모두 실행하는 것이 아니라 하위 계층에 실행을 의뢰하며 처리합니다.

또한 DNS 서버로 메시지를 송신할 때도 DNS 서버의 IP 주소가 필요합니다. 다만 TCP/IP 설정 항목 중 하나로 컴퓨터에 미리 설정된 주소라서 다시 확인할 필요가 없어요. TCP/IP의 설정 방법은 OS 종류에 따라 다르지만, Windows면

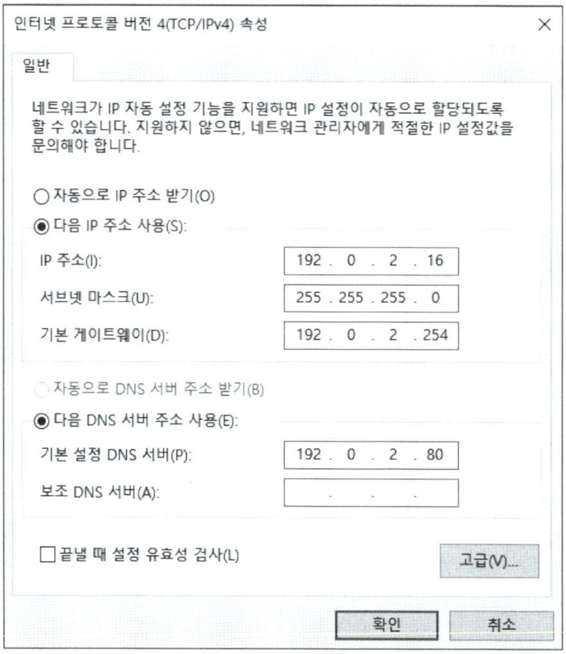

그림 1.13 DNS 서버의 주소를 PC에 설정

그림 1.13의 화면에서 설정합니다. 리졸버는 여기서 설정한 DNS 서버의 IP 주소에 질의 메시지를 보낸다고 생각하면 됩니다.

1.3 연계하는 전 세계의 DNS 서버

1.3.1 DNS 서버의 기본 작동

리졸버와 DNS 서버가 서로 데이터를 주고받는 구조를 이해했으니, 다음은 DNS 서버의 작동을 설명하겠습니다. DNS 서버의 기본 작동은 클라이언트에서 질의 메시지를 받고, 그 질의 내용에 응답하는 식으로 정보를 회답합니다. 질의 메시지에는 다음의 세 가지 정보가 포함돼 있습니다.

(a) 이름 : 서버와 메일 배송처(메일 주소에 있는 @ 이후의 이름) 등의 이름을 말합니다.

(b) 클래스 : DNS의 시스템이 고안됐을 때는 인터넷 이외의 네트워크로 이용하는 것도 검토했으므로, 이를 식별하기 위해 클래스라는 정보를 준비했습니다. 하지만 지금은 인터넷 이외의 네트워크는 소멸했기 때문에 클래스는 항상 인터넷을 나타내는 'IN'이라는 값이 됩니다.

(c) 타입 : 이름에 어떤 타입(종류)의 정보가 대응하는지를 나타냅니다. 예를 들어 타입이 A면 이름에 IP 주소가 대응한다는 것을 나타내고, MX면 이름에 메일 배송처가 대응한다는 것을 나타냅니다. 또한 이 타입에 따라 클라이언트에 회답하는 정보 내용은 다릅니다.

DNS 서버에는 이 세 가지 정보에 대응해 클라이언트에 회답하는 항목을 등록해 둡니다. 그림 1.14의 표와 같은 형태입니다. 이 등록 내용으로 질의 메시지에 해당하는 것을 찾아 클라이언트에 회신합니다.

예를 들어 www.lab.glasscom.com이라는 이름을 가진 서버의 IP 주소를 조

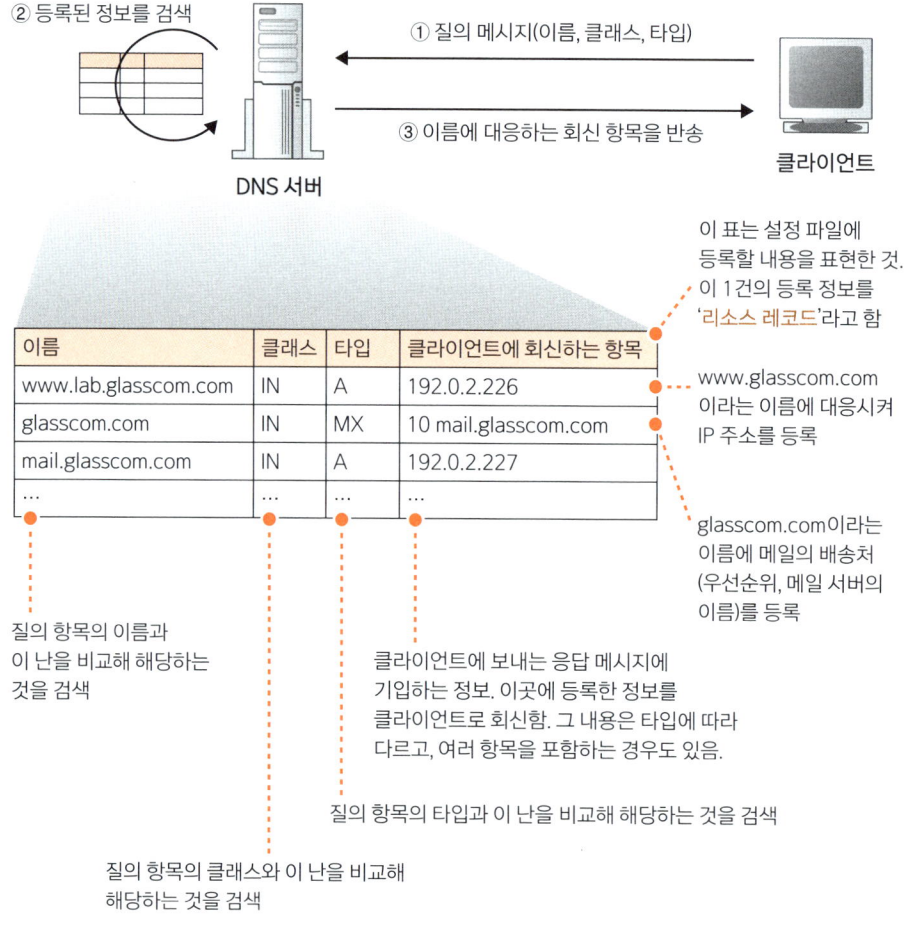

그림 1.14 DNS 서버의 기본 작동

회할 때, 클라이언트는 다음 정보를 넣은 질의 메시지를 DNS 서버에 보냅니다.

(a) 이름 = www.lab.glasscom.com

(b) 클래스 = IN

(c) 타입 = A

그럼 DNS 서버는 등록된 정보를 검색해 이름, 클래스, 타입 세 가지가 일치하는 것을 찾습니다. 가령 그림 1.14의 경우였다면 제일 위에 있는 행이 해당합니다. 세 항목 모두가 질의 메시지와 일치하기 때문이죠. 이렇게 하면 그곳에 등록된 '192.0.2.226'이라는 값을 클라이언트로 회신합니다. 또한 웹 서버에는 www.lab.glasscom.com처럼 www로 시작되는 이름을 붙이는 경우가 많지만, 그런 규칙이 있는 건 아닙니다. 처음에 웹 시스템이 만들어졌을 때, www라는 이름으로 웹 서버를 등록하는 경우가 많았기 때문에 관례처럼 굳어진 것뿐입니다. WebServer1이든, MySrv든 뭐든 좋으니 좋아하는 이름을 붙여 A라는 타입[40]으로 DNS 서버에 등록하면 그게 웹 서버의 이름이 됩니다.[41]

IP 주소를 질의할 때는 A라는 타입을 사용하지만 메일 배송처를 질의할 때는 MX[42]라는 타입을 사용합니다. IP 주소의 정보는 A라는 타입으로 등록하고, 메일 배송처는 MX라는 타입으로 DNS 서버에 등록하기 때문입니다. 예를 들어 tone@glasscom.com이라는 메일 주소가 있고, 그 배송처인 메일 서버를 확인할 경우에는 @보다 뒤에 있는 이름이 메일 배송처가 되기 때문에 그 이름을 질의합니다. 질의 메시지의 항목은 다음과 같습니다.

(a) 이름 = glasscom.com

(b) 클래스 = IN

(c) 타입 = MX

---

40 A는 address의 약자입니다.
41 웹 서버뿐 아니라 메일 서버나 데이터베이스 서버 등 어떤 서버라도 A 타입으로 주소를 등록하면 서버 이름이 됩니다. 또한 엄밀히 말해 A 타입은 IP 주소에 붙인 이름을 나타내니, 서버 이름이라고 생각할 게 아니라 IP 주소를 할당한 기기의 이름을 생각해야겠죠.
42 MX : Mail eXchange

그럼 DNS 서버는 10과 mail.glasscom.com이라는 두 항목을 회신합니다. 타입이 MX인 경우에는 메일 서버의 우선순위[43]와 메일 서버의 이름이라는 두 항목이 등록돼 있기 때문이죠. 또한 MX의 경우에는 이 회신뿐만이 아니라 mail.glasscom.com이라는 메일 서버의 IP 주소도 함께 회신합니다. 표의 3행에 IP 주소를 등록한 행이 있으니 mail.glasscom.com이라는 이름에서 그 행을 찾아내 함께 회신하는 겁니다. 이 그림의 예라면 '192.0.2.227'이라는 IP 주소를 함께 회신합니다.

이처럼 이름과 타입으로 조회할 정보를 지정해, 그에 따라 해당하는 것을 찾아 클라이언트로 회신하는 것이 DNS 서버의 기본 작동입니다.

DNS 서버는 서버에 등록된 도메인명과 IP 주소의 대응표를 조회하고, IP 주소를 회답한다.

여기서는 A와 MX라는 두 타입만 설명했지만, 그 외에도 다양한 타입이 있는데요. IP 주소로 이름을 조회할 때 사용하는 PTR이라는 타입, 이름에 닉네임(별명)을 붙이기 위한 CNAME, DNS 서버의 IP 주소를 등록하는 NS, 도메인 그 자체의 속성 정보를 등록하는 SOA 등입니다. DNS 서버는 질의 메시지에 담긴 이름과 타입에 해당하는 정보를 찾아내 회신하는 단순한 작동을 실행하지만, 타입을 구분해서 사용하면 다양한 정보를 취급할 수 있습니다.

또한 그림 1.14에서는 표의 형태로 등록 정보가 쓰여 있지만, 실제로 등록 정보는 설정 파일에 쓰여 있습니다. 그리고 이 표의 1행만큼의 정보에 해당하는 것을 **리소스 레코드**라고 부릅니다.

---

[43] 메일 배송처로 여러 메일 서버가 등록돼 있을 때, 어느 메일 서버를 우선시해야 할지 판단하기 위한 값입니다. 작은 값으로 등록된 메일 서버를 우선시합니다.

1.3.2 도메인의 계층

앞선 설명은 질의 메시지를 받은 DNS 서버에 이름과 IP 주소가 등록된 경우를 가정하고 있습니다. 사내 네트워크처럼 웹 서버나 메일 서버의 수가 제한돼 있으면, 그 정보를 전부 1대의 DNS 서버에 등록할 수 있으므로 이 설명과 같이 작동할 겁니다. 하지만 인터넷에는 막대한 수의 서버가 있습니다. 따라서 그걸 전부 DNS 서버 1대에 등록하는 것은 불가능합니다. 이 때문에 질의 메시지를 받은 DNS 서버에 정보가 없는 경우도 나옵니다. 이럴 때 DNS 서버가 어떻게 작동하는지 설명해 보겠습니다.

결론부터 말하자면 정보를 분산해 여러 DNS 서버에 등록한 다음, 이 DNS 서버들이 연계해 어디에 정보가 등록돼 있는지 찾아내는 시스템이 있습니다. 이 시스템은 조금 복잡하니 정보를 DNS 서버에 등록하는 부분부터 순서대로 설명할게요.

먼저 DNS 서버에 등록할 정보에는 모두 **도메인명**이라는 계층적인 구조를 가진 이름이 붙어 있습니다. 계층이라고 하니 괜히 어렵게 느껴지지만, 회사의 사업부, 부, 과 같은 조직 체계와 비슷하다고 생각하면 됩니다. 계층화를 하면 여러 정보를 능숙하게 정리할 수 있습니다.

DNS에서 취급하는 이름은 www.lab.glasscom.com처럼 도트로 구분하는데, 이 도트가 계층 구분을 나타냅니다. 회사 조직처럼 사업부나 부 같은 통칭을 사용하지 않고 도트로 구분하는 것뿐입니다.[44]

그리고 오른쪽에 있는 것이 상위 계층을 나타냅니다. 따라서 www.lab.glasscom.com이라는 이름을 회사 조직이라고 이해하면 'com사업부 glasscom부 lab과의 www'라고 생각할 수 있습니다. 그리고 부서 하나에 해당하는 것을

---

[44] 회사처럼 사업부나 부 같은 통칭을 붙이면 계층이 고정화되고 유연성이 떨어져 버리지만, 도트로 해두면 계층을 간단하게 늘릴 수 있고 유연성이 높아집니다.

도메인이라고 부릅니다. com이라는 도메인 아래에 glasscom이라는 도메인이 있고, 그 아래에 lab이라는 도메인이 있고, 그 도메인 안에 www이라는 이름이 있는 겁니다.

이처럼 계층화된 도메인 정보를 DNS 서버에 등록하는데, 그때 도메인 하나를 한 덩어리로 취급합니다. 즉 도메인 정보를 하나로 합쳐 DNS 서버에 등록하므로, 도메인 하나의 정보를 분할해서 여러 DNS 서버에 등록하는 것은 불가능합니다. 다만 DNS 서버와 도메인은 항상 일대일이 아니고 한 DNS 서버에 여러 도메인 정보를 등록할 수 있습니다. 그 부분은 조금 복잡하니까 그냥 한 DNS 서버에 도메인 하나를 등록한다고 생각하면 됩니다. 그렇게 생각하는 게 이해하기도 더 편하니 일단 한 DNS 서버에 도메인 하나를 등록하는 걸로 치죠.

그렇게 하면 도메인의 계층 구조와 똑같은 형태로 DNS 서버가 배치되고, 각 도메인의 정보는 그 도메인에 있는 DNS 서버에 등록됩니다. 예를 들어 회사 도메인이 있으면 그곳에 DNS 서버가 있고, 그 DNS 서버에 그 회사에 있는 웹 서버나 메일 서버가 등록된다는 겁니다.[45]

보충 설명을 하나 하겠습니다. 회사 도메인인 경우, 예를 들어 사업부마다 DNS 서버를 두고 사업부마다 개별로 도메인에 정보를 등록하고 싶은 경우도 있을 테죠. 한 도메인을 분할하지 못하면 이런 경우에 곤란하다고 생각할지 모릅니다. 하지만 괜찮습니다. 도메인 아래에 하위 도메인[46]을 만들어 그걸 사업부마다 할당할 수 있기 때문이에요. 예를 들어 회사 도메인이 example.co.kr이라면 도메인 아래에 sub1.example.co.kr, sub2.example.co.kr처럼 도메인을 몇 개 만들어 사업부마다 할당할 수 있습니다. 사업부가 아니라 자회사일 경우에도 똑같아요.

---

[45] 실제로는 한 DNS 서버에 여러 도메인을 등록할 수 있으므로 도메인 하나하나에 DNS 서버가 존재하는 것은 아닙니다. 예를 들어 프로바이더의 DNS 서버에 여러 도메인 정보를 등록합니다.

[46] 하위 도메인을 서브 도메인이라고 부릅니다.

도메인은 사업부 같은 특정한 조직을 나타내는 것이 아니기 때문에, 자회사든 뭐든 도메인을 할당할 수 있습니다. 사실 인터넷 도메인은 모두 그렇게 도메인의 하위에 도메인을 만들어 국가나 회사나 단체 등에 할당한 것입니다.

실제 도메인명을 보면 알 수 있어요. 예를 들어 www.coderaft.co.kr이라는 도메인을 보도록 하죠. 최상위의 kr이라는 도메인은 한국에 할당된 도메인입니다. 그 하위에 있는 co라는 도메인은 국내의 도메인을 분류하기 위해 만들어진 도메인으로, 회사를 나타냅니다. 그리고 그 아래에 있는 coderaft가 회사에 할당된 도메인이고, 최하위의 www가 서버 이름입니다.

1.3.3 담당 DNS 서버를 검색해 IP 주소를 취득

다음은 DNS 서버에 등록한 정보를 찾아내는 방법입니다. 여기서 포인트는 접속처인 웹 서버가 어느 DNS 서버에 등록됐는지, 그걸 찾아내는 방법입니다.

인터넷에는 DNS 서버가 매우 많아서, 닥치는 대로 일일이 물어보고 다닐 수는 없는 일입니다. 그래서 다음과 같은 방법을 씁니다. 먼저 하위 도메인을 담당하는 DNS 서버의 IP 주소를 상위 DNS 서버에 등록합니다. 그리고 상위 DNS 서버를 더 상위의 DNS 서버에 등록하는 식으로 순서대로 등록합니다. 즉 lab.glasscom.com이라는 도메인을 담당하는 DNS 서버를 glasscom.com의 DNS 서버에 등록하고, glasscom.com의 DNS 서버를 com 도메인의 DNS 서버에 등록하는 방식인 거죠. 이렇게 하면 상위 DNS 서버에서 하위 DNS 서버의 IP 주소를 알 수 있어서, 그곳에 질의 메시지를 보낼 수 있습니다.

또 앞선 설명에서는 com이나 kr이라는 도메인(이걸 **최상위 도메인**이라고 함)의 DNS 서버에 하위 DNS 서버를 등록한 시점에서 끝난 것처럼 보이지만, 사실 그렇지는 않아요. 인터넷 도메인에는 com이나 kr의 상위에 또 하나, **루트 도메인**이라고 부르는 도메인이 있습니다. 루트 도메인에는 com이나 kr 같은 도메인명이 없기에 평소에 도메인명을 쓸 때는 생략하지만, 루트 도메인을 명시적으로 쓸 경우에는 www.lab.glasscom.com.처럼 마지막에 마침표를 붙이고, 이 마침표로 루트 도메인을 표현합니다.

평소에는 이렇게 쓰지 않기 때문에 루트 도메인의 존재를 눈치채지 못하죠. 하지만 루트 도메인은 분명히 존재해서, DNS 서버에 com이나 kr의 DNS 서버를 등록합니다. 이렇게 하위 DNS 서버를 상위 DNS 서버에 등록하면, 루트 도메인에서부터 순차적으로 아래로 내려가며 확인할 수 있습니다.

등록 작업은 또 하나 있습니다. 루트 도메인의 DNS 서버를 인터넷에 존재하는 DNS 서버 모두에 등록하는 겁니다. 이렇게 하면 어느 DNS 서버도 루트 도메인에 접속할 수 있습니다. 그 결과 클라이언트에서 어딘가의 DNS 서버로 접속하면 그곳에서 루트 도메인을 거쳐 도메인 계층을 아래로 따라가다가 최종적으로 목적지인 DNS 서버에 도달할 수 있습니다.(그림 1.15)

루트 도메인의 DNS 서버에 할당된 IP 주소는 전 세계에 13개[47]뿐이고, 좀처럼 변경되지 않기 때문에 이 주소를 각 DNS 서버에 등록하는 작업은 그리 어렵지 않습니다.

실제로 루트 도메인의 DNS 서버에 관한 정보는 DNS 서버 소프트웨어와 함께 설정 파일로 배포되기 때문에, DNS 서버 소프트웨어를 설치하면 자동으로 등록이 끝나버립니다.

여기까지가 말하자면 준비 단계입니다. DNS 서버를 설정할 때 지금까지 한 등록을 끝내둡니다. 이 덕분에 수많은 DNS 서버에서 목적이 되는 DNS 서버를 찾아낼 수 있는 겁니다. 그 과정을 살펴보겠습니다.

여기서는 73쪽의 그림 1.16과 같이 클라이언트와 가장 가까이에 있는 DNS 서

---

[47] 루트 도메인의 DNS 서버는 여러 서버 머신이 한 서버 머신으로 보이는 형태로 운영됩니다. 이 때문에 IP 주소는 13개지만, 실제로는 여러 서버 머신이 존재합니다.

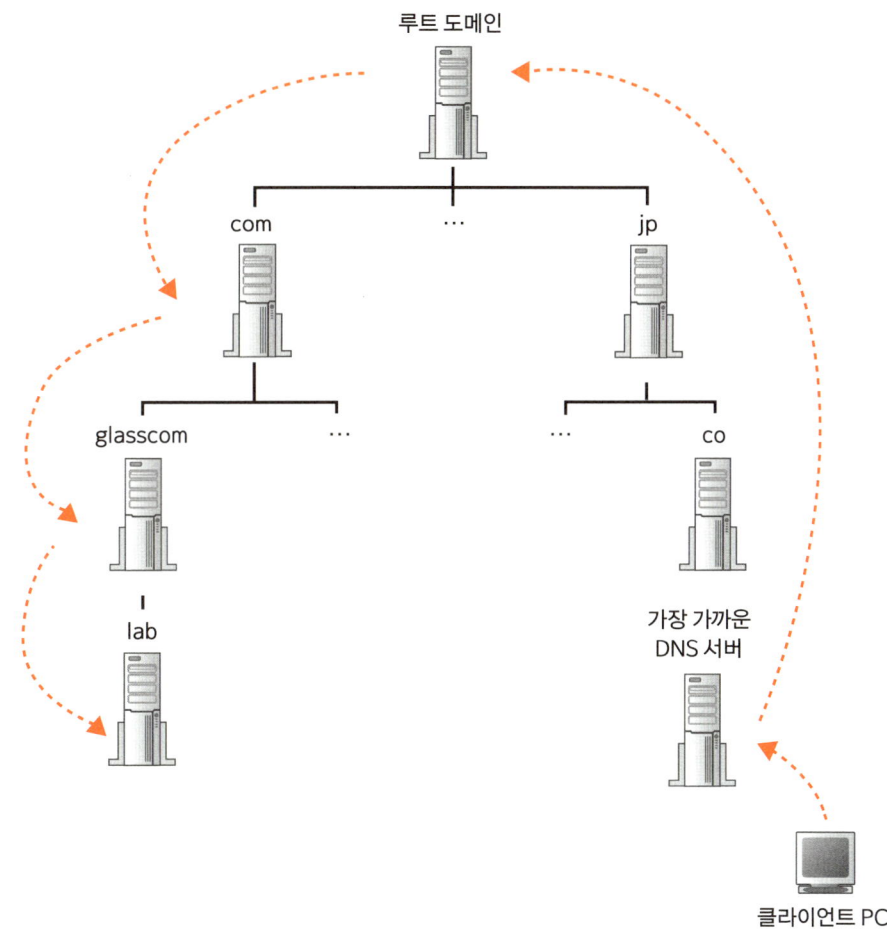

그림 1.15 목적 서버에 도달한다

버(클라이언트의 TCP/IP 설정 항목의 DNS 서버로 설정된 DNS 서버를 말함)에 www.lab.glasscom.com이라는 웹 서버에 관한 정보를 질의하도록 하겠습니다.(①) 가장 가까이 있는 DNS 서버에는 www.lab.glasscom.com이라는 이름이 등록돼 있지 않기 때문에 도메인 계층을 위에서 순차적으로 확인하며 내려갑니다.

가장 가까이 있는 DNS 서버에는 루트 도메인의 DNS 서버가 등록돼 있기에, 그곳에 클라이언트에서 받은 질의 메시지를 전송합니다.(②) 루트 도메인에는 www.lab.glasscom.com이라는 이름이 등록돼 있지 않지만, 이름을 보면 com 도메인 아래에 있다는 것을 알 수 있습니다. 거기서 루트 도메인의 DNS 서버는 본인에게 등록돼 있는 com 도메인 내 DNS 서버의 IP 주소를 반송하죠. 대충 "난 답을 모르지만 com 도메인에 단서가 있을 테니 그쪽으로 가줘."라는 느낌입니다. 그렇게 하면 가장 가까운 DNS 서버는 com 도메인의 DNS 서버에 질의 메시지를 보냅니다.(③) www.lab.glasscom.com은 이곳에도 등록돼 있지 않기 때문에, 아까와 마찬가지로 com 아래에 있는 glasscom.com 도메인 내 DNS 서버의 IP 주소를 반송합니다. 이처럼 위에서 아래로 DNS 서버를 확인하는 작동을 반복하면 곧 목적한 DNS 서버에 도달합니다.(⑤) 그리고 거기서 질의에 대한 답이 돌아올 겁니다. 이걸로 www.lab.glasscom.com의 IP 주소를 알 수 있습니다. 클라이언트에서 질의 메시지를 받은 DNS 서버는 이렇게 IP 주소를 조회하고, 이걸 클라이언트로 회신합니다.(⑥) 이러면 클라이언트는 웹 서버의 IP 주소를 알 수 있고, 그곳에 접속할 수 있습니다.(⑦)

DNS 서버의 움직임을 이해했으면 그림 1.12와 그림 1.16을 연결해 볼까요? 그림 1.16의 ①과 ⑥은 그림 1.12의 ⑤와 ⑥에 해당하기 때문에 이 부분을 겹치면 두 그림을 하나로 연결할 수 있습니다. 그림 1.12와 그림 1.16에서는 클라이언트와 DNS 서버의 상하 관계가 반대지만, 한쪽을 뒤집으면 두 그림이 이어져요. 그럼 브라우저가 gethostbyname을 호출해 웹 서버의 주소를 조회하는 작동을 처음부터 끝까지 확인할 수 있습니다. 이게 DNS 서버에 IP 주소를 질의하는 실제 움직임입니다.

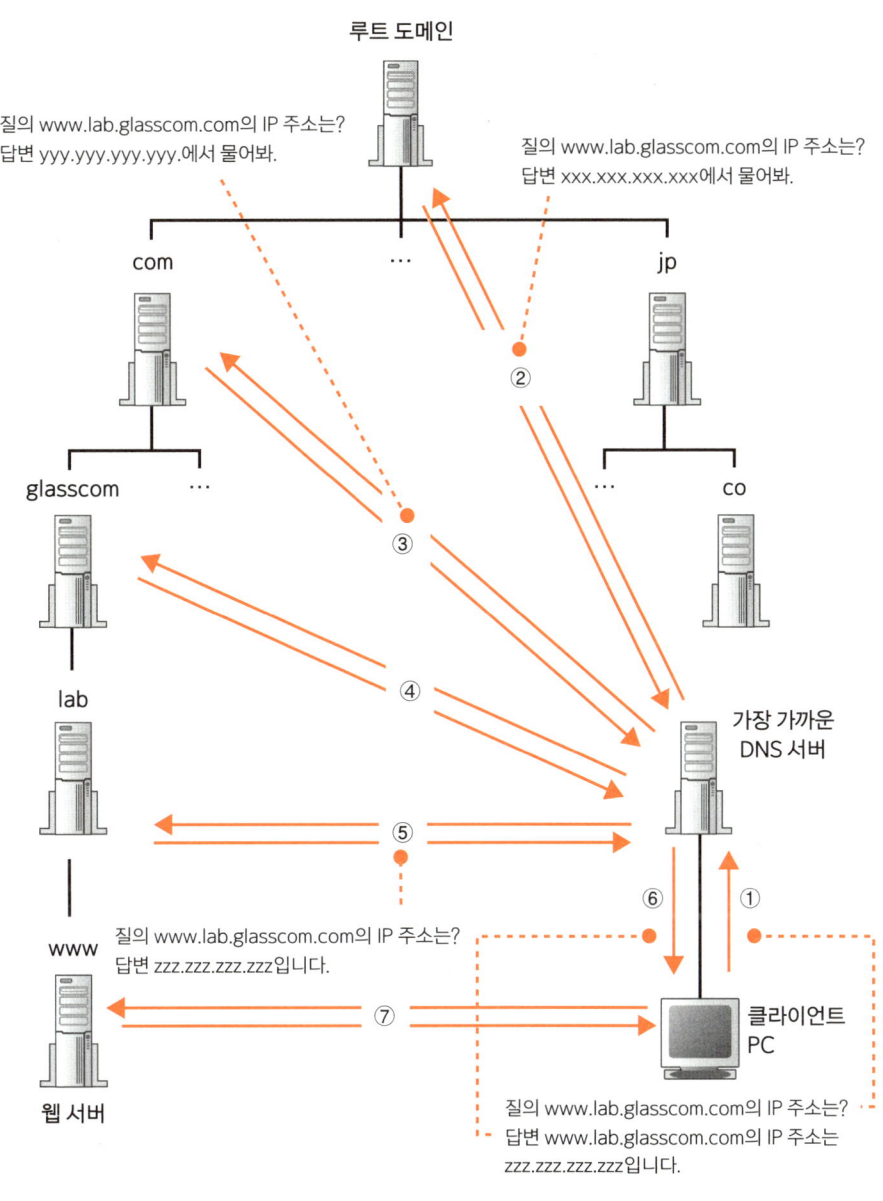

그림 1.16 DNS 서버끼리의 질의 작동

1.3.4 DNS 서버는 캐시 기능으로 빠르게 회답

그림 1.16은 기본이 되는 작동을 표현한 것으로, 현실의 인터넷과는 다른 부분이 있습니다. 현실의 인터넷에서는 한 DNS 서버에 여러 도메인 정보를 등록하는 경우가 있기에 그림 1.16처럼 각 도메인에 꼭 하나씩 DNS 서버가 존재하는 건 아닙니다. 그림에는 도메인마다 별도의 DNS 서버를 그려놨지만, 현실에서는 상위와 하위 도메인을 똑같은 DNS 서버에 등록하는 경우도 있습니다. 이렇게 하면 상위 DNS 서버에 질의했을 때 하위 DNS 서버 하나를 건너뛰고, 더 하위의 DNS 서버에 관한 정보가 되돌아옵니다.

또 최상위 루트 도메인에서 순차적으로 내려가는 원칙대로 작동되지 않는 경우도 있습니다. DNS 서버는 한 번 조회했던 이름을 **캐시**[48]에 기록해 두는 기능이 있어서, 질의한 이름에 해당하는 정보가 캐시에 있으면 그 정보를 회답하기 때문입니다.

그럼 그 위치에서 계층 구조를 아래로 찾을 수 있습니다. 루트 도메인에서 찾는 것보다 이쪽이 덜 번거롭습니다. 또 질의한 이름이 등록돼 있지 않은 경우, 이름이 존재하지 않는다는 회답이 돌아오는데 이를 캐시에 저장하는 경우도 있습니다. 이 덕분에 이름이 존재하지 않는다면 빠르게 회답할 수 있죠.

캐시 시스템에는 주의할 점이 하나 있습니다. 캐시에 정보를 저장한 후에 등록 정보가 변경될 수 있으므로, 캐시에 저장한 정보가 꼭 옳지는 않다는 점입니다. 따라서 DNS 서버에 등록한 정보에는 유효 기한을 설정합니다. 캐시에 저장한 데이터의 유효 기한이 지나면 데이터를 캐시에서 삭제합니다. 또 질의에 회답할 때 정보가 캐시에 저장한 것인지, DNS 서버에서 온 회답인지 알려야 합니다.

---

[48] 캐시 : 한 번 사용한 데이터를 이용하는 장소와 가까운 곳에 있는 고속 기억장치에 보관해, 2번째 이후에는 빠르게 사용하는 기술을 말합니다. CPU와 주기억장치 사이에 두는 캐시 메모리나, 디스크 장치의 데이터를 메모리에 캐시하는 방법 등이 예전부터 쓰였는데 네트워크에서도 캐시 기술로 고속화하는 방법이 일반적입니다.

1.4 프로토콜 스택에 메시지 송신 의뢰하기

1.4.1 데이터 송수신 작동의 개요

IP 주소를 조회하면 해당 IP 주소의 상대, 여기서는 접속처인 웹 서버에 메시지를 송신하도록 OS 내부에 있는 **프로토콜 스택**에 의뢰합니다. 웹 서버에 보내는 HTTP 메시지는 디지털 데이터이기 때문에 디지털 데이터를 송신하도록 의뢰한다고 할 수도 있겠네요. 또한 디지털 데이터를 송수신하는 작동이라는 것은 브라우저에 제한하지 않고 네트워크를 이용하는 애플리케이션 모두에 공통됩니다. 그래서 이 작동은 웹뿐만이 아니라 어떤 네트워크 애플리케이션에서도 똑같습니다.[49] 그 작동을 따라가 보도록 하죠.

여기서도 DNS 서버에 IP 주소를 질의할 때와 마찬가지로 Socket 라이브러리에 들어 있는 프로그램 모듈을 이용하는데, IP 주소를 질의할 때처럼 프로그램 모듈을 하나 호출하고 끝낼 수는 없습니다. 여러 모듈을 정해진 순서대로 호출해야 하므로 조금 복잡해요. 데이터를 송신하는 일련의 작동 전체를 이해해야 하나하나의 작동에 어떤 의미가 있는지 이해할 수 있을 겁니다. 그러니 데이터 송수신 전체의 작동 방식부터 설명해 보도록 하죠.

> OS 내부의 프로토콜 스택에 메시지 송신 작동을 의뢰할 때, Socket 라이브러리의 프로그램 모듈을 정해진 순서대로 호출한다.

Socket 라이브러리를 사용한 데이터 송수신 작동의 이미지를 그림으로 나타내면 그림 1.17과 같습니다.[50] 즉 데이터를 송수신하는 컴퓨터 사이에 데이터 통로

---

[49] DNS 서버를 사용해 IP 주소를 조회하는 작동도 마찬가지로 모든 애플리케이션에 공통입니다.
[50] 그림 1.17은 TCP 프로토콜을 사용한 데이터 송수신 작동의 이미지를 정리한 것입니다. UDP(User Datagram Protocol) 프로토콜을 사용한 데이터 송수신 작동도 있지만, 나중에 설명합니다.

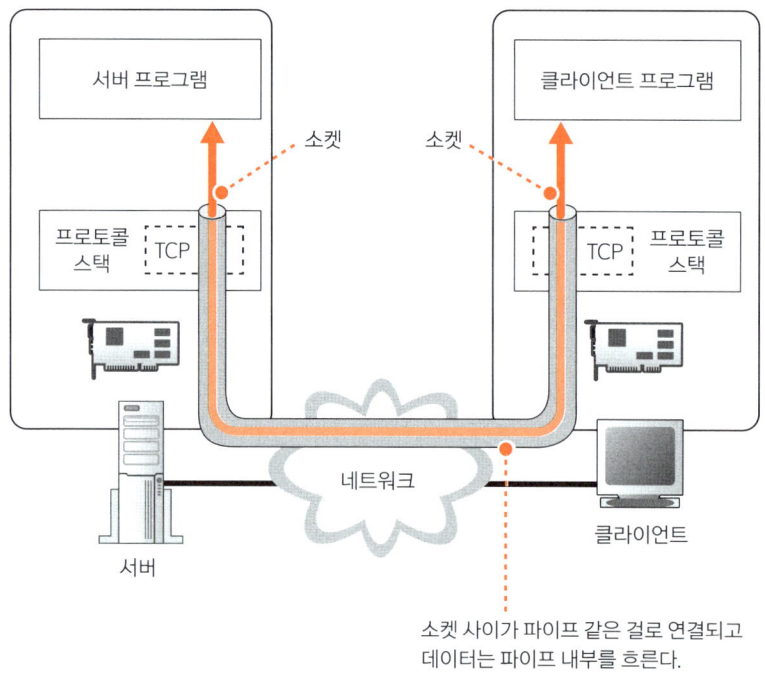

그림 1.17 파이프 같은 것을 통해 데이터가 흐른다

같은 게 있는데, 그곳으로 데이터가 흘러 상대 쪽에 도달한다는 느낌인 거죠. 통로는 파이프 같은 것이라고 생각하면 됩니다. 파이프의 한쪽 끝에서 데이터를 던져넣으면 파이프를 통해 다른 쪽 끝까지 도달하고, 그곳에서 데이터를 추출할 수 있습니다. 데이터는 어디에서 던져넣어도 됩니다. 양방향으로 데이터를 흘릴 수 있으니까요.

실제로 파이프가 있는 건 아니지만, 송수신 작동의 전체상은 이 같은 이미지로 파악하면 됩니다. 데이터를 송수신할 때의 작동 방식은 이게 다지만, 또 하나 중요한 게 있어요. 이 그림만 보면 처음부터 파이프가 존재하는 것처럼 보이지만, 실은 송수신 작동을 하기 전에 송수신하는 양쪽 사이를 파이프로 연결해야 한다는 점입니다. 그 부분의 포인트는 파이프의 양쪽 끝에 있는 데이터의 출입구입니다. 이 출입구를 소켓이라고 부르는데, 일단 소켓을 만들고 이들을 연결하는 겁니다. 실제로는 이런 느낌이에요. 먼저 서버 쪽에서 소켓을 만듭니다. 그리고 그 소켓에 클라이언트가 파이프를 연결하러 오길 기다립니다.[51] 이렇게 서버가 대기하고 있는 부분에 파이프를 연결합니다. 구체적으로는 클라이언트에서도 소켓을 만들고, 또 그 소켓에서 파이프를 잡아당겨 서버 쪽 소켓에 연결합니다. 두 소켓이 연결되면 준비가 끝납니다. 그다음은 아까 설명했듯이, 소켓을 통해 데이터를 던져넣는다는 이미지로 데이터 송수신 작동을 실행합니다.

송수신 작동이 끝난 뒤의 작동도 설명해 보겠습니다. 데이터를 모두 보내고 나면 연결된 파이프를 떼어냅니다. 파이프를 연결할 때는 클라이언트가 서버 쪽을 향해 연결했지만, 파이프를 떼어낼 때는 어디서 떼어내든 상관없습니다.[52] 한쪽을 떼어내면 다른 한쪽도 떼어지거든요. 그리고 파이프를 떼어내면 소켓을 종료합니다. 이걸로 통신 작동은 종료됩니다.

데이터 송수신 작동은 이처럼 몇 단계로 나눠집니다. 정리하면 다음처럼 요약할 수 있어요.

(1) 소켓을 만든다. (소켓 생성 단계)

(2) 서버 쪽의 소켓에 파이프를 연결한다. (접속 단계)

(3) 데이터를 송수신한다. (송수신 단계)

(4) 파이프를 떼어내고 소켓을 종료한다. (종료 단계)

---

[51] 서버 소프트웨어는 통상적으로 기동 직후에 소켓을 만들어 클라이언트가 파이프를 연결하러 오기를 기다리도록 만들어져 있습니다.

[52] 실제로는 떼어내는 순서를 애플리케이션 규칙으로 정해둡니다. 웹의 경우, HTTP 버전에 따라 다르지만 HTTP 1.0이면 서버가 클라이언트에 웹 페이지의 데이터를 모두 보낸 시점에서 서버 쪽에서 파이프를 떼어냅니다. '1.4.5 종료 단계에서 송수신은 끝'에서 설명합니다.

이 단계에 따라 Socket 라이브러리의 프로그램 모듈을 호출해 데이터 송수신 작동을 실행하는데, 그 움직임을 따라가기 전에 한 가지 더 보충해 두겠습니다. 네 단계 작동을 실행하는 것은 OS 내부의 프로토콜 스택입니다. 브라우저 같은 애플리케이션은 직접 파이프를 연결하거나, 그곳에 데이터를 던져넣지 않습니다. 프로토콜 스택에 의뢰해 파이프를 연결해 달라고 하거나, 데이터를 던져넣어 달라고 하죠. 이 장에서 설명할 것은 그 의뢰 작동입니다. 그리고 브라우저에서 의뢰를 받은 프로토콜 스택이 어떻게 파이프를 연결하는지, 또는 파이프에 데이터를 던져넣는지는 제2장에서 설명할게요.

의뢰 작동은 Socket 라이브러리의 프로그램 모듈을 호출해 실행하는데, 데이터 송수신용 프로그램 모듈은 애플리케이션이 의뢰한 내용을 그대로 프로토콜 스택에 전달하는 중개 역할만 할 뿐, 실질적인 작업을 하지 않습니다. 따라서 이게 프로그램 모듈의 작동이라는 것을 알기 쉽게 표현할 수가 없어요. 무리하게 Socket 라이브러리의 존재를 보여주지 않고, Socket 라이브러리와 프로토콜 스택을 한 몸으로 보고 그 일체화된 움직임을 설명하는 게 더 알기 쉬울 겁니다. 이런 이유로, 앞으로는 이런 형태로 설명하겠습니다. 하지만 그림 1.12와 같이 Socket 라이브러리라는 중개 역할이 있다는 사실을 잊지 말았으면 합니다.

1.4.2 소켓을 만드는 생성 단계

데이터 송수신을 의뢰하는 애플리케이션 프로그램의 작동을 따라가 보죠. 포인트는 DNS 서버에 질의를 보낼 때와 마찬가지로, Socket 라이브러리의 프로그램 모듈을 호출하는 부분에 있습니다. DNS 서버일 때는 gethostbyname이라는 이름의 프로그램 모듈(리졸버)을 호출했는데, 이번에는 프로그램 모듈 몇 개를 정해진 순서대로 호출합니다. 그 모습을 80쪽의 그림 1.18에 표현해 봤으니 이걸 보며 설명을 읽어보세요. 또 Socket 라이브러리의 프로그램 모듈을 호출할 때의 작동 방식은 그림 1.11의 주변에 있는 리졸버를 호출할 때의 설명과 똑같으니, 그걸 한 번 더 떠올려보세요.

제일 먼저 소켓을 만드는 단계부터 이야기해 볼게요. 클라이언트 쪽의 소켓을 만드는 건 간단합니다. Socket 라이브러리의 socket이라는 프로그램 모듈[53]을 호출하는 게 다거든요.(그림 1.18 ①) socket을 호출한 후의 움직임은 리졸버를 호출했을 때처럼 socket 내부로 제어가 이동하고, 소켓을 만드는 작동을 실행한 후에 애플리케이션으로 제어가 되돌아옵니다. 리졸버를 설명할 때 살펴본 그림 1.12의 움직임과 똑같다고 생각하면 돼요. 다만 socket 내부의 움직임은 리졸버처럼 단순하지 않기 때문에 제2장에서 자세하게 설명하겠습니다.[54] 지금은 socket을 호출하면 소켓이 만들어진다고 생각하세요.

소켓이 만들어지면 **디스크립터**라는 것이 되돌아오기 때문에, 애플리케이션은 그걸 받아 메모리에 기록해 둡니다. 디스크립터는 소켓을 식별하기 위해 사용하는데, 다음과 같이 생각하면 됩니다. 브라우저가 웹 서버에 접속하는 움직임에만 착안하면 모를 수도 있지만, 컴퓨터 내부에서는 여러 데이터 송수신 작동이 동시에 진행되는 경우가 있어요. 예를 들어 브라우저에서 창을 2개 열고 웹 서버 두 곳에 동시에 접속하는 상황입니다. 그때 2개의 데이터 송수신 작동이 동시에 진행되기 때문에 소켓도 2개 만들어야 합니다. 이건 한 가지 예시로, 여러 소켓이 컴퓨터 1대에 존재할 가능성이 있다는 말입니다.

그런 경우에는 하나하나의 소켓을 식별해야 합니다. 이 역할을 하는 게 바로 디스크립터입니다. 하나하나의 소켓에 할당한 번호 같은 게 디스크립터라고 생각하면 됩니다. 번호 같은 거라는 설명으로는 그림이 안 그려질 수도 있겠네요. 그럴

---

53 Socket, socket, 소켓과 같이 똑같은 이름이 다른 표기로 여러 번 나와 헷갈리겠지만 세간에서도 그렇게 부르니 양해 바랍니다. socket처럼 소문자로 시작하면 프로그램 모듈을 가리키고, Socket처럼 대문자로 시작하면 라이브러리를 가리키며, 소켓처럼 한글로 표기하면 파이프 양쪽 끝에 있는 출입구를 가리킨다고 생각하세요.
54 다음에 설명할 connect, write, read, close라는 프로그램 모듈에서도 사정은 똑같습니다.

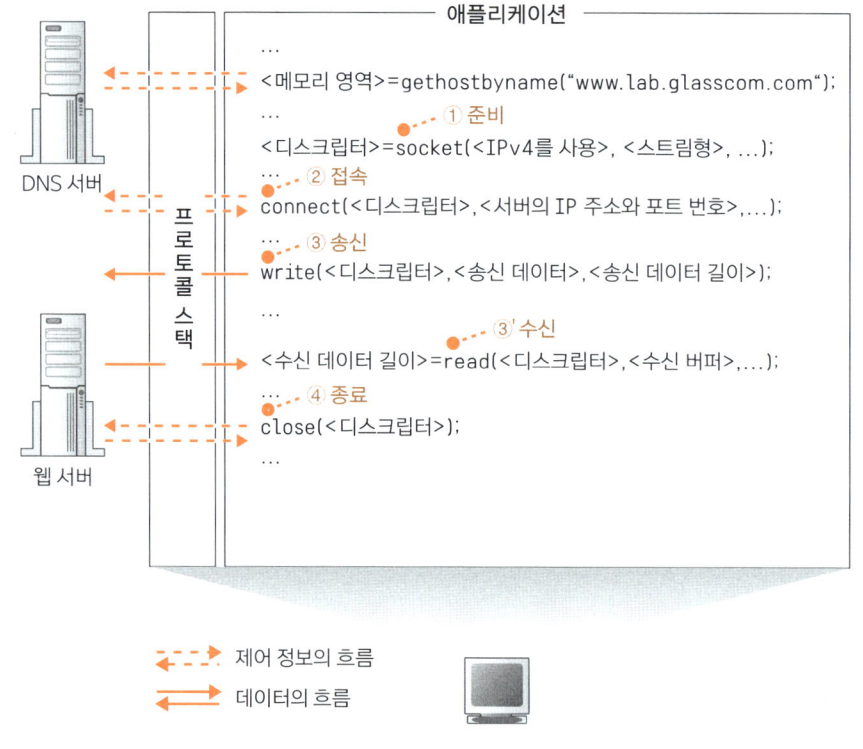

그림 1.18 클라이언트와 서버의 메시지 송수신 작동의 모습
소켓 생성, 웹 서버로 접속, 데이터 송신, 데이터 수신, 종료 등 여러 처리가 이뤄진다.

때는 호텔 옷장에 코트나 가방을 맡겼을 때 주는 번호표를 상상하면 됩니다. 담당자에게 번호표를 보여주면 어떤 코트가 눈앞에 있는 고객의 물건인지 바로 알 수 있죠. 디스크립터의 역할이 그것과 똑같습니다. 소켓을 만든 후 그 소켓을 사용해 접속 작동을 실행하거나 데이터 송수신 작동을 실행하는데, 그때 디스크립터를 보여주면 어떤 소켓을 사용해 접속할지 또는 데이터를 송수신할지 프로토콜 스택이 바로 판단할 수 있습니다.

애플리케이션은 '디스크립터'라는 번호표로 소켓을 식별한다.

1.4.3 파이프를 연결하는 접속 단계

다음은 완성된 소켓을 서버 쪽 소켓에 접속하도록 프로토콜 스택에 의뢰합니다. 애플리케이션은 Socket 라이브러리의 connect라는 프로그램 모듈을 호출해 이 의뢰 작동을 실행합니다. 여기서 포인트는 connect를 호출할 때 지정하는 디스크립터, 서버의 IP 주소, 포트 번호라는 값 3개입니다.(그림 1.18 ②)

첫 디스크립터는 소켓을 만들었을 때 되돌아온 디스크립터를 말합니다. 여기서 지정한 디스크립터는 connect가 프로토콜 스택에 통지합니다. 그리고 프로토콜 스택이 통지된 디스크립터를 보고, 어느 소켓을 서버 쪽 소켓에 접속할지 판단해 접속 작동을 실행합니다.[55]

다음 IP 주소는 DNS 서버에 질의해 조회한 접속처 서버의 IP 주소입니다. DNS 서버를 설명할 때 말했듯이, 데이터 송수신 작동을 실행할 때는 송수신하는 상대의 IP 주소를 프로토콜 스택에 알려야 합니다. 그게 이 IP 주소죠.

포트 번호는 조금 설명이 필요하겠네요. IP 주소는 전화번호와 똑같은 것이라는 설명을 들을 때가 있는데, 그 설명에 따르면 IP 주소를 알면 상대에게 접속할 수 있다고 생각해도 이상할 게 없습니다. 하지만 컴퓨터 통신은 전화와 똑같지 않아요. 그에 대한 사정은 IP 주소로 뭘 알 수 있는지 생각해 보면 이해가 갈 겁니다. **IP 주소**는 네트워크상에 존재하는 각 컴퓨터를 식별하기 위해 각각에 다른 값을 할당한 것입니다.[56] 즉 IP 주소로 특정할 수 있는 건 네트워크상의 어느 컴퓨터인지 구별하는 일입니다. 접속 작동은 상대 쪽의 소켓에 대해 이뤄지는 것이라 소켓을 특정해야 하지만, IP 주소로는 소켓까지 특정할 수 없습니다. 전화를 걸었

---

[55] Socket 라이브러리의 프로그램 모듈을 호출하면 거기서 지정한 값을 Socket 라이브러리의 프로그램 모듈이 프로토콜 스택에 통지해 프로토콜 스택이 실제 작동을 실행한다는 처리 흐름이 있습니다. 이는 이후의 설명에도 공통된 사항이므로 생략합니다.
[56] 정확하게 말하면 IP 주소는 각 기기에 할당하는 것이 아니라, 기기가 장비하는 각 네트워크용 하드웨어에 할당하는 것입니다. 이 때문에 여러 네트워크 하드웨어를 장비한 기기에는 여러 주소가 할당됩니다.

을 때 "○○씨 좀 바꿔주세요."라고 말하고, 대화할 상대를 호출하는 것과 같은 장치가 필요해요. 그 장치가 바로 **포트 번호**입니다. IP 주소와 포트 번호를 지정해, 어느 컴퓨터상의 어느 소켓과 접속할지 명확하게 정합니다.

소켓 생성을 설명할 때 등장한 디스크립터를 사용하면 소켓을 정할 수 있는 거 아냐? 이렇게 생각하는 이도 있을 테죠. 하지만 그 방법도 잘 먹히지는 않습니다. 디스크립터는 소켓을 만들라고 의뢰한 애플리케이션에 건네는 것이지, 접속 상대에게 건네는 게 아니거든요.

이 때문에 접속 상대 쪽에서는 그 값을 모릅니다. 클라이언트는 서버 쪽 소켓의 디스크립터를 모른다는 거죠. 모르기 때문에 클라이언트가 서버의 디스크립터를 사용해 서버 쪽의 소켓을 지정할 수는 없습니다. 거기서 클라이언트가 알 만한 장치가 필요한데, 그 장치가 바로 포트 번호입니다. 컴퓨터 1대의 내부에서 소켓을 식별하기 위해 디스크립터를 만드는 것과 달리, 포트 번호는 접속 상대가 소켓을 식별하기 위해 사용합니다.[57]

포트 번호로 접속 상대의 소켓을 특정할 수 있다는 것은 이해했는데, 그럼 포트 번호는 몇 번으로 해야 할까요? URL에 포트 번호는 적혀 있지 않습니다.[58] IP 주소처럼 DNS 서버에 질의해 조회하는 것도 아닌 것 같고요.[59] 단서가 어디에도 없는데 어떻게 알 수 있을까, 신기하게 생각할 수도 있는데요. 그렇게 거창한 장치가 있는 건 아닙니다. 서버의 포트 번호는 애플리케이션 종류에 따라 미리 정해진 값을 사용한다는 규칙이 있을 뿐이에요. 웹이면 80번, 메일이면 25번 같은 방식

---

[57] 포트 번호로 소켓을 식별할 수 있으면, 디스크립터 같은 건 필요 없잖아? 이런 의문도 있을 텐데요. 그에 대한 사정을 이해하려면 포트 번호에 관해 좀 더 깊이 알아야 합니다. 자세한 내용은 '6.1.3 서버 쪽의 소켓과 포트 번호'에 있으니 그쪽을 참고하세요.
[58] 그림 1.1의 윗부분에 있는 그림 2점을 보면 알 수 있듯이, URL 규칙에는 포트 번호를 쓰는 곳이 정해져 있습니다. 하지만 이곳에 포트 번호를 쓰는 예는 드물고, 대부분은 포트 번호를 생략합니다.
[59] DNS 서버로 포트 번호를 조회하는 방법도 있지만, 널리 보급돼 있다고는 할 수 없는 상황입니다.

입니다.[60] 자세한 내용은 제6장에서 서버의 작동을 알아볼 때 설명할 테니, 여기서는 미리 정해진 포트 번호를 지정하면 그 번호에 대응하는 서버 애플리케이션의 소켓에 접속할 수 있다고 생각해 주세요. 한마디로 브라우저에서 웹 서버에 접속할 때의 포트 번호는 80번으로 규정돼 있습니다.

여기서 하나 더 의문이 생길지도 모르겠네요. 포트 번호가 접속 상대 쪽에서 소켓을 특정하기 위해 사용하는 거라면 서버도 클라이언트의 소켓 포트 번호가 필요할 텐데, 그 부분은 어떻게 처리하느냐는 겁니다. 그건 다음과 같아요. 먼저 클라이언트의 소켓 포트 번호는 소켓을 만들 때 프로토콜 스택이 적당한 값을 찾아서 할당합니다.[61] 그리고 그 값은 프로토콜 스택이 접속 작동을 실행할 때 서버에 통지됩니다. 이 부분은 제2장에서 프로토콜 스택의 작동을 살펴볼 때 설명하겠습니다.

이야기가 길어졌지만, connect를 호출하면 프로토콜 스택이 접속 작동을 실행합니다. 그리고 상대와 연결되면 프로토콜 스택은 연결된 상대의 IP 주소와 포트 번호 등의 정보를 소켓에 기록합니다. 이걸로 데이터를 송수신할 수 있는 상태가 되죠.

> 디스크립터 : 애플리케이션이 소켓을 식별하는 것
> IP 주소와 포트 번호 : 클라이언트와 서버 간에 상대의 소켓을 식별하는 것

---

[60] 포트 번호의 규칙은 전 세계에서 통일돼 있어, IP 주소와 마찬가지로 다른 것과 중복되지 않도록 일원 관리하고 있습니다. IANA(Internet Assigned Numbers Authority)라는 기관이 그 작업을 담당합니다.
[61] 소켓을 만들 때 애플리케이션이 포트 번호를 지정하는 방법도 있지만, 일반적인 방법은 아닙니다.

1.4.4 메시지를 주고받는 송수신 단계

소켓이 상대와 연결되면 그다음은 간단합니다. 소켓으로 데이터를 던져넣으면 상대 쪽의 소켓에 데이터가 도달합니다. 물론 애플리케이션은 직접 소켓을 건드릴 수 없기에, Socket 라이브러리를 통해 프로토콜 스택에 그 취지를 의뢰합니다. 여기서 사용하는 게 write라는 프로그램 모듈인데요. 구체적으로는 다음과 같습니다.

먼저 애플리케이션은 송신 데이터를 메모리에 준비합니다. 사용자가 입력한 URL을 기반으로 만든 HTTP 요청 메시지가 여기서 말하는 송신 데이터입니다. 그리고 write를 호출할 때 디스크립터와 송신 데이터를 지정합니다.(그림 1.18 ③) 그럼 프로토콜 스택이 송신 데이터를 서버를 향해 송신합니다. 소켓에는 연결된 상대가 기록돼 있어서, 디스크립터로 소켓을 지정하기만 해도 연결된 상대가 판명 나고 그곳을 향해 데이터를 송신합니다. 송신 데이터는 네트워크를 통해 그대로 접속처인 서버에 전달되고요.

그렇게 하면 서버는 수신 작동을 실행하고, 받은 데이터의 내용을 조회해 그에 합당한 처리를 실행한 후 응답 메시지를 다시 보내올 겁니다. 메시지가 돌아오면 이번에는 메시지를 수신하는 작동이 이어집니다.[62]

수신할 때는 Socket 라이브러리의 read라는 프로그램 모듈을 통해 프로토콜 스택에 수신 작동을 의뢰합니다.(그림 1.18 ③') 그때 수신한 응답 메시지를 저장하기 위한 메모리 영역을 지정하죠. 그 메모리 영역을 **수신 버퍼**라고 부릅니다. 그렇게 하면 응답 메시지가 돌아왔을 때 read가 받아서 수신 버퍼에 저장합니다. 수신 버퍼는 애플리케이션 프로그램 내부에 준비한 메모리 영역이기 때문에, 수신 버퍼에 메시지를 저장한 시점에서 메시지를 애플리케이션에 건네줍니다.

---

[62] 자세한 내용은 제6장에서 설명합니다.

1.4.5 종료 단계에서 송수신은 끝

브라우저가 데이터를 다 수신하면 송수신 작동은 끝납니다. 그렇게 하면 Socket 라이브러리의 close라는 프로그램 모듈을 호출해 종료 단계에 들어가도록 의뢰합니다.(그림 1.18 ④) 이후 소켓 사이를 연결했던 파이프 같은 것이 떨어져 나가고, 소켓도 종료됩니다.

그때의 움직임은 다음과 같습니다. 원래 웹에서 사용하는 HTTP 프로토콜에서는 응답 메시지를 다 보냈을 때 웹 서버 쪽에서 종료 작동을 실행하기 때문에[63], 먼저 웹 서버에서 close를 호출해 종료합니다. 그게 클라이언트에 전달되고, 클라이언트의 소켓은 종료 단계에 들어갑니다. 그리고 브라우저가 read에서 수신 작동을 의뢰했을 때, read는 수신한 데이터를 건네주는 대신 송수신 작동이 끝나고 종료된 것을 브라우저에게 통지합니다. 이걸로 송수신이 끝났음을 알았으니, 그 다음은 브라우저에서도 close를 호출해 종료 단계에 들어갑니다.

이게 원래 HTTP의 움직임입니다. HTTP 프로토콜은 HTML 문서나 이미지 데이터를 하나하나 별개의 것으로 취급하고 데이터 하나를 읽어올 때마다 접속, 요청 메시지 송신, 응답 메시지 수신, 종료라는 작동을 반복합니다. 이런 작동 방식이 기본입니다. 이 때문에 웹 페이지 하나에 이미지가 많이 들어가 있으면 접속, 송수신, 종료라는 작동을 여러 번 반복하죠. 하지만 똑같은 서버에서 여러 데이터를 읽어올 때 접속과 종료를 반복하는 건 효율적이지 않기 때문에, 한 번 접속한 후 종료하지 않고 여러 요청과 응답을 주고받는 방법도 나중에 생겼습니다. HTTP 버전 1.1에서는 이 방법을 사용할 수 있습니다. 이 경우, 요청해야 하는 데이터가 사라진 시점에서 브라우저는 종료 작동에 들어갑니다.

---

[63] 애플리케이션 종류에 따라 클라이언트와 서버 중 하나가 미리 close를 실행할지가 달라집니다. 웹은 서버가 미리 close를 실행하지만, 클라이언트에서 미리 close를 실행하는 애플리케이션도 있습니다.

브라우저와 웹 서버가 메시지를 주고받는 과정을 탐험해 봤는데, 메시지를 실제로 송수신하는 건 프로토콜 스택, LAN 드라이버, LAN 어댑터 세 가지입니다. 이 세 가지가 연동되면 네트워크에 데이터가 흘러갑니다. 다음 장에서 그 부분을 탐험해 보겠습니다.

확인 퀴즈

지금까지 살펴본 내용을 확인할 겸 퀴즈를 준비했습니다.

문제

1. http : //www.coderaft.co.kr/에서 http는 무엇을 나타낼까요?

2. 아래 URL의 차이는 무엇일까요?
   (a) http : //www.coderaft.co.kr/sample
   (b) http : //www.coderaft.co.kr/sample/

3. 인터넷에 접속한 PC나 서버를 식별하기 위해 사용하는 주소를 뭐라고 할까요?

4. 웹 서버의 이름으로 IP 주소를 조회하기 위해 사용하는 서버를 뭐라고 할까요?

5. DNS 서버에 질의 메시지를 보내는 프로그램을 뭐라고 할까요?

COLUMN
실제로는 어렵지 않은 네트워크 용어

괴도 리졸버

말이란 인간이 만든 것이기에 만든 사람의 사고방식을 이해하면 말이 가진 진짜 의미를 이해할 수 있습니다. 그렇게 하나하나 말이 가진 진짜 의미를 이해하면 네트워크를 보다 깊게 이해할 수 있어요. 네트워크를 만든 인간을 이해하는 단계로 이어지기 때문입니다. 이해 안 되는 용어를 탐험 대장에게 물어보도록 하죠.

탐험 대원 : DNS의 클라이언트는 리졸버라고 하죠. 어, 이름이 좀 이상하네. 왜 리졸버라고 부르는 건가요?

탐험 대장 : 자네, 영어로 리졸브(resolve)라는 말을 알고 있나?

탐험 대원 : 네? 아뇨. 잠깐만요. 바로 사전 좀 찾아볼게요. 음– 분석을 하거나 답을 내거나 변형한다는 뜻이라고 적혀 있네요.

탐험 대장 : 그래, 맞아. 그럼 그 명사형은 사전에 뭐라고 쓰여 있던가?

탐험 대원 : 리졸버(resolver)라고 적혀 있는데요.

탐험 대장 : 그래, 리졸버는 바로 그거야. 알았나?

탐험 대원 : 음, 그렇게만 말씀하시면 모르겠어요. 심술부리지 말고 가르쳐주세요.

탐험 대장 : 아니, 심술부리는 게 아냐. 분석해서 답을 내거나 변형해 주기 때문에 리졸버라고 부르는 거라고.

탐험 대원 : 아무리 그러셔도, 뭘 분석할지 모르면 감이 안 온단 말이에요.

탐험 대장 : 그럼 리졸버의 움직임을 떠올려 볼까? 리졸버는 뭘 하는 것이었지?

탐험 대원 : 도메인명으로 IP 주소를 조회할 때 서버에 질의 메시지를 보낸다고 했던가….

탐험 대장 : 질의를 보내면 그다음은 어떻게 되고?

탐험 대원 : DNS 서버에서 답변이 되돌아오죠.

탐험 대장 : 그걸 받아서 애플리케이션에 건네는 것도 리졸버가 하는 일이잖나.

탐험 대원 : 그렇네요.

탐험 대장 : 리졸버를 사용하는 애플리케이션 쪽에서 그 움직임을 봤을 때, 리졸버에 도메인명을 건네면 리졸버가 그걸 분석해서 IP 주소라는 답을 낸다는 식으로 보이지 않나?

탐험 대원 : 과연 그렇군요.

탐험 대장 : 도메인명을 IP 주소로 변환해 준다고 생각할 수도 있겠군.

탐험 대원 : 그러게요. 둘 다 리졸버라는 말의 의미가 맞아떨어지네요.

탐험 대장 : 그래서 리졸버라는 이름을 붙인 걸세.

탐험 대원 : 그랬구나. 저기, 하나 더 여쭤봐도 될까요?

탐험 대장 : 뭔가?

탐험 대원 : 주소 결정 프로토콜(ARP)의 결정이라는 것도 의미가 똑같은 건가요?

탐험 대장 : 그렇다네. 이쪽도 IP 주소를 조회해서 MAC 주소라는 답을 찾는다는 의미에서 보면 똑같으니 말이야.

탐험 대원 : 그럼 ARP를 실행하는 소프트웨어는 뭐라고 부르나요? ARP 리졸버인가요?

탐험 대장 : 아니, 의미로 봤을 때는 ARP 리졸버도 틀린 건 아니네만, 그런 말은 들어본 적이 없군.

탐험 대원 : 그럼 뭐라고 부르나요?

탐험 대장 : 으-음. 그러고 보니 그걸 뭐라고 부르더라?

탐험 대원 : 탐험 대장도 모르는 게 있네요.

탐험 대장 : 아니, 그게….

┃해답

1. HTTP 프로토콜(1.1.1 참고) 2. (a)의 sample은 파일의 이름, (b)의 sample은 디렉터리의 이름(1.1.3 참고) 3. IP 주소(1.2.1 참고) 4. DNS 서버(1.2.3과 1.3 참고) 5. 리졸버(1.2.3 참고)

제 2 장

TCP/IP의 데이터를 전기신호로 만들어 보내기
프로토콜 스택과 LAN 어댑터를 탐험하기

워밍업

탐험을 시작하기 전에 워밍업으로 이 장에 관련된 주제를 모아 퀴즈를 만들어봤습니다. 한번 풀어보세요. 또한 퀴즈 정답을 몰라도 탐험하는 데는 지장이 없으니 편하게 시도해 보길 바랍니다.

퀴즈

아래 설명은 O 아니면 X?

1. 지금 사용하는 이더넷은 국제 표준(IEEE802.3/802.2)에 적합하지 않은 부분이 있다.

2. TCP/IP라는 말은 TCP와 IP라는 프로토콜 2개의 이름을 나열한 것이지만, 처음에 이 2개는 하나였다.

3. 패킷을 사용하는 통신 기술은 1960년대에 컴퓨터 데이터 통신용으로 고안된 것이다.

정답

1. O

이더넷 헤더(패킷 맨 앞에 있는 제어 정보)의 포맷은 국제 표준(IEEE802.3/802.2)이 아니고, 표준이 만들어지기 전의 오래된 사양(이더넷 제2판. 통칭 DIX 사양)을 따르는 것이 보통입니다. 또한 국제 표준은 헤더 길이가 길어져 효율이 떨어지기 때문에 보급하고 있지 않습니다.

2. O

처음에 TCP/IP 프로토콜의 원형이 고안됐을 때 지금의 TCP/IP를 하나로 정리한 형태였습니다. 그게 나중에 TCP와 IP 2개로 나뉘었습니다.

3. O

패킷이 등장하기 전의 통신 기술은 전화처럼 회선을 연결해 통신하는 방법뿐이었습니다. 하지만 회선을 연결하는 방식은 연결한 상대만 통신할 수 있기에, 동시에 여러 일을 실행할 수 있는 컴퓨터 능력을 활용할 수 없다는 문제가 있었습니다. 패킷을 사용하는 통신 방식은 이 문제를 극복하려고 고안한 것입니다.

제1장에서는 브라우저의 주소창에 입력한 URL을 해독하는 데서 시작해, 다음은 이를 기반으로 HTTP 요청 메시지를 만들어 메시지를 송신하도록 OS에 의뢰하는 단계까지 탐험했습니다. 이 장은 OS에 내장된 프로토콜 스택이 송신 의뢰를 어떻게 실행하는지 설명합니다. 제1장에서 설명한 메시지 송신의 모습을, 이번에는 프로토콜 스택 내부의 움직임에 착안해 따라가 보겠습니다.

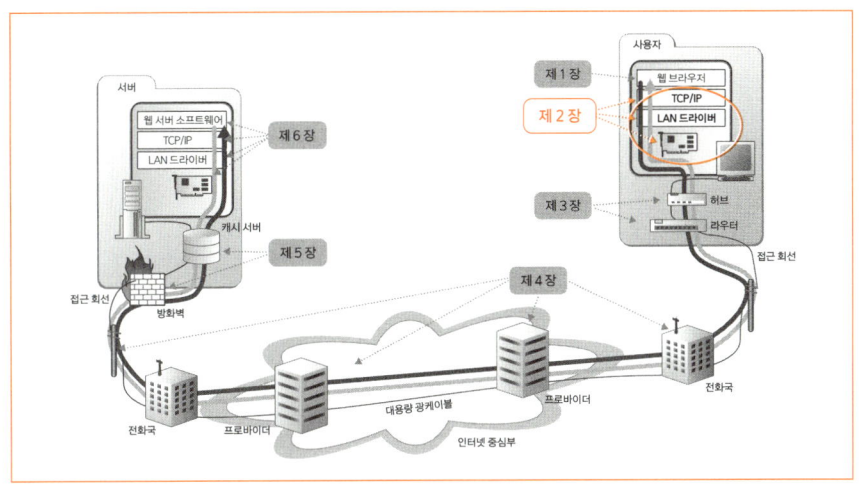

(1) 소켓을 생성한다

애플리케이션에서 의뢰를 받은 프로토콜 스택이 TCP 프로토콜을 사용해 메시지를 송수신하는 작동은 네 단계로 요약할 수 있습니다. 첫 번째는 소켓을 만드는 단계입니다. 여기서는 프로토콜 스택의 내부 구성, 소켓의 실체, 소켓을 만드는 작동 등을 설명합니다. 이걸로 소켓이 어떤 것인지 구체적으로 이해할 수 있겠죠?

(2) 서버에 접속한다

다음은 클라이언트의 소켓을 서버 쪽 소켓에 접속하는 단계입니다. 접속한다는 것은 구체적으로 어떤 것인지, 그때 프로토콜 스택이 어떻게 움직이고 서버와 어떻게 데이터를 주고받는지를 순서대로 설명합니다.

(3) 데이터를 송수신한다

소켓이 연결되면 드디어 메시지를 송수신하는 단계입니다. 여기서 프로토콜 스택은 애플리케이션에서 의뢰받은 메시지를 작은 단편으로 분할해 서버로 송신합니다. 그때 오류로 패킷이 사라져 버리는 걸 계산해 분할한 단편이 서버에 잘 도달했는지 확인하고, 도달하지 않았으면 한 번 더 보냅니다. 그 상황을 설명합니다.

(4) 서버에서 소켓을 종료

메시지 송수신이 모두 끝나면 서버에서 소켓을 종료합니다. 종료 작동의 역할은 메시지 송수신이 끝났음을 클라이언트와 서버가 서로 확인하는 것인데, 단순히 확인만 해서 소켓을 없애는 게 다가 아닙니다. 여기에도 재미있는 포인트가 있어요.

(5) IP와 이더넷의 패킷 송수신 작동

TCP 프로토콜의 메시지 송수신 작동 다음은 실제로 패킷을 송수신하는 작동입니다. 프로토콜 스택과 LAN 어댑터가 연계해 작은 단편으로 분할한 데이터를 패키지 형태로 정리한 후, 그것을 전기나 광신호로 변환해 케이블로 내보냅니다. 그 양상을 설명할 거예요. 이러면 컴퓨터의 네트워크 기능이 대충 이해가 될 겁니다.

(6) UDP 프로토콜을 사용한 송수신 작동

TCP 프로토콜에는 오류 때문에 패킷이 사라졌을 때 다시 보내는 기능을 비롯해 편리한 기능들이 다양하게 있습니다. 통상적인 애플리케이션은 TCP 프로토콜을 사용해 송수신 작동을 하지만, 때로는 그 편리한 기능이 방해될 때도 있습니다. 그때를 대비해 UDP라는 프로토콜이 준비돼 있습니다. 여기서 UDP의 필요성, TCP와 어떤 차이가 있는지 등을 설명하겠습니다.

2.1 소켓 생성하기

2.1.1 프로토콜 스택의 내부 구성

이 장에서는 OS에 내장된 네트워크 제어용 소프트웨어(**프로토콜 스택**)와 네트워크용 하드웨어(**LAN 어댑터**)가 브라우저에서 받은 메시지를 서버로 내보낼 때의 움직임을 탐험할 건데, 브라우저와 달리 프로토콜 스택의 움직임은 눈에 보이지 않기 때문에 그림이 그려지지 않을지도 모릅니다. 그런 의미에서, 움직임을 좇아가기 전에 프로토콜 스택이 어떤 것인지부터 알아보겠습니다.

프로토콜 스택의 내부는 94쪽의 그림 2.1과 같이 역할이 몇 부분으로 나뉘어 있습니다. 이 그림의 상하 관계는 작업을 의뢰하는 쪽이 위에 있고, 그 의뢰를 받아 실제로 작업하는 쪽이 아래에 있다는 의미를 담았으니, 그 점도 참고해 주기를 바랍니다. 이 상하 관계는 대략적인 경향을 나타내고 있을 뿐 내부는 상하 관계가 명확하지 않거나 때에 따라 상하가 역전하는 경우도 있으니, 상하 관계를 너무 엄밀하게 생각할 필요는 없습니다.

또한 각 구성 요소가 어떤 것이고 그게 어떻게 움직이는지 이 장에서 순서대로 설명할 예정이라 처음에는 세세한 부분까지 이해되지 않을지도 모릅니다. 어쨌든 어떤 구성 요소가 있는지 아는 것만으로도 충분합니다.

그럼 위에서부터 순서대로 설명해 보겠습니다. 그림에서 제일 위에 있는 것이 **네트워크 애플리케이션**입니다. 브라우저, 메일러(메일을 읽고 쓰는 소프트웨어), 웹 서버, 메일 서버 같은 프로그램이 이에 해당합니다. 여기서부터 아래로 데이터를 송수신하는 일을 의뢰합니다. 또 브라우저뿐만 아니라 모든 애플리케이션이 네트워크에서 데이터를 송수신하는 작동은 매우 비슷합니다. 애플리케이션을 송수신하는 데이터의 내용은 다르지만, 데이터를 송수신할 때의 작동은 공통이기 때문에 애플리케이션에 따른 차이가 없습니다. 그러니 앞으로 할 설명은 브라우저에 국한되지 않고 모든 애플리케이션이 같다고 생각하면 됩니다.

애플리케이션 아랫부분에는 **Socket 라이브러리**가 있고, 그 안에는 **리졸버**가 있습니다. 이게 DNS 서버에 질의하는 작동을 실행하는데, 그 움직임은 제1장에서 설명했어요. 그 아래가 OS 내부를 나타내고, 이곳에 프로토콜 스택이 있습니다. 프로토콜 스택 상부에는 TCP라는 프로토콜을 사용해 데이터 송수신을 담당하는 부분과 UDP라는 프로토콜을 사용해 데이터 송수신을 담당하는 부분이 있고, 이 둘이 애플리케이션으로부터 의뢰를 받아 송수신 작동을 실행합니다.

TCP와 UDP는 나중에 자세히 설명할 테니 일단 브라우저와 메일 같은 통상적인 애플리케이션이 TCP를 사용해 데이터를 송수신하고, DNS 서버에 질의하는

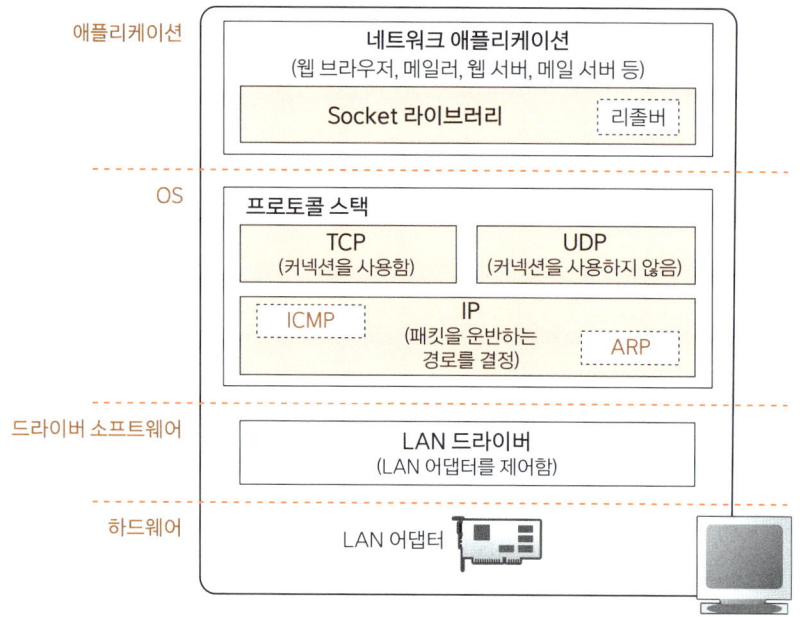

TCP : Transmission Control Protocol
UDP : User Datagram Protocol
IP : Internet Protocol
ICMP : Internet Control Message Protocol
ARP : Address Resolution Protocol

그림 2.1 TCP/IP 소프트웨어는 계층 구조로 돼 있다
위 계층이 아래 계층에 작업을 의뢰한다.

등 짧은 제어용 데이터를 송수신할 경우에 UDP를 사용한다고 생각하세요.

> 브라우저나 메일 등 통상적인 애플리케이션이 데이터를 송수신할 때는 TCP
> DNS 서버에 질의하는 경우, 즉 제어용 데이터를 송수신할 때는 UDP

그 아래에는 IP 프로토콜을 사용해 패킷 송수신 작동을 제어하는 부분이 있습니다. 인터넷에서 데이터를 옮길 때는 데이터를 소분해 **패킷**[1]이라는 형태로 운반하는데, 패킷을 통신 상대에게로 옮기는 게 IP의 주된 역할입니다. 그리고 IP에는 ICMP[2]와 ARP[3]라는 프로토콜을 취급하는 부분이 포함됩니다. ICMP는 패킷을 옮길 때 발생하는 오류를 통지하거나 제어용 메시지를 통지할 때 사용하고, ARP는 IP 주소에 대응하는 이더넷의 **MAC 주소**[4]를 조회할 때 사용합니다.

IP 아래에 있는 **LAN 드라이버**는 LAN 어댑터의 하드웨어를 제어하는 것으로, 그 아래에 있는 LAN 어댑터가 실제 송수신 작동 즉, 케이블에 신호를 송수신하는 작동을 실행합니다.

2.1.2 소켓의 실체는 통신 제어 정보

프로토콜 스택 내부의 구조를 파악했으니, 다음은 데이터 송수신의 요점인 소켓의 구체적인 이미지를 파악해 보죠.

프로토콜 스택은 내부에 제어 정보를 기록하는 메모리 영역이 있고, 그곳에 통신 작동을 제어하기 위한 정보를 기록합니다. 제어 정보는 통신 상대의 IP 주소가

---

1 패킷 : 네트워크에서 데이터는 수십~수천 바이트 정도의 작은 덩어리로 분할돼 옮겨집니다. 이때 분할된 데이터 덩어리를 패킷이라고 부릅니다. '2.5.1 패킷의 기본'에서 설명합니다.
2 ICMP : '3.3 라우터의 패킷 중계 작동'에서 등장합니다.
3 ARP : '2.5.5 APR로 수신처 라우터의 MAC 주소 조회하기'에서 설명합니다.
4 MAC 주소 : IEEE에서 표준화한 LAN 방식의 기기는 모두 똑같은 형식의 주소를 사용하고, 그 주소를 MAC 주소라고 부릅니다. '2.5.6 이더넷의 기본'에서 설명합니다.

몇 개인지, 포트 번호가 몇 번인지, 통신 작동이 어떤 진행 상태에 있는지 같은 정보를 말합니다. 본래 소켓은 개념적인 요소로 실체가 없지만, 굳이 말하자면 제어 정보가 소켓의 실체라고 할 수 있어요. 또는 제어 정보를 기록한 메모리 영역이 소켓의 실체라고 생각해도 될 겁니다.

프로토콜 스택은 제어 정보를 참조하며 작동합니다.[5] 예를 들어 데이터를 송신할 때는 소켓에 기록된 상대의 IP 주소나 포트 번호를 보고 그쪽으로 데이터를 송신합니다. 그리고 데이터를 송신하면 데이터가 도달했다는 회신이 상대에게서 되돌아오기 때문에 이를 기다리는데, 도중에 데이터가 사라져 버리는 경우가 있고 그렇게 되면 회신이 되돌아오지 않습니다. 이 경우에는 아무리 기다려도 소용이 없기에, 어느 정도의 시간을 기다리면 단념하고 사라진 데이터를 다시 보내야 합니다. 그런데 송신 작동을 실행한 후 어느 정도 시간이 지났는지 모르면 단념할 수가 없죠. 따라서 소켓에는 회신이 되돌아왔는지의 여부 또는 송신 작동 후의 경과 시간 등이 기록돼 있어요. 프로토콜 스택은 그 정보를 보고 단념한 다음 다시 데이터를 보내는 작동을 실행합니다.

지금 설명한 건 극히 일례에 불과합니다. 소켓에는 통신 작동을 제어하기 위한 여러 제어 정보가 기록돼 있고, 프로토콜 스택은 이 정보들을 참조해서 다음에 뭘 해야 할지 판단합니다. 이게 소켓의 역할입니다.

프로토콜 스택은 소켓에 기록된 제어 정보를 참조하며 작동한다.

추상적인 설명만으로는 이해가 어려울 테니 실제 소켓을 살펴보도록 할까요? Windows면 netstat이라는 명령으로 소켓 내용을 화면에 표시할 수 있습니다.(그

---

[5] 제어 정보는 수첩에 쓴 일정이나 메모와 비슷합니다. 인간은 수첩에 적어놓은 일정이나 메모를 보고 뭘 해야 할지 생각하고 행동합니다. 그와 마찬가지로 프로토콜 스택은 제어 정보를 참조해 작동 내용을 결정합니다.

림 2.2)[6] 이 표시의 한 줄이 소켓 하나에 해당합니다. 소켓을 만드는 작동은 이곳에 새롭게 1행만큼의 제어 정보를 추가하고, 그곳에 '이제부터 통신을 시작할 곳'이라는 식으로 상태를 기록하거나 송수신 데이터를 일시적으로 저장할 버퍼 메모리를 준비하는 통신 준비 작업을 한다고 생각해도 됩니다.

기왕 말이 나왔으니, 이 표시 내용의 의미도 설명하고 넘어가죠. 예를 들어 8번째 행은 PID[7]가 4번인 프로그램이 10.10.1.16이라는 IP 주소를 할당한 LAN 어댑터를 사용해 10.10.1.80의 IP 주소를 할당한 상태와 통신했습니다. 더 나아가 본인은 1031, 상대는 139라는 포트 번호를 사용하고 있다는 사실도 알 수 있습니다. 참고로 139라는 포트 번호는 Windows의 파일 서버가 사용하는 것이라, 파일 서버에 접속하고 있다는 사실을 알 수 있어요. 첫 번째 행도 볼까요? 이건 PID가 984인 프로그램이 135번 포트에 누군가가 접속해 오길 기다리는 상태를 보여줍니다.

이 행은 로컬 쪽도 리모트 쪽도 IP 주소가 0.0.0.0인데, 이는 아직 통신이 시작되지 않았기 때문에 IP 주소가 정해지지 않았다는 사실을 나타냅니다.[8]

2.1.3 socket을 호출했을 때의 움직임

소켓의 구체적인 모습을 파악하고 있습니다. 이제 브라우저가 socket[9]과 connect라는 Socket 라이브러리의 프로그램 모듈을 호출했을 때 프로토콜 스택

---

[6] 패킷에는 이외에도 여러 제어 정보가 기록돼 있습니다.
[7] PID : Process ID의 약자. 각 프로그램을 식별하기 위해 OS가 할당하는 번호입니다. 작업 관리자로 프로그램명을 인식할 수 있습니다.
[8] 접속을 대기하는 상태의 소켓에 IP 주소를 기록할 수도 있습니다. 이 경우, 해당 IP 주소 이외에 대한 접속 작동은 오류입니다. 여러 개의 LAN 어댑터를 장착한 서버에서 특정한 LAN 어댑터에만 접속 작동을 한정하는 경우에 그렇게 합니다.
[9] socket : Socket처럼 대문자로 표기하면 Socket 라이브러리를 가리키고, socket처럼 소문자로 표기하면 Socket 라이브러리에 있는 socket이라는 프로그램을 가리킵니다. '소켓'이라고 표기하면 파이프 양쪽 끝에 있는 출입구를 가리킵니다.

netstat이 소켓의 내용을 일람 표시하는 명령. -ano라는 옵션은 다음과 같은 의미가 있습니다.
a는 통신 중인 것뿐만 아니라, 통신 시작 전의 것도 포함해 모두 표시.
n은 IP 주소와 포트 번호를 번호로 표시.
o는 소켓을 사용하고 있는 프로그램의 PID를 표시.

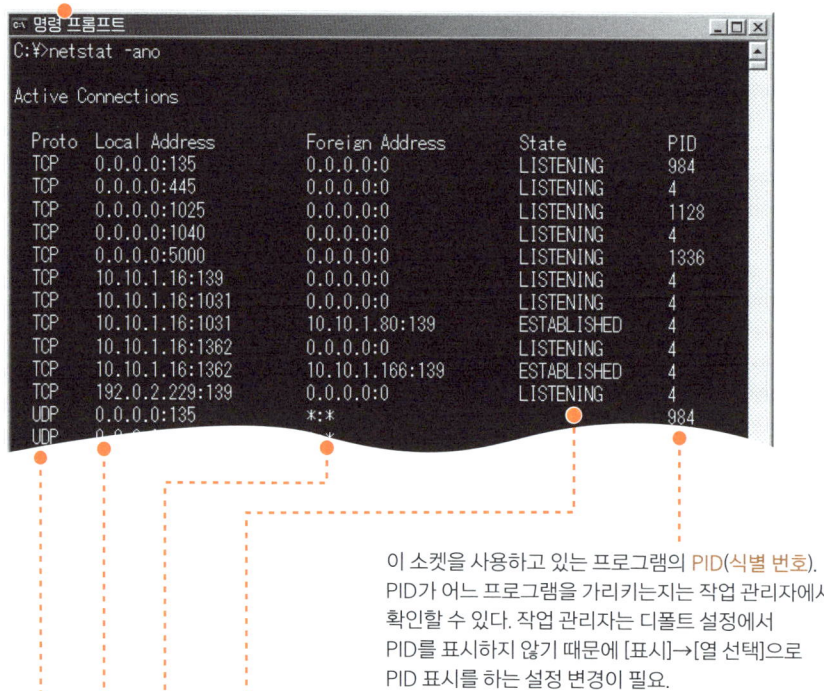

이 소켓을 사용하고 있는 프로그램의 PID(식별 번호).
PID가 어느 프로그램을 가리키는지는 작업 관리자에서
확인할 수 있다. 작업 관리자는 디폴트 설정에서
PID를 표시하지 않기 때문에 [표시]→[열 선택]으로
PID 표시를 하는 설정 변경이 필요.

통신 상태를 표시
　　LISTENING은 상대의 접속을 기다리는 상태.
　　ESTABLISHED는 접속 작동이 끝나고 데이터 통신 중이라는 것을 표시.

통신 상대(리모트 쪽)의 IP 주소와 포트 번호. '0.0.0.0'은 아직 통신이 시작되지
않았고, 특정한 IP 주소와 포트와 결합하지 않았다는 것을 나타낸다. 또 UDP
프로토콜은 소켓을 상대 쪽 주소와 포트와 결합하지 않기 때문에 상대는 *:*이 됨.

netstat 명령을 실행한 머신(로컬)의 IP 주소와 포트 번호. 이 예는 LAN 어댑터를 여러 개
장착한 머신에서 실행했기 때문에 IP 주소가 여러 개 표시돼 있다. 또 '0.0.0.0'은 특정한 IP
주소와 결합하지 않았다는 것을 나타냄.

프로토콜의 종류. TCP/IP 프로토콜을 사용해 데이터를 송수신할 경우, TCP와 UDP 중 하나를 표기

그림 2.2 소켓 내용을 일람 표시

내부가 어떻게 작동하는지를 확인하고 넘어갈게요.

우선 브라우저가 Socket 라이브러리를 통해 프로토콜 스택에 의뢰하는 일련의 작동을 정리한 그림을 한 번 더 보여드리겠습니다.(그림 2.3) 브라우저를 설명할 때 사용한 그림을 조금 수정했으나 내용은 같습니다. 그리고 앞에서 설명한 것과 같이 브라우저는 TCP 프로토콜을 사용해 데이터를 송수신하도록 의뢰하기 때문에[10] 앞으로 할 설명은 TCP 담당 부분에 관한 것입니다.

첫 번째는 소켓을 만드는 단계입니다.[11] 애플리케이션이 그림 2.3 ①과 같이 socket을 호출해 소켓을 만들도록 의뢰하면, 프로토콜 스택은 그 의뢰에 따라 소켓을 하나 만듭니다. 그때 프로토콜 스택은 제일 먼저 소켓 1개분의 메모리 영역을 확보합니다. 소켓의 제어 정보를 기록하는 메모리 영역은 처음부터 존재하는 것이 아니기 때문에 먼저 확보해야 하죠.

메모리 영역을 확보한다는 것은 제어 정보를 넣는 그릇을 준비하는 것과 같습니다.[12] 그릇 하나로는 아무 도움도 안 되기 때문에 그곳에 내용물에 해당하는 제어 정보를 기록합니다. 이 시점에서 소켓은 생성 직후로, 아직 송수신 작동이 시작되지 않은 초기 상태라 초기 상태라는 것을 나타내는 제어 정보를 소켓의 메모리 영역에 기록합니다. 이걸로 소켓이 완성되죠.

> 소켓을 만들 때 소켓 1개분의 메모리 영역을 확보하고,
> 그곳에 초기 상태라는 사실을 기록한다.

---

[10] 왜 TCP인지 또는 TCP와 UDP는 어디가 다른지는 나중에 설명합니다.

[11] 그림 2.3의 처음을 보면 gethostbyname(리졸버)을 호출해 DNS 서버에 질의 메시지를 보내는데, 이에 관한 것은 제1장의 DNS 부분에서 설명했으니 생략하겠습니다.

[12] 컴퓨터 내부에는 여러 프로그램이 존재하고 동시에 작동하기 때문에, 각 프로그램이 멋대로 메모리 영역을 사용하면 여러 프로그램이 같은 메모리 영역을 사용해서 저장 내용을 파괴해 버릴 수도 있습니다. 그런 사태를 막기 위해 OS 내부에는 '메모리 관리'라고 부르는 파수꾼 같은 소프트웨어 모듈이 있습니다. 프로그램의 요청을 받아 메모리 영역을 프로그램에 할당하거나 마음대로 다른 프로그램에 할당한 메모리를 사용하지 않도록 감시하는 역할을 합니다. 메모리 영역을 확보한다는 건, 이 메모리 관리 모듈에 요청해서 메모리 영역을 할당받는 것을 가리킵니다.

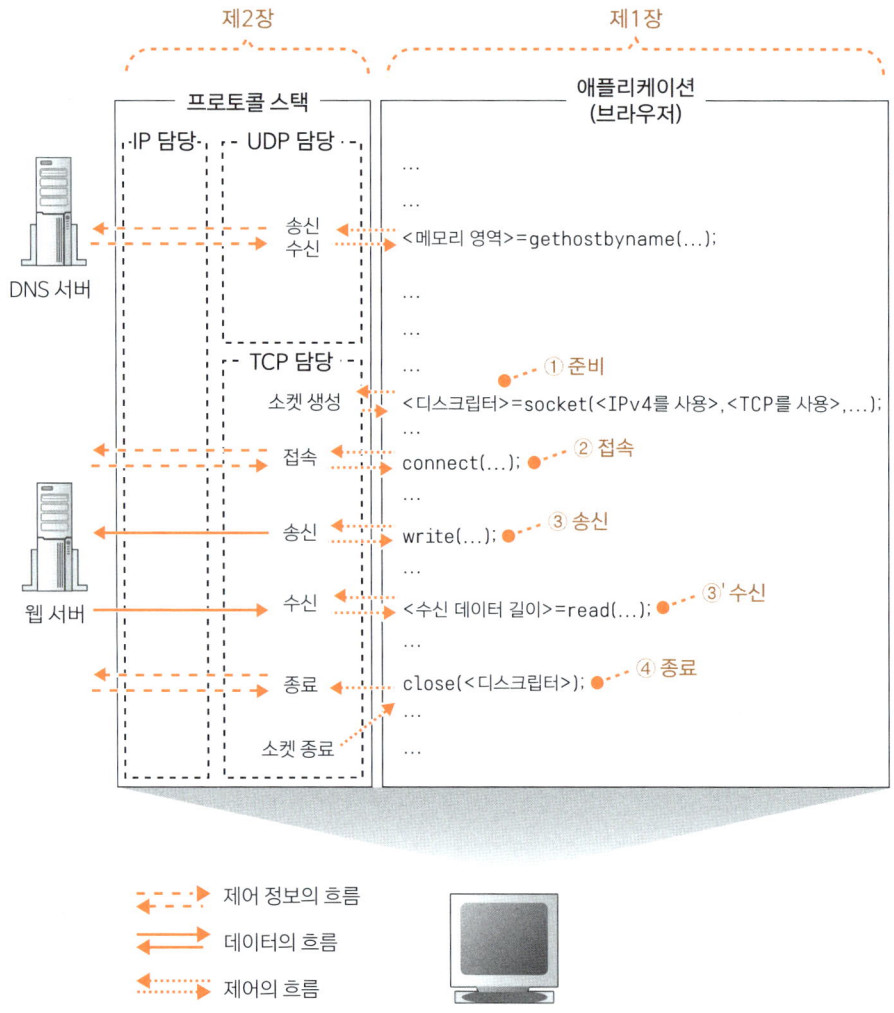

그림 2.3 메시지 송신 작동

그렇게 하면 그 소켓을 나타내는 **디스크립터**를 애플리케이션에 알립니다. 디스크립터란 프로토콜 스택 내부에 있는 여러 개의 소켓 중 하나를 나타내는 번호표 같은 정보입니다.[13]

디스크립터를 받은 애플리케이션은 그 이후 프로토콜 스택에 데이터 송수신 작동을 의뢰할 때 디스크립터를 통지하고 옵니다. 소켓에는 누가 누구와 통신하고 있는지, 그리고 그게 어떤 상태인지 모두 기록돼 있어 디스크립터로 어느 소켓인지 보여주면, 필요한 모든 정보를 프로토콜 스택 쪽에서 알 수 있습니다. 이 덕분에 하나하나 통신 상대의 정보를 애플리케이션이 통지할 필요가 없습니다.

2.2 서버에 접속하기

2.2.1 접속한다는 것은 무엇일까?

소켓을 만들면 애플리케이션(브라우저)은 connect를 호출할 겁니다. 그럼 프로토콜 스택은 자신의 소켓을 서버 쪽 소켓에 접속합니다. 그렇다고 해도 이더넷이나 통신 회로 등의 케이블은 항상 접속된 상태이기에, 케이블을 연결하거나 제거하는 건 아닙니다. 통신 상대 사이에서 제어 정보를 주고받아 소켓에 필요한 정보를 기록한 다음, 데이터 송수신을 할 수 있는 상태로 만드는 겁니다. 이를 설명하기 전에 접속한다는 것이 대체 어떤 의미인지를 먼저 설명하겠습니다.

이더넷이나 통신 회로는 항상 케이블이 연결돼 있어서, 언제나 신호를 흘려보낼 수 있습니다. 이 때문에 데이터를 신호로 변환해 송신하기만 하는 거라면 언제든 가능합니다. 하지만 이 시점에서, 즉 소켓을 만든 직후에 애플리케이션에서 데이터 송신 의뢰가 오면 프로토콜 스택은 어떻게 될까요?

소켓을 만든 직후에는 아직 그곳에 아무것도 기록돼 있지 않아서 통신 상대도 알 수 없습니다. 이 상태에선 송신 의뢰가 와도 어디로 데이터를 보내야 할지 모

---

[13] '1.4.2 소켓을 만드는 생성 단계'에서 설명했습니다.

릅니다. 브라우저는 URL을 기반으로 서버의 IP 주소를 조회하고, 포트 번호는 규칙상 80번을 사용하기에 필요한 정보를 안다고 할 수 있습니다. 하지만 브라우저만 안다고 다가 아닙니다. socket을 호출해 소켓을 만들기만 해서는 프로토콜 스택에 아무것도 전달되지 않습니다. 그래서 서버의 IP 주소와 포트 번호를 프로토콜 스택에 알리는 작동이 필요한 겁니다. 이게 접속 작동의 역할 중 하나입니다.

그럼 서버 쪽은 어떨까요? 서버에도 소켓이 만들어져 있긴 하지만,[14] 서버의 프로토콜 스택도 클라이언트 쪽과 마찬가지로 소켓을 만드는 것만으로는 통신 상대를 알 수 없습니다.

서버 애플리케이션 역시 상대를 모르기 때문에 그대로는 아무리 시간이 지나도 상대를 알 수 없는 상태가 유지됩니다. 거기서 클라이언트가 "이쪽 IP 주소는 xxx.xxx.xxx.xxx고 포트 번호는 yyyy입니다. 데이터 송수신을 하고 싶은데 어떠세요."라는 정보를 알려, 통신하고 싶은 클라이언트가 있다는 것을 서버에 전달합니다. 그렇게 하면 서버의 프로토콜 스택도 클라이언트의 정보를 가질 수 있습니다. 이처럼 클라이언트에서 서버 쪽으로 통신 작동 개시를 전달하는 것도 접속 작동의 역할 중 하나입니다.

먼저 접속 작동의 움직임은 통신 상대와 제어 정보를 주고받으며 소켓에 필요한 정보를 기록해 데이터 송수신이 가능한 상태로 만드는 것이라고 설명했는데, 이곳에 나온 클라이언트의 IP 주소와 포트 번호를 서버에 알리는 것이 제어 정보를 주고받는 일의 구체적인 예시입니다. 제어 정보는 데이터 송수신 작동을 제어하기 위한 정보인데, IP 주소와 포트 번호가 대표적입니다. 제어 정보는 그 외에도 다양한데, 차차 설명하겠습니다. 그리고 접속 작동에서 주고받는 제어 정보는

---

[14] 서버 애플리케이션은 통상적으로 기동 직후에 소켓을 만들어 클라이언트가 접속해 오길 기다립니다. 서버의 움직임은 제6장에서 설명합니다.

통신 규칙으로 정해져 있기 때문에, 그 규칙을 따라 접속 작동을 실행하면 필요한 정보가 전달되고, 데이터를 송수신할 수 있는 상태가 됩니다. 또 데이터 송수신 작동을 실행할 때는 송수신하는 데이터를 일시적으로 저장할 메모리 영역이 필요해요. 이게 바로 '접속'[15]한다는 작동의 의미입니다.

2.2.2 앞부분에 제어 정보를 기재한 헤더 배치하기

제어 정보에 관한 내용을 좀 더 보충하겠습니다. 얼마 전에는 단순히 제어 정보라고 불렀지만, 제어 정보는 크게 나눠 두 가지 종류가 있다고 생각하면 됩니다.

하나는 클라이언트와 서버가 서로 연락을 주고받는 데 쓰는 제어 정보입니다. 이건 접속 작동뿐만 아니라 데이터를 송수신하는 작동이나 종료하는 작동까지 포함해 통신 작동 전체에서 어떤 정보가 필요한지 검토되고, 그 내용이 TCP 프로토콜의 사양으로 규정돼 있습니다. 구체적으로는 표 2.1에 있는 항목이 제어 정보로 규정돼 있죠.[16] 이 항목은 고정돼 있는데 접속, 송수신, 종료 각 단계에서 클라이언트와 서버가 데이터를 주고받을 때마다 그곳에 이 제어 정보를 덧붙입니다.

구체적으로는 그림 2.4 (a)처럼 클라이언트와 서버 사이에서 주고받는 패킷의 앞부분에 덧붙이는 거죠. 접속 작동 단계에서는 아직 데이터 송수신을 하지 않기 때문에 그림 2.4 (b)처럼 데이터가 없고, 패킷의 내용은 제어 정보뿐입니다. 제어 정보를 패킷의 앞부분에 배치하는 부분부터 **헤더**라고 부릅니다. 똑같은 제어 정

---

[15] 접속이라는 말을 사용하는 데는 이유가 있습니다. 통신 기술은 100년 이상의 역사가 있고, 탄생 초부터 긴 시간 동안 전화 기술이 주류였습니다. 그리고 전화의 작동은 (1) 전화번호를 눌러 상대와 접속한다, (2) 통화한다, (3) 끊는다 같은 세 단계로 성립합니다. 이 작동 방식을 지금의 컴퓨터 네트워크에 맞춰, 통신 작동에서 맨 처음 실행하는 준비 작동을 접속이라고 부르는 겁니다. 만약 이 같은 역사가 없었다면 접속이 아니라 준비라는 말을 사용했을지도 모르겠네요. 접속이라는 말에 위화감을 느꼈다면 준비라는 말로 바꿔도 됩니다.

[16] 이 표에 기재된 항목은 필수 항목입니다. TCP 프로토콜의 사양에는 옵션으로 그 이외의 항목도 정해져 있습니다.

표 2.1 TCP 헤더의 포맷

필드 명칭		길이 (비트)	설명
TCP 헤더 (20바이트~)	송신원 포트 번호	16	이 패킷을 송신한 쪽 프로그램의 포트 번호
	수신처 포트 번호	16	이 패킷을 보낼 상대 프로그램의 포트 번호
	시퀀스 번호 (송신 데이터의 연번)	32	이 패킷 앞 위치에 있는 데이터가 송신 데이터의 몇 바이트째에 해당하는지 송신 쪽에서 수신 쪽에 알리는 값
	ACK 번호 (수신 데이터의 연번)	32	데이터가 몇 바이트까지 도달했는지 수신 쪽에서 송신 쪽에 알리는 값. ACK는 acknowledge의 축약어.
	데이터 오프셋	4	데이터 부분이 어디서 시작되는지 표현. 헤더의 길이를 보여준다고 생각하면 됨.
	미사용	6	이 필드는 현재 사용하지 않음
	컨트롤 비트	6	이 필드 내의 각 비트가 각각 통신 제어상의 의미를 지님 URG : 긴급 포인터의 필드가 유효하다는 것을 표현 ACK : 수신 데이터의 연번 필드가 유효하다는 것을 표현. 보통 데이터가 올바르게 수신 쪽에 도달했다는 것을 의미함. PSH : flush 작동으로 송신된 데이터라는 것을 표현 RST : 접속을 강제로 종료함. 이상 종료 시에 사용됨. SYN : 송신 쪽과 수신 쪽에서 서로 연번을 확인. 이걸로 접속 작동을 표현. FIN : 종료를 표현
	윈도	16	수신 쪽에서 송신 쪽에 윈도 크기(수신 확인을 기다리지 않고 한꺼번에 송신 가능한 데이터양)를 통지하기 위해 사용
	체크섬	16	오류 유무를 검사하기 위한 것
	긴급 포인터	16	긴급하게 처리해야 할 데이터 위치를 표현
	옵션	가변 길이	위의 헤더 필드 이외의 제어 정보를 기재하기 위해 헤더에 옵션 필드를 추가할 수 있음. 하지만 접속 작동을 제외하면 옵션 필드를 사용하는 예는 적음.

(a) 데이터를 저장한 패킷
애플리케이션 데이터를 송수신할 경우의 패킷 모습

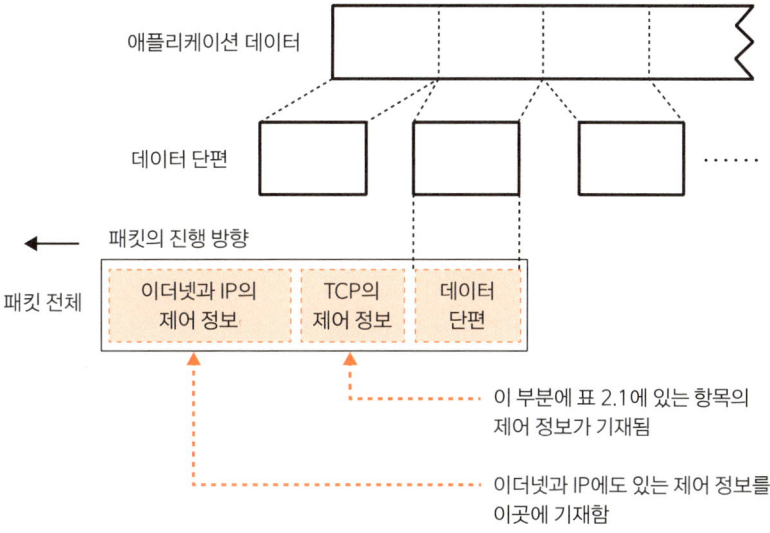

(b) 제어 정보만의 패킷
접속 작동과 종료 작동처럼 애플리케이션 데이터가 없을 경우에는 제어 정보만 주고받음. 그때 패킷의 모습.

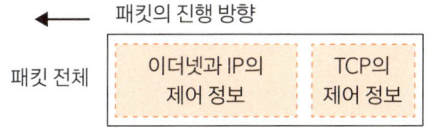

그림 2.4 클라이언트와 서버 사이에서 주고받는 제어 정보

보는 이더넷과 IP에도 있고, 이것도 헤더라고 부르기 때문에 다양한 헤더가 나오면 헷갈릴 수 있습니다. 이 경우에는 TCP 헤더, 이더넷 헤더[17], IP 헤더처럼 어느 헤더인지 알 수 있도록 표기합니다.

클라이언트와 서버는 필요한 정보를 이 헤더에 기재해 연락을 나누며 통신 작동을 진행합니다.

[17] 이더넷 헤더를 MAC 헤더라고 부르기도 합니다.

송신 쪽 "데이터 송신 작동을 개시합니다."

수신 쪽 "네, 그러시죠."

송신 쪽 "○○번째 데이터를 보냅니다."

수신 쪽 "○○번째 데이터를 받았습니다."

…(이하 생략)

이렇게 헤더에 기재된 제어 정보로 메시지를 주고받는다는 겁니다. 이런 식으로 주고받지 못하면 통신은 성립하지 않아요. 헤더는 그만큼 중요한 것이라, 헤더의 각 항목이 지닌 의미를 알면 통신 작동을 이해한 것과 마찬가지라고 할 수 있을 정도입니다.

이후 프로토콜 스택의 움직임을 좇아갈 때 수시로 각 항목의 의미를 설명할 테니, 여기서는 일단 헤더라는 형태로 제어 정보를 주고받는다는 점을 기억하세요.

제어 정보는 또 하나 있습니다. 바로 소켓에 기록해 프로토콜 스택의 작동을 제어하기 위한 정보예요.[18] 여기에는 애플리케이션에서 통지받은 정보, 통신 상대가 보내준 정보 등이 수시로 기록됩니다. 송수신 작동의 진행 상황도 수시로 기록되죠. 그리고 프로토콜 스택은 차례대로 그 정보를 참고하며 움직입니다. 이 때문에 소켓의 제어 정보는 프로토콜 스택의 프로그램과 하나라고 봐도 됩니다.

그래서 프로토콜 스택이 어떤 정보를 필요로 하는지는 프로토콜 스택을 만드는 방법에 따라 다르지만[19], 다르더라도 상관이 없습니다. 소켓에 기록한 제어 정보는 상대가 보지 못하고, 규칙에 따라 헤더에 제어 정보를 기재해 주고받으면 그걸로 클라이언트와 서버는 서로 연락할 수 있기 때문이죠.

예를 들어 Windows와 Linux라는 내부 구조가 서로 다른 OS라면, 프로토콜

---

18 전에 설명했듯이 프로토콜 스택에 있는 소켓의 메모리 영역에 기록됩니다.
19 IP 주소와 포트 번호 같은 중요한 정보는 프로토콜 스택을 만드는 방법과 관계없이 공통입니다.

스택을 만드는 방법도 다를 것이고 필요한 제어 정보도 다를 겁니다. 그래도 문제 없이 양쪽은 통신할 수 있고, 컴퓨터와 핸드폰으로 통신할 때도 사정은 똑같습니다. 이처럼 소켓에 기록하는 제어 정보는 프로토콜 스택을 만드는 방법에 따라 다르기에 간단하게 설명할 수 없어요. 하지만 소켓의 제어 정보 중에서 중요한 것은 명령으로 표시할 수 있고(그림 2.2), 이는 어느 OS의 프로토콜 스택에도 공통입니다. 이 중요한 정보를 알면 프로토콜 스택의 움직임을 이해할 수 있을 테죠.

> 통신 작동에 사용하는 제어 정보는 두 가지
> (1) 헤더에 기입되는 정보
> (2) 소켓(프로토콜 스택의 메모리 영역)에 기록되는 정보

2.2.3 접속 작동의 실제

접속 작동의 의미를 이해했다면 그 작동을 따라가 보겠습니다. 먼저 다음과 같이 애플리케이션이 Socket 라이브러리의 connect를 호출하는 데서 시작합니다.(그림 2.3 ②)

connect(<디스크립터>,<서버의 IP 주소와 포트 번호>,....)

이곳에 서버의 IP 주소와 포트 번호를 적으면 프로토콜 스택의 TCP 담당 부분에 전달됩니다. 그렇게 하면 TCP 담당 부분은 IP 주소로 표시된 상대, 즉 서버의 TCP 담당 부분과의 사이에서 제어 정보를 주고받는데요. 이어서 다음과 같은 절차를 밟습니다. 우선 데이터 송수신 작동의 개시를 나타내는 제어 정보를 기재한 헤더를 만들어요. 표 2.1에 있듯이 헤더에는 여러 항목이 있지만 여기서 포인트가 되는 건 **송신원**과 **수신처**의 **포트 번호**입니다. 이를 통해 송신원인 클라이언트

쪽 소켓과 수신처인 서버 쪽 소켓을 특정할 수 있습니다. 접속해야 하는 소켓이 어느 것인지 확실하게 하는 겁니다. 그리고 **컨트롤 비트**의 SYN이라는 비트를 1로 합니다.[20] 이걸로 접속한다는 의미가 된다고 생각하면 됩니다. 그 외에도 시퀀스 번호와 윈도에도 적정값을 설정하는데, 이에 관한 설명은 나중에 자세히 하겠습니다.

접속 작동의 첫걸음은 TCP 담당 부분에서 접속을 나타내는 제어 정보를 기재한 TCP 헤더를 만드는 것

TCP 헤더의 송신원과 수신처의 포트 번호로 접속하는 소켓을 특정함

이렇게 TCP 헤더를 만들어 IP 담당 부분에 건네 송신하도록 의뢰합니다.[21] 그럼 IP 담당 부분이 패킷 송신 작동을 실행하고, 네트워크를 지나 패킷이 서버에 도달합니다. 서버의 IP 담당 부분은 패킷을 받아 TCP 담당 부분에 건네죠. 그럼 서버의 TCP 담당 부분이 TCP 헤더를 조회해, 그곳에 기재된 수신처 포트 번호에 해당하는 소켓을 찾아냅니다. 접속을 대기하는 상태인 소켓 중에서 TCP 헤더의 수신처 포트 번호와 똑같은 번호가 기록된 것이 해당 소켓입니다. 그리고 해당 소켓이 발견되면 그곳에 필요한 정보를 기록해 접속 작동이 진행 중이라는 상태로 만듭니다.[22]

이 작업이 끝나면 서버의 TCP 담당 부분은 회신을 보냅니다. 클라이언트와 마찬가지로 송신원과 수신처의 포트 번호와 SYN 비트 등을 세팅한 TCP 헤더를 만

---

20   SYN 비트의 의미는 이후 시퀀스 번호 부분에서 설명합니다.
21   그 의뢰를 받은 IP 담당 부분이 실제로 패킷을 보내는 작동에 대한 내용은 나중에 설명합니다.
22   이에 대한 움직임은 제6장에서 서버 내부를 탐험할 때 설명합니다.

듭니다.[23] 그다음 회신을 되돌려보낼 때는 ACK라는 컨트롤 비트도 1로 만듭니다.[24] 이는 패킷을 받았음을 알리기 위해서예요. 네트워크에는 오류가 붙기 마련이라, 패킷이 사라질 때도 있습니다. 그래서 패킷이 도달한 것을 서로 확인하며 작동을 진행하죠.[25] 이를 위해 ACK 비트를 1로 만드는 겁니다. 그리고 TCP 헤더를 IP 담당 부분으로 건네 클라이언트로 되돌려보내도록 의뢰합니다.

그럼 패킷이 클라이언트로 돌아가고, IP 담당 부분을 거쳐서 TCP 담당 부분에 도달합니다. 그렇게 하면 TCP 헤더를 조회해 서버 쪽의 접속 작동이 성공했는지 어떤지 확인합니다. SYN이 1이면 접속에 성공했기 때문에 소켓에 서버의 IP 주소와 포트 번호 등을 기록합니다. 동시에 접속 완료를 나타내는 제어 정보를 소켓에 기록하죠. 이걸로 클라이언트 쪽은 끝이지만, 작업이 하나 더 남아 있습니다. 아까 서버가 회신을 보낼 때 ACK 비트를 1로 만들었지만, 그와 마찬가지로 패킷이 도달했다는 것을 서버에 알려주기 위해 ACK 비트를 1로 만든 TCP 헤더를 되돌려보냅니다. 이게 서버에 도달하면 접속 작동을 주고받는 일이 끝납니다.

이제 소켓은 데이터를 송수신할 수 있는 상태가 됩니다. 이때 파이프 같은 걸로 소켓이 연결돼 있다고 생각합니다. 실제로는 뭔가로 연결돼 있지 않지만, 이런 식으로 생각하면 이해가 쉬우므로 네트워크 업계의 관례상 그렇게 생각하는 겁니다. 이 파이프 같은 것을 **커넥션**[26]이라고 부릅니다. 또한 커넥션은 데이터 송수신 작동을 지속하고 있는 동안, 즉 close를 호출해 종료할 때까지 계속 존재합니다. 이렇게 커넥션이 되면, 프로토콜 스택의 접속 작동은 끝이기 때문에 connect의 실행은 끝나고 애플리케이션으로 제어를 되돌립니다.

23 어떤 이유로 접속을 받지 않을 경우에는 SYN이 아니라 RST 비트를 1로 만듭니다.
24 처음에 클라이언트가 서버에 패킷을 보낼 때는 그 전에 패킷을 수신하지 않았기 때문에 ACK 비트는 0으로 만듭니다.
25 이 확인 작동은 나중에 설명합니다.
26 커넥션을 '접속'이라고 부르는 경우도 있지만, 접속 작동의 접속과 혼동하기 쉽기 때문에 여기서는 커넥션이라고 부르도록 하겠습니다. 커넥션이라고 부르지 않고 '섹션'이라고 부르는 사람도 있지만, 의미는 거의 같습니다.

2.3 데이터 송수신하기
2.3.1 프로토콜 스택에 HTTP 요청 메시지 건네기

connect에서 애플리케이션으로 제어가 돌아오면 데이터 송수신 작동에 들어갑니다. 이는 애플리케이션이 write를 호출해 송신 데이터를 프로토콜 스택에 건네는 부분에서 시작되며(그림 2.3 ③) 송신 데이터를 받은 프로토콜 스택이 송신 작동을 실행합니다. 이 작동에는 몇 가지 포인트가 있습니다.

우선 프로토콜 스택은 데이터에 무엇이 적혀 있는지 관여하지 않습니다. write를 호출할 때 송신 데이터의 길이를 지정하지만, 프로토콜 스택은 그 길이만큼 이진 데이터가 1바이트씩 순서대로 나열돼 있다고 인식할 뿐입니다.

하나 더. 프로토콜 스택은 데이터를 바로 송신하는 게 아니라, 먼저 자기 내부에 있는 송신용 버퍼 메모리 영역에 모아 애플리케이션이 다음 데이터를 건네주기를 기다립니다. 데이터를 일단 모으는 데는 이유가 있습니다. 송신을 의뢰할 때 애플리케이션에서 프로토콜 스택에 건네는 데이터의 길이는 애플리케이션 종류와 만드는 방법에 따라 결정됩니다. 데이터를 모두 한 번에 송신하라고 의뢰하는 경우가 있는가 하면, 1바이트씩 또는 1행씩 세분화해 송신하라고 의뢰하는 경우도 있습니다. 어느 쪽이든 한 번 송신 의뢰를 해서 건네는 데이터의 길이는 애플리케이션의 사정에 따라 결정되고, 프로토콜 스택을 통해 제어하는 것은 불가능합니다. 이런 상황에서 받은 데이터를 바로 보내는 단순한 방법을 쓰면 작은 패킷을 많이 보내버릴지도 모릅니다. 그럼 네트워크의 이용 효율이 저하되기 때문에 어느 정도 데이터를 모은 다음 송신 작동을 하는 겁니다. 어느 정도 모은 다음에 송신 작동을 할지는 OS 종류와 버전에 따라 다르기에 일률적으로 말할 수는 없지만, 다음과 같은 요소를 기반으로 판단합니다.

먼저, 패킷 하나에 저장할 수 있는 데이터 크기입니다. 프로토콜 스택은 MTU라는 파라미터를 기반으로 이를 판단합니다. MTU는 패킷 하나로 옮길 수 있는 디지털 데이터의 최대 길이를 말하는데, 이더넷에서는 통상적으로 1,500바이트입니다.(그림 2.5)[27] MTU에는 패킷 앞부분 헤더가 포함돼 있으므로 헤더를 제외한 나머지가 패킷 하나로 옮길 수 있는 데이터의 최대 길이입니다. 이를 MSS라고 부릅니다.[28] 애플리케이션에서 받은 데이터가 MSS를 넘거나, MSS에 가까운 길이에 도달할 때까지 데이터를 모아서 송신 작동을 하면 패킷이 세분화될 우려는 없습니다.

> MTU : 패킷 하나로 옮길 수 있는 디지털 데이터의 최대 길이를 말함. 이더넷에서는 통상적으로 1,500바이트.
> MSS : 헤더를 제외하고 패킷 하나로 옮길 수 있는 TCP 데이터의 최대 길이

또 다른 판단 요소는 타이밍입니다. 애플리케이션의 송신 페이스가 느린 경우, MSS에 가까워질 때까지 데이터를 모으면 거기서 시간이 걸려 송신 작동이 늦어지기 때문에, 버퍼에 데이터가 모이지 않아도 적당한 곳에서 송신 작동을 해야 합니다. 이 때문에 프로토콜 스택은 내부에 타이머가 있고, 일정 시간 이상이 지나면 패킷을 송신합니다.[29]

판단 요소는 이처럼 두 가지지만, 이 둘은 상반되는 때도 있습니다. 전자를 중시하면 패킷 길이가 길어져 네트워크의 이용 효율은 높아지지만, 버퍼에 쌓이는 시간만큼 송신 작동이 늦어질 우려가 있습니다. 거꾸로 후자를 중시하면 지연은 줄어들지만, 이용 효율이 낮아집니다. 따라서 둘의 균형을 적당히 가늠해 송신 작

---

[27] PPPoE를 사용한 ADSL 서비스 등으로 여분의 헤더가 덧붙여지면 MTU는 1,500바이트보다 작아집니다. PPPoE에 대한 내용은 '4.3.2 이더넷에서 PPP 메시지를 주고받는 PPPoE'에서 설명합니다.
[28] TCP와 IP의 헤더를 다 합치면 통상적으로 40바이트이기 때문에 MTU에서 그 길이를 뺀 것이 MSS가 됩니다. 예를 들어 이더넷의 경우, MTU는 1,500바이트이기 때문에 MSS는 1,460바이트입니다. 또한 TCP/IP에는 암호화 같은 프로토콜 옵션이 있고, 이를 사용하면 헤더가 길어집니다. 이때 헤더가 길어진 만큼 MSS는 짧아집니다.
[29] 이 시간은 그렇게 길지 않고, 밀리초 단위의 시간입니다.

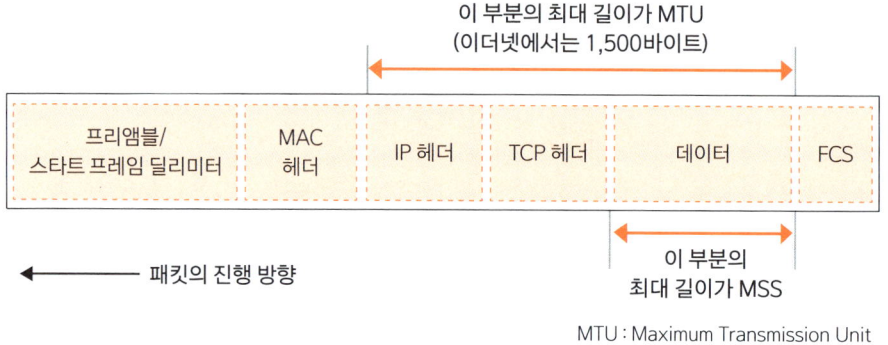

그림 2.5 MTU와 MSS

동을 실행해야 합니다. 하지만 TCP 프로토콜의 사양에는 균형에 관한 규정이 없고, 실제로 프로토콜 스택을 만드는 개발자가 이를 판단합니다. 이 때문에 OS 종류와 버전에 따라 작동 방식이 달라집니다.

이처럼 프로토콜 스택에 일임하는 방법이면 불편함이 생겨날 수도 있으므로, 애플리케이션 쪽에서 송신 타이밍을 조정할 여지도 남아 있습니다. 데이터 송신을 의뢰할 때 옵션을 지정할 수 있고, 거기서 '버퍼에 모으지 않고 바로 송신할 것'이라고 지정하면 프로토콜 스택은 버퍼에 모으지 않고 송신 작동을 실행합니다. 브라우저처럼 대화형 애플리케이션이 서버에 메시지를 보낼 때는 버퍼에 쌓는 만큼 응답 시간이 지연돼 버리기 때문에, 이 옵션을 사용하는 경우가 많을 테죠.

2.3.2 데이터가 클 때는 분할해서 보내기

HTTP 요청 메시지는 보통 그 정도로 길지 않기 때문에 패킷 하나에 들어가지만, 폼을 사용해 긴 데이터를 보낼 때는 패킷 하나에 들어가지 않을 정도로 길어지기도 합니다. 블로그나 게시판 등에서 긴 문장을 올리는 게 대표적이죠.

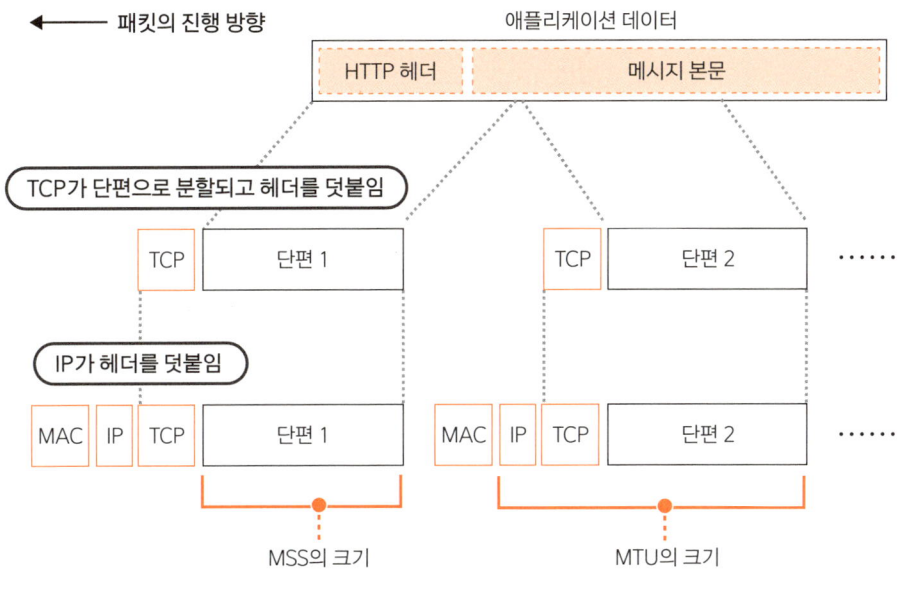

그림 2.6 애플리케이션 데이터는 분할해서 보낸다
애플리케이션 데이터는 대부분 너무 크기 때문에, TCP가 IP 패킷에 들어가는 크기로 분할된다.

이때 송신 버퍼에 쌓은 데이터는 MSS의 길이를 넘을 겁니다. 그럴 때는 다음 데이터를 기다릴 필요가 없습니다. 송신 버퍼에 들어 있는 데이터를 앞에서부터 순서대로 MSS의 크기에 맞춰 분할하고, 분할한 단편을 하나씩 패킷에 넣어 송신합니다.

이렇게 송신 버퍼에 쌓인 데이터 단편의 모습을 가늠해 데이터 단편을 송신해야 할 상황이 되면, 그 앞부분에 TCP 헤더를 덧붙이고 소켓에 기록돼 있는 제어 정보를 기반으로 해서 그곳에 송신원 포트 번호나 수신처 포트 번호 등의 필요한 항목을 기재하고, IP 담당 부분에 이를 건네 송신 작동을 실행합니다.(그림 2.6)[30]

---

30 IP 담당 부분은 IP 헤더나 이더넷의 MAC 헤더를 덧붙여 패킷을 송신하는데, 그에 대한 것은 나중에 설명합니다.

2.3.3 패킷이 도달한 것을 ACK 번호를 사용해 확인

데이터를 넣은 패킷을 서버로 송신해도 데이터 송신 작동은 끝나지 않습니다. TCP에는 송신한 패킷이 상대에게 올바르게 도달했는지 어떤지 확인하고, 만약 도달하지 않았으면 다시 보내는 기능이 있기에 패킷을 송신한 후에는 확인 작동을 실행합니다.

먼저 확인하는 방식부터 설명해 보겠습니다.(그림 2.7) 먼저 TCP 담당 부분은 데이터를 단편으로 분할할 때, 그 단편이 통신 개시부터 세었을 때 몇 번째 바이트에 해당하는지 셉니다. 그리고 데이터 단편을 송신할 때, 센 값을 TCP 헤더에 기재합니다. **시퀀스 번호**라는 항목이죠. 그리고 보내는 데이터의 크기도 수신 쪽에 전달합니다. 말은 그래도, 이쪽은 헤더에 기재해 수신 쪽에 알리는 게 아닙니다. 패킷 전체의 길이에서 헤더의 길이를 빼면 데이터 크기를 계산할 수 있으므로, 수신 쪽에서 그 방법에 따라 크기를 산출합니다. 송신한 데이터가 몇 번째 바이트에서 시작하는 몇 바이트분인지 이 두 가지로 알 수 있어요.

이렇게 하면 수신 쪽에서 패킷이 빠지지 않았는지 확인할 수 있습니다. 예를 들어 1,460바이트까지 수신이 끝난 상태에서 시퀀스 번호가 1461인 패킷이 도달하면 누락이 없음을 알 수 있고, 시퀀스 번호가 1461인 패킷이 도달하지 않고 시퀀스 번호가 2921인 패킷이 도달하면 누락이 발생했음을 알 수 있겠죠.

이렇게 누락이 없다는 걸 확인하면 수신 쪽은 그 이전에 수신한 데이터와 합쳐 데이터를 몇 바이트까지 수신했는지 계산하고, 그 값을 TCP 헤더의 **ACK 번호**[31]에 기재해 송신 쪽에 알립니다.[32] 한마디로 송신 쪽에서 "○○번째 바이트에서 시작하는 데이터 ××바이트분을 보낼게."라고 알리면, 수신 쪽이 "△△번째 바이트

---

[31] '아크 번호'라고 읽기도 하지만 한국에서는 드물다.(편집자 주)
[32] ACK 번호를 통지할 때는 단순히 ACK 번호에 값을 세팅할 뿐만 아니라 컨트롤 비트의 ACK 비트도 1로 합니다. 그렇게 하면 ACK 번호 필드가 유효하다는 의미가 돼, 수신 쪽에 ACK 번호를 통지했다는 사실을 알 수 있습니다.

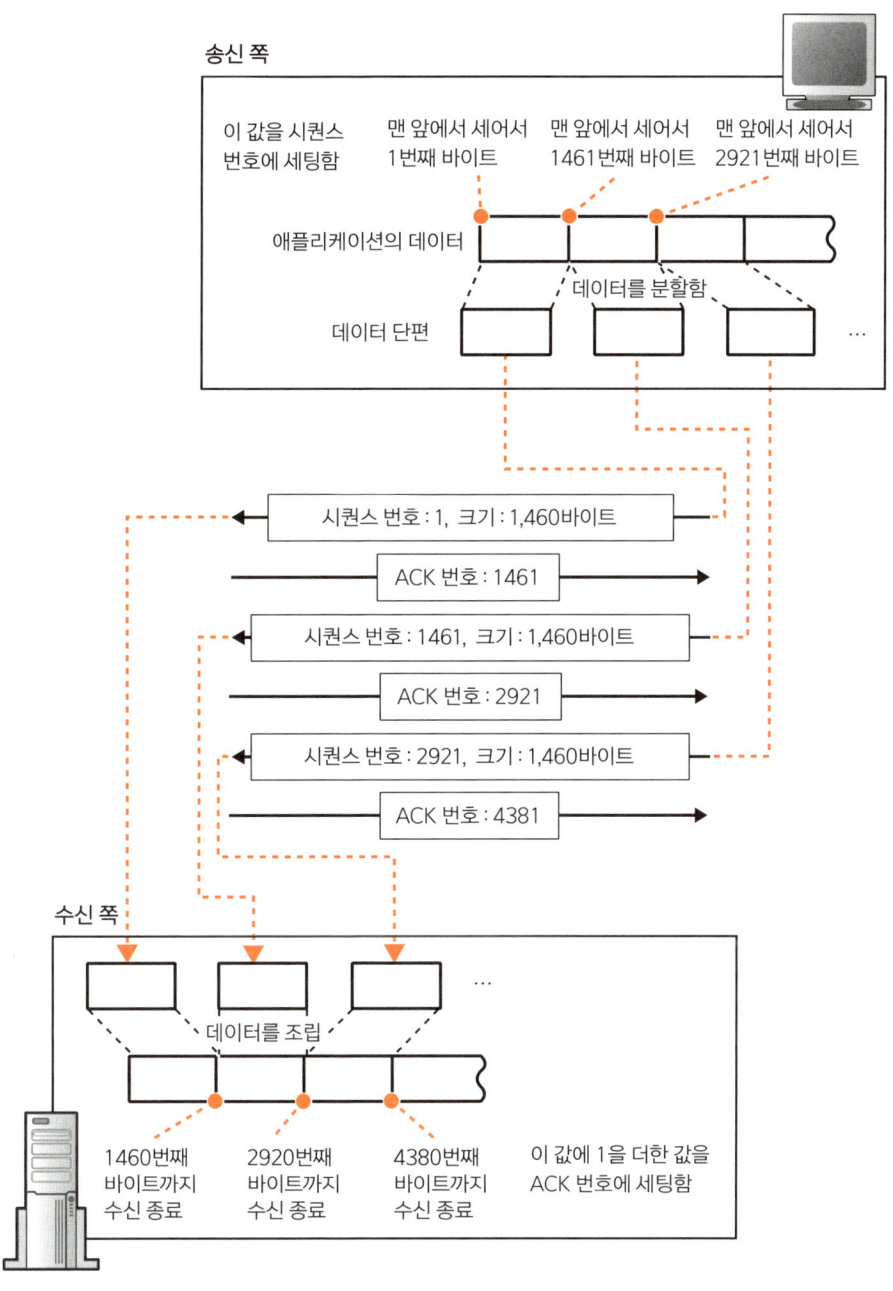

그림 2.7 시퀀스 번호와 ACK 번호를 사용하는 방법

까지 수신했어요."라고 응답하는 겁니다. ACK 번호를 되돌려주는 작동을 **수신 확인 응답**이라고 부르고, 수신 쪽은 이걸로 상대가 어디까지 수신했는지를 파악합니다.

다만 이 예는 실제와 조금 다릅니다. 실제로 시퀀스 번호는 1에서 시작하지 않고 난수를 기반으로 산출한 초깃값으로 시작합니다. 시퀀스 번호를 항상 1에서 시작하면 움직임을 예측할 수 있어서, 이를 틈타 공격을 당할 우려가 있기 때문입니다. 하지만 난수로 초깃값을 정하면 몇 번이 초깃값인지 알 수 없다는 문제가 발생해요. 따라서 데이터 송수신을 시작하기 전에 초깃값을 상대에게 통지해야 합니다. 아까 설명한 접속 작동에서 SYN이라는 컨트롤 비트를 1로 해서 서버로 보내는 상황이 있었는데, 이것이 바로 초깃값을 통지하는 작업입니다. 사실 SYN에 1을 세팅할 때는 시퀀스 번호에도 값을 세팅해야 하는데, 그 시퀀스 번호값이 초깃값을 표현하는 거예요.[33]

이게 시퀀스 번호와 ACK 번호를 사용해서 확인하는 방식인데, 이것만으로는 충분치 않은 구석이 있습니다. 이 설명이 데이터의 흐름을 하나만 고려했기 때문입니다.

한쪽에서 또 한쪽으로 데이터를 보내는 상황만 생각했다는 거죠. TCP의 데이터 송수신 작동은 양방향이기 때문에 클라이언트에서 서버로 가는 데이터 흐름과 서버에서 클라이언트로 가는 데이터 흐름 두 가지가 있고, 두 가지 모두에 대응해야 합니다. 물론 이 일은 그렇게 어렵지 않아요. 그림 2.7은 클라이언트에서 서버로 데이터를 보내는 경우를 보여주는데, 그림 좌우를 역전한 것을 더하면 됩

---

[33] 접속 작동을 설명하면서 SYN 비트를 1로 하면 접속 작동을 표현한다고 말했는데, 그건 바로 SYN을 1로 해서 시퀀스 번호의 초깃값을 통지하는 건 접속 작동 때뿐이라 SYN을 1로 한 패킷을 보내는 일이 접속 작동을 표현한다는 뜻입니다. 또한 SYN이라는 건 synchronize의 약자로, 발을 맞춘다는 걸 가리킵니다. 즉 시퀀스 번호의 초깃값을 통지해 송신 쪽과 수신 쪽이 발을 맞춰 데이터 누락을 검출하는 상황을 정리한다는 의미입니다. 이게 SYN의 본래 의미라고 생각하면 됩니다.

니다. 그림 2.8과 같겠죠. 우선 클라이언트에서 서버로 보내는 데이터에 관한 시퀀스 번호는 클라이언트 쪽에서 산출해 데이터와 함께 서버로 통지하고, 그게 도달하면 데이터를 받은 서버 쪽에서 ACK 번호를 산출해 클라이언트로 돌려보냅니다.

이와는 반대로 서버에서 클라이언트로 보내는 데이터에 관한 시퀀스 번호는 서버 쪽에서 산출해 데이터와 함께 클라이언트에 통지하고, 그게 도달하면 데이터를 받은 클라이언트 쪽에서 ACK 번호를 산출해 서버에 되돌려보냅니다. 또 시퀀스 번호는 이 그림처럼 클라이언트와 서버 양쪽에서 산출하기 때문에 초깃값도 양쪽에서 산출하고, 접속 작동 때 서로 상대에게 통지합니다.

작동 방식을 이해했으면 실제 움직임을 설명하겠습니다.(그림 2.9) 일단 제일 먼저, 접속 작동 때 클라이언트에서 서버로 보내는 데이터에 관한 시퀀스 번호의 초깃값을 클라이언트에서 산출해 서버에 통지합니다.(그림 2.9 ①) 그렇게 하면 서버가 이 초깃값에서 ACK 번호를 산출해 클라이언트로 돌려보냅니다.(②)

첫 초깃값 통지가 도중에 사라져 버릴 수도 있으므로, 초깃값이 서버에 도달했음을 알리기 위해 ACK 번호를 되돌려보내는 거죠. 그때 서버에서 클라이언트로 보내는 데이터에 관한 시퀀스 번호의 초깃값을 서버에서 산출하고, 그 값도 함께 클라이언트로 통지합니다.(②) 그렇게 하면 클라이언트에서도 서버와 마찬가지로 자신이 받은 시퀀스 번호의 초깃값에서 ACK 번호를 산출해 서버로 되돌려보냅니다.(③) 이걸로 시퀀스 번호와 ACK 번호를 다 준비했기 때문에 데이터 송수신 작동에 들어갑니다. 데이터 송수신 작동은 본래 양방향에 데이터를 보낼 수 있는데, 웹의 경우에는 처음에 클라이언트에서 서버로 메시지를 보낼 겁니다. 그리고 그 데이터와 함께 시퀀스 번호를 보냅니다.(④) 그렇게 하면 데이터를 수신한 서버에서 ACK 번호를 돌려보냅니다.(⑤) 서버에서 클라이언트로 데이터를 보내는 경우에는 이와 반대입니다.(⑥, ⑦)

TCP는 이 방법으로 상대가 데이터를 받았다는 것을 확인하는데, 이를 확인할 때까지는 송신한 패킷을 송신용 버퍼 메모리 영역에 보관합니다. 그리고 만약 송신한 데이터에 대응하는 ACK 번호가 상대로부터 되돌아오면 패킷을 다시 보냅니다.

이 시스템은 강력합니다. 수신 쪽에 패킷이 올바르게 도달한 것을 확인하고, 도달하지 않았으면 다시 보내기 때문에 네트워크 어딘가에서 오류가 발생했다고 해도 모두 검출해 회복 처리(패킷을 다시 보내는 것)를 할 수 있습니다. 거꾸로 말하면 이 시스템 덕분에 다른 곳에서 오류 회복 처리를 할 필요가 없다고도 할 수 있죠.

따라서 LAN 어댑터도 허브도 라우터도 회복 처리를 하지 않습니다. 오류를 검

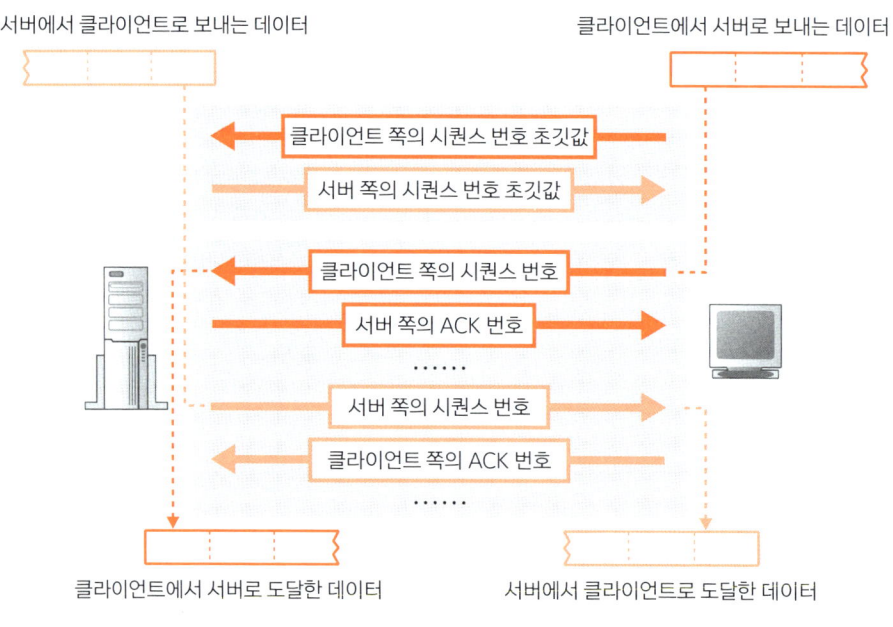

그림 2.8 양방향으로 데이터가 흐르는 경우

출하면 그 패킷을 버릴 뿐입니다. 애플리케이션도 마찬가지입니다. TCP에 맡겨 두면 다소 오류가 발생하더라도 데이터는 문제없이 상대에게 도달하기 때문에, 애플리케이션의 송신 작동은 끝납니다. 다만 도중에 케이블이 끊어지거나 서버가 다운되는 등의 이유로 TCP가 아무리 다시 보내도 데이터가 도달하지 않는 경우도 있습니다.

그때는 아무리 다시 보내도 안 되기 때문에 TCP는 여러 번 다시 보내도 안 되면 회복의 기미가 없다고 간주하며, 데이터 송신 작동을 강제로 종료하고 애플리케이션에 오류를 통지합니다.

시퀀스 번호와 ACK 번호로 패킷이 수신 쪽에 도달했다는 것을 확인한다.

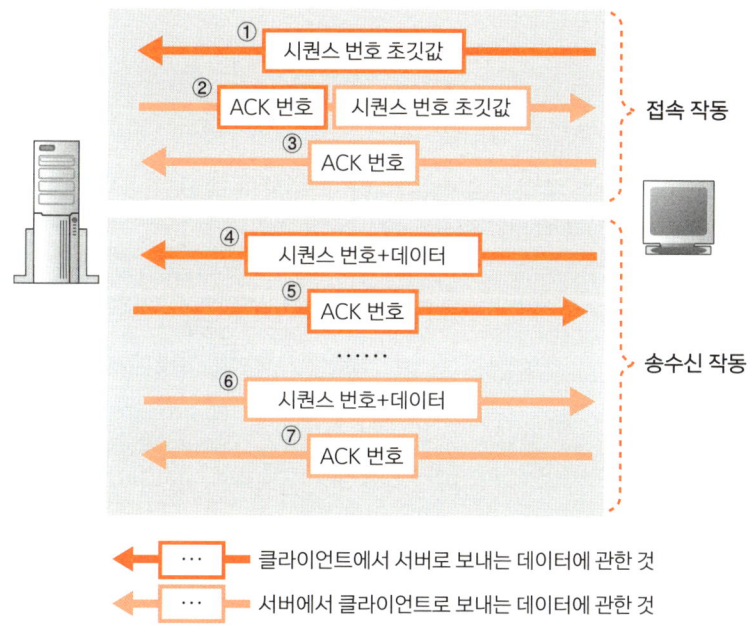

그림 2.9 시퀀스 번호와 ACK 번호의 교환

2.3.4 패킷 평균 왕복 시간으로 ACK 번호의 대기 시간을 조정

이게 기본이지만, 실제 오류 검출과 회복 시스템은 꽤 복잡합니다. 여기서 포인트가 되는 부분만 설명하겠습니다. 제일 먼저, ACK 번호가 돌아오는 걸 기다리는 시간입니다.(이 대기 시간을 **타임아웃값**이라고 부름)

네트워크가 혼잡해 정체가 발생하면 ACK 번호가 늦게 돌아오기 때문에, 이를 예측해 대기 시간을 어느 정도 길게 설정해야 합니다. 그렇게 하지 않으면 ACK 번호가 돌아오기 전에 다시 보내는 사태가 일어나니까요. 이런 쓸데없는 일은 단순히 낭비 정도로 끝나지 않습니다.[34] ACK 번호 반송이 늦어지는 사태는 혼잡이 원인인 경우가 많아서, 그곳에 쓸데없는 패킷을 보내면 혼잡에 혼잡을 더하는 결과로 이어지기 때문입니다. 그럼 대기 시간은 긴 편이 나은 거냐고 한다면 그렇지만도 않습니다. 대기 시간이 너무 길어지면 패킷을 다시 보내는 작동이 늦어져서 속도 저하의 원인이 되거든요.

대기 시간은 너무 짧지 않게, 또 너무 길지 않게 적절한 값으로 설정해야 하지만 이게 또 그렇게 간단하지 않습니다. 서버가 가까우냐 머냐에 따라 ACK 번호가 되돌아오는 시간에 큰 차이가 나는 데다가, 정체로 인한 지연도 고려해야 하니까요.

예를 들어 사내 LAN이면 수 밀리초 이내로 ACK 번호가 되돌아오는데, 인터넷이 혼잡하면 수백 밀리초를 넘는 일도 다반사입니다. 이렇게 차이가 크면 대기 시간을 일정한 값으로 설정하는 방법이 잘 먹히지 않습니다.

여기서 TCP는 대기 시간을 동적으로 변경하는 방법을 씁니다. ACK 번호가 되돌아오는 시간을 기준으로 대기 시간을 판단하는 거죠. 구체적으로는 데이터 송신 작동을 할 때 항상 ACK 번호가 되돌아오는 시간을 계측합니다. 그리고 ACK

---

[34] 똑같은 패킷을 중복해서 보내도 수신 쪽에서 시퀀스 번호를 조회하면 중복을 검출할 수 있으므로, 이상 작동으로 이어지지는 않습니다.

번호가 늦게 되돌아오면 그에 따라 대기 시간도 길어지지요. 거꾸로 ACK 번호가 바로 돌아올 것 같으면 대기 시간을 짧게 설정합니다.[35]

2.3.5 윈도 제어 방식으로 ACK 번호를 효율적으로 관리

122쪽의 그림 2.10 (a)처럼 패킷을 하나 보내서 ACK 번호를 기다리는 방법은 단순해서 이해하기 쉽긴 하지만, ACK 번호가 되돌아올 때까지 아무것도 안 하고 기다리는 건 시간 낭비죠. 이 낭비를 줄이기 위해 TCP는 그림 2.10 (b)처럼 **윈도 제어**라는 방식에 따라 송신과 ACK 번호 통지의 작동을 실행합니다. 윈도 제어라는 건 패킷을 하나 보낸 후, ACK 번호를 기다리지 않고 차례로 연속해서 여러 패킷을 보내는 방법입니다. 그렇게 하면 ACK 번호가 되돌아올 때까지의 시간이 낭비되지 않죠.

이 방법으로 ACK 번호를 기다리며 시간 낭비를 할 필요가 없어지긴 하지만, 주의할 점이 있습니다. 핑퐁 방식이면 수신 쪽은 수신 처리가 끝난 후 ACK 번호를 되돌려주고, ACK 번호를 기다린 후 송신 쪽이 다음 패킷을 보내기 때문에 수신 쪽의 능력을 넘어서서 패킷을 보내는 일은 없습니다. 하지만 ACK 번호를 기다리지 않고 차례로 패킷을 보내면, 수신 쪽의 능력을 넘어서서 패킷을 보내버리는 사태가 일어날지도 모릅니다.

구체적으로 살펴보겠습니다. 수신 쪽의 TCP는 패킷을 수신하면 일단 수신용 버퍼 메모리에 데이터를 임시로 저장합니다. 수신 쪽에서는 ACK 번호를 계산하거나 데이터 단편을 연결해 원래 데이터를 복원하고 애플리케이션에 건네줘야 하는데, 그 처리가 끝나지 않은 상태에서 다음 패킷이 도달해도 곤란한 일이 일어나지 않도록 수신 버퍼를 설치하고, 그곳에 수신한 데이터를 임시로 저장하는 겁

---

[35] 컴퓨터 시간 계측은 정밀도가 낮아서 너무 단시간에 ACK 번호가 되돌아오면 정확하게 계측할 수 없습니다. 따라서 대기 시간의 최단값이 정해져 있습니다. OS 종류에 따라 다르지만, 최단값은 0.5초에서 1초 정도로 설정합니다.

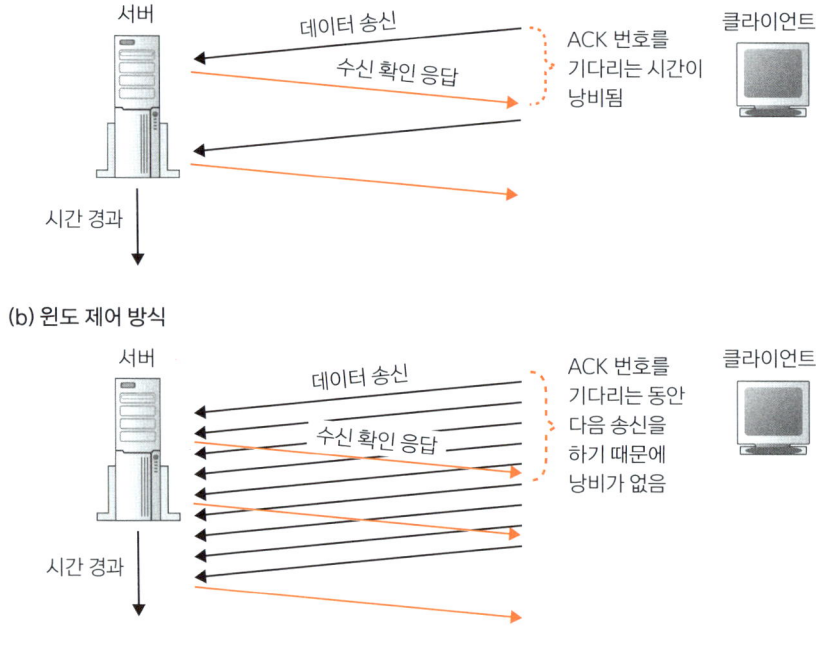

그림 2.10 핑퐁 방식과 윈도 제어 방식

니다. 하지만 애플리케이션에 건네는 속도보다 빠른 페이스로 데이터가 도달하면 수신 버퍼에 데이터가 점점 더 쌓이고 그러다가 넘쳐버립니다.

넘치면 데이터는 사라져 버리기 때문에 패킷이 도달해도 오류가 일어난 것과 같은 상황이 됩니다. 이게 수신 쪽의 능력을 넘는다는 의미입니다. 이 사태는 다음과 같은 방법으로 피할 수 있습니다. 일단 수신 쪽에서 송신 쪽에 수신 가능한 데이터양을 통지하고, 송신 쪽은 그 양을 넘지 않도록 송신 작동을 실행합니다. 이게 바로 윈도 제어 방식입니다.

구체적인 설명은 문장보다 그림으로 해야 더 이해가 빠르겠죠. 그림 2.11과 같이 수신 쪽은 수신 버퍼에 데이터를 임시로 저장해, 수신 처리를 진행합니다. 그

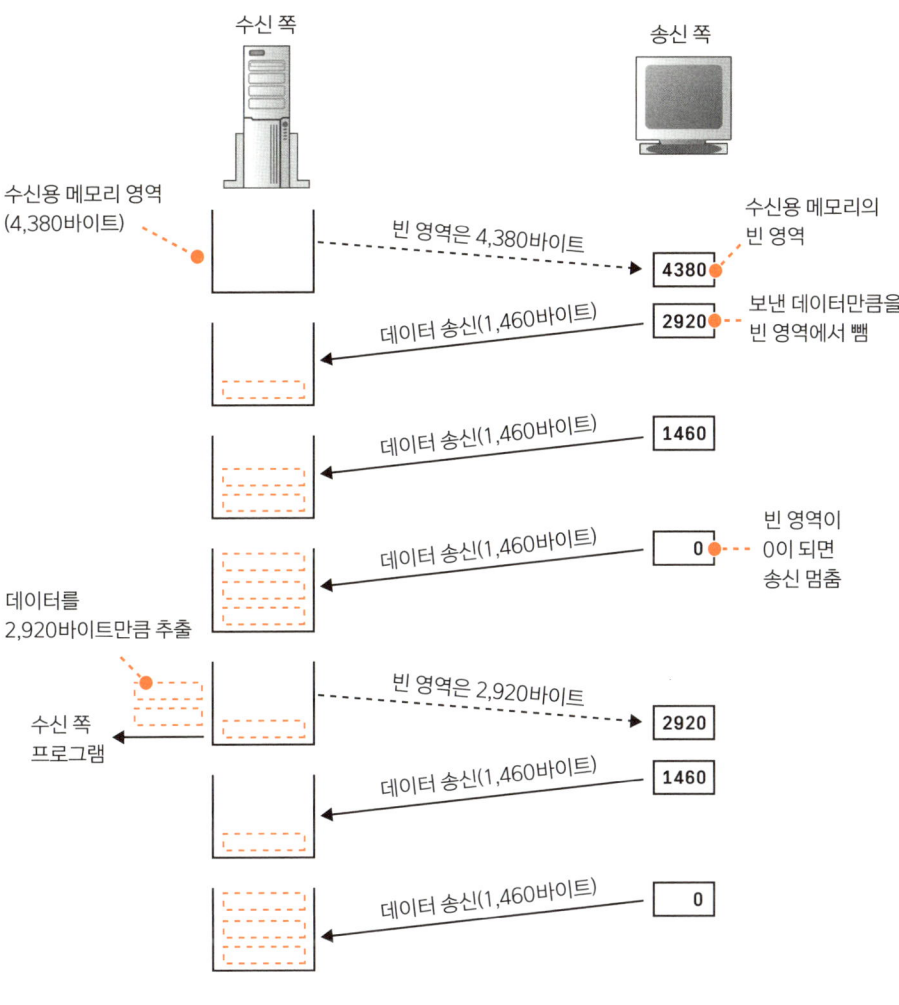

그림 2.11 윈도 제어와 수신용 메모리

리고 수신 처리가 끝나고 수신 버퍼에 공백이 생기면 그 공백만큼 수신할 수 있는 데이터양이 늘어나기 때문에, TCP 헤더의 **윈도 필드**에서 송신 쪽에 이를 알립니다. 이렇게 하면 수신 쪽의 능력을 넘어서서 데이터를 보내버리는 일은 없습니다.

또 이 그림에서는 수신 버퍼가 꽉 찰 때까지 수신 처리를 하지 않는 것처럼 보이지만, 실제로는 그렇지 않습니다. 편의상 수신 쪽의 작동 속도가 느리고, 수신 버퍼에 공백이 사라질 정도로 패킷이 도달해도 아직 첫 수신 처리가 끝나지 않은 상황을 그림으로 표현했을 뿐입니다. 수신 쪽은 패킷을 수신하면 바로 수신 처리를 시작하기 때문에, 수신 쪽의 능력이 뛰어나고 패킷이 도달하는 페이스보다 빠르게 수신 처리를 해내면 버퍼는 바로 비기 때문에 윈도 필드에서 이 사실을 통지하겠죠.

그리고 그림 2.11은 오른쪽에서 왼쪽으로 데이터를 송신하는 작동만 그렸지만, 실제로는 시퀀스 번호와 ACK 번호처럼 양방향으로 데이터를 주고받습니다. 또 이 수신 가능한 데이터양의 최댓값을 **윈도 크기**라고 부르는데[36], TCP를 튜닝하는 파라미터 중 하나로 잘 알려져 있습니다.

2.3.6 ACK 번호와 윈도를 함께 통지하기

송수신 작동의 효율을 높이기 위해 한 가지 더 고려해야 할 것이 있습니다. 그건 바로 ACK 번호와 윈도를 통지하는 타이밍입니다. 이 두 가지를 별개라고 생각해 각각의 별도 패킷으로 보내면 어떻게 될까요?

일단 윈도 통지 작동은 언제 발생할까요? 수신 데이터가 수신 버퍼에 쌓이는 게 다라면, 윈도를 일일이 송신 쪽에 통지할 필요는 없습니다. 윈도값은 데이터를 송신할 때마다 송신한 데이터만큼만 빼면 송신 쪽이 직접 산출할 수 있기 때문입니다. 윈도 통지가 필요한 경우는 수신 쪽에서 수신 버퍼에서 데이터를 추출해 애플리케이션에 건넸을 때입니다. 이 움직임은 수신 쪽의 애플리케이션이 보낸 의뢰를 계기로 일어나는 것이라, 그게 언제 일어날지 송신 쪽은 모릅니다. 이 때문에 수신 쪽에서 애플리케이션에 데이터를 건네, 수신 버퍼의 빈 영역이 늘어났을

---

[36] 통상적으로 수신 쪽의 버퍼 메모리와 크기가 똑같습니다.

때 이를 송신 쪽에 통지해야 합니다. 이게 윈도 통지의 타이밍입니다.

ACK 번호는 어떨까요? 수신 쪽에서 데이터를 받았을 때 그 내용을 조회해 정상 수신을 확인한 다음, 송신 쪽으로 보냅니다. 데이터를 수신한 후 바로 실행한다고 생각하면 되겠네요.

이 두 가지를 합치면 일단 송신 쪽에서 보낸 데이터가 수신 쪽에 도달하고, 수신 작동이 정상적으로 끝난 다음, ACK 번호를 송신 쪽에 통지합니다. 그리고 잠시 후[37] 그 데이터를 애플리케이션에 건네고 윈도를 송신 쪽에 통지하는 형태가 될 겁니다. 이 본래의 작동 방식을 그대로 실현하면 데이터 패킷을 수신할 때마다 ACK 번호 통지와 윈도 통지를 담은 패킷이 하나씩 따로 송신 쪽에 보내집니다.[38] 이러면 수신 쪽에서 송신 쪽으로 보내는 패킷이 많아져서 효율이 낮아집니다. 따라서 수신 쪽은 ACK 번호와 윈도를 통지할 때 바로 패킷을 보내는 게 아니라 잠시 기다립니다. 기다리는 동안에 다음 통지 작동이 일어날지도 몰라요.

그러면 양쪽을 한 패킷으로 정리해 보냅니다. 예를 들어 ACK 번호의 송신을 대조할 때 윈도 통지가 생기면 ACK 번호와 윈도를 한 패킷에 묶어 통지합니다. 이걸로 패킷 수를 줄일 수 있습니다. 여러 ACK 번호를 연속으로 보낼 때도 패킷 수를 줄일 수 있죠. ACK 번호는 데이터를 어디까지 받았는지, 즉 수신한 데이터의 끝이 어디인지를 송신 쪽에 알리는 것이기 때문에 ACK 번호를 연속적으로 알려야 한다면 마지막 것만 통지하고 도중 것은 생략해도 됩니다. 그렇게 하면 패킷을 줄일 수 있습니다. 윈도 통지가 연속적인 경우에도 똑같이 패킷을 줄일 수 있죠.

윈도값을 연속으로 보내야 한다는 말은 애플리케이션에 데이터를 건네는 작동이 연속적으로 일어나고, 수신 버퍼의 빈 영역이 점점 더 늘어나는 상황이라고 생

---

[37] 컴퓨터는 고속으로 작동하기 때문에 그렇게 긴 시간은 아닙니다. 마이크로초 단위의 시간입니다.
[38] 애플리케이션의 수신 의뢰 빈도가 낮으면 여러 데이터 수신에 대해 윈도 통지가 하나인 경우도 있습니다.

각하면 됩니다. 그 같은 경우에도 ACK 번호와 마찬가지로 도중을 생략해 마지막 것만 통지하면 됩니다.

2.3.7 HTTP 응답 메시지를 수신

브라우저가 보낸 의뢰를 받아 프로토콜 스택이 HTTP 요청 메시지를 보내는 일련의 작동을 설명하는 일은 이걸로 끝입니다. 하지만 이걸로 브라우저의 작동이 끝나진 않습니다. HTTP 요청 메시지를 보내면 다음은 웹 서버에서 응답 메시지가 되돌아오길 기다립니다. 그리고 응답 메시지가 되돌아오면 수신하죠. 이때 프로토콜 스택의 작동은 웹 서버에 접속하는 작동을 순서대로 따라간다는 이 책의 취지에 따라 마지막에 설명해야 할 것 같네요. 하지만 그 부분을 뒤로 미루면 지금까지 했던 설명을 잊어버릴지도 모르니 여기서 설명하도록 하겠습니다.

먼저 브라우저는 요청 메시지를 송신하도록 의뢰해 그 일이 끝나면 서버에서 되돌아오는 응답 메시지를 받기 위해 read 프로그램을 호출합니다.(그림 2.3 ④) 그럼 read를 거쳐 프로토콜 스택으로 제어가 옮겨지고,[39] 프로토콜 스택이 움직입니다. 데이터를 수신할 때도 데이터를 송신할 때처럼 데이터를 일시 보관하는 수신 버퍼를 사용하기 때문에 여기서 일어나는 작동은 다음과 같습니다.

먼저 프로토콜 스택은 수신 버퍼에서 수신 데이터를 추출해 애플리케이션에 건네려고 합니다. 하지만 이 시점, 즉 요청 메시지를 다 송신한 지 얼마 안 된 시점이면 아직 응답 메시지는 되돌아오지 않았을 겁니다. 응답 메시지가 되돌아올 때까지 다소 시간이 걸리기 때문입니다. 그러므로 수신 버퍼에 데이터는 들어 있지 않을 겁니다. 이러면 작업을 더 진행하기가 불가능합니다. 거기서 프로토콜 스택은 의뢰받은 작업, 즉 수신 버퍼에서 수신 데이터를 추출해 애플리케이션에 건네는 작업을 일시 보류합니다.[40] 그리고 서버에서 응답 메시지 패킷이 도달했을

---

[39] 제어가 옮겨지면 애플리케이션은 휴지 상태가 됩니다.

때, 이 패킷을 수신해 애플리케이션에 건네는 작업을 재개합니다.

이때 프로토콜 스택이 데이터를 수신하는 작동은 데이터를 송신하는 부분을 설명할 때 같이 설명했기에, 여기서 설명해야 할 것은 딱히 남아 있지 않습니다. 간단하게 정리하겠습니다.[41] 일단 수신한 데이터 단편과 TCP 헤더의 내용을 조회해, 도중에 데이터가 빠졌는지 아닌지 검사하고 문제가 없으면 ACK 번호를 되돌려보냅니다. 그리고 데이터 단편을 수신 버퍼에 잠시 보관하고, 거기서 단편을 연결해 원래 모습으로 데이터를 복원한 후에는 애플리케이션에 건넵니다.

구체적으로는 수신 데이터를 애플리케이션이 지정한 메모리 영역으로 전이한 후 애플리케이션에 제어를 되돌립니다. 그리고 애플리케이션에 데이터를 건네면 타이밍을 가늠해 윈도를 송신 쪽에 통지합니다.[42]

2.4 서버에서 소켓을 종료

2.4.1 데이터를 다 보냈을 때 종료

기왕 여기까지 설명했으니 데이터 송수신 작동이 끝난 후에 프로토콜 스택이 어떻게 움직이는지도 설명하겠습니다. 이걸로 소켓 생성부터 접속, 송수신, 종료, 소켓 종료까지 데이터 송수신에 관련한 일련의 움직임을 모두 이해할 수 있겠죠.

데이터 송수신을 종료하는 경우는 당연한 말이지만 애플리케이션이 송신해야 할 데이터를 모두 보냈다고 판단했을 때입니다. 그렇게 하면 다 보낸 쪽이 종료 단계에 들어가는데, 어디서 데이터 송수신 작동이 끝날지는 애플리케이션에 따라 다릅니다. 예를 들어 웹이면 브라우저에서 웹 서버에 요청 메시지를 보내 서버가

---

40 프로토콜 스택이 휴지 상태가 된다고 생각해도 좋지만 실제로는 그렇지 않습니다. 프로토콜 스택은 다수의 애플리케이션에서 의뢰받은 작업을 하므로 한 작업을 보류했을 때 휴지 상태가 되는 것이 아니라 다른 진행 가능한 작업을 실행합니다. 다른 작업을 실행하는 동안 보류한 작업은 진행하지 않기 때문에 휴지한 것처럼 보입니다.
41 제6장에 패킷을 수신한 다음, 애플리케이션에 데이터를 건넬 때까지의 작동 전체가 정리돼 있습니다. 그쪽 내용도 참고해 보세요.
42 ACK 번호를 묶어 패킷을 보냅니다.

그에 따라 응답 메시지를 다 되돌려보냈을 때 데이터를 모두 보냅니다. 이 경우에는 서버 쪽이 종료 단계에 들어가죠.[43] 클라이언트 쪽이 데이터를 보내면 끝난다는 형태의 애플리케이션도 있을 겁니다. 그 경우에는 클라이언트 쪽에서 먼저 종료 단계에 들어갑니다. 이건 애플리케이션 나름이라 프로토콜 스택은 어느 쪽이 먼저 종료 단계에 들어가도 상관없게 만들어져 있습니다.

어느 경우든 데이터를 다 보낸 쪽에서 종료 단계에 들어가는데, 여기서는 서버 쪽에서 종료 단계에 들어간다고 가정하고 설명을 이어갈게요. 이 경우에는 먼저 서버 쪽 애플리케이션이 Socket 라이브러리의 close를 호출합니다. 그럼 서버 쪽의 프로토콜 스택이 TCP 헤더를 만들어 그곳에 종료를 나타내는 정보를 세팅합니다.

구체적으로는 컨트롤 비트의 FIN 비트에 1을 세팅합니다. 그리고 IP 담당 부분에 의뢰해서 클라이언트에 송신해 달라고 합니다.(그림 2.12 ①) 그와 동시에 종료에 들어갔다는 정보를 서버 쪽의 소켓에 기록합니다.

다음은 클라이언트 쪽입니다. 서버에서 FIN에 1을 세팅한 TCP 헤더가 도달하면 클라이언트의 프로토콜 스택은 자신의 소켓에 서버 쪽이 종료에 들어갔음을 기록합니다. 그리고 FIN을 1로 한 패킷을 받았음을 알리기 위해 ACK 번호를 서버에 되돌려줍니다.(②) 이 작동이 끝나면 애플리케이션이 데이터를 가지러 오는 것을 기다립니다. 조금만 더 있으면 애플리케이션이 read를 호출해 데이터를 가지러 올 겁니다.[44]

그렇게 하면 데이터를 건네는 것이 아니고[45] 서버에서 데이터를 모두 수신했음

---

[43] 이 설명은 HTTP 1.0 프로토콜을 사용한 경우입니다. HTTP 1.1에서는 서버가 응답 메시지를 되돌려보낸 후, 이어서 클라이언트가 다음 요청 메시지를 보내도 되도록 업데이트됐습니다. 이 경우에는 이어지는 요청 메시지가 없을 때 클라이언트 쪽이 먼저 종료 단계에 들어가기도 합니다.

[44] FIN을 1로 한 패킷이 도달하기 전에 애플리케이션이 데이터를 가지러 와 있을지도 모릅니다. 그럴 경우, 애플리케이션에 데이터를 건네는 작업은 보류돼 있을 것이기 때문에 여기서 그 작업을 재개합니다.

[45] 이전에 수신한 데이터가 수신 버퍼에 남아 있으면 그걸 애플리케이션에 건넵니다.

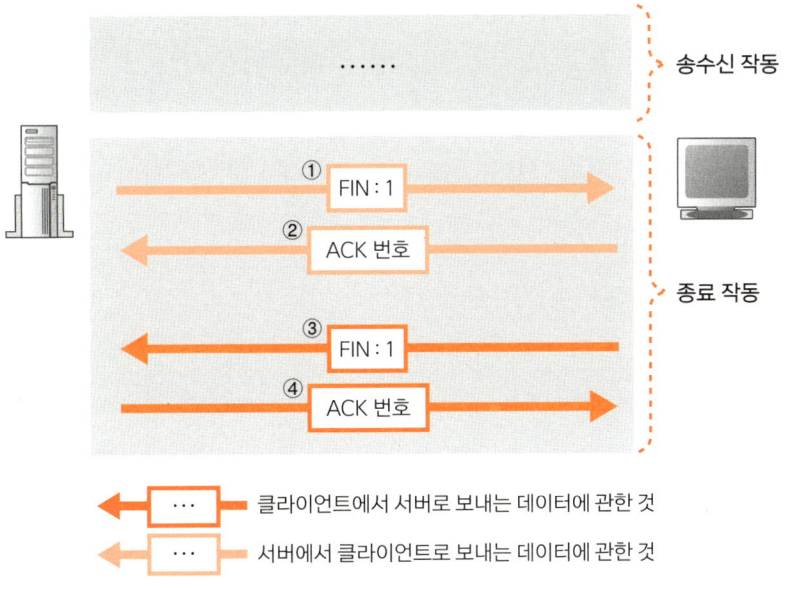

그림 2.12 종료 시 데이터를 주고받는 모습

을 클라이언트 쪽 애플리케이션(브라우저)에 알립니다. 웹의 작동은 서버가 응답을 되돌려보내면 끝이라는 규칙이 정해져 있으므로, 서버에서 데이터를 모두 수신하면 클라이언트와의 연결이 종료됩니다. 거기서 클라이언트 쪽의 애플리케이션도 close를 호출해 데이터 송수신 작동을 끝냅니다. 그럼 클라이언트의 프로토콜 스택은 서버 쪽과 마찬가지로 FIN 비트에 1을 세팅한 TCP 헤더를 만들고, IP 담당 부분에 의뢰해 서버에게 송신해 달라고 합니다.(③) 조금만 있으면 서버에서 ACK 번호가 되돌아옵니다.(④) 이렇게 하면 서버와 데이터를 주고받는 일은 끝납니다.

2.4.2 소켓 종료

서버와 데이터를 다 주고받으면 그 소켓을 사용해 서버와 데이터를 주고받는 일은 없습니다. 그 소켓은 이제 필요가 없다고 해도 되겠죠. 하지만 그때 바로 소켓을 종료하지 않고 조금만 더 기다렸다가 소켓을 종료합니다.

조금만 더 기다리는 이유는 오작동을 방지하기 위해서지만, 오작동이 일어나는 사례는 다양해서 모두 설명하기는 힘들어요. 그래서 가장 알기 쉬운 사례를 설명하겠습니다. 그림 2.12의 설명과는 반대로 클라이언트에서 종료 작동이 시작돼, 다음과 같은 형태로 종료가 이어집니다.

(1) 클라이언트가 FIN 송신
(2) 서버가 ACK 번호 송신
(3) 서버가 FIN 송신
(4) 클라이언트가 ACK 번호 송신

그리고 마지막에 클라이언트가 송신한 ACK 번호가 사라져 버리면 오작동이 일어납니다. 이 사례에서 서버는 ACK 번호가 되돌아오지 않았기에 한 번 더 FIN을 보낼지도 모릅니다. 그때 클라이언트의 소켓이 종료돼 있으면 어떻게 될까요? 소켓을 종료해 버리면 그곳에 기록된 제어 정보가 사라져 버리기 때문에, 소켓에 할당된 포트 번호도 몇 번인지 알 수 없게 됩니다. 그 시점에서 다른 애플리케이션이 소켓을 생성하면 새로운 소켓에 똑같은 포트 번호가 할당될지도 모릅니다.[46]

그렇게 해서 똑같은 포트 번호의 소켓이 만들어진 곳에 서버가 다시 보낸 FIN이 도달하면 어떻게 될까요? FIN은 종료되기 전의 소켓으로 보낸 것인데, 새롭게 만든 똑같은 포트 번호의 소켓용 패킷이라는 오해를 받아 새로운 소켓에 FIN이 전달될지도 모릅니다. 그러면 그 소켓은 종료 작동에 들어가 버릴 테죠. 이런 오

[46] 클라이언트 쪽의 포트 번호는 미사용 값에서 적당히 골라 할당하기 때문입니다.

작동을 방지하려고 바로 소켓을 종료하지 않고 잠시 기다리는 겁니다.

또한 이때의 대기 시간은 패킷 재송 작동과 연관돼 있습니다. 패킷이 사라졌을 때 다시 보내는 작동은 통상적으로 몇 분 지속됩니다. 그리고 몇 분이 지나면 회복 기미가 없다고 판단해 재송 작동은 멈춥니다. 이때까지는 재송 패킷이 네트워크상에 존재할 가능성이 있어, 이와 같은 오작동을 일으킬 가능성이 있습니다. 그러므로 재송 작동이 완전히 끝나는 시간만 기다리면 돼요. 명확한 규정은 없지만 대개 몇 분 정도 기다린 후, 소켓을 종료하는 것이 일반적입니다.

2.4.3 데이터 송수신 작동의 정리

이걸로 TCP 프로토콜에서 애플리케이션의 데이터를 송수신하는 작동은 끝났습니다. 설명이 길어졌으니 마지막으로 전체를 정리하고 넘어갈게요.(그림 2.13)

데이터 송수신 작동의 최초는 소켓을 생성하는 단계입니다. 통상적으로, 일단 서버 쪽에서 애플리케이션이 움직이면 소켓을 만들어, 접속 대기 상태로 만듭니다. 클라이언트는 사용자가 특정한 행동을 취해 서버에 접속하는 작동이 시작될 때 소켓을 생성하는 것이 일반적입니다. 또 이 단계에서는 아직 패킷을 주고받지 않습니다.

소켓을 만들면 클라이언트에서 서버로 접속 작동을 실행합니다. 처음에 클라이언트가 SYN을 1로 한 TCP 헤더를 만들어 서버로 보냅니다.(그림 2.13 ①) 이 TCP 헤더에는 클라이언트가 서버로 데이터를 보낼 때 사용하는 시퀀스 번호의 초깃값도 기재돼 있고, 서버에서 클라이언트로 데이터를 송신할 때 사용하는 윈도값도 기재돼 있습니다.[47] 이게 서버에 도달하면 서버에서 SYN을 1로 한 TCP

---

[47] 그림 2.11에서 보듯 윈도값은 데이터 송신 작동을 하기 전에 수신 쪽에서 송신 쪽에 통지합니다. 따라서 맨 처음의 패킷에서, 서버가 클라이언트로 데이터 송신 작동을 할 때 사용할 윈도값을 클라이언트가 서버에 통지하는 겁니다. 시퀀스 번호와 ACK 번호를 주고받을 때 동시에 양방향으로 통지합니다. 그림 2.13에 양방향으로 주고받는 윈도값을 적어두었습니다.

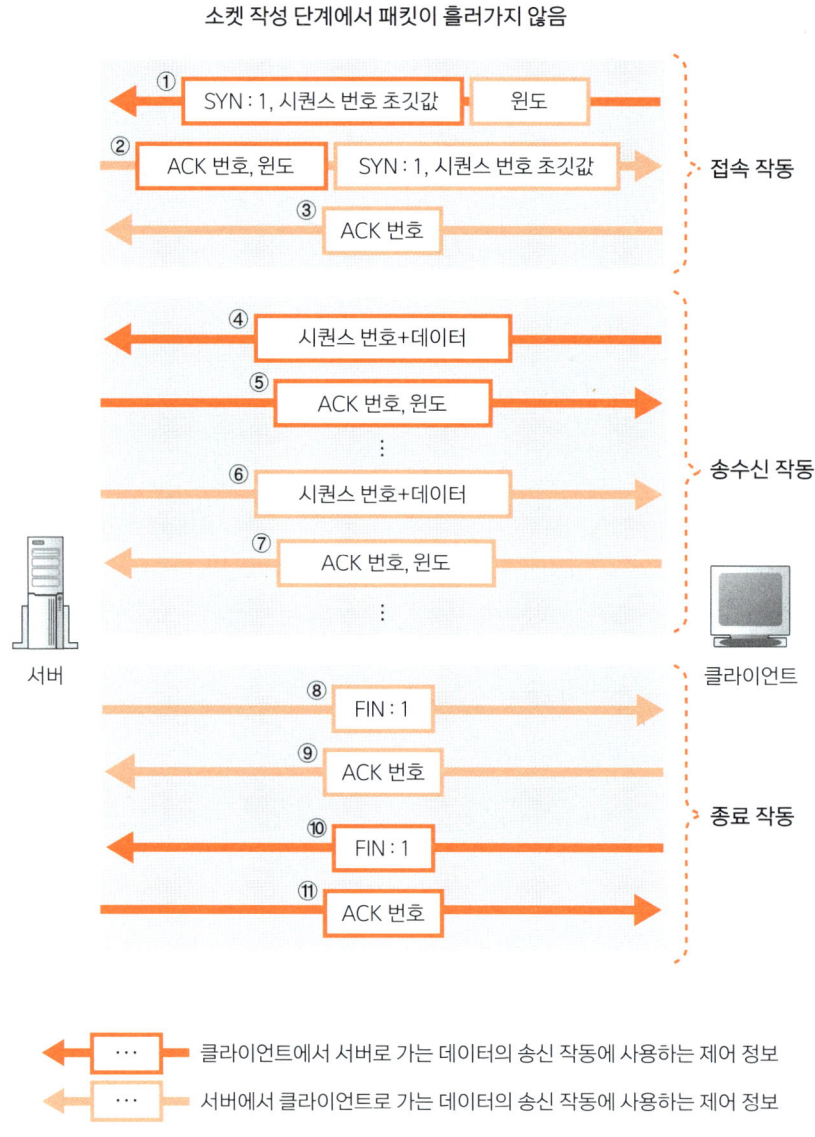

그림 2.13 TCP 전체의 작동 과정

헤더가 되돌아옵니다.(②) 이 TCP 헤더에도 ①의 TCP 헤더와 마찬가지로 시퀀스 번호와 윈도가 기재돼 있습니다. 또 ①의 TCP 헤더를 받았다는 것을 보여주는 ACK 번호도 기재돼 있어요.[48] 이게 클라이언트에 도달하면 TCP 헤더를 받았다는 것을 보여주는 ACK 번호를 기재한 TCP 헤더를 클라이언트가 서버로 보냅니다.(③) 이걸로 접속 작동은 끝나고, 데이터 송수신 단계에 들어갑니다.

데이터 송수신 단계의 작동은 애플리케이션 종류에 따라 다르지만, 웹의 경우에는 먼저 클라이언트가 서버로 요청 메시지를 보내는 데서 시작합니다. TCP는 요청 메시시를 적당한 크기의 단편으로 분할한 다음, TCP 헤더를 앞부분에 덧붙여 서버로 보내죠.(④) 이 TCP 헤더에는 송신 데이터가 몇 번째 바이트부터 시작하는지 보여주는 시퀀스 번호가 기재돼 있을 겁니다.

메시지가 서버에 도달하면 서버는 ACK 번호를 클라이언트에 되돌려보냅니다.(⑤) 맨 처음에 데이터 단편이 도달하면 서버는 데이터를 받는 게 다지만, 데이터 송수신이 진행되면 애플리케이션에 데이터를 건네 수신 버퍼에 공백이 생기는 상황이 일어날 겁니다. 그때는 윈도값도 기재해 클라이언트에 통지하겠죠. 이렇게 클라이언트에서 서버로 요청 메시지를 보내면, 서버가 응답 메시지를 돌려보냅니다. 그때의 움직임은 아까와는 반대라고 생각하면 됩니다.(⑥, ⑦)

그리고 서버가 응답 메시지를 다 보내면 데이터 송수신 작동은 끝나기 때문에 종료 작동에 들어갑니다. 웹의 경우, 서버에서 종료 작동에 들어가겠죠.[49] 먼저 FIN을 1로 한 TCP 헤더를 보내고(⑧), 그걸 받았음을 보여주는 ACK 번호가 들어 있는 TCP 헤더가 되돌아옵니다.(⑨) 그리고 이번엔 역방향으로 FIN을 1로 한 TCP 헤더(⑩)와 ACK 번호가 담긴 TCP 헤더(⑪)를 보냅니다. 이후에 조금 있으면 소켓이 종료됩니다.

---

[48] ACK 번호를 기재했을 때는 컨트롤 비트의 ACK를 1로 합니다.
[49] HTTP 1.1의 경우, 클라이언트에서 종료 작동에 들어가기도 합니다.

2.5 IP와 이더넷의 패킷 송수신 작동
2.5.1 패킷의 기본

TCP 담당 부분은 접속, 송수신, 종료의 각 단계에서 통신 상대와 데이터를 주고받을 때 IP 담당 부분에 의뢰해 주고받는 데이터를 패킷으로 만들어 상대에게 전해달라고 합니다. TCP 담당 부분을 설명하면서 이미 살펴본 모습입니다. 여기서부터는 그 의뢰를 받은 IP 담당 부분이 어떻게 패킷을 상대에 송신하는지를 다룰 겁니다.

그 전에 패킷이라는 시스템의 기본부터 설명할게요. 일단 패킷은 헤더와 데이터, 이렇게 두 부분으로 구성됩니다.[그림 2.14 (a)] 헤더에는 수신처를 나타내는 주소를 비롯해 제어 정보가 들어 있습니다. 이 부분은 택배 송장 같은 것으로 생각하면 됩니다. 그리고 그 뒤에 의뢰처에서 의뢰받은 데이터가 이어집니다. 이게 짐의 내용물에 해당해요. 이 패킷을 다음과 같이 목적지까지 운반합니다.(그림 2.15)

먼저 패킷의 송신원인 기기가 패킷을 만듭니다. 패킷의 헤더에는 적절한 제어 정보를 기재하고, 데이터 부분에는 특정한 데이터를 넣습니다. 그리고 그 패킷을 가장 가까이 있는 중계 장치로 송신합니다. 그럼 패킷은 가장 가까이 있는 중계 장치에 도달해요. 그렇게 하면 중계 장치는 도달한 패킷의 헤더를 조회해 패킷의 행선지를 판단합니다. 이때 어느 수신처가 어느 방향에 있는지에 대한 정보를 등록한 표 같은 것을 사용합니다. 즉 패킷의 헤더에 기재된 수신처와 표에 등록된 내용을 이용해, 패킷의 수신처가 표의 어느 부분에 해당하는지를 찾아 패킷의 행선지를 판단하는 겁니다. 예를 들어 패킷의 수신처와 표를 붙인 결과, 'xxxx라는 주소는 xxxx번째 케이블'이라는 정보에 해당한다는 걸 알았으면 xxxx번째 케이블에 패킷 신호를 송신하는 거죠.

이렇게 해서 행선지로 패킷을 송신하면, 패킷은 다음 중계 장치에 도달합니다.

(a) 패킷의 기본형

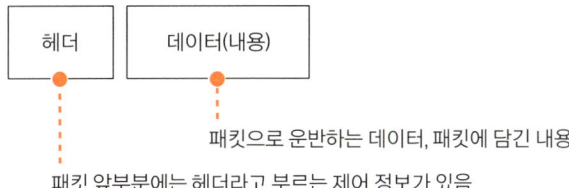

패킷 앞부분에는 헤더라고 부르는 제어 정보가 있음
패킷으로 운반하는 데이터, 패킷에 담긴 내용

(b) TCP/IP의 패킷

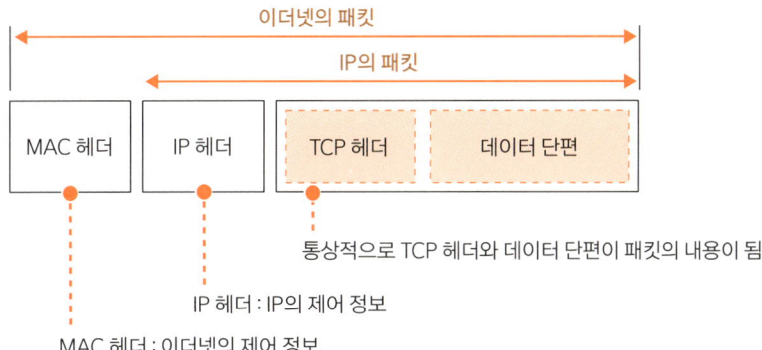

통상적으로 TCP 헤더와 데이터 단편이 패킷의 내용이 됨
IP 헤더 : IP의 제어 정보
MAC 헤더 : 이더넷의 제어 정보

그림 2.14 패킷의 모습

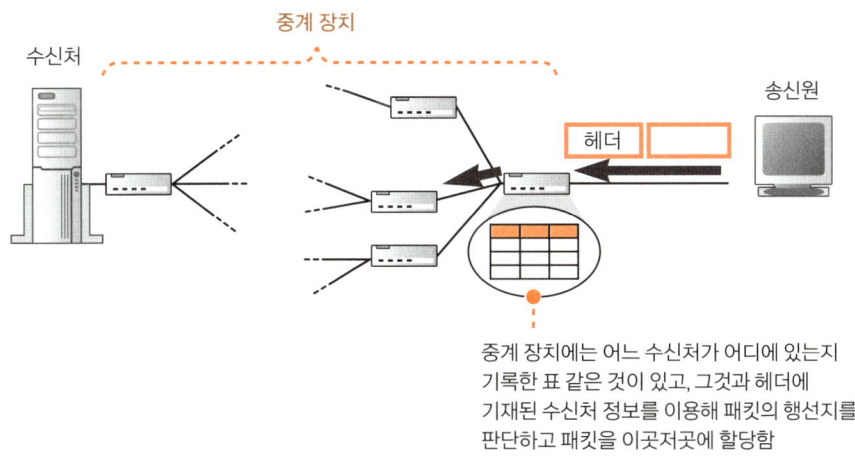

중계 장치에는 어느 수신처가 어디에 있는지 기록한 표 같은 것이 있고, 그것과 헤더에 기재된 수신처 정보를 이용해 패킷의 행선지를 판단하고 패킷을 이곳저곳에 할당함

그림 2.15 송신원과 수신처와 중계 장치

거기서 마찬가지로 패킷을 중계하면 또 그다음 중계 장치에 패킷이 도달합니다. 이렇게 순서대로 패킷을 중계해 나가면 마지막으로 패킷은 수신처의 기기에 도달하는 겁니다. 또 송신원에서 수신처로 패킷을 보내면 통상적으로 수신처에서 송신원으로 회신 패킷이 되돌아옵니다. 이 때문에 어느 시점에서 패킷을 보낼 때 송신원이었던 기기가 다음 시점에서는 수신처가 되기도 합니다. 고로, 송신원과 수신처를 명확하게 구별하지 않는 게 편리할 때도 있습니다. 이때에는 송신원과 수신처의 기기를 모두 **엔드 노드**[50]라고 부릅니다.

이 패킷 전송의 기본 개념은 다양한 패킷 통신 방식에 공통적으로 적용됩니다. 물론 TCP/IP 네트워크에서도 마찬가지입니다. 하지만 TCP/IP 패킷 전송 시스템은 이 기본 개념에서 발전했기 때문에 조금 복잡해요. 제1장의 '1.2.1 IP 주소의 기본'에서 설명했듯이 서브넷이라는 작동 방식이 있고, 라우터와 허브라는 두 가지 종류의 패킷 중계 장치로 역할을 분담하며 패킷을 운반합니다. 그 역할 분담은 다음과 같습니다.

(1) 라우터가 목적지를 확인하고 다음 라우터를 표시함
(2) 허브가 서브넷에서 패킷을 옮겨 다음 라우터로 전달

이렇게 제1장에서 설명했는데 허브는 이더넷의 규칙에 따라 패킷을 옮기며, 라우터는 IP의 규칙에 따라 패킷을 옮기기 때문에 말을 바꾸면 이렇습니다.

(1) IP가 목적지를 확인하고, 다음 IP의 중계 장치를 표시함
(2) 서브넷에 있는 이더넷이 그 중계 장치까지 패킷을 운반

---

50 엔드(end)는 끝이라는 의미입니다. 또 중계 장치는 중계 노드 또는 중간 노드라고 부릅니다.

좀 더 구체적으로 말하면 TCP/IP의 패킷에는 그림 2.14 (b)처럼 두 헤더가 붙습니다.

(a) MAC 헤더(이더넷용 헤더)
(b) IP 헤더(IP용 헤더)

그리고 다음과 같은 역할을 분담해 패킷을 옮깁니다. 먼저 송신원에서 패킷의 목적지인 접속처 서버의 IP 주소를 IP 헤더의 수신처에 기재합니다. 이걸로 패킷의 목적지가 명확해지므로, 이렇게 하면 IP는 수신처가 어느 방향에 있는지 조회하고 그 방향에 있는 다음 라우터를 조회합니다. 그림 2.16의 경우, 라우터 R1이 그 라우터입니다. 그리고 그곳에 패킷을 전달하도록 이더넷에 의뢰합니다. 그때 다음 라우터에 할당된 이더넷의 주소(MAC 주소)를 조회하고, 이를 MAC 헤더에 기재합니다. 이렇게 하면 어느 라우터에 패킷을 전달하면 될지가 의뢰를 받은 이더넷에 전달됩니다.

이렇게 패킷을 송신하면(그림 2.16 ①), 이더넷의 시스템에 따라 움직이는 허브에 전달됩니다. 허브에는 패킷의 행선지를 판단하기 위한 표(이더넷용 표)가 있고, 이더넷 헤더의 수신처 정보와 표를 이용해 패킷의 행선지를 판단하고 중계합니다. 그림에는 허브가 하나밖에 없지만, 허브가 여럿 있으면 해당 허브들을 순차적으로 거치며 패킷은 앞으로 나아갑니다.

그럼 패킷은 다음 라우터에 전달됩니다.(②) 라우터에 있는 IP용 표와 IP 헤더의 수신처를 이용해 다음에는 어느 라우터로 패킷을 중계할지를 판단합니다.

그리고 다음 라우터에 패킷을 전달하기 위해 해당 라우터의 MAC 주소를 조회하고, 이를 MAC 헤더에 기재합니다. MAC 헤더를 수정한다고 생각하면 되겠네요.(③)[51] 이후, 패킷을 다음으로 송신합니다. 그림에는 그려져 있지 않지만, 허브

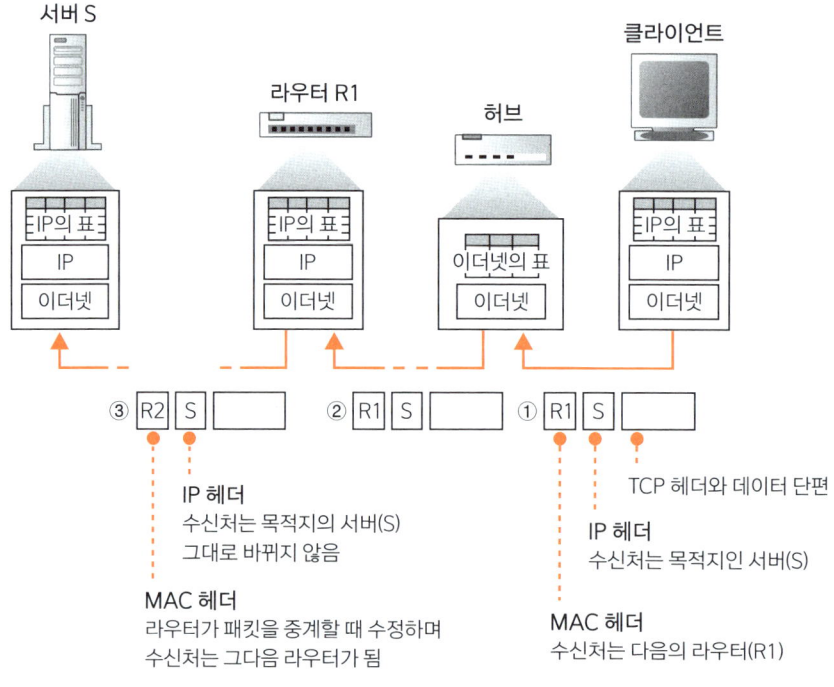

그림 2.16 IP 패킷을 옮기는 시스템

를 거쳐서 다음 라우터가 되는 R2에 패킷이 도달하겠죠.

이 같은 작동을 반복하면 패킷은 목적지에 도달합니다. 목적지에 패킷이 도달했을 때, 그곳에서 패킷을 수신하면 패킷을 보내는 작동이 완료됩니다. 이것이 TCP/IP 네트워크에서 패킷을 목적지로 보내는 전체적인 움직임입니다. 조금 복잡해지긴 했지만, 이렇게 역할을 분담하는 데는 이유가 있습니다. 지금까지 IP와 이더넷에서 역할을 분담한다고 설명했는데, 이더넷 부분은 다른 것으로 치환할 수가 있어요. 무선 LAN, ADSL, FTTH 등과 같이 IP의 의뢰를 받아 패킷을 옮길

51 수신했을 때의 MAC 헤더는 버리고, 송신할 때 새로운 MAC 헤더를 붙여 그곳에 새로운 MAC 주소를 기재한다고 생각하면, 본래의 작동 방식과 가깝다고 할 수 있습니다.

수 있으면 어느 것으로든 이더넷 대신 사용할 수 있다는 말이죠.[52] IP와 조합해 역할을 분담하면 적재적소에 통신 기술을 구분해 사용할 수 있습니다. 이더넷처럼 거대한 네트워크를 구축하려면 이런 유연성이 필수입니다. 이것이 역할을 분담하는 이유입니다.

2.5.2 패킷 송수신 작동의 개요

전체적인 그림을 파악했으면 다음은 프로토콜 스택에 있는 IP 담당 부분의 패킷 송신 작동을 알아봅시다. IP 담당 부분은 패킷을 목적지로 보내는 것뿐이고, 그 후 목적지로 패킷을 옮기는 건 허브나 라우터 같은 네트워크 기기의 역할입니다.[53] 이 때문에 IP 담당 부분은 패킷을 옮기는 작동 전체 중에서 초입에 지나지 않는다고 할 수 있습니다. 그래도 해야 할 게 몇 가지 있으니 먼저 그 움직임 전체를 개략적으로 살펴보도록 할게요.

패킷 송수신 작동의 출발점은 TCP 담당 부분이 IP 담당 부분에 패킷 송신을 의뢰하는 데서 시작합니다.(그림 2.17의 ① 송신) 이 의뢰가 작동할 때, TCP 담당 부분은 데이터 단편에 TCP 헤더를 덧붙여 IP 담당 부분에 건넵니다. 이게 패킷에 넣는 내용물이 되죠. 그리고 그와 동시에 통신 상대의 IP 주소를 표시합니다.

"이 상대에게 이 내용물을 보내주세요."라고 의뢰한다고 생각하면 됩니다. 이 의뢰를 받은 IP 담당 부분은 내용물을 한 덩어리의 디지털 데이터라고 간주해, 그 전에 제어 정보를 기재한 헤더를 덧붙입니다. 아까 설명했듯이 덧붙이는 건 **IP 헤더와 MAC 헤더**입니다. IP 헤더에는 IP 프로토콜로 규정된 규칙에 따라 IP 주소에서 표시한 목적지까지 패킷을 보낼 때 사용하는 제어 정보를 기재합니다. MAC 헤더에는 이더넷 같은 LAN을 사용해 가장 가까이 있는 라우터까지 패킷을 옮길

---

52 이더넷 이외의 것으로 치환할 경우, MAC 헤더가 해당 통신 기술의 사양에 적합한 헤더로 치환됩니다.
53 제3장 이후에 설명합니다.

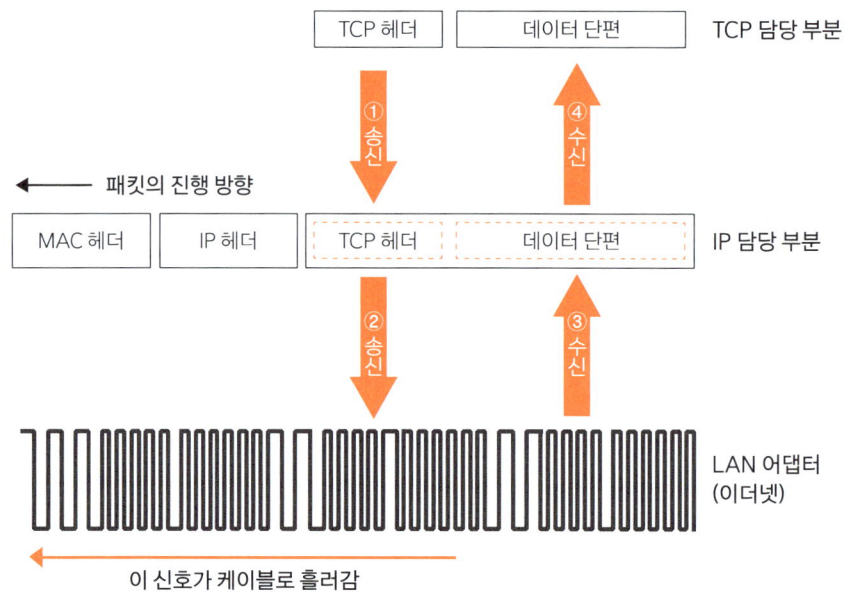

그림 2.17 패킷 송수신 작동의 전체적인 그림

때 사용하는 제어 정보를 기재합니다.[54] IP 헤더와 MAC 헤더의 역할 차이와 그곳에 기재하는 제어 정보의 의미는 나중에 설명할게요.

아무튼 두 헤더를 붙이면 패킷은 완성입니다. 여기까지가 IP 담당 부분의 역할입니다.

IP 담당 부분은 두 헤더를 붙인다.
(1) MAC 헤더 : 이더넷용 헤더, MAC 주소를 쓴다.
(2) IP 헤더 : IP용 헤더, IP 주소를 쓴다.

[54] LAN에서 사용하는 헤더는 모두 MAC 헤더라고 부르는데, LAN 종류에 따라 내용은 다릅니다. 또 LAN 이외의 통신 기술은 각각 명칭이 다른 헤더를 사용합니다. 다만 MAC 헤더라고 부르지 않을 뿐 역할은 MAC 헤더와 같습니다.

이렇게 하면 이번엔 완성된 패킷을 네트워크용 하드웨어에 건넵니다.(그림 2.17의 ② 송신) 이더넷이나 무선 LAN 등의 하드웨어 말이죠. 이 하드웨어는 매우 다양해서 PC의 확장 슬롯에 장착해 사용하는 보드형, 노트북에서 사용되는 PC 카드형, PC의 머더보드에 내장된 것 등이 있고 형태에 따라 명칭도 다르지만, 명칭이 다양하면 이해하기가 어려워지니 이 책에서는 LAN 어댑터라고 부르겠습니다.[55]

LAN 어댑터에 건네진 패킷의 모습은 0이나 1의 비트가 이어진 디지털 데이터라고 생각하면 됩니다. 디지털 데이터가 LAN 어댑터에서 전기나 빛의 신호 형태로 모습을 바꾸고, 또 케이블로 보내집니다. 신호는 허브나 라우터 같은 중계 장치에 도달할 겁니다. 그리고 중계 장치가 목적지로 패킷을 보내죠. 그곳에 패킷이 도달하면 거기서 회신이 돌아옵니다. 그 패킷도 중계 장치가 옮기고 여기까지 보내준 것으로, 이번에는 그 패킷을 수신하는 상황이 됩니다.

수신 작동은 송신 작동의 반대라고 생각하면 됩니다. 케이블로부터 신호의 모습을 한 패킷이 들어오면 LAN 어댑터를 사용해 디지털 데이터로 되돌립니다. 그리고 디지털 데이터의 패킷을 IP 담당 부분에 건넵니다.(그림 2.17의 ③ 수신) 이렇게 하면 IP 담당 부분이 MAC 헤더와 IP 헤더 뒤에 이어지는 내용물, 즉 TCP 헤더와 데이터 단편을 TCP 담당 부분에 건넵니다. 이후의 움직임은 아까 설명한 TCP 담당 부분에서 이뤄집니다.

전체적인 개요를 살펴봤는데, 여기서 포인트가 몇 가지 있어요. TCP 담당 부분의 데이터 송수신 작동에는 몇 가지 단계가 있고, 각 단계에서 다양한 역할을 하는 패킷이 등장하는데, IP의 패킷 송수신 작동은 그 패킷의 역할에 상관없이 모두

---

[55] 머더보드에 내장된 네트워크용 하드웨어를 '어댑터'라고 부르면, 위화감이 들지도 모르겠습니다. 그 점에서 보면 네트워크 인터페이스라고 부르는 편이 더 어울릴지도 모릅니다. 하지만 USB 인터페이스에 접속하는 LAN 어댑터를 생각하면 인터페이스라는 말을 사용해서 괜한 혼란을 일으킬 수도 있습니다. 컴퓨터/네트워크 업계는 말을 사용하는 방법 하나에도 꽤 성가신 일이 많습니다.

같습니다. IP 담당 부분은 TCP 헤더와 데이터 단편을 한 덩어리의 이진 데이터로 간주해 그 내용물을 보지 않고 송수신 작동을 실행하기 때문이죠.

내용을 보지 않기 때문에 그곳에 TCP 헤더와 데이터 단편 양쪽이 들어가 있는지, 아니면 데이터 단편 없이 TCP 헤더만 들어 있는지를 신경 쓰지 않아도 됩니다. 당연히 TCP의 작동 단계도 신경 쓰지 않고, 패킷 순서가 교체되거나 패킷이 빠져도 관여하지 않습니다. 아무튼 의뢰받은 내용물을 패킷 형태로 만들어 상대에게 송신하거나 도달한 패킷을 수신하는 게 전부입니다. 따라서 지금부터 설명할 IP의 움직임은 TCP 담당 부분이 의뢰하는 모든 송수신 작동에 있어 공통입니다.

IP가 패킷을 송수신하는 작동은 제어 패킷이든 데이터 패킷이든 패킷의 역할과 상관없이 모두 같다.

2.5.3 수신처 IP 주소를 기재한 IP 헤더 만들기

그럼 IP 담당 부분의 움직임을 살펴볼게요. IP 담당 부분은 TCP 담당 부분에서 패킷 송수신 의뢰를 받으면 **IP 헤더**를 만들어서 TCP 헤더 앞에 붙입니다. 그곳에는 표 2.2에 있는 항목이 나열돼 있어요. 그중에서 가장 중요한 건 패킷을 어디로 보내야 할지 표시하는 **수신처 IP 주소**입니다. 이곳에는 TCP 담당 부분에서 통지한 통신 상대의 IP 주소를 세팅합니다. TCP의 접속 작동을 실행할 때 애플리케이션에서 통지받은 것을 TCP 담당 부분이 IP 담당 부분에 통지하기 때문에, 이 IP 주소는 원래 애플리케이션에서 통지받은 통신 상대의 IP 주소가 됩니다.

IP는 스스로 수신처를 판단하는 것이 아니라 애플리케이션이 지정한 상대에게 패킷을 송신하는 것뿐이기 때문에, 만약 애플리케이션이 잘못된 IP 주소를 지정했다고 하더라도 그 IP 주소를 그대로 IP 헤더에 세팅합니다. 이러면 당연히 올바

르게 작동하지 않지만, 책임은 애플리케이션에 있다고 간주합니다.[56]

송신원 IP 주소도 세팅합니다. 이곳에는 해당 컴퓨터에 할당된 IP 주소[57]를 세팅한다고 생각하면 되는데, 사실 '해당 컴퓨터에 할당'됐다는 점이 까다로워요. 평범한 클라이언트용 PC처럼 LAN 어댑터가 1개밖에 없는 경우에는 할당된 주소가 1개뿐이므로, 이 주소를 컴퓨터에 할당한 IP 주소라고 생각하면 되지만, LAN 어댑터가 여럿 장착된 상태라면 이런 작동 방식은 곤란합니다. IP 주소는 사실 컴퓨터에 할당하는 것이 아니라 LAN 어댑터에 할당하는 것이라서, LAN 어댑터를 여러 개 장착하면 각 LAN 어댑터에 각각 별도의 IP 주소가 할당되기 때문입니다.

서버에 LAN 어댑터 여러 개를 장착하는 경우가 있는데, 이런 경우에는 컴퓨터 1대에 할당된 IP 주소가 여러 개입니다. 이때 여러 IP 주소 중에서 어느 IP 주소를 세팅해야 할지 판단해야 합니다. 이 일은 여러 LAN 어댑터 중 어느 LAN 어댑터를 사용해 패킷을 송신해야 할지 판단하는 것과 같으며, 패킷을 건네는 상대의 라우터를 정하는 것과 같다고 할 수 있습니다. 상대의 라우터가 정해지면 어느 LAN 어댑터에서 패킷을 송신해야 할지 정해지고, LAN 어댑터가 정해지면 IP 주소가 정해지기 때문이죠.

> IP 헤더의 수신처 IP 주소에는 통신 상대의 주소를 세팅한다.
> 송신원인 LAN 어댑터를 결정하고 송신원 IP 주소에 그 주소를 세팅한다.

---

56 접속 작동에서 맨 처음으로 SYN 비트에 1을 세팅한 패킷을 보낼 때, 이런 사태가 일어날 가능성이 있습니다. TCP의 접속 작동이 끝났으면 상대와 패킷을 주고받을 수 있음이 확인된 것이기 때문에 이런 사태가 일어나지 않습니다.

57 설정 화면과 설정 파일 등에서 설정된 IP 주소 또는 DHCP 서버에서 할당한 IP 주소를 말합니다. 어느 경우든 할당한 IP 주소는 컴퓨터 디스크에 기록되며 통상적으로 컴퓨터가 켜질 때 실행되는 OS의 초기 설정으로, 프로토콜 스택에 설정됩니다.

표 2.2 IP 헤더의 포맷

필드 명칭		길이(비트)	설명
IP 헤더 (20바이트~)	버전	4	IP 프로토콜의 버전. 현재 사용되는 건 버전 4.
	헤더 길이(IHL)	4	IP 헤더의 길이. 프로토콜 옵션의 유무에 따라 헤더 길이가 바뀌기 때문에, 헤더 길이를 알 수 있도록 정의한 필드다.
	서비스 타입 (ToS)	8	패킷을 옮길 때의 우선도를 표시. 애당초 사양이 애매했기 때문에, 최근 DiffServ라는 사양에서 이 필드의 사용법이 재정의됐다.
	총 길이	16	IP 메시지 전체의 길이를 나타낸다.
	ID 정보 (Identification)	16	각 패킷을 식별하는 번호. 통상적으로 패킷의 일련번호가 이곳에 기재된다. IP 프래그먼트로 분할된 패킷은 모두 값이 같다.
	플래그	3	이 필드는 3비트만큼 있지만 유효한 건 2비트. 그중의 하나로 단편화가 됐는지 안 됐는지를 표현하고, 또 하나로 이 패킷이 프래그먼트한 것인지 아닌지를 표현한다.
	프래그먼트 · 오프셋	13	이 패킷에 저장된 부분이 IP 메시지의 앞부분에서 몇 번째 바이트에 위치하는지를 기재한다.
	생존 기한(TTL)	8	네트워크에 루프가 생겼을 때, 영구하게 패킷이 계속 돌지 않도록 생존 기한을 지정하는 것. 라우터를 경유할 때마다 이 값이 1씩 줄어, 0이 되면 패킷은 버려진다.
	프로토콜 번호	8	프로토콜 번호가 기재된다. TCP : 06(16진수 표기) UDP : 11(16진수 표기) ICMP : 01(16진수 표기)
	헤더 체크섬	16	오류 검사용 데이터. 지금은 사용하지 않는다.
	송신원 IP 주소	32	이 패킷을 발신한 쪽의 IP 주소
	수신처 IP 주소	32	이 패킷을 받는 상대의 IP 주소
	옵션	가변 길이	위의 헤더 필드 이외의 제어 정보를 기재할 때는 헤더에 옵션 필드를 추가한다. 하지만 옵션 필드를 사용할 일은 거의 없다.

패킷을 건네는 상대를 판단하는 방법은 그림 2.16에서 라우터가 IP용 표를 사용해 다음 라우터를 정하는 작동과 같습니다. 프로토콜 스택의 IP 담당 부분과 라우터의 패킷을 송수신하는 부분은 IP의 규칙에 따라 패킷을 송수신한다는 점에서 전혀 다르지 않아 똑같은 방법을 쓰는 겁니다.

이 IP용 표를 **경로표**라고 부르는데,[58] 이 표의 사용법은 제3장에서 라우터를 탐험할 때 설명하는 쪽이 더 이해가 쉬워서 여기서는 간단하게 개요만 이야기하고 넘어가겠습니다. 경로표는 다음 페이지의 그림 2.18처럼 route print 명령으로 내용을 확인할 수 있으니, 이를 보며 설명하겠습니다.

먼저 소켓에 기록된 수신처 IP 주소를 경로표의 왼쪽 끝에 있는 Network Destination과 비교해 어느 행에 해당하는지 찾습니다. 예를 들어 TCP 담당 부분이 통지한 수신처 IP 주소가 192.168.1.21라면 그림 2.18의 6번째 행에 해당합니다. 192.168.1이라는 부분이 일치하기 때문이죠. 수신처 IP 주소가 10.10.1.166이면 10.10.1이라는 부분이 일치하기 때문에 3번째 행에 해당합니다. 이처럼 IP 주소의 왼쪽 부분이 일치하는 것을 찾습니다.[59]

이렇게 해당하는 행을 찾아내면 다음은 오른쪽에서 2번째와 3번째 난을 조회합니다. 오른쪽에서 2번째에 있는 Interface라는 난은 LAN 어댑터 같은 네트워크용 인터페이스를 표현하고, 그 인터페이스에서 패킷을 송신하면 상대에게 패킷을 보낼 수 있다는 의미가 있습니다. 또 오른쪽에서 3번째인 Gateway난에는 다음 라우터의 IP 주소를 기재하고, 그 IP 주소를 가진 라우터[60]에 패킷을 건네면 그 라우터가 목적지에 패킷을 중계함을 나타냅니다.[61] 또 경로표 가장 위의 행에

---

58 라우팅 테이블이라고 부를 때도 있습니다.
59 실제로는 왼쪽 끝의 어디까지 일치하면 되는지 규칙으로 정해져 있습니다. 이 규칙은 제3장에서 설명합니다.
60 Gateway는 TCP/IP의 세계에서 라우터를 가리키는 용어입니다.
61 만약 라우터가 나타내는 Gateway난과 Interface난의 IP 주소가 똑같으면 라우터에서 중계하지 않고 상대에게 직접 패킷을 전달할 수 있습니다. 이 경우에는 소켓의 수신처 IP 주소에 직접 패킷을 건넵니다. 자세한 내용은 제3장에서 설명합니다.

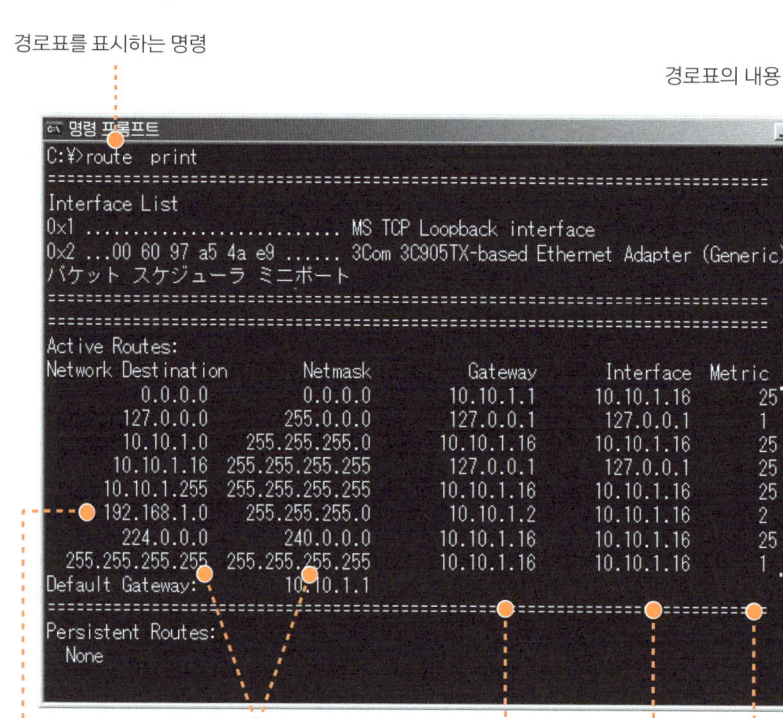

그림 2.18 경로표의 예

는 목적지와 넷마스크[62]가 0.0.0.0으로 등록돼 있습니다. 이건 다른 말로 **디폴트 게이트웨이**라고 하는데, 그 밖에 해당하는 것이 없을 경우에 이 행에 해당한다고 간주합니다.[63] 이걸로 어느 LAN 어댑터에서 패킷을 송신해야 할지 알 수 있기 때문에, 그 LAN 어댑터에 할당된 IP 주소를 IP 헤더의 송신원 IP 주소에 세팅합니다.

프로토콜 번호라는 필드에도 값을 세팅합니다. 이곳에는 패킷에 넣은 내용물이 어디에서 의뢰받은 것인지를 보여주는 값을 세팅합니다. 예를 들어 TCP에서 의뢰받은 내용물이면 06(16진수 표기), UDP에서 의뢰받은 것이면 17(16진수 표기)이라는 식으로, 값은 규칙에 따라 정해져 있습니다. 지금은 브라우저의 HTTP 요청 메시지를 TCP로 옮기려고 하기에, 이곳에는 TCP를 뜻하는 06(16진수 표기)이라는 값을 세팅할 겁니다. 그 외의 항목에도 값을 기입하지만, 대체로 영향을 미치지 않기 때문에 제3장에서 설명하기로 하고, 여기서는 생략하겠습니다.

2.5.4 이더넷용 MAC 헤더 만들기

이렇게 IP 헤더를 붙이면 IP 담당 부분은 그 앞에 MAC 헤더(표 2.3)를 붙입니다. IP 헤더의 수신처 IP 주소에 패킷을 보내는 목적지가 적혀 있기에 이걸 보면 패킷을 어디로 옮겨야 할지 판단할 수 있는데, 이더넷에서는 TCP/IP의 작동 방식이 통용되지 않습니다. 이더넷은 TCP/IP와는 다른 시스템으로 패킷의 수신처를 판단하고, 그 시스템을 따르지 않으면 이더넷에서 패킷을 옮길 수 없습니다. 이더넷은 수신처를 판단하는 시스템으로 MAC 헤더를 사용합니다.

---

[62] 넷마스크 : IP 주소의 네트워크 번호와 호스트 번호의 경계를 정하는 값. '1.2.1 IP 주소의 기본'에서 설명했습니다.

[63] 디폴트 게이트웨이의 의미도 제3장의 라우터 부분에서 설명합니다.

> IP 담당 부분은 IP 헤더를 붙이면 그 앞에 'MAC 헤더'를 붙인다. MAC 헤더는 이더넷에서 사용하는 헤더로, 수신처나 송신원의 MAC 주소가 기재돼 있다.

이더넷 시스템은 나중에 설명하겠지만 MAC 헤더와 관련한 지식이 없으면 앞으로 할 설명을 이해하지 못할 테니 최소한으로 필요한 지식만 설명하고 넘어가겠습니다. MAC 헤더의 맨 앞에 있는 수신처 MAC 주소와 그다음의 송신원 MAC 주소는 각각 패킷을 받을 상대와 패킷을 송신한 송신원의 MAC 주소를 나타냅니다.

IP 헤더에 있는 수신처와 송신원의 IP 주소와 역할이 똑같다고 생각해도 되겠죠. 다만 IP 주소가 32비트인데 MAC 주소는 48비트라는 점이 다릅니다. 또 IP 주소에는 주소를 쓰듯 일종의 그룹화 같은 작동 방식이 있는데, MAC 주소에는 그런 작동 방식이 없고 48비트를 하나의 값이라고 생각합니다. 이런 차이가 있긴 하지만, 수신처와 송신원이라는 의미로 봤을 때는 IP 주소와 다르지 않기 때문에 일단 똑같다고 생각하세요.

3번째 **이더 타입**이라는 항목은 IP 헤더의 프로토콜 번호와 비슷합니다. IP의 경우에는 IP 헤더 뒤에 이어지는 것이 패킷 내용물이고, 그 내용물이 어디에서 의뢰받은 것인지를 프로토콜 번호로 나타냈습니다. 이더넷의 경우에는 이더 타입까지가 MAC 헤더고, 그 뒤에 이어지는 것이 패킷 내용물이라고 생각합니다. 그리고 내용물이 무엇인지 이더 타입으로 나타냅니다. 이더넷의 내용물은 IP와 ARP 같은 프로토콜의 패킷으로, 각각에 대응하는 값이 규칙으로 정해져 있으니 그 값을 표 2.3에 정리해 놓을 게요.[64]

MAC 헤더를 만들 때는 이 세 가지 항목에 값을 세팅할 뿐입니다. 편의상 표

---

[64] 표 2.3에는 IP 계열 프로토콜의 이더 타입만 기재돼 있지만, IP 계열 이외의 프로토콜도 이더 타입의 값을 정하면 이더넷에서 취급할 수 있습니다.

표 2.3 MAC 헤더에 기재하는 항목

필드 명칭		길이(비트)	설명
MAC 헤더 (14바이트)	수신처 MAC 주소	48	이 패킷을 건네줄 상대의 MAC 주소. 이 주소에 기반해 패킷을 배송한다.
	송신원 MAC 주소	48	이 패킷을 송신한 쪽의 MAC 주소. 패킷을 받았을 때, 이 값을 통해 누가 보냈는지 판단한다.
	이더 타입	16	사용하는 프로토콜의 종류를 표시. 아래가 대표적인데, 통상적인 TCP/IP의 통신에서 사용하는 것은 0800과 0806 두 가지뿐이다. 0000-05DC IEEE 802.3 0800 IP 프로토콜 0806 ARP 프로토콜 86DD IPv6

아래에서부터 순서대로 설명하겠습니다. 먼저 '이더 타입' 필드인데, 이곳에는 IP 프로토콜을 표현하는 0800(16진수 표기)이라는 값을 세팅합니다. 다음은 **송신원 MAC 주소**인데, 이곳에는 본인의 LAN 어댑터에 있는 MAC 주소를 세팅합니다. MAC 주소는 LAN 어댑터를 제조할 때 그 안에 있는 ROM에 저장되기 때문에 그곳에 적혀 있는 값을 읽어 MAC 헤더에 세팅하는 겁니다.[65] LAN 어댑터가 여러 개 장착된 경우, 송신원 IP 주소를 세팅할 때를 떠올려보세요.[66] 송신원 IP 주소를 세팅할 때 어느 LAN 어댑터에서 송신할지 판단했기 때문에, 그 LAN 어댑터에 할당된 MAC 주소를 세팅하면 됩니다.

여기까지는 간단하지만, **수신처 MAC 주소**는 조금 복잡합니다. 이곳에 패킷을 건네줄 상대의 MAC 주소를 세팅해 이더넷에 의뢰하면, 그 상대에게 패킷이 도

---

[65] 실제로 MAC 주소를 읽어오는 건 OS를 켜서 LAN 어댑터를 초기화할 때 한 번뿐입니다. 거기서 읽어온 MAC 주소를 메모리에 보관해 두고, 송신 작동을 할 때는 메모리에 보관해 둔 값을 MAC 헤더에 세팅합니다. 또 이 작동은 LAN 드라이버가 하므로, LAN 드라이버를 설정해 ROM에서 읽어오는 대신 설정 파일에 설정해 둔 MAC 주소를 읽어와 메모리에 보관해 두고, MAC 헤더에 세팅할 수도 있습니다. 또는 명령으로 입력한 MAC 주소를 메모리에 보관해 두고, MAC 헤더에 세팅할 수도 있습니다.
[66] '2.5.3 수신처 IP 주소를 기재한 IP 헤더 만들기'를 참고하세요.

달하기 때문에 이곳에는 패킷을 건네줄 상대의 MAC 주소를 기재해야 합니다. 하지만 이 시점에서는 아직 누구에게 패킷을 건네야 할지 모르기 때문에, 먼저 패킷을 건네는 상대가 누구인지 확인합니다. 그건 경로표에 적혀 있어요. 경로표에서 찾아낸 행의 Gateway난에 적혀 있는 IP 주소의 기기가 패킷을 건네는 상대입니다.

패킷을 건네는 상대를 알았으면, 상대의 MAC 주소를 수신처 MAC 주소의 필드에 세팅하면 되지만, 상대의 MAC 주소는 지금까지 한 설명 어디에도 나오지 않았어요.

이 시점에서 상대의 MAC 주소는 모릅니다. 그때 IP 주소에서 MAC 주소를 조회하는 작동을 실행합니다.

IP 담당 부분은 경로표에 있는 Gateway난의 값으로 패킷을 건넬 상대를 판단한다.

2.5.5 ARP로 수신처 라우터의 MAC 주소 조회하기

여기서 사용하는 것이 ARP[67]입니다. ARP의 작동 방식은 간단해요. 이더넷에는 연결된 모두에게 패킷을 보내는 브로드캐스트라는 시스템이 있고, 이 시스템을 이용해 "IP 주소가 ○○인 사람 없어요? 있으면 MAC 주소를 가르쳐주세요."라고 모두에게 질의합니다. 그럼 해당자가 "저요. 제 MAC 주소는 XXXX이에요."라며 응답을 보냅니다.[68] (그림 2.19)

상대가 본인과 똑같은 서브넷에 존재하면 이걸로 MAC 주소를 알 수 있습니다.[69] 그렇게 하면 해당 MAC 주소를 MAC 헤더에 세팅하고, MAC 헤더는 완성

---

67 ARP : Address Resolution Protocol
68 해당하지 않는 기기는 질의를 무시하고 아무 응답도 하지 않습니다.
69 경로표 내용이 올바르면 상대는 똑같은 서브넷에 존재하겠지만, 만약 존재하지 않으면 ARP의 응답은 돌아오지 않습니다. 이 경우에는 상대가 부재인 셈이 되고 패킷의 송신 작동은 실패로 끝납니다.

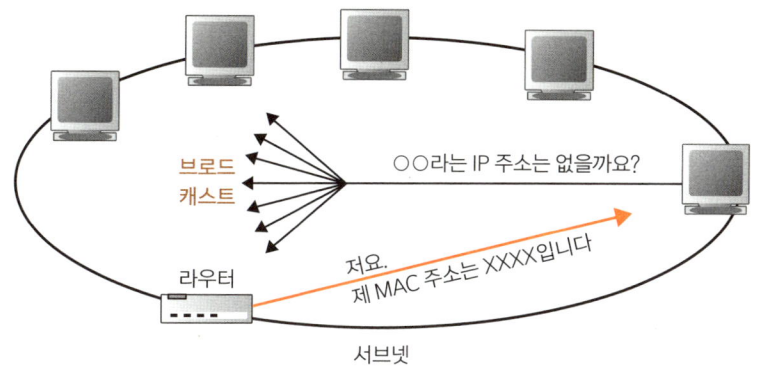

그림 2.19 ARP로 MAC 주소를 조회한다

됩니다. 패킷을 보낼 때마다 이 일을 하면 ARP의 패킷이 늘어나 버리기 때문에 한 번 조회한 결과는 ARP 캐시라는 메모리 영역에 저장해 다시 이용합니다. 즉 패킷을 송신할 때 일단 ARP 캐시를 조회해 그곳에 상대의 MAC 주소가 저장돼 있으면, ARP 질의를 보내지 않고 ARP 캐시에 저장된 값을 사용하며, ARP 캐시에 저장되지 않은 경우에만 ARP 질의를 실행합니다.

참고했으면 하는 의도로 ARP 캐시 내용을 화면에 표시하는 방법과 MAC 주소 표기를 그림 2.20과 그림 2.21에 실었습니다. ARP 캐시를 사용하면 ARP의 패킷을 줄일 수 있지만, ARP 캐시에 저장한 MAC 주소를 언제까지고 계속 사용하면 문제가 발생할 때가 있습니다. IP 주소를 다시 설정한 경우, ARP 캐시의 내용과 현실 사이에 어긋나는 부분이 있기 때문이에요. 이런 일을 방지하려고 ARP 캐시에 저장한 값은 시간이 지나면 삭제합니다.

OS 종류에 따라 그 시간은 다르지만, 통상적으로 몇 분 정도입니다. 이 삭제 작동은 ARP 캐시 내용이 유효한지 어떤지와 상관없이 몇 분이 지나면 무차별적으로 없애버리는 다소 과격한 행위입니다만, 이 탓에 지장이 생기지는 않습니다. ARP 캐시에서 삭제되면 ARP 질의 작동을 실행하면 그만이거든요.

ARP 캐시의 내용을 표시하는 명령. 'ARP -d 10.10.1.43'처럼 -d 옵션을 붙이면
ARP 캐시에 저장한 내용을 삭제할 수 있다.

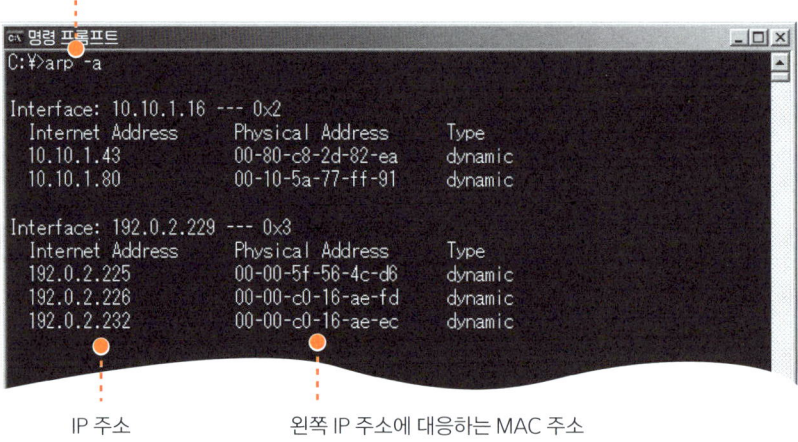

IP 주소   　　　왼쪽 IP 주소에 대응하는 MAC 주소

그림 2.20 ARP 캐시의 내용

(a) '-'으로 구분한 표기 방법

    00-80-C8-2D-82-EA

(b) ':'으로 구분한 표기 방법

    00:80:C8:2D:82:EA

MAC 주소는 48비트(6바이트)의 수치. 관례로 (a), (b) 두 가지 표기 방법이 있지만
둘의 의미는 같으므로 어느 표기법이든 상관없다.

그림 2.21 MAC 주소

이 회피책 덕분에 몇 분이 지난 후면 오류를 방지할 수 있지만, IP 주소를 다시 설정한 직후에는 ARP 캐시에 오래된 값이 남아 있으므로 통신이 잘되지 않을 수 있습니다.[70]

> MAC 주소를 조회할 때는 ARP를 사용한다.

MAC 헤더를 IP 헤더 앞에 붙이면 패킷은 완성됩니다. 이렇게 해서 패킷을 만드는 부분까지가 IP 담당 부분의 역할입니다. MAC 헤더는 이더넷에서 사용하는 것이기 때문에 IP의 담당 범위 외라고 생각하는 사람들도 있지만, 현실적으로 생각하면 MAC 헤더를 붙여 패킷을 완성하는 부분까지 IP에서 담당하면 더 유리합니다. LAN 어댑터로 건네기 전에 IP 담당 부분에서 패킷을 완성해 두면, LAN 어댑터의 역할은 완성한 패킷을 송신하는 걸로 끝납니다.

IP 이외의 패킷인 경우에도 마찬가지로 LAN 어댑터로 건네기 전에 패킷을 완성해 두면 LAN 어댑터는 역시나 완성한 패킷을 송신하기만 하면 됩니다. 그렇게 하면 IP 이외의 특수한 패킷도 LAN 어댑터 하나로 대응할 수 있습니다. 수신 작동은 나중에 설명하겠지만, 수신한 패킷을 그대로 IP 담당 부분에 건네면 단순하게 수신하는 것 하나로 끝나고 이를 통해 IP 이외의 특수한 패킷에도 대응할 수 있어요. 역할 분담을 융통성 없게 해석해 IP 패킷만 취급하는 LAN 어댑터를 만들기보다, 역할 분담을 현실적으로 해석해 다양한 패킷에 대응할 수 있는 LAN 어댑터를 만드는 쪽이 낫다는 겁니다.

2.5.6 이더넷의 기본

IP 담당 부분이 패킷을 완성하면 다음은 LAN 어댑터가 나올 차례지만, 그 전

---

70 이 경우에는 ARP 캐시의 내용을 확인해 오래된 것은 수동으로 삭제하면 됩니다.

(a) 10BASE5(이더넷의 원형)
　케이블을 통해 신호는 전체에 흘러감

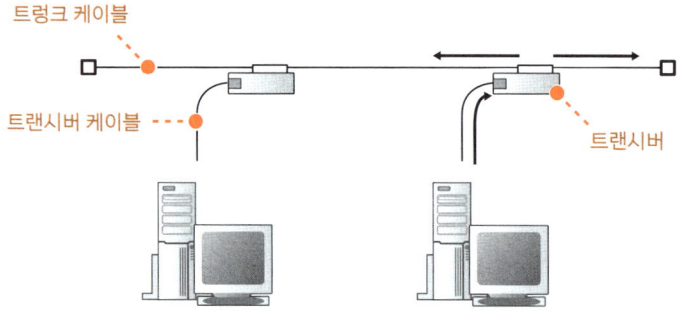

(b) 중계기 허브를 사용한 파생형(10BASE-T)
　신호는 중계기 허브로 뿌려져 전체에 전달됨

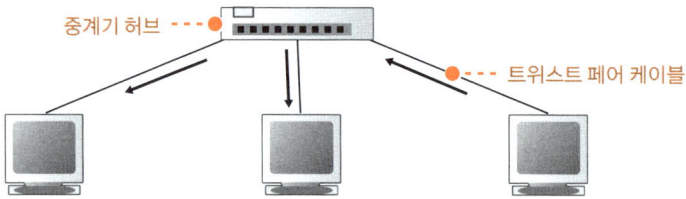

(c) 스위칭 허브를 사용한 형태
　스위칭 허브는 수신처 MAC 주소로 목적지를 확인해 패킷을 중계하기 때문에
　신호는 목적한 상대에게만 흐름

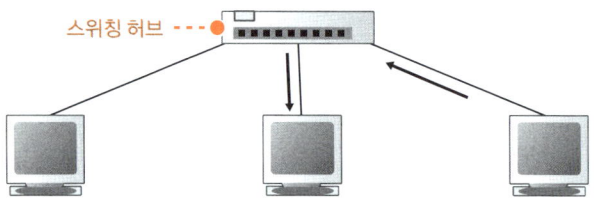

그림 2.22　이더넷의 기본형

에 이더넷의 기본을 설명하겠습니다. 이더넷은 다수의 컴퓨터가 다양한 상대와 자유롭게 저렴한 비용으로 통신하려고 고안한 통신 기술로, 그 원형은 그림 2.22 (a) 같은 것이었습니다. 그림을 보면 알 수 있듯이 네트워크의 실체는 케이블이 있을 뿐입니다. 트랜시버라는 작은 기기도 있긴 하지만, 이건 연결된 케이블 사이에서 신호를 흘리는 역할을 할 뿐이고 케이블과 똑같습니다. 이 때문에 컴퓨터가 신호를 송신하면 케이블을 통해 네트워크 전체에 신호가 흐르고 모두에게 신호가 도달합니다. 방에 있는 모두에게 누군가가 목소리를 내면 전원에게 들리는 것과 비슷합니다. 1대가 신호를 보내면 모두에게 신호가 도달하죠.

다만 이것 하나로는 도달한 신호가 누구에게 갔는지 판단할 수 없으니 신호의 앞부분에 누구에게 갔는지를 보여주는 정보, 즉 수신처 주소를 적어둡니다. 이걸로 누구에게 갔는지 판단할 수 있으므로 해당하는 기기는 패킷을 수신하고, 그 외의 기기는 패킷을 버립니다. 목적한 상대에게만 패킷이 도달하는 거죠. 이 작동을 제어하기 위해 표 2.3에 소개한 MAC 헤더를 사용합니다. 그곳에 있는 수신처 MAC 주소로 패킷이 누구에게 갔는지 알 수 있고, 송신원 MAC 주소로 누가 송신했는지 알 수 있으며, 더 나아가 이더 타입으로 패킷 내용물에 무엇이 들어있는지 알 수 있죠. 이더넷이라는 건 이렇게 간단합니다.[71]

이 원형이 나중에 그림 2.22 (b)의 모습으로 바뀌었습니다. 트렁크 케이블이 중계기 허브[72]로 치환되고, 트랜시버 케이블이 트위스트 페어 케이블로 치환됐다고 생각하면 됩니다.[73] 다만 모습은 바뀌었지만 신호가 모두에게 도달한다는 기

---

[71] 실제로는 동시에 여러 기기가 신호를 송신하면 수신이 충돌해 버리기 때문에, 회피책이 마련돼 있고 그 부분은 복잡합니다. 다만 스위칭 허브가 보급되면서 신호가 충돌하지 않는 상황이 됐으며, 실무상 그 복잡한 부분을 신경 쓸 필요가 없어졌습니다.

[72] 중계기 허브 : 이더넷(10BASE-T/100BASE-TX)의 허브. 종래 신호를 증폭해 중계하는 타입의 허브와 스위칭 허브를 구별할 때 전자를 가리켜 중계기 허브라고 부릅니다. 셰어드 허브, 공유 허브라고 부르기도 합니다. '3.1.4 중계기 허브는 연결된 모든 케이블에 신호를 송신'에서 설명합니다.

[73] (a)와 (b)에서는 흐르는 신호가 다르므로 치환됐다는 표현은 조금 과격하긴 합니다.

본적인 성질은 바뀌지 않았습니다.

나중에 그림 2.22 (c)처럼 스위칭 허브를 사용한 형태가 보급됐는데, 지금은 이더넷이라고 하면 이 형태를 가리킵니다. 이 형태는 (b)와 외관이 비슷하지만 중요한 변경점이 있습니다. 모두에 신호가 도달하지 않는다는 점입니다. 수신처 MAC 주소의 목적 기기가 존재하는 곳에만 신호가 흐르고, 다른 곳으로는 신호가 흐르지 않는 겁니다. 하지만 수신처 MAC 주소의 상대에 패킷이 도달한다는 점은 다르지 않기 때문에 MAC 헤더의 작동 방식은 그대로입니다.

이런 변천이 있긴 하지만 MAC 헤더의 수신처 MAC 주소에 기재한 상대에게 패킷이 도달하고, 송신원 MAC 주소로 송신원을 나타내며, 이더 타입으로 패킷 내용물을 나타내는 세 가지 특성은 지금도 다르지 않습니다. 이 세 가지 특성을 지닌 것이 이더넷이라고 생각하면 됩니다.[74]

또 이더넷에 접속된 기기는 이더넷이라는 사양에 기반해 작동하기 때문에 여기서부터 하는 설명은 클라이언트 PC뿐만이 아니라 서버와 라우터를 포함하는 모든 기기에 공통됩니다.[75] 물론 이더넷도 IP와 마찬가지로 패킷 내용물은 보지 않기 때문에 이더넷의 송수신 작동은 TCP의 작동 단계와 상관없이 모든 기기에 공통입니다.[76]

2.5.7 IP 패킷을 전기나 빛의 신호로 변환해 송신

이더넷의 패킷 송신 작동을 설명해 볼게요. IP가 만든 패킷은 메모리에 저장된 디지털 데이터라 그대로 상대에게 보낼 수는 없습니다. 디지털 데이터를 전기나

---

[74] 무선 LAN도 마찬가지입니다. 즉 수신처 MAC 주소의 상대에 패킷이 도달한다는 점이나, 송신원 MAC 주소로 송신원을 나타낸다는 점은 무선 LAN도 똑같습니다. 또 무선 LAN에는 이더 타입이 없지만 똑같은 역할을 하는 정보가 있기 때문에 이더 타입과 똑같은 게 있다고 생각하면 됩니다. 이 때문에 이더넷 대신 무선 LAN을 사용할 수 있습니다.
[75] 라우터 같은 네트워크 기기는 LAN 어댑터 부분이 본체에 내장돼 있어서, 회로 구성이 다르기도 합니다. 하지만 구성이 다를 뿐이고 기능과 작동에는 차이가 없습니다.
[76] 애플리케이션의 종류에도 영향을 받지 않습니다.

빛의 신호로 변환해 네트워크 케이블로 보내는 겁니다. 이게 진짜 송신 작동이라고 할 수 있습니다.

LAN 어댑터에서 이 작동이 이뤄집니다. 다만 LAN 어댑터는 단순하게 작동하지 않습니다. LAN 어댑터를 제어하려면 LAN 드라이버 소프트웨어가 필요하기 때문이에요. 이건 LAN 어댑터만 그런 게 아닙니다. 키보드, 마우스, 디스플레이 어댑터, 사운드 카드 등 어떤 하드웨어에도 드라이버 소프트웨어가 필요합니다.

또 LAN 어댑터의 구조는 제조사나 기종에 따라 다르기에 LAN 어댑터 제조사가 만든 드라이버를 사용합니다.[77]

LAN 어댑터의 내부 구조는 그림 2.23과 같습니다. LAN 어댑터의 주요한 구성 요소를 개념적으로 표현한 것으로, 실제 제품 구조를 보여주는 건 아니지만[78] 이 그림으로 작동 방식을 이해할 수 있겠죠? 이 내부 구조를 머리에 넣고 패킷을 송신하는 작동을 좇아갈 텐데, 그 전에 LAN 어댑터를 초기화하는 작동에 관해 설명해 보겠습니다.

LAN 어댑터는 전원을 넣으면 바로 쓸 수 없습니다. 이것도 다른 하드웨어와 마찬가지로 초기화 작업이 필요해요. 즉 전원을 넣어 OS를 켤 때 LAN 드라이버가 하드웨어 초기화 작업을 하고, 그 후에 사용할 수 있는 상태가 됩니다. 여기서 하는 작업은 하드웨어 이상 검사, 초기 설정 같은 LAN 어댑터 이외의 하드웨어에도 공통되는 초기화 작업이 많은데 이더넷 특유의 작업도 있습니다. 바로 이더넷의 송수신 작동을 제어하는 MAC[79]이라는 회로에 MAC 주소를 세팅하는 것입니다.

---

77 주요한 제조사의 LAN 드라이버는 OS에 표준 첨부돼 있습니다.
78 실제 내부 구조는 제조사나 기종에 따라 다릅니다.
79 MAC : Media Access Control의 약자. MAC 헤더와 MAC 주소라는 용어에 나오는 MAC은 이를 가리킵니다. 즉 MAC 회로에서 패킷 송수신 작동을 제어할 때 사용하는 헤더나 주소이기 때문에 MAC 헤더, MAC 주소라고 부릅니다.

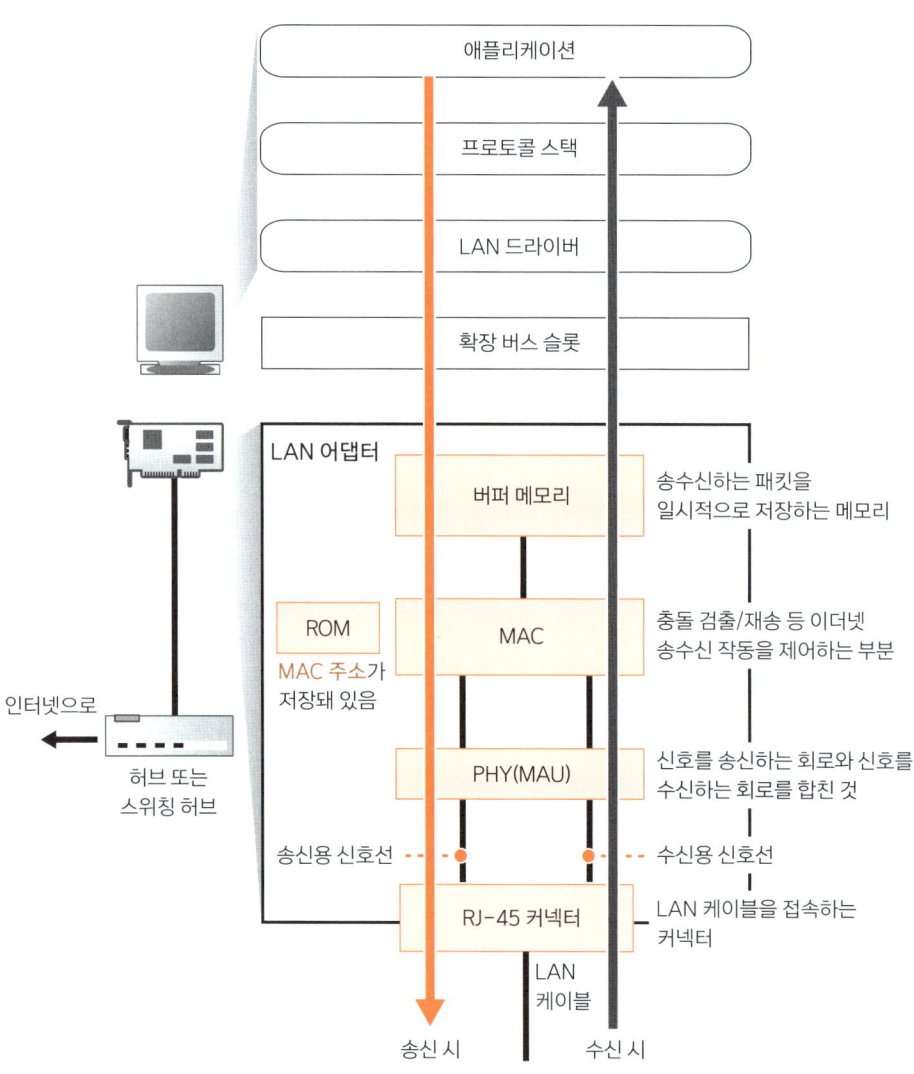

그림 2.23 LAN 어댑터

LAN 어댑터의 ROM에는 전 세계에서 중복되지 않도록 일원 관리한 MAC 주소가 저장돼 있는데(어댑터 제조 시 저장함), 이 주소를 읽어와 MAC 회로에 세팅합니다. 이걸로 MAC 회로는 본인에게 할당된 MAC 주소가 무엇인지를 알리죠. 특수한 사용법이지만 명령이나 설정 파일에서 MAC 주소를 받아 세팅하는 경우도 있습니다.[80] 이 경우에는 LAN 어댑터의 ROM에 저장한 것을 무시합니다.

전원을 넣으면 ROM에 저장된 MAC 주소가 자동으로 유효해진다는 이야기를 들을 때가 있는데, 그게 아니라 LAN 드라이버가 초기화 작업의 하나로 MAC 회로에 세팅한 MAC 주소를 유효화하는 겁니다.[81]

OS를 켰을 때 이 초기화 작업을 끝내고, 그 이후에는 IP에서 의뢰가 오길 기다립니다.

LAN 어댑터의 ROM에는 전 세계에서 중복되지 않도록 일원 관리된 MAC 주소가 저장돼 있다.

LAN 어댑터에 저장된 MAC 주소를 LAN 드라이버가 MAC 회로에 세팅한다.

2.5.8 추가로 패킷에 제어용 데이터 3개를 붙이기

패킷을 전기신호로 변환해 실제로 케이블로 보내는 상황으로 화제를 돌려보죠. LAN 드라이버는 IP 담당 부분에서 패킷을 받으면, LAN 어댑터 내의 버퍼 메모리에 복사합니다. 복사가 끝나면 해당 패킷을 송신하도록 MAC 회로에 명령을 보냅니다. 이후에는 MAC 회로의 작업이 되죠.

MAC 회로는 우선 송신 패킷을 버퍼 메모리에서 추출해 그 앞에 **프리앰블**과 **스**

---

80 LAN 드라이버 중에는 명령이나 설정 파일로 MAC 주소를 설정하는 기능이 없는 것도 있습니다.
81 설정 파일과 명령으로 MAC 주소를 설정할 경우, MAC 주소가 다른 것과 중복되지 않도록 주의해야 합니다. 다른 것과 중복되면 네트워크는 정상적으로 작동하지 않습니다.

타트 프레임 딜리미터라는 데이터를 덧붙이고, 끝에는 **프레임 체크 시퀀스**(FCS)[82]라는 오류 검출용 데이터를 덧붙입니다.(그림 2.24)[83]

프리앰블은 송신하는 패킷을 읽을 때의 타이밍을 잡기 위한 것으로 '10101010……'처럼 1과 0이 번갈아 나타나는 비트열이 56비트만큼 이어집니다.

1010이라는 비트 패턴을 신호로 고치면 그림 2.25처럼 파형이 일정한 형태가 됩니다. 수신 쪽은 신호를 수신할 때 이 파형에서 타이밍을 판단합니다. 이에 대한 사정은 신호에서 데이터를 읽어올 때의 작동을 설명하지 않으면 이해하기 어려울 수 있습니다.

디지털 데이터를 전기신호로 나타낼 때는 0과 1의 비트값을 전압이나 전류값에 대응합니다. 그림 그림 2.26 (a)처럼 전기신호로 디지털 데이터를 표현할 수 있습니다. 신호에서 데이터를 읽어올 때의 작동은 이 대응을 반대로 한다고 할 수 있죠. 즉 신호 전압이나 전류값을 읽어와 거기서 0과 1의 비트값으로 되돌리면 됩니다. 하지만 실제 신호에는 그림 2.26처럼 각 비트의 구분을 표시하는 보조선이 없습니다. 따라서 각 비트의 구분이 어디에 있는지 판단하며 전압과 전류값을 읽어야 해요. 하지만 그림 2.26 (a)의 오른쪽 부분에 있듯이 1이나 0이 이어지면 신호 변화가 사라져 버려서 비트 구분을 판별할 수 없는 문제가 생깁니다.

이 문제를 해결하는 방법 중에 가장 이해하기 쉬운 방법은 데이터를 표시하는 신호와 별도로 비트 구분을 나타내는 **클록**이라는 신호를 보내는 겁니다. 그림 2.26 (b)에 있듯이 클록 신호가 아래에서 위로 변화할 때[84], 데이터 신호의 전압과 전류의 값을 읽어 0과 1에 대응하면 되죠. 하지만 이 방법에도 문제가 있습니

---

[82] FCS : Frame Check Sequence
[83] 이더넷의 표준 사양을 정하는 IEEE라는 단체는 역사적인 경위 때문에 '패킷'이라는 말 대신 '프레임'이라는 말을 사용하고 있습니다. 이 때문에 이더넷 용어 중에는 프레임이라는 말이 나오는데, 둘을 구별할 필요가 거의 없습니다. 말이 다를 뿐이고, 패킷과 프레임은 똑같다고 생각해도 됩니다.
[84] 클록 신호가 위에서 아래로 변화하는 곳에 타이밍을 맞추는 방법도 있습니다.

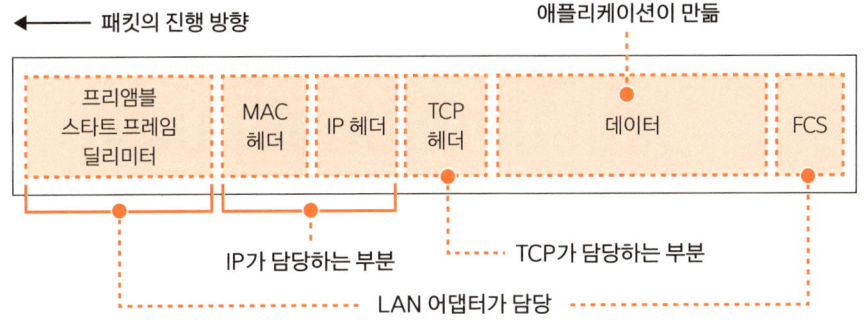

그림 2.24 LAN 어댑터에서 송출되는 패킷
프로토콜 스택, LAN 어댑터 처리로 만들어진 패킷 내용을 표현했다. MAC 헤더는 LAN 어댑터로 처리한다고 생각하기 쉽지만, 실제로는 TCP/IP 소프트웨어가 처리한다.

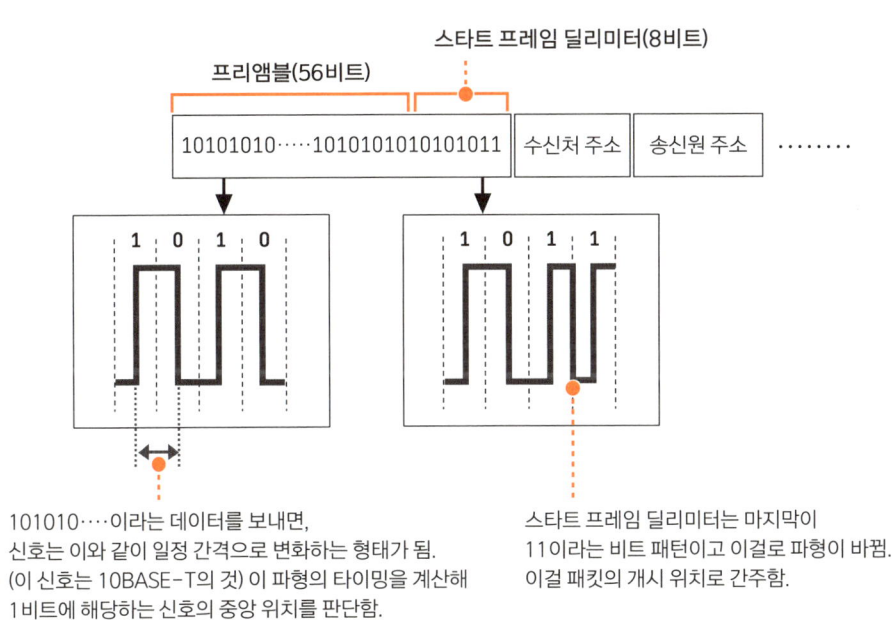

101010····이라는 데이터를 보내면,
신호는 이와 같이 일정 간격으로 변화하는 형태가 됨.
(이 신호는 10BASE-T의 것) 이 파형의 타이밍을 계산해
1비트에 해당하는 신호의 중앙 위치를 판단함.

스타트 프레임 딜리미터는 마지막이
11이라는 비트 패턴이고 이걸로 파형이 바뀜.
이걸 패킷의 개시 위치로 간주함.

그림 2.25 프리앰블과 스타트 프레임 딜리미터
패킷 앞에는 프리앰블과 스타트 프레임 딜리미터(SFD)가 붙어 있다. 프리앰블로 타이밍을 맞추고 SFD로 프레임 개시 위치를 찾는다.

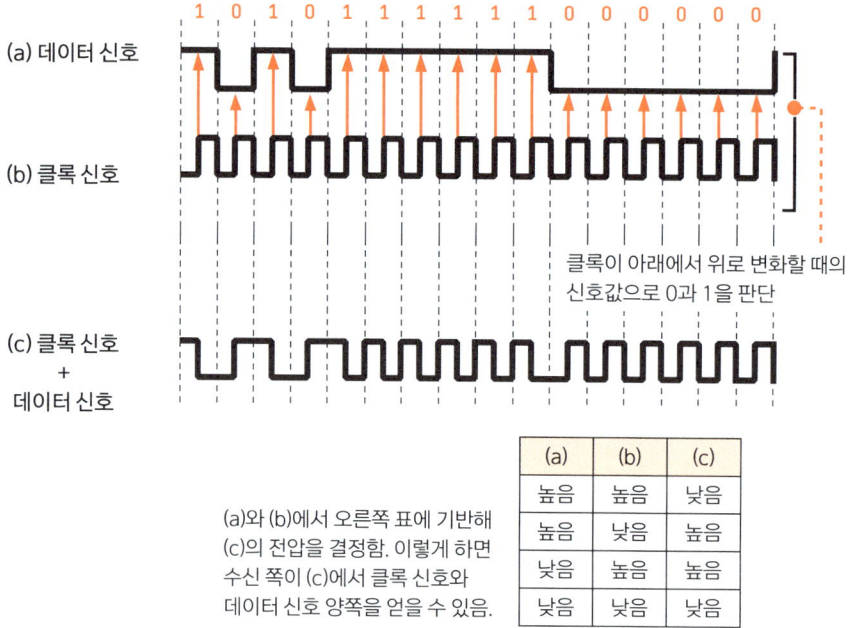

그림 2.26 클록으로 타이밍을 계산한다
1이 연속하거나 0이 연속하면 비트를 끊는 지점을 알 수 없다. 클록 정보를 더해 보내면 끊는 지점을 판단할 수 있다.

다. 거리가 떨어져 있고 케이블이 길어지면, 신호선의 길이에 차이가 발생해 데이터 신호와 클록 신호가 전달되는 시간에 차이가 생기고 결국 클록이 어긋나 버리거든요.

이 문제를 해결하는 방법은 데이터 신호와 클록 신호를 합성해서 한 신호로 만들어버리는 방법입니다. 그 신호가 그림 2.26 (c)입니다. 이걸 송신 쪽에서 수신 쪽으로 보냅니다. 클록 신호는 그림 2.26 (b)처럼 일정한 주기를 띠고 정해진 형태로 변화하는 신호라서 변화 타이밍만 알면 수신한 신호 (c)에서 클록 신호 (b)를 추출할 수 있고, 클록 신호를 추출하면 수신 신호 (c)와 클록 신호 (b)를 이용해 원래 데이터 신호 (a)를 추출합니다. 송신 쪽에서 데이터 신호와 클록 신호를 합성했을 때와 반대로 하면 돼요. 그리고 클록 신호 (b)로 타이밍을 재면 데이터 신호 (a)를 이용해 비트값을 읽을 수 있습니다. 이걸로 전압이나 전류값에서 0과 1의 비트값으로 되돌릴 수 있어요.

이때 중요한 점은 클록 신호의 타이밍을 판단하는 것입니다. 10메가비트/초라든가 100메가비트/초 등 클록이 변화하는 주기는 정해져 있으니, 에스컬레이터에 탈 때와 마찬가지로 잠시 신호 변화를 바라보고 있으면 그 타이밍을 파악할 수 있습니다. 갑자기 패킷 신호를 흘리는 것이 아니라, 클록 신호의 타이밍을 재기 위한 특별한 신호를 패킷 앞에 덧붙이면 되는 겁니다. 이게 프리앰블의 역할입니다.[85]

이더넷에는 속도나 케이블 종류에 따라 여러 파생 방식이 있고, 그 방식에 따라 신호 형태가 다르므로, 이 예처럼 단순하게 0과 1을 전압이나 전류로 표현한다고 할 수는 없습니다. 따라서 1010101……이라는 디지털값을 전기신호로 고친 프리앰블의 파형은 꼭 그림 2.25처럼 된다고 할 수는 없고, 방식에 따라 다릅니다. 하지만 프리앰블의 역할과 기본적인 작동 방식은 변하지 않습니다.

프리앰블에 이어지는 스타트 프레임 딜리미터도 그림 2.25에 있지만, 이쪽은 마지막 비트 패턴이 조금 다릅니다. 수신 쪽은 이걸 표식으로 신호에서 데이터를 추출합니다. 즉 스타트 프레임 딜리미터가 패킷의 시작을 나타내는 표식이 된 거죠.

끝에 덧붙이는 FCS는 패킷을 옮기는 도중에 잡음의 영향으로 파형이 흐트러져 데이터가 변질해 버리면, 이를 검출하기 위해 사용합니다. FCS는 32비트의 비트열로, 패킷 앞부분에서 마지막까지의 내용을 어느 계산식에 기반해 계산한 것입니다. 구체적인 계산식은 생략하겠지만 CRC(Cyclic Redundancy Check)라는

---

85 패킷 신호가 끝난 후에도 클록 신호만 계속 흘리면 타이밍을 파악한 상태를 유지할 수 있고, 다음 패킷을 보낼 때 타이밍을 맞출 필요는 없습니다. 이 작동 방식에 기반해 클록 신호를 계속 흘리는 통신 방식도 있습니다. 하지만 이더넷은 패킷 신호가 끝난 시점에서 클록 신호도 끝나버리기 때문에 이 방식처럼 타이밍을 유지할 수가 없습니다. 따라서 패킷의 앞부분에 프리앰블을 덧붙이고, 그때 클록의 타이밍을 맞추는 겁니다.

에러 체크 코드(디스크 장치에 사용됨)와 종류가 같은 것으로, 계산의 토대가 된 데이터값이 1비트라도 바뀌면 계산한 결과도 다른 값이 나오도록 고안돼 있습니다.

패킷을 옮기는 도중에 잡음의 영향으로 데이터가 변질하는 상황이 생기면, 수신 쪽에서 계산한 FCS가 송신 시에 계산한 것과 다른 값이 됩니다. 그 어긋난 부분 덕분에 데이터 변질을 검출하는 거죠.

2.5.9 허브로 패킷 송신

프리앰블, 스타트 프레임 딜리미터, FCS 3개를 덧붙이면 케이블에 송출하는 패킷은 완성됩니다.(앞에 나온 그림 2.24) 다음은 드디어 신호를 송신하는 작동인데, 그 작동에는 중계기 허브를 사용했을 때의 반이중 모드와 스위칭 허브를 사용한 전이중 모드[86] 두 가지가 있습니다. 일단 전자인 반이중 모드부터 설명하겠습니다.

반이중 모드는 신호 충돌을 피하고자 다음과 같이 작동합니다. 먼저 케이블에 다른 기기가 송신한 신호가 흘러가는지를 확인합니다. 그리고 신호가 흐르고 있으면 끝날 때까지 기다려요. 신호가 흘러갈 때 송신 작동을 시작하면 신호가 충돌하기 때문입니다. 신호가 멈추거나 처음부터 신호가 흐르지 않았다면 송신 작동을 시작합니다. 송신 작동은 일단 MAC 회로가 프리앰블의 처음부터 순서대로 1비트씩 디지털 데이터를 전기신호로 변환하고, 이를 PHY 또는 MAU라고 부르는 신호 송수신 부분으로 보냅니다.[87] 이때 디지털 데이터를 신호로 변환하는 속도가 전송 속도예요. 1초 동안 10메가비트만큼의 디지털 데이터를 신호로 변환해 보내는 것이 10메가비트/초입니다.

---

[86] 송신 작동과 수신 작동을 동시에 실행할 수 있는 것을 '전이중'이라고 부릅니다. 반면 어느 시점에서 송신과 수신 중 한쪽만 할 수 있는 것을 '반이중'이라고 부릅니다.
[87] 이더넷의 신호 방식에 따라 MAU(Medium Attachment Unit)라고 부르거나 PHY(Physical Layer Device)라고 부릅니다. 100메가비트/초 이상의 고속 이더넷은 PHY라고 부릅니다.

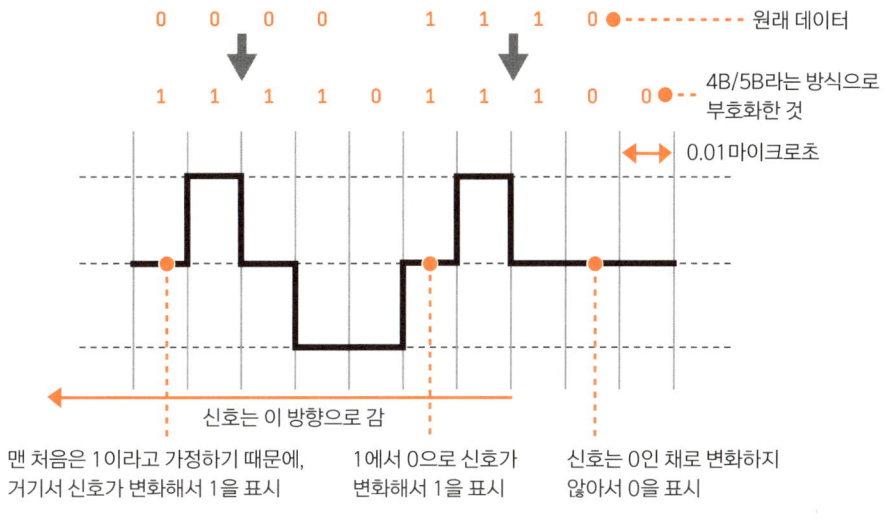

그림 2.27 100BASE-TX의 신호

　이제 전달받은 신호를 PHY(MAU) 회로가 케이블에 송출하는 형식으로 변환해 케이블로 송신합니다. 이더넷은 케이블 종류나 전송 속도에 따라 신호 형식이 몇 가지로 규정돼 있는데, MAC 회로는 형식 차이를 신경 쓰지 않고 어느 형식으로도 변환할 수 있는 공통 형식의 신호를 PHY(MAU) 회로로 보냅니다. 그리고 PHY(MAU) 회로에서 실제로 케이블에 송출하는 형식으로 변환해 송신합니다. PHY(MAU) 회로는 MAC 회로가 송신한 신호의 형식을 변환하는 회로라고 생각하면 됩니다. 또 이더넷에는 많은 파생 형식이 있고, 케이블에 송출하는 신호의 형식에는 많은 종류가 있어요. 거기다가 케이블에 송출하는 신호는 꽤 복잡해서 다 설명하기는 힘듭니다. 하지만 아무것도 없으면 이미지를 알 수가 없으니 한 가지 예시를 보여드릴게요.[88]

---

[88] 그림 2.26 (c)의 데이터 신호와 클록 신호를 합성한 신호는 10BASE-T라는 방식으로 사용하는 신호인데, 이것도 신호의 예시 중 하나입니다.

그림 2.27이 바로 그 예시입니다. 자세한 설명은 생략하지만 이런 모습의 신호가 케이블로 흘러갑니다.

> LAN 어댑터의 MAC 회로가 공통 형식의 신호를 만들고, PHY(MAU) 회로가 케이블에 송출하는 형식으로 변환해 케이블에 송신한다.

PHY(MAU) 회로가 MAC 회로에서 받은 신호를 케이블로 송신할 때, 그냥 송신 작동만 하는 게 아니라 수신 신호선에서 신호가 흘러 들어오는지 아닌지 감시합니다. 송신 개시 전에 신호가 흐르지 않음을 확인한 후, 송신 작동에 들어갔기 때문에 송신을 시작했을 때는 수신 신호선에 신호가 흘러오지 않을 겁니다. 그리고 신호를 다 보낼 때까지 수신 신호선에 신호가 들어오지 않으면 송신 작동은 끝입니다.

이더넷이라는 통신 방식은 송신한 신호가 상대에게 확실하게 도달했는지 아닌지 확인합니다. 이더넷은 기기와 기기 사이를 연결하는 케이블 길이를 100m 이내라고 사양으로 정했습니다.[89] 기껏해야 100m라 오류는 거의 일어나지 않습니다. 만일 오류가 발생해도[90] 프로토콜 스택의 TCP가 검출해 주니까요. 이 덕분에 신호를 송신할 때 오류를 확인할 필요는 없습니다.

신호를 송신하는 동안 수신 신호가 흘러오지 않으면 다행이지만, 흘러 들어오는 때도 있습니다. 미미한 확률이지만 동시에 여러 기기가 송신 작동에 들어갈 가능성이 있기 때문이죠. 만약 동시에 송신 작동에 들어간 기기가 있으면 그 기기가 보낸 신호가 수신 신호선에 흘러 들어옵니다. 중계기 허브를 사용한 반이중 모드

---

[89] 이건 트위스트 페어 케이블의 경우고, 광케이블은 더 길어집니다. 하지만 길어진다고 오류 비율이 높아지지는 않습니다.
[90] 오류 발생률은 1만 분의 1 이하입니다.

의 경우, 이런 사태가 되면 서로의 신호가 섞여버려 구분이 안 되는 상태가 됩니다.

이게 소위 **충돌**이라는 현상입니다. 이렇게 되면 그 이상 송신을 이어가도 의미가 없으니 송신 작동을 중지합니다. 충돌이 일어났음을 기기에 알리기 위해 **재밍 신호**[91]라는 특수한 신호를 잠시 흘리고, 그 후 송신 작동을 멈춥니다.

그리고 조금만 더 기다린 다음, 한 번 더 송신 작동을 테스트해 봅니다. 이때 충돌을 일으킨 기기의 대기 시간이 같으면 다시 충돌해 버리기 때문에 대기 시간이 겹치지 않도록 고안돼 있어요. 구체적으로는 MAC 주소를 토대로 해서 난수를 생성하고, 거기서 대기 시간을 계산합니다.

이더넷이 혼잡해지면 충돌 가능성이 크기 때문에 다시 보냈을 때 다른 기기와 송신 작동이 겹치고, 다시 충돌하기도 합니다. 그렇게 되면 이번에는 대기 시간을 2배로 늘려서 다시 보내요. 이처럼 충돌이 일어날 때마다 2배씩 대기 시간을 늘려가며 10번까지 다시 하고, 그래도 안 될 때는 송신 오류로 처리합니다.

한편으로 전이중 모드는 제3장에서 스위칭 허브를 탐험할 때 설명하겠지만, 한마디로 정리하자면 송신과 수신을 동시에 실행할 수 있고 충돌을 일으키지 않습니다. 그래서 반이중 모드일 때처럼 귀찮은 일은 생각하지 않아요. 수신 신호선에서 신호가 흘러오더라도 개의치 않고 단순하게 신호를 보내기만 하면 됩니다.

2.5.10 돌아온 패킷 받기

LAN 어댑터로 패킷을 전기신호로 변환해 송출하는 작동은 이걸로 끝이지만, 기왕 이더넷의 움직임을 이해했으니 이어서 패킷을 수신할 때의 작동도 설명해 보겠습니다.[92]

---

91 이더넷에서 충돌이 발생하면, 이를 알리는 특수한 신호. 잼 신호라고 부르는 사람들도 있습니다.
92 이더넷의 패킷 수신 작동도 송신 시와 마찬가지로 기기의 종류, TCP의 작동 단계, 애플리케이션의 종류와 상관없이 모두에게 공통입니다.

중계기 허브를 사용한 반이중 작동의 이더넷에서는 1대가 송신한 신호가 중계기 허브에 접속한 모든 케이블로 흘러갑니다. 누군가가 신호를 보내면 모든 수신 신호선에서 신호가 흘러나온다는 겁니다. 따라서 수신 작동은 그 신호를 어쨌든 모두 거두는 데서 시작합니다.

신호 맨 앞에는 프리앰블이 있으니, 그 파형으로 타이밍을 계산해 스타트 프레임 딜리미터가 나오면 그다음 비트에서 디지털 데이터로 변환하는 작동을 개시합니다. 그 움직임은 송신 때와는 반대로 PHY(MAU) 회로에서 MAC 회로로 갑니다. 일단 PHY(MAU) 회로에서 신호를 공통 형식으로 변환해 MAC 회로로 보내고, 또 MAC 회로에서 신호를 맨 앞에서부터 순서대로 디지털 데이터로 변환해 버퍼 메모리에 쌓습니다. 그리고 신호 마지막까지 도달하면 끝에 있는 FCS를 검사합니다. 구체적으로는 패킷 맨 앞에서 계산식에 맞춰 FCS의 값을 계산해 패킷 끝에 있는 FCS의 값과 비교합니다. 정상이라면 둘이 일치할 테지만, 도중에 잡음에 영향을 받아 파형이 흐트러지면 둘의 값이 어긋납니다. 어긋난 부분이 있으면 오류 패킷이라고 간주합니다.

FCS에 문제가 없으면 다음은 MAC 헤더의 수신처 MAC 주소를 조회해 LAN 어댑터를 초기화할 때 세팅한 본인의 MAC 주소와 비교합니다. 그리고 해당 신호가 본인에게 온 것인지 아닌지 판단해요. 남이 받을 패킷은 수신할 필요가 없으니 버리고, 수신처 MAC 주소가 본인이 받아야 할 경우에만 패킷을 거둬들여 버퍼 메모리에 저장합니다.[93] 이걸로 MAC 회로의 일이 끝나기 때문에, 패킷을 수신했음을 컴퓨터 본체에 통지합니다.

통지할 때는 **인터럽트**라는 시스템을 사용합니다. LAN 어댑터가 패킷 송수신 작동을 실행하는 동안, 컴퓨터 본체는 LAN 어댑터의 움직임을 감시하는 것이 아

---

[93] 특수한 예지만, 패킷이 본인에게로 오는 것인지 아닌지 점검하지 않고 다른 기기로 가는 패킷까지 포함해 도달한 패킷을 모두 수신하는 때도 있습니다. 이런 작동을 무차별 모드(promiscuous mode)라고 부릅니다.

니라 다른 일을 실행하고 있습니다. 이 때문에 LAN 어댑터가 알리지 않으면 컴퓨터 본체는 패킷이 도달했음을 알지 못해요. LAN 드라이버도 컴퓨터 본체에서 움직이는 프로그램이라, 패킷이 도착했음을 모릅니다. 이런 상태일 때 컴퓨터 본체가 실행하는 일에 끼어들어 LAN 어댑터 쪽으로 주의를 돌리게 만드는 것이 인터럽트입니다.

구체적으로는 다음과 같이 움직입니다. 우선 LAN 어댑터가 확장 버스 슬롯 부분에 있는 인터럽트용 신호선에 신호를 보냅니다. 신호선은 컴퓨터 본체의 인터럽트 컨트롤러를 통해 CPU에 연결돼 있어, 신호가 흘러오면 CPU는 그때 실행하던 일을 일시적으로 보류하고 OS 내부의 인터럽트 처리용 프로그램 쪽으로 전환합니다.[94] 그다음 LAN 드라이버가 호출돼 LAN 어댑터를 제어해서 수신 작동을 하는 거죠.

인터럽트에는 번호가 할당돼 있는데, LAN 어댑터를 설치할 때 그 번호를 하드웨어에 설정해 둡니다. 한편 인터럽트 처리용 프로그램은 하드웨어의 인터럽트 번호에 대응할 수 있도록 드라이버 소프트웨어를 등록합니다. 예를 들어 LAN 어댑터에 11번이라는 인터럽트 번호를 설정하면, 11번에 대응해 LAN 드라이버가 호출되도록 인터럽트 처리용 프로그램에 등록합니다. 그렇게 LAN 어댑터가 인터럽트를 걸면 LAN 드라이버가 호출되는 겁니다. 지금은 PnP[95] 사양에 따라 자동으로 번호를 설정하기 때문에 인터럽트 번호를 신경 쓸 필요가 없지만, 옛날에 수동으로 인터럽트 번호를 설정했던 시절에는 실수로 인터럽트 번호를 잘못 설정하면 LAN 어댑터가 정상적으로 움직이지 않는 문제가 발생했습니다.

인터럽트로 LAN 드라이버가 움직이고, LAN 어댑터의 버퍼 메모리에서 수신한 패킷을 추출합니다. 그렇게 하면 LAN 드라이버는 MAC 헤더의 타입 필드값

---

94 인터럽트 처리 프로그램의 처리가 끝나면 CPU는 원래 일로 돌아갑니다.
95 Plug and Play의 약자. 확장 보드나 주변기기 등을 자동으로 설정하는 기능.

을 이용해 프로토콜을 판별합니다. 지금은 TCP/IP 이외의 프로토콜을 사용하는 예가 줄었지만, 프로토콜은 TCP/IP 이외에도 다양합니다. 예를 들어 NetWare에서 사용했던 IPX/SPX, Macintosh에서 사용했던 AppleTalk 등입니다. 이런 프로토콜을 타입 필드값으로 판별하는 겁니다. 타입의 값이 0800(16진수 표기)이면 패킷 내용은 IP 프로토콜 데이터라서 TCP/IP의 프로토콜 스택에 패킷을 건네고, 809B면 AppleTalk나 AppleTalk의 프로토콜 스택에 건넨다는 식입니다.[96]

작동 방식의 움직임을 고려해 설명하자면 웹 서버에 패킷을 보낸 후에 도달한 패킷은 웹 서버에서 되돌아온 패킷이라고 생각해 버리기 쉽지만, 실제로 꼭 그렇지만은 않습니다. 컴퓨터 내부에는 여러 프로그램이 동시에 작동하고, 또 여러 통신 작동이 동시에 진행되기 때문에 수신 패킷은 다른 애플리케이션에 대응하는 것일 수 있습니다. 하지만 그건 그거대로 상관이 없어요. LAN 드라이버는 그런 걸 신경 쓰지 않고, 타입 필드값에 대응하는 프로토콜 스택에 패킷을 건넬 뿐이니까요. 그럼 프로토콜 스택이 어느 애플리케이션에 대응하는 패킷인지 판단해 적절하게 처리해 줍니다.

2.5.11 서버에서 온 응답 패킷을 IP에서 TCP로 건네기

웹 서버에서 패킷이 되돌아왔다고 치고, 다음 프로토콜 스택의 움직임을 좇아가 보겠습니다.[97] 서버에서 돌려보낸 패킷의 타입은 0800이라 LAN 드라이버는 TCP/IP의 프로토콜 스택에 패킷을 건넬 겁니다. 그럼 그 안의 IP 담당 부분이 다음과 같이 움직입니다. 우선 IP 헤더 부분을 조회해 포맷에 오류가 있는지 없는지 확인합니다. 그곳에 문제가 없으면 수신처 IP 주소를 조회합니다. 패킷을 수신한

96　OS 내부에서 타입 필드값에 대응하는 프로토콜 스택이 움직이고 있다는 점을 전제합니다. 만약 타입 필드값에 대응하는 프로토콜 스택이 움직이지 않으면 오류라고 간주해 패킷을 버립니다.
97　IP 담당 부분의 움직임은 TCP 담당 부분이 의뢰한 모든 송수신 작동에 있어 공통입니다.

표 2.4 주요한 ICMP 메시지

메시지 종류	타입	설명
Echo reply	0	Echo 메시지의 응답
Destination Unreachable	3	특정한 이유로 패킷을 목적지로 보내지 못한 경우에는 파기하고, 그때 폐기했음을 알리기 위해 발신처에 이 메시지를 보낸다. 그 이유는 다음과 같다. 수신처 IP 주소가 경로표에 존재하지 않는다. 수신처 포트 번호에 해당하는 소켓이 존재하지 않는다. 단편화가 필요한데 금지돼 있다.
Source quench	4	라우터의 중계 능력을 넘어서 패킷이 보내진 경우, 능력을 넘어선 만큼의 패킷을 폐기해야 한다. 그런 폐기가 발생했음을 송신 쪽에 알릴 때 이 메시지를 사용한다. 다만 항상 이 메시지가 송신되는 건 아니다. 능력이 부족해 이 메시지의 송신도 못하고 패킷을 폐기하는 일도 있다. 또 이 메시지를 받은 경우에는 패킷 송신 단계를 낮춰야 한다.
Redirect	5	경로표에 따라 중계처를 조회한 결과, 패킷의 출력처 포트가 그 패킷을 수신한 보드와 똑같을 경우, 이 라우터를 중계하지 않고 다음 라우터에 직접 패킷을 송신할 수 있다. 그럴 경우에는 다음 라우터의 IP 주소를 보여주고, 그곳에 직접 패킷을 보내라고 통지한다.
Echo	8	ping 명령으로 사용하는 메시지. 이 메시지를 받은 상대는 Echo reply라는 메시지를 되돌려보낸다. 이걸로 상대가 작동하고 있는지 확인할 수 있다.
Time exceeded	11	IP 헤더의 TTL 필드에서 표현하는 패킷 생존 기간의 값에 대한 기한이 끝나면 라우터는 패킷을 폐기한다. 그때 폐기한 것을 알리려고 발신처에 이 메시지를 보낸다.
Parameter problem	12	IP 헤더 필드의 값에 오류가 있는 경우에 패킷을 폐기한다. 그때 폐기했음을 알리려고 발신처로 이 메시지를 보낸다.

기기가 Windows의 클라이언트 PC일 경우, 서버에서 회신한 패킷의 수신처 IP 주소는 수신한 LAN 어댑터에 할당한 주소와 일치할 것이기 때문에 이를 확인해서 패킷을 수신합니다.

만약 수신처 IP 주소가 다른 주소면 뭔가 오류가 있다는 뜻입니다. 클라이언트 PC의 경우, 패킷을 중계할 일이 없어서 본인이 받을 것 이외의 패킷이 도달하는 일은 없기 때문이에요.[98] 이처럼 오류가 발생했을 때는 IP 담당 부분이 ICMP라는 메시지 프로토콜을 사용해 통신 상대에게 오류를 통지합니다.(그림 2.1) ICMP에는 표 2.4에 정리했듯이 다양한 타입의 메시지가 정의돼 있는데, 이 경우에는 표 2.4의 Destination Unreachable이라는 메시지를 통지합니다. 이 표의 내용을 보면 패킷을 수신하거나 중계할 때 일어나기 쉬운 오류에 어떤 것들이 있는지 알 수 있습니다. 이런 의미에서 이 표를 대충 훑어보고 오면 좋습니다.

수신처 IP 주소가 올바르면 수신하지만, 그때도 또 하나의 일이 있습니다. IP 프로토콜에는 **단편화**라는 기능이 있어요. 자세한 내용은 제3장에서 설명하겠지만, 패키지를 옮기는 도중에 있는 통신 회선이나 LAN이 짧은 패킷만 취급하는 게 있기 때문에 패킷을 짧게 만들려고 패킷 하나를 여러 개로 분할하는 경우가 있습니다.

만약 수신한 패킷이 분할된 것이면 IP 헤더에 있는 **플래그**라는 항목을 보면 알 테니, 분할된 수신 패킷이라면 IP 담당 부분 내부의 메모리에 일시적으로 보관합니다. 그리고 IP 헤더에 있는 **ID 정보**에 똑같은 값을 가진 패킷이 도달하길 기다립니다. 분할된 패킷은 ID 정보값이 모두 똑같기 때문에 이를 표식으로 삼는 겁니다. 또 **프래그먼트 오프셋**이라는 항목에는 해당 패킷이 원래 패킷의 어느 위치에 있었는지를 보여주는 정보가 들어갑니다. 이 정보를 토대로 분할된 패킷이 모두 도달하길 기다린 후에 패킷을 원래 모습으로 되돌리는 겁니다. 이 작동을 **리어셈블링**이라고 불러요.

이걸로 IP 담당 부분의 역할은 끝나기 때문에, 이후에는 패킷을 TCP 담당 부분에 건넵니다. 그럼 TCP 담당 부분은 IP 헤더에 기재된 수신처 IP 주소와 송신

---

[98] 서버의 경우에는 꼭 그렇지만도 않습니다. 서버용 OS에는 라우터와 똑같은 기능이 소프트웨어로 내장돼 있어, 라우터처럼 패킷을 중계할 수 있습니다. 서버가 받을 패킷이 아니지만 도달하는 경우에도 라우터처럼 패킷 중계 작동을 실행합니다. 이 작동은 라우터와 똑같으니 제3장에서 라우터를 설명할 때 살펴보겠습니다.

원 IP 주소, TCP 헤더에 기재된 수신처 포트 번호와 송신원 포트 번호라는 네 가지 항목을 조회해 해당하는 소켓을 찾습니다.[99] 해당하는 소켓을 찾아내면 그곳에 통신 진행 상태가 기록돼 있을 테니 그 상황에 따라 적절한 작동을 실행합니다. 예를 들어 애플리케이션 데이터를 넣은 패킷이면 수신 확인 패킷을 되돌려보낸 후 데이터를 수신 버퍼에 쌓아 애플리케이션이 가지러 오길 기다릴 테고, 접속이나 종료 단계의 제어용 패킷이면 응답 제어용 패킷을 되돌려보내거나 접속이나 종료 작동의 상황을 애플리케이션에 통지하죠.

2.6 UDP 프로토콜을 사용한 송수신 작동

2.6.1 다시 보낼 필요가 없는 데이터 송신은 UDP가 효율적

제1장에 이어 소켓을 사용한 데이터 송수신 작동의 움직임을 살펴봤는데, 일단 여기서 끝입니다. 이후 컴퓨터에서 나간 패킷은 허브로 갑니다. 그다음은 다음 장에서 설명할 테니 여기서 잠깐 다른 이야기를 해볼게요.

대부분 애플리케이션은 지금까지 설명했듯이 TCP 프로토콜을 사용해 데이터 송수신을 하는데, 모두 그렇지는 않습니다. TCP 프로토콜이 아니라 UDP 프로토

---

[99] TCP 담당 부분과 IP 담당 부분의 담당 범위를 엄밀하게 생각하면 TCP 헤더는 TCP 담당 범위고, IP 헤더는 IP의 담당 범위가 될 겁니다. 그렇게 생각하면 패킷을 TCP 담당 부분에 건네 TCP 담당 부분에서 IP 헤더의 수신처 주소와 송신원 주소를 조회해 해당하는 소켓을 찾는다는 설명에 위화감을 느꼈을지도 모릅니다. IP 헤더는 IP의 담당 범위라서 TCP 담당 부분이 그곳을 조회하는 건 담당 범위를 넘어서는 셈이기 때문입니다. 담당 범위를 넘지 않으려면 양쪽을 명확하게 분리해 IP 담당 프로그램에서 TCP 담당 프로그램으로 TCP 헤더 이후의 부분만 건네는 형태로 만들어야 하고, 그때 부가 정보로 IP 헤더에 기재한 중요한 정보, 즉 수신처 주소나 송신원 주소 등을 IP 담당 프로그램에서 TCP 담당 프로그램에 통지하는 형태여야 할 테죠. 하지만 그런 형태로 역할 분담을 엄밀하게 하는 프로그램을 만들면, IP 담당 프로그램과 TCP 담당 프로그램 사이에서 데이터를 주고받는 부분 때문에 손이 많이 갑니다. 이 상황뿐만이 아니라 다양한 상황에서 IP 담당 프로그램과 TCP 담당 프로그램은 데이터를 주고받아야 합니다. 모두 손이 많이 가기 때문에 프로그램의 실행 효율이 떨어져 버려요. 그렇게 하는 것보다 본문의 설명처럼 담당 범위를 느슨하게 해석해 TCP 담당 부분과 IP 담당 부분을 나누지 않고 한 프로그램으로 정리해 융통성이 잘 발휘되는 형태로 만들어야 실리적입니다. 수신처 IP 주소, 송신원 IP 주소, 수신처 포트 번호, 송신원 포트 번호 같은 네 가지 항목을 조회하는 이유는 제6장에서 포트 번호의 시스템을 정리할 때 설명합니다.

콜을 사용해 데이터를 송수신하는 애플리케이션이 있기 때문이죠. DNS 서버로 IP 주소를 질의할 때도 UDP 프로토콜을 사용했습니다. UDP 프로토콜에 관해 조금 설명하겠습니다.

　UDP를 이해하는 포인트는 TCP에 있습니다. TCP는 작동이 상당히 복잡한데, 왜 이런 복잡한 일을 해야 할까요? 이 사실을 이해하면 UDP의 참모습이 보입니다. 복잡한 시스템을 사용하는 이유는 바로 데이터를 확실하게, 더 나아가 효율적으로 보내는 데 있습니다. 데이터를 확실하게 보내려면, 보낸 데이터를 지켜보고 만약 도달하지 않았으면 다시 보내야 해요.

　이를 가장 간단하게 실현하는 방법은 데이터를 '전부' 보낸 다음, 수신 쪽에서 보낸 수신 확인 응답을 받는 방법입니다. 이러면 만약 도달하지 않았을 경우, 다시 보내기만 하면 돼서 TCP가 하듯 어디까지 도달했는지, 어디에서 다시 보내야 하는지 같은 복잡한 문제를 생각하지 않아도 됩니다. 하지만 전부 다시 보내는 방법이면 패킷이 하나만 빠져도 모두 다시 보내야 하니 효율적이지는 않습니다. 효율적으로 다시 보내려면 도달한 패킷은 다시 보내지 않고, 오류 때문에 도달하지 않은 패킷만 다시 보내는 시스템이 필요합니다. TCP가 복잡한 이유는 바로 이런 일을 하기 때문입니다.

　하지만 어떤 상황에서는 TCP 같은 복잡한 시스템을 사용하지 않아도 효율적으로 데이터를 다시 보낼 수 있습니다. 바로 데이터가 패킷 하나에 들어갈 정도의 길이밖에 안 되는 경우입니다. 패킷이 하나밖에 없으면 뭐가 빠졌는지 생각할 필요가 없어요. 데이터를 모두 다시 보낸다고 해도 패킷을 하나 보낼 뿐이라서 낭비도 없죠. TCP 같은 복잡한 시스템이 필요 없는 겁니다. 심지어 TCP의 복잡한 시스템을 사용하지 않으면 접속했을 때나 종료했을 때 제어용 패킷을 보낼 필요도 없습니다. 뭔가 데이터를 보내면 보통은 회신이 되돌아와 회신이 수신 확인 응답을 대신하기 때문에, 수신 확인 응답 패킷도 필요하지 않습니다.

2.6.2 제어용의 짧은 데이터

이럴 때 UDP를 사용합니다. DNS 서버로 보내는 질의같이 모든 제어용에 쓰는 정보 교환은 패킷 하나로 끝나버리는 경우가 많아서, 이럴 때 TCP가 아니라 UDP를 사용합니다.[100] UDP에는 TCP 같은 수신 확인이나 윈도가 없어요. 접속이나 종료 단계가 없습니다. 애플리케이션에서 송신 데이터를 받으면 그곳에 UDP 헤더를 덧붙이고 이걸 IP에 의뢰해 송신할 뿐이죠.(표 2.5) 수신도 간단합니다. IP 헤더에 기재된 수신처 IP 주소와 송신원 IP 주소, UDP 헤더에 기재된 수신처 포트 번호와 송신원 포트 번호, 이렇게 4개 항목과 소켓에 기록된 정보를 이용해 데이터를 받을 애플리케이션을 판단한 후에 그곳으로 데이터를 건네기만 하면 됩니다.

그 이상은 아무것도 하지 않습니다. 만약 오류가 발생해 패킷이 사라져 버려도 모른 척하죠. 애당초 패킷은 보낸 상태 그대로 있고, TCP처럼 보낸 패킷의 상태를 감시하는 일은 없으니 오류가 발생해도 프로토콜 스택이 눈치채지 못해요. 그래도 문제는 없습니다. 오류가 발생하면 회신이 돌아오지 않아 애플리케이션이 눈치채거든요. 그리고 애플리케이션이 한 번 더 데이터를 보내면 끝나버립니다. 이 정도면 복잡한 작동은 필요하지 않으니 애플리케이션의 부담을 늘릴 일도 없습니다.

---

100 UDP에서 송신할 수 있는 데이터의 최대 길이는 IP 패킷의 최대 길이에서 IP 헤더와 UDP 헤더를 제외한 길이입니다. 이건 MTU나 MSS와 작동 방식이 다릅니다. MTU나 MSS는 이더넷이나 통신 회선 같은 패킷의 최대 길이를 기반으로 산출하는데, IP 패킷의 최대 길이는 IP 헤더의 '총 길이'라는 필드값으로 정해지기 때문입니다. 총 길이는 16비트의 값으로 표현하기 때문에 IP 프로토콜의 사양이라는 관점에서 보면 IP 패킷의 최댓값은 65,535바이트가 됩니다. 그리고 여기서 IP 헤더와 UDP 헤더의 길이를 뺀 것이 UDP 프로토콜로 송신 가능한 데이터의 최대 길이입니다. 프로토콜 옵션을 사용하지 않는 통상적인 상황이면 IP 헤더가 20바이트고, UDP 헤더가 8바이트라서 UDP의 데이터 최대 길이는 65,507바이트가 됩니다. 이런 큰 데이터는 이더넷이나 통신 회로 패킷에 들어가지 않기 때문에 IP 담당 부분이 단편화 기능으로 패킷을 분할한 다음, 실제 패킷 송신 작동을 실행합니다.

표 2.5 UDP 헤더에 기재하는 제어 정보

필드 명칭		길이(비트)	설명
UDP 헤더 (8바이트)	송신원 포트 번호	16	이 패킷을 보낸 쪽의 포트 번호
	수신처 포트 번호	16	이 패킷을 받는 상대의 포트 번호
	데이터 길이	16	UDP 헤더 이후의 길이
	체크섬	16	오류 유무를 검사하기 위한 값

2.6.3 음성이나 동영상 데이터

하나 더, UDP를 사용하는 경우가 있습니다. 바로 음성이나 영상 데이터를 보낼 때입니다. 음성이나 영상 데이터는 정해진 시간 안에 데이터를 보내야 해요. 데이터 도달이 지연되면 재생하는 타이밍을 놓치게 되고, 음성이 끊기거나 영상이 멈춰버립니다. TCP처럼 수신 확인 응답으로 오류를 검출해 다시 보내는 방법이면, 아무래도 다시 보낼 때 시간이 오래 걸립니다. 그럼 기껏 다시 보내도 재생 타이밍을 놓칠 수 있어요.

재생 타이밍을 놓치면 데이터가 도달해도 도움이 안 됩니다. 끊긴 소리나 영상을 원래대로 되돌릴 수 없기 때문입니다. 고속 회선을 사용해 재생 타이밍에 늦지 않도록 다시 보내는 방법도 있을지 몰라요. 하지만 그러면 본래 필요한 것보다 몇 배나 빠른 회선이 필요합니다.[101]

또 음성이나 영상에는 데이터가 다소 빠져도 치명적인 문제가 일어나지 않는 성질이 있습니다. 음성이면 데이터가 빠진 순간 툭, 하고 소리가 끊기는 게 다고, 영상이라도 영상이 잠시 멈출 뿐이거든요. 그 정도라면 허용할 수 있죠.[102] 이처

---

[101] UDP는 방화벽으로 차단되는 경우가 많아서, 방화벽을 넘어 음성이나 영상 데이터를 옮길 때는 고속 회선이 필요함을 각오하고 TCP를 사용하는 경우가 있습니다.

[102] 오류 빈도가 높아지고, 허용 한도를 넘어버리면 이야기는 달라집니다. 또 순간의 끊김도 허용하지 못하는 때도 있을지 모릅니다. 하지만 그건 특별한 경우입니다.

럼 다시 보낼 필요가 없거나 다시 보내도 도움이 안 되면, 단순하게 UDP로 데이터를 보내는 쪽이 효율이 높다고 할 수 있습니다.

　데이터를 송수신할 때 OS 내부에 있는 프로토콜 스택이 어떻게 움직이는지, 그리고 LAN 어댑터로 패킷이 어떻게 전기신호로 변환돼 케이블에서 나가는지 그 움직임을 따라가 봤습니다. 이걸로 패킷이 클라이언트 PC에서 케이블로 나가는 부분까지의 탐험은 끝났습니다. 다음 장은 케이블로 나간 패킷이 중계기 허브, 스위칭 허브, 라우터 같은 기기를 거쳐서 인터넷으로 나가는 부분까지를 탐험해 보겠습니다.

확인 퀴즈

지금까지 살펴본 내용을 확인할 겸 퀴즈를 준비했습니다.

문제

1. 패킷을 보낼 상대를 표시하는 수신처 IP 주소는 TCP 헤더와 IP 헤더 중 어느 쪽에 포함될까요?

2. 포트 번호는 서버 프로그램의 종류를 지정하려고 사용하는데 TCP 헤더, IP 헤더 중 어느 쪽에 포함될까요?

3. 패킷이 올바르게 도달했는지를 확인하는 건 TCP와 IP 중 어느 쪽일까요?

4. IP 주소에서 MAC 주소를 조회하는 시스템을 뭐라고 부를까요?

5. ACK 번호가 되돌아오기 전에 다음 패킷을 보내버리는 송신 방식을 뭐라고 부를까요?

COLUMN
실제로는 어렵지 않은 네트워크 용어

소켓에 끼워 넣는 건 전구인가, 프로그램인가

탐험 대원: Socket 라이브러리니 소켓이니 하는 건 어디서 온 이름인가요?

탐험 대장: 자네는 전구 소켓을 모르나? 조명 기구 안에 있는 건데, 전구를 끼우는 녀석일세.

탐험 대원: 그야 잘 알죠.

탐험 대장: 소켓이라는 건 그 소켓을 말한다네.

탐험 대원: 엥? 전구 소켓과 Socket 라이브러리가 똑같은 거라고요?

탐험 대장: 그래. 아무래도 또 사전을 펴보는 게 좋을 것 같군.

탐험 대원: 잠깐만요. 소켓이라는 건 움푹 파인 구멍 모양의 형태로 뭔가를 끼우는 것이라고 적혀 있네요.

탐험 대장: 뭔가를 끼우는 받침 역할을 하는 게 소켓이라고 생각하면 되겠지.

탐험 대원: 네.

탐험 대장: 전구를 소켓에 끼우면 전구가 켜지잖나.

탐험 대원: 그런 건 말씀 안 하셔도 알아요.

탐험 대장: 통신할 때도 그거랑 똑같이 생각하면 된다네.

탐험 대원: 그 말씀은?

탐험 대장: 머릿속에 이미지를 떠올려보게. 이곳에 프로그램이 있고, 이걸 소켓에 꼭 끼우는 거야. 이렇게 하면 전구가 켜지는 것처럼 통신이 된다는 느낌인 거지.

탐험 대원: 살짝 억지로 끼워 맞추기 아닌가요?

탐험 대장: 그렇지 않아. 소켓의 뒤편에는 데이터가 지나는 통로가 있는데, 이게 상대에게 연결되는 걸세. 전선에 전기가 흐르는 것처럼 통로로 데이터가 흘러가는 거지. 그러니까 그곳에 프로그램을 끼우면 상대와 통신할 수 있다는 그림이 그려지지 않을까?

탐험 대원: 통로라는 게 뭔가요?

탐험 대장: 탐험할 때 존 건가? TCP로 접속하면 파이프 같은 게 생긴다고 이야기했잖나.

탐험 대원 : 아아, 그랬죠. 먼 곳에서 그런 말이 들렸던 것 같긴 해요.

탐험 대장 : 역시 졸았군. 뭐, 좋아. 통로는 그 파이프를 말한다네.

탐험 대원 : 알았어요. 그렇게 믿도록 할게요.

탐험 대장 : 그렇게 이해하지 못하는 건 자네뿐이잖나.

탐험 대원 : 그런 끼워 맞추기식 이야기는 아무도 이해 못할걸요.

탐험 대장 : 그렇지 않아. 소켓이라는 말을 사용하는 건 TCP/IP뿐만이 아니거든.

탐험 대원 : 어, 그런가요?

탐험 대장 : 그렇다네. Xerox에서 이더넷과 함께 개발한 XNS라는 프로토콜에도 소켓이라는 말을 사용하고 있어.

탐험 대원 : Xerox는 이더넷을 만들기만 한 게 아니라 그런 일까지 한 건가요?

탐험 대장 : 그게 다가 아니야. 요즘 쓰는 PC의 원형도 Xerox에서 태어났다네.

탐험 대원 : 호오.

탐험 대장 : 다시 말하면 미래 컴퓨터의 형태를 연구하고 있었지. 그래서 PC나 이더넷이 태어났는데, 지금은 그런 이야기가 아니라….

탐험 대원 : 맞다, 소켓 이야기를 하고 있었죠. XNS의 소켓이라는 건 TCP/IP의 소켓과 똑같나요?

탐험 대장 : 아니, TCP/IP와는 조금 달라. TCP/IP의 포트 번호에 해당하는 것을 XNS에서는 소켓이라고 불렀거든.

탐험 대원 : 그럼 다른 거잖아요.

탐험 대장 : 아니, 이게 다르지 않단 말이지. TCP/IP에서 소켓을 만들 때 포트 번호랑 소켓을 대응하잖아. 그래서 소켓과 포트 번호의 배경에 있는 작동 방식에는 공통점이 있는 거야.

탐험 대원 : 그렇구나.

탐험 대장 : 자네는 아직도 네트워크의 마음을 모르는구먼.

탐험 대원 : 마음 말이죠….

▎**해답**

1. IP 헤더(2.5.3 참고)   **2.** TCP 헤더(2.2.3 참고)   **3.** TCP(2.3.3 참고)   **4.** ARP(2.5.5 참고)   **5.** 윈도 제어 방식(2.3.5 참고)

제 3 장

케이블의 끝이었던 LAN 기기
허브와 스위치, 라우터를 탐험하기

워밍업

탐험을 시작하기 전에 워밍업으로 이 장에 관련된 주제를 모아 퀴즈를 만들어봤습니다. 한번 풀어보세요. 또한 퀴즈 정답을 몰라도 탐험하는 데는 지장이 없으니 편하게 시도해 보길 바랍니다.

퀴즈

아래 설명은 O 아니면 X?

1. 현재 사용하는 이더넷의 케이블(트위스트 페어 케이블)은 미국에서 전화용 실내 배선으로 사용하던 케이블이 발전한 것이다.

2. 라우터가 등장한 시기보다 스위칭 허브가 등장한 시기가 더 나중이다.

3. 라우터와 스위칭 허브는 패킷을 옮기는 도중에 오류가 생겼을 때, 오류가 난 패킷을 복구하지 않고 폐기한다.

정답

1. ○

첫 이더넷은 전용 동축 케이블이었지만, 나중에 미국의 전화용 실내 배선을 개량한 케이블로 바뀌었습니다. 전화 배선용 기구와 부자재를 이용할 수 있어 편리하다는 이유에서였습니다.

2. ○

라우터보다 스위칭 허브가 더 단순하기에 스위칭 허브가 먼저 존재했다고 생각할 수 있지만, 먼저 존재한 건 라우터였습니다.

3. ○

OS에 내장된 네트워크 제어용 소프트웨어(프로토콜 스택)가 폐기된 패킷을 다시 송신하기 때문에 패킷이 빠지는 일은 없습니다.

이전 장에서는 클라이언트의 프로토콜 스택과 LAN 어댑터를 탐험했습니다. 패킷을 송신하는 단계, 즉 패킷을 전기신호로 변환해 케이블에 송출하는 단계까지 알아봤죠. 이 장은 이어지는 내용을 담고 있어서 케이블에 송출한 패킷이 중계기 허브, 스위칭 허브, 라우터 등의 네트워크 기기를 거쳐서 인터넷으로 가는 과정을 탐험합니다.

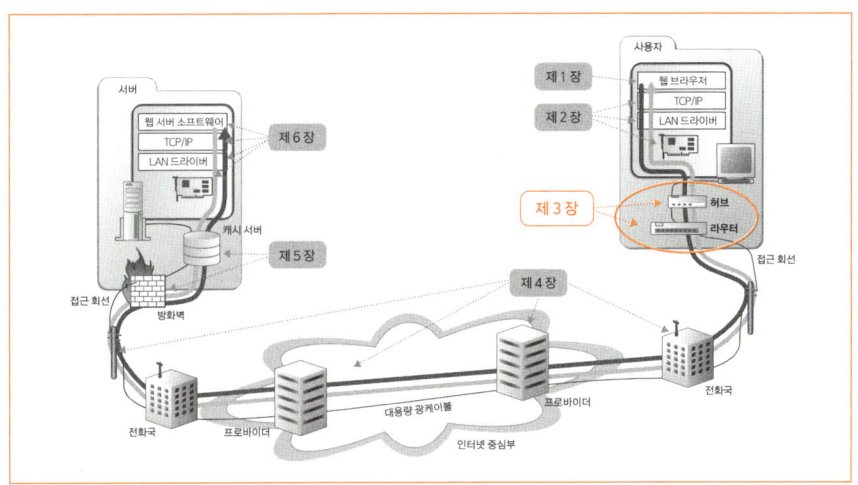

(1) 케이블과 중계기 허브로 신호가 흘러간다

컴퓨터에서 나온 신호는 케이블을 통해 중계기 허브를 거칩니다. 그때 신호가 케이블과 중계기 허브로 흘러가는 모습이 첫 볼거리입니다. 신호는 흘러가는 도중에 약해지거나 잡음의 영향을 받아 변형됩니다. 그 영향을 억제하는 아이디어도 볼거리 중 하나입니다.

(2) 스위칭 허브의 패킷 중계 작동

스위칭 허브의 작동도 이 장의 볼거리 중 하나입니다. 스위칭 허브는 신호를 흘리는 게 아니라 패킷 신호를 수신해 디지털 데이터의 모습으로 되돌리고, 다시 신호로 바꿔서 송신하는 작동으로 패킷을 옮깁니다. 그 모습을 여기서 설명하겠습니다.

(3) 라우터의 패킷 중계 작동

라우터도 스위칭 허브와 마찬가지로 패킷을 중계하지만, 작동 방식은 스위칭 허브와 조금 다릅니다. 스위칭 허브는 이더넷 시스템에 기반해 만들어진 기기인데, 라우터는 IP 작동 방식에 기반해 만들었기 때문입니다. 이 차이도 볼거리 중 하나예요.

(4) 라우터의 부가 기능

인터넷으로 이어지는 출입구에 배치하는 라우터에는 프라이빗 주소를 글로벌 주소로 바꾸는 주소 변환 기능과 위험한 패킷을 차단하는 패킷 필터링 기능을 이용하는 것이 보통입니다. 이 장 마지막에서 이를 설명하겠습니다. 이걸로 라우터의 기본을 이해할 수 있어요.

3.1 케이블과 중계기 허브로 흘러가는 신호
3.1.1 독립적으로 움직이는 하나하나의 패킷

컴퓨터에서 송신한 패킷은 허브와 라우터 같은 중계 장치의 중계로 목적지를 향해 갑니다. 중계 작동은 제2장의 '2.5.1 패킷의 기본'과 '2.5.2 패킷 송수신 작동의 개요'에서 설명했듯이 패킷의 헤더에 기재된 제어 정보와 중계 장치 내부에 있는 (중계처를 등록한) 표로 목적지를 판단하고, 이 목적지에 가까이 갈 수 있도록 만들어서 패킷을 중계하는 형태입니다. 우체국 직원이 봉투 안의 내용을 보지 않고 배달하는 것처럼 중계 장치는 데이터 부분을 보지 않고 패킷을 중계합니다.

내용을 보지 않기 때문에 그곳에 적혀 있는 애플리케이션 데이터나 TCP 프로토콜의 제어 정보[1] 내용이 패킷을 옮기는 작동에 영향을 줄 일은 없습니다. 즉 HTTP의 메소드도 TCP의 수신 확인 시퀀스 번호도, 클라이언트와 서버라는 관계도, 모두 무시한다는 거죠. 이 때문에 모든 패킷은 아무 연관성도 없는 별도의 것으로 간주되며 목적지로 중계됩니다.

이 장은 이 내용을 머리에 넣고, 인터넷으로 패킷이 나가는 단계까지 탐험해 볼 겁니다. 또 여기서는 클라이언트 PC가 그림 3.1 같은 LAN에 접속돼 있다고 가정할게요. 즉 클라이언트 PC가 송신한 패킷이 중계기 허브, 스위칭 허브, 라우터를 거쳐서 인터넷으로 나가는 겁니다. 가정에서는 중계기 허브와 스위칭 허브를 내장한 라우터를 사용하는 일이 많고, 이 그림처럼 기능이 하나만 있는 기기(전용 기기)를 나열하는 일은 적을 거예요.

하지만 전용 기기가 이해하기 더 쉽고, 이런 기기를 이해하면 여러 기능을 내장한 복합 기기도 이해할 수 있을 테니, 전용 기기가 나열돼 있다고 치고 순서대로 탐험해 보겠습니다.

---

[1] TCP의 제어 정보도 TCP 헤더라고 부르지만, 이더넷과 IP 같은 패킷을 옮기는 시스템 쪽에서 보면 헤더가 아니라 데이터가 됩니다.

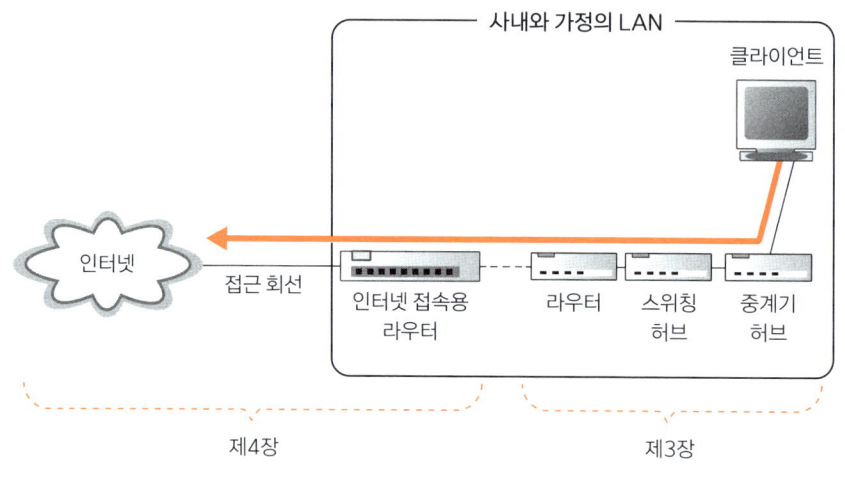

그림 3.1 LAN의 구성

3.1.2 LAN 케이블은 신호를 열화시키지 않는 것이 포인트

이 장의 탐험은 LAN 어댑터에서 패킷이 송신돼 케이블로 나가는 지점에서 시작합니다. LAN 어댑터의 PHY(MAU) 회로에서 전기신호로 모습을 바꾼 패킷은 RJ-45 커넥터를 통해 **트위스트 페어 케이블**로 들어갑니다. 그 부분을 확대한 것이 그림 3.2의 오른쪽입니다. 이더넷 신호의 실체는 플러스/마이너스 전압이기 때문에 LAN 어댑터의 PHY(MAU)[2] 회로의 플러스/마이너스 신호 단자에서 신호가 나간다고 생각하면 됩니다.

LAN 어댑터의 PHY(MAU) 회로는 그림 3.2에서 보듯 RJ-45 커넥터로 선이 똑바로 연결돼 있으므로 커넥터의 1번 핀과 2번 핀을 통해 케이블 안으로 신호가 흘러갑니다. 그 후 신호는 케이블을 거쳐, 중계기 허브의 커넥터 부분에 도달합니

---

[2] PHY(MAU) : 이더넷에는 여러 가지의 파생 방식이 있고, 파생 방식에 따라 신호 송수신 회로의 명칭이 다릅니다. 100메가비트/초 이상의 이더넷은 PHY(Physical Layer Device)라고 부르는데, 저속 방식 중에는 MAU(Medium Attachment Unit)라고 부르는 것도 있습니다.

다. 이 부분은 단순하게 전기신호가 케이블을 거쳐 갈 뿐이에요.

다만 송출한 신호는 그 형태 그대로 허브에 도달하지 않습니다. 허브에 도달했을 때 신호가 약해져 있습니다.(그림 3.3) 케이블을 거쳐 전달되는 동안 신호 에너지가 조금씩 떨어지기 때문에 케이블이 길면 길수록 신호는 약해집니다.

거기다가 신호는 그냥 약해지는 게 다가 아닙니다. 이더넷은 제2장에 있는 그림 2.25, 그림 2.26, 그림 2.27처럼 네모난 모양의 각이 있는 신호를 사용하는데 이 각이 깎여서 둥글어져 버려요. 이는 전기신호의 주파수가 높을수록 에너지가 떨어지는 비율이 크다는 성질과 연관됩니다.[3] 신호의 각이 있는 부분은 전압이 급격하게 변화하지만, 급격하게 변화하는 건 다시 말해 그 부분의 주파수가 높다는 의미입니다. 주파수가 높은 신호는 약해져 버리기 때문에 급격한 변화가 사라지며 각이 깎이죠.

잡음이 없고 조건이 좋은 경우라도 신호가 도달할 때는 이런 식으로 변형되기 때문에, 여기에 잡음의 영향이 더해지면 변형은 더욱더 급격해집니다. 잡음의 영향은 그 강도와 종류에 따라 달라서 일률적으로 말할 수는 없지만, 약해진 신호가 더 변형되기 때문에 0과 1을 잘못 보는 경우가 나타납니다. 이게 통신 오류의 원인입니다.

---

[3] 주파수가 높은 신호는 전파 방출량이 많습니다. 그리고 전파로 방출된 만큼 에너지가 손실됩니다.

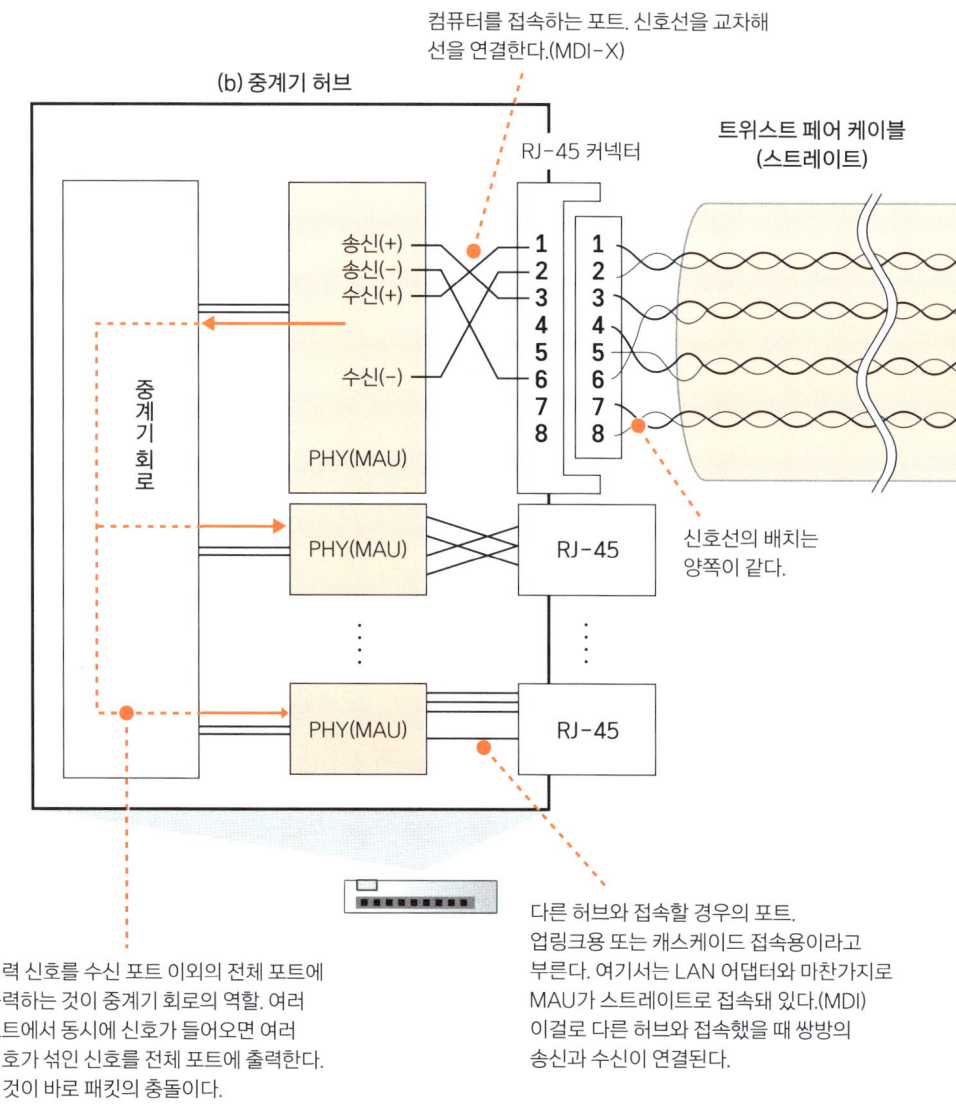

그림 3.2 LAN 어댑터와 중계기 허브를 트위스트 페어 케이블로 연결한 모습

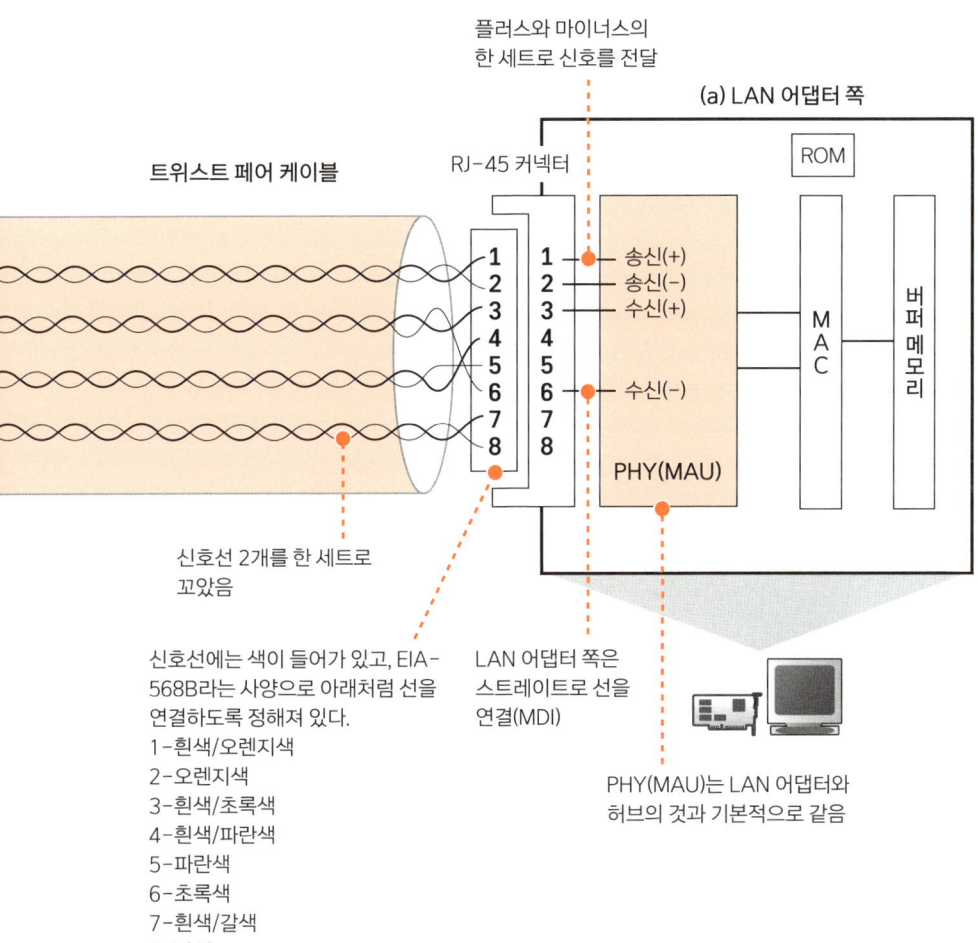

제3장 케이블의 끝이었던 LAN 기기

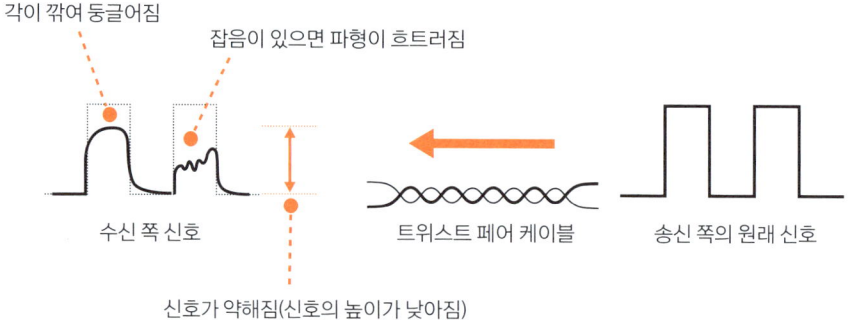

그림 3.3 수신 쪽에서는 신호를 읽기 어려워진다
송신 쪽에서 보낸 신호의 파형은 깔끔한 직사각형 모양이지만, 전송 도중에 약해지거나 파형이 깨지면서 수신 쪽에서 읽기 어려워진다.

3.1.3 '꼬임'은 잡음을 방지하기 위한 아이디어

여기서 LAN 케이블로 사용하는 **트위스트 페어 케이블(꼬임 쌍선)**에는 잡음의 영향을 억제하는 아이디어가 들어 있습니다. 바로 '꼬임'입니다. 트위스트 페어(연선)라는 말은 신호선 2개를 하나로 묶어 꼬았다는 의미인데, 이렇게 신호선을 꼬면 잡음을 방지할 수 있습니다.

구체적으로 '꼬임'을 활용한 잡음 대책을 살펴볼게요. 일단 잡음이 발생하는 시스템부터 설명하겠습니다. 잡음의 원인은 케이블 주변에서 발생하는 전자파입니다. 전자파가 금속 같은 전도체에 닿으면 그 안에서 전류가 발생합니다. 이 때문에 케이블 주변에 전자파가 있으면 케이블 안에 신호와는 다른 전류가 흐릅니다. 신호도 전압으로 발생하는 일종의 전류라서 잡음에 의해 발생하는 전류와 별다를 게 없어요. 그 결과, 신호와 잡음의 전류가 섞이며 신호 파형이 변형돼 버립니다. 이게 잡음의 정체입니다.

케이블에 영향을 주는 전자파는 두 종류로 분류할 수 있습니다. 하나는 모터, 형광등, CRT 디스플레이 같은 기기에서 새어 나오는 전자파예요. 이건 케이블 바깥에서 오는 전자파라서 다음처럼 '선을 꼬는' 행위로 막을 수 있습니다.

일단 신호선은 금속으로 돼 있어서, 그곳에 전자파가 닿으면 전자파가 진행하는 방향의 시계 방향으로 전류가 발생합니다. 이 전류가 파형을 무너뜨리는 요인이 됩니다. 하지만 신호선을 꼬아놓으면 형태가 나선형이 되고, 꼬인 선들 사이에서 전류가 흐르는 방향이 반대가 됩니다. 그 결과, 잡음 때문에 발생한 전류가 상쇄되며 잡음이 발생시킨 전류는 약해집니다.[그림 3.4 (a)] 당연히 신호에 해당하는 전류는 나선형으로 신호선이 변형돼도 변함없이 흐릅니다. 즉 잡음의 전류만 약해지고 그 영향이 줄어드는 거죠.

또 하나는 똑같은 케이블 안에 인접한 신호선에서 발생하는 전자파입니다. 신호선 안에는 신호라는 전류가 흐르기 때문에, 그 전류로 인해 주변에 전자파가 발생합니다. 이 전자파가 다른 신호선에는 잡음이 됩니다. 이 잡음으로 인한 영향을 **크로스토크**라고 부릅니다.

이 전자파는 원래 잡음이 될 정도로 강하지 않지만, 거리가 가깝다는 게 문제입니다. 전자파는 발생원에서 떨어지면 확산하고 약해지는데, 한 케이블 안에 있는 신호선은 거리가 가까워서 전자파가 약해지기 전에 인접한 신호선에 도달해 버립니다. 이 때문에 신호선에서 나온 미세한 전자파가 주변의 신호선에 닿고, 그때 전류가 발생합니다.

이걸 방지하는 대책도 신호선을 꼬아놓는 데 있습니다. 신호선의 '꼬임' 간격은 모두 같지 않고, 미세하게 다릅니다. 꼬임 간격을 미세하게 바꾸면 어떤 부분에서는 플러스 신호선이 가까이 있고, 다른 부분에서는 마이너스 신호선이 가까이 있습니다. 그럼 플러스와 마이너스는 잡음의 영향이 반대라서 양쪽이 서로를 상쇄합니다.[그림 3.4 (b)] 케이블 전체로 보면 플러스와 마이너스의 균형이 무너지고, 그 결과 잡음의 영향이 줄어드는 거죠.

신호선을 꼬아놓으면 잡음의 영향이 줄어들고, 그 결과 케이블 성능이 올라가

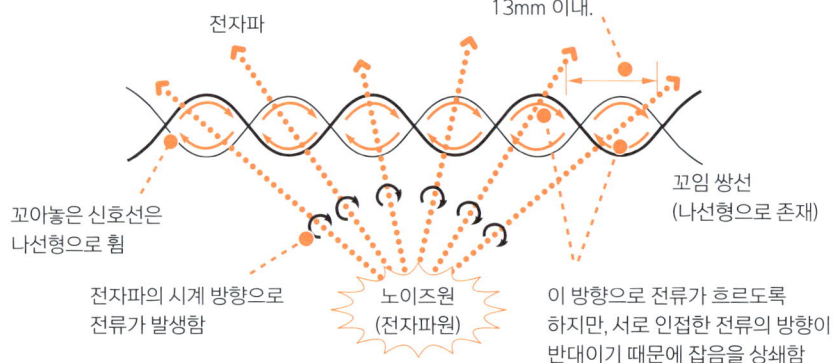

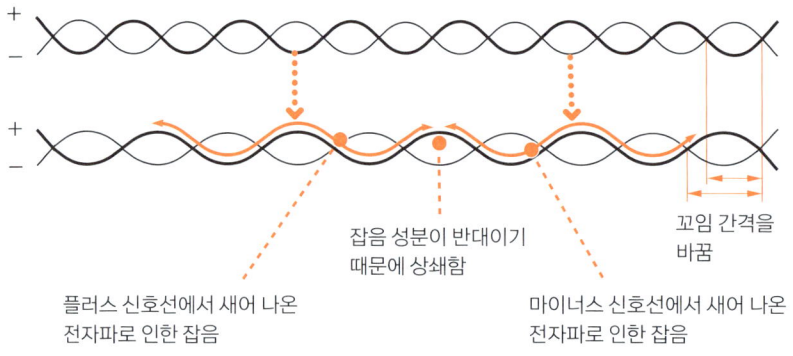

그림 3.4 잡음을 줄이는 트위스트 페어 케이블
(a)와 같이 선 2개를 꼬아 외부로부터 들어오는 잡음을 상쇄하고, (b)와 같이 꼬임 간격을 바꿔 케이블 내의 잡음을 줄인다.

지만, 성능을 올리는 방법은 이게 다가 아닙니다. 신호선 사이의 거리를 지키기 위해 신호선 사이에 칸막이 판을 넣거나 전자파를 차단하기 위해 금속으로 된 실드라는 피복을 씌우는 등 다양한 방법을 적용합니다. 그 결과, 몇 가지 카테고리로 케이블 제품을 나눠서 판매하고 있습니다. 카테고리별로 성능이 다릅니다. 현재 시판하는 트위스트 페어 케이블에는 표 3.1 같은 카테고리가 있습니다.

표 3.1 트위스트 페어 케이블의 카테고리

카테고리	설명
Category 5 (CAT-5)	10메가의 이더넷(10BASE-T)과 100메가의 이더넷(100BASE-TX)에서 사용하는 것. 125MHz까지의 주파수 신호를 100미터나 전달할 수 있다.
Category 5 Enhanced (CAT-5e)	기가비트 이더넷(1000BASE-T)용으로 만들어진 것. Category 5를 개량해, 크로스토크의 특성을 개선한 것. 10BASE-T와 100BASE-TX에서도 이용 가능.
Category 6 (CAT-6)	최고 250MHz의 신호에 대응한다. 1000BASE-TX라는 사양의 기가비트 이더넷과 10GBASE-T라는 10기가비트 이더넷에서 사용. 10BASE-T, 1000BASE-TX, 1000BASE-T에서도 이용 가능.
Augmented Category 6	Category 6을 개량해 에일리언 크로스토크라는 특성을 개선한 것. 10GBASE-T, 1000BASE-TX, 1000BASE-T, 100BASE-TX, 10BASE-T에서 이용 가능.
Category 7 (CAT-7)	최고 600MHz의 고속 신호에 대응하는 케이블. 10GBASE-T, 1000BASE-TX, 1000BASE-T, 100BASE-TX, 10BASE-T에서 이용 가능.

3.1.4 중계기 허브는 연결된 모든 케이블에 신호를 송신

신호가 중계기 허브에 도달하면 거기서 LAN 전체에 신호가 뿌려집니다. 이더넷의 기본 시스템[4], 즉 전체에 패킷 신호를 뿌려 수신처 MAC 주소에 해당하는 기기만 패킷을 수신한다는 시스템을 그대로 실현한 것이 바로 중계기 허브이기 때문에 이더넷의 기본 시스템에 따라 신호를 뿌리는 겁니다. 이제 그 작동 방식을 설명해 볼게요.

중계기 허브의 내부는 그림 3.2의 왼쪽과 같습니다. 먼저 각 커넥터 안쪽에는 LAN 어댑터 내부에 있는 PHY(MAU) 회로와 똑같이 작동하는 회로가 있습니다. 이걸 LAN 어댑터와 마찬가지로 RJ-45 커넥터에 일대일 대응으로 그대로 연결하면 신호를 제대로 수신할 수가 없습니다. 올바르게 수신하려면 '송신 단자'에서 보낸 신호를 '수신 단자'에서 받도록 해야 합니다.

[4] '2.5.6 이더넷의 기본'에서 설명했습니다.

그림 3.2에서 허브 안의 PHY(MAU) 회로와 커넥터 사이의 신호선이 교차해 접속된 것은 이 때문입니다.[5] 이렇게 해야 한쪽의 송신이 다른 쪽의 수신으로 이어져 신호를 올바르게 송수신할 수 있습니다.

중계기 허브의 끝에 있는 커넥터에는 MDI/MDI-X[6]라고 적힌 전환 스위치가 붙어 있을 때가 있는데, 이제 그 의미를 이해하겠죠?[7] MDI는 RJ-45 커넥터와 신호 송수신 회로를 곧바로 연결함을, MDI-X는 교차해서 선을 연결함을 나타냅니다. 허브 커넥터 부분은 통상적으로 MDI-X이기 때문에 허브끼리 접속할 때는 한쪽을 MDI로 해야 하죠.[그림 3.5(a)] 만약 MDI에 전환 스위치가 없고, 커넥터 전체가 MDI-X라면 **크로스 케이블**로 허브끼리 접속합니다. 크로스 케이블은 송신과 수신 단자가 전환되도록 신호선을 접속한 케이블을 말합니다.(그림 3.6)

또 크로스 케이블은 그림 3.5 (b)처럼 PC끼리 접속할 때 사용합니다. LAN 어댑터는 꼭 허브에 접속한다고 할 수 없습니다. LAN 어댑터의 PHY(MAU) 회로는 허브의 PHY(MAU) 회로와 똑같기 때문에, PC의 LAN 어댑터끼리라도 한쪽의 송신과 또 한쪽의 수신을 연결하면 신호를 송수신할 수 있습니다.

중계기 허브에 있는 PHY(MAU) 회로의 수신부에 도달한 신호는 **중계기 회로**로 들어갑니다. 중계기 회로의 기본은 들어온 신호를 중계기 허브의 커넥터 부분에 뿌리는 데 있습니다. 거기서 신호의 파형을 정리해 오류를 억제하도록 고안한 제품도 있지만, 기본은 들어온 신호를 그대로 커넥터 부분으로 송출하는 것입니다. 이후에 신호는 전체 커넥터에서 나가 중계기 허브에 접속한 기기 모두에 도달합니다.

---

5 크로스오버(crossover) 방식을 말함
6 MDI는 Media Dependent Interface의 약자. MDI-X는 MDI-Crossover의 약자.
7 전환 스위치가 아니라 MDI와 MDI-X로 커넥터 2개를 준비해 어느 한쪽을 사용하는 제품도 있습니다. 또 MDI와 MDI-X를 판별해 자동으로 전환하는 제품도 있습니다.

(a) 다른 허브에 접속한 경우

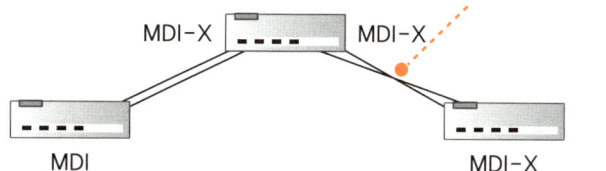

MDI로 전환하는 스위치와 포트가 없고 전체 포트가 MDI-X라면 크로스 케이블로 접속

(b) PC끼리 접속

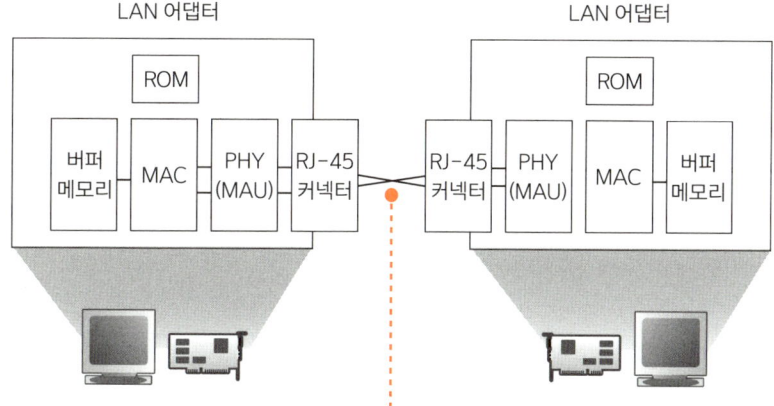

크로스 케이블을 사용하면 한쪽 송신이 다른 쪽 수신으로 연결된다.
PC 2대면 허브를 사용하지 않고 크로스 케이블로 접속할 수 있다.

그림에서는 송신과 수신의 신호선이 각각 하나지만
실제 신호선은 플러스와 마이너스 2개로 구성된다.

그림 3.5 크로스 케이블의 이용

그리고 신호를 수신한 기기는 맨 앞에 있는 MAC 헤더에 적힌 수신처 MAC 주소를 조회해, 본인이 수신처에 해당하면 신호를 수신하고 해당하지 않으면 신호를 무시합니다.[8] 이걸로 수신처 MAC 주소의 상대에게 패킷이 도달합니다.

8   이 작동은 클라이언트, 서버, 라우터 등과 같이 이더넷에서 패킷을 송수신하는 기기에 모두 잘 맞습니다. 또 스위칭 허브는 나중에 설명하겠지만 수신처 MAC 주소를 조회하지 않고, 도달한 패킷을 모두 수신합니다.

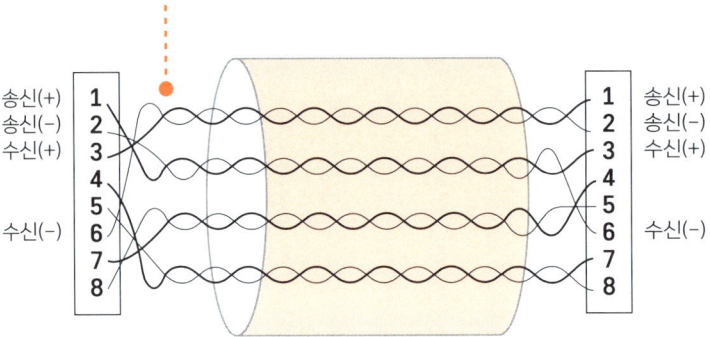

그림 3.6 크로스 케이블

중계기 허브는 연결된 모든 케이블에 신호를 송신한다.

중계기 회로의 기본은 신호를 그대로 뿌리는 데 있으므로 잡음의 영향을 받아 변형되고, 데이터가 바뀌어 버린 듯한 신호라도 그대로 흘려버립니다. 이 경우에는 신호가 다음 기기, 즉 스위칭 허브, 라우터, 서버 등에 도달한 후 디지털 데이터로 변환돼 FCS[9]를 검사하는 단계에서 데이터 변질이 판명 납니다. 그리고 변질된 패킷은 버려집니다. 물론 이 작동으로 데이터가 빠지는 것은 아닙니다. 패킷을 버리면 수신 확인 응답이 되돌아오지 않기 때문에 프로토콜 스택의 TCP 담당 부분이 패킷을 다시 보내주기 때문입니다.

---

9   FCS(Frame Check Sequence)는 제2장에서 설명했습니다.

3.2 스위칭 허브의 패킷 중계 작동

3.2.1 스위칭 허브는 주소 테이블에서 중계

다음은 패킷이 스위칭 허브를 거쳐 흘러갈 때의 움직임입니다. 스위칭 허브는 이더넷의 패킷을 그대로 목적지로 중계하도록 만들어져 있어요. 다음 페이지에 있는 그림 3.7의 내부 구성도를 보며 움직임을 따라가 보겠습니다.

우선 신호가 커넥터 부분에 도달해, PHY(MAU) 회로에서 수신하는 부분까지는 중계기 허브와 같습니다. 즉 커넥터와 PHY(MAU) 회로는 MDI-X로 접속돼 있고[10], 트위스트 페어 케이블에서 신호가 들어오면 PHY(MAU) 회로의 수신 부분으로 신호가 들어갑니다.

그리고 PHY(MAU) 회로가 케이블을 흐르는 신호 형식을 공통된 신호 형식으로 변환한 후에, 신호는 MAC 회로에 들어가 그곳에서 디지털 데이터로 바뀝니다. 다음에는 패킷 끝에 있는 FCS를 조합해 오류 유무를 검사하고 문제가 없으면 이 데이터를 버퍼 메모리에 저장합니다.[11]

이 부분은 LAN 어댑터와 거의 똑같기 때문에, 스위칭 허브 하나하나의 커넥터 안쪽에는 LAN 어댑터와 똑같은 회로가 있다고 생각하면 될지도 모릅니다. 커넥터와 그 안쪽에 있는 회로 부분을 합쳐서 **포트**라고 부르기 때문에, 스위칭 허브의 각 포트는 PC의 LAN 어댑터와 거의 똑같아요.[12] 하지만 LAN 어댑터와 다른 부분이 하나 있습니다. LAN 어댑터에는 MAC 주소가 할당돼 있어 수신한 패킷의 수신처 MAC 주소가 본인에게 해당하지 않는다면 패킷을 버리지만, 스위칭 허브

---

10 초기의 스위칭 허브 대부분은 그림 3.7 상부에 있듯이 중계기 허브를 통해 컴퓨터를 접속했습니다. 이 때문에 중계기 허브의 MDI-X로 연결된 커넥터와 스트레이트 케이블로 접속할 수 있도록 MDI로 연결하는 것이 보통이었습니다. 하지만 지금은 중계기 허브를 사용하지 않고 컴퓨터를 직접 접속하는 경우가 많으므로, 중계기 허브처럼 MDI-X로 연결합니다.

11 오류가 있다면 패킷을 버립니다.

12 PC에 다수의 LAN 어댑터를 장착해 전체 패킷을 수신하는 **무차별 모드**로 움직이도록 하고, 스위칭 허브처럼 패킷을 중계하는 소프트웨어를 실행하면 스위칭 허브가 됩니다.

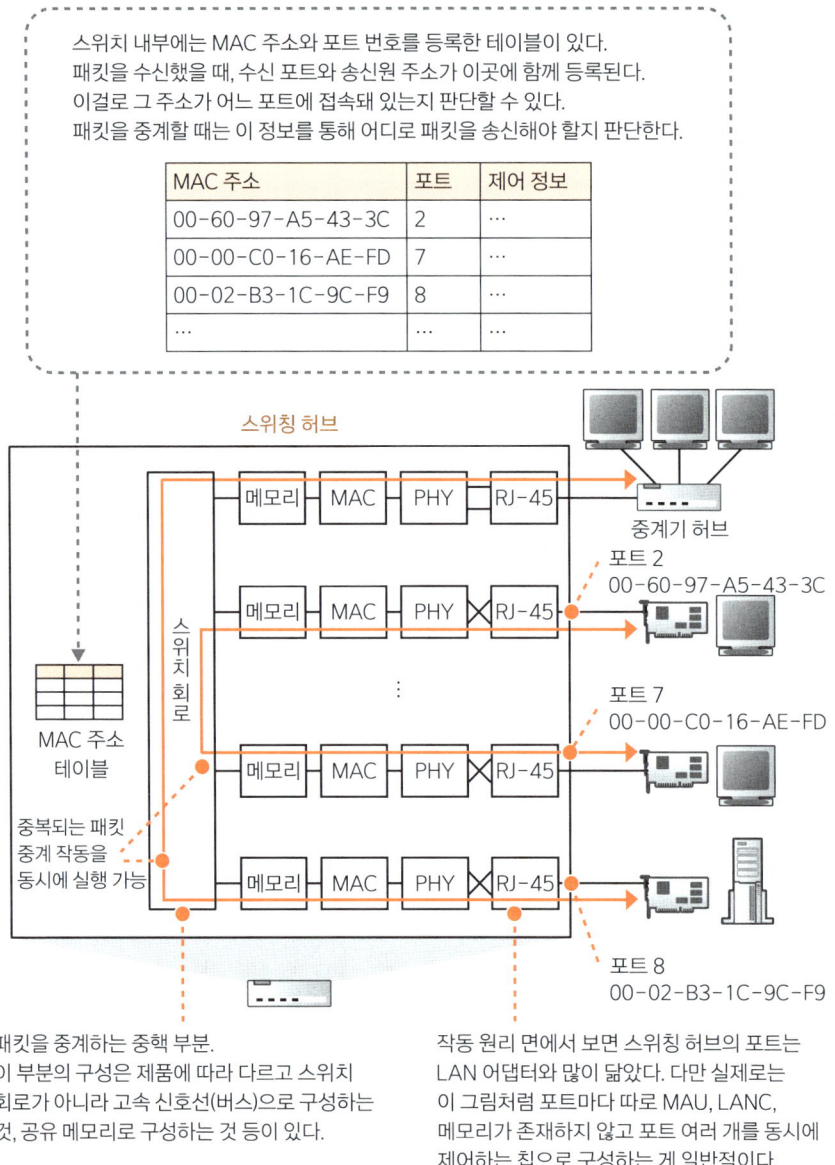

그림 3.7 스위칭 허브 시스템

의 포트는 수신처 MAC 주소를 검사하지 않고 전체 패킷을 수신해 버퍼 메모리에 저장합니다. 따라서 스위칭 허브 포트에는 LAN 어댑터와 다르게 MAC 주소를 할당하지 않습니다.[13]

> 스위칭 허브 포트의 MAC 회로에는 MAC 주소가 할당돼 있지 않다.

패킷을 버퍼 메모리에 저장하면 다음에 수신처 MAC 주소와 일치하는 것이 MAC 주소 테이블에 등록돼 있는지 확인합니다. MAC 주소 테이블에는 기기의 MAC 주소와 그 기기가 어느 포트 끝에 존재하는지 알려주는 정보가 등록돼 있어요. 그림 3.7에 있는 주소 테이블처럼 MAC 주소와 포트가 짝을 이룹니다. 이를 사용해 수신한 패킷을 어느 포트에서 송신하면 될지 판단하죠. 예를 들어 수신한 패킷의 수신처 MAC 주소가 '00-02-B3-1C-9C-F9'였다면 그림 3.7에 있는 테이블의 3번째 행에 등록된 주소와 일치하기 때문에 테이블에 쓰여 있듯이 그 주소는 8번 포트 끝에 존재함을 알 수 있습니다. 이걸 알았으면 스위치 회로를 거쳐서 패킷을 송신 쪽 포트로 보냅니다.[14] 이 예의 경우, 8번 포트가 송신 쪽 포트입니다.

스위치 회로 시스템도 설명해 볼게요. 스위치 회로는 그림 3.8 같은 시스템을 전자회로로 만든 것입니다. 이걸로 입력 포트와 출력 포트를 연결할 수 있습니다. 회로에는 신호선이 격자무늬로 배치돼 그 교점에 스위치가 있습니다. 이 스위치는 전자적으로 개폐를 제어할 수 있는데, 개폐로 신호가 흐르는 방향을 제어합니다.

---

[13] 관리 기능을 실현하기 위해 프로세서를 내장한 스위칭 허브는 예외입니다. 스위칭 허브 케이스에 스위칭 허브와 컴퓨터가 들어 있고, 그 컴퓨터 부분에 MAC 주소와 IP 주소를 할당합니다.
[14] 제품에 따라 스위치 회로와는 다른 방법으로 패킷을 옮기는 것도 있지만, 스위치 회로로 패킷을 옮기는 방식이 스위칭 허브의 원형입니다. 또 스위치 회로를 사용하는 데서 스위칭 허브라는 말이 탄생했습니다.

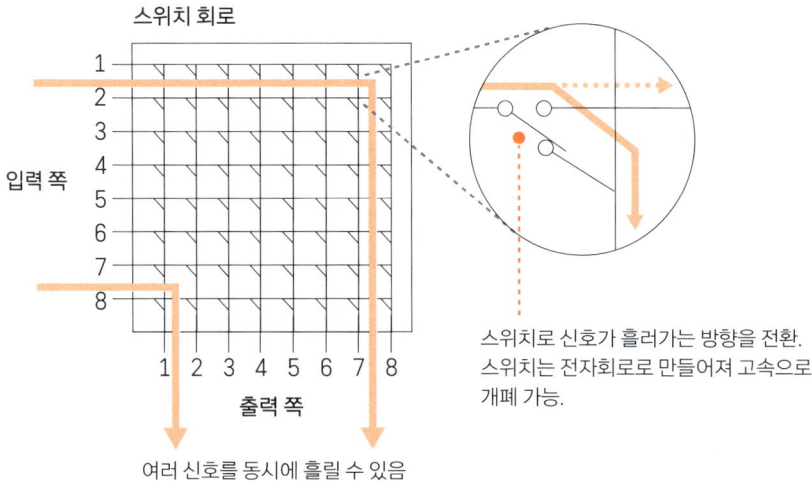

그림 3.8 스위치 회로의 작동 방식

그리고 입력 쪽이 수신 쪽 포트, 출력 쪽이 송신 쪽 포트에 각각 접속돼 있습니다. 포트 사이에서 패킷을 옮길 때는 이 회로로 패킷 신호를 흘립니다. 예를 들어 2번 포트에서 7번 포트로 패킷을 옮긴다면, 신호는 입력 쪽 2번에서 들어올 거예요. 그때 이 선 옆에 나열된 스위치 왼쪽에서 6개까지를 가로 방향으로, 7번째 스위치를 세로 방향으로 바꿉니다. 그럼 그림과 같이 신호는 출력 쪽 7번으로 흘러가고, 그 끝에 있는 7번 포트에 패킷이 도달합니다. 신호 교점에 있는 스위치는 각각이 독립돼 움직이기 때문에 신호가 겹치지 않으면 여러 신호를 동시에 흘릴 수도 있습니다.

이 스위치 회로를 거쳐 송신 쪽 포트에 패킷을 옮기면 그곳에서 MAC 회로와 PHY(MAU) 회로가 송신 작동을 실행하고, 케이블로 신호가 흘러갑니다. 이 송신 작동도 LAN 어댑터의 송신 작동과 같습니다. 이더넷의 규칙에 따라 일단 누군가가 송신 중이 아님을 확인합니다.

즉 신호 송수신 회로의 수신 부분에 신호가 흘러오지 않았는지 확인합니다. 누군가가 송신 중이면 끝나길 기다립니다. 그리고 송신 작동이 끝나거나 아무도 송신하지 않았다면 패킷을 디지털 데이터에서 신호로 변환해 송신해요. 송신 작동을 하는 사이에 수신 신호를 감시하는 부분도 LAN 어댑터와 같습니다. 송신 작동 중에 다른 기기가 보낸 신호가 수신 쪽에 들어오면 패킷이 충돌하기 때문에, 그렇게 하면 **재밍 신호**를 보낸 후 송신 작동을 중지하고 한동안 기다린 후 다시 보냅니다. 이것도 LAN 어댑터와 같습니다.[15]

> 스위칭 허브는 MAC 주소 테이블을 이용해 MAC 주소를 조사하고 해당 포트에서 신호를 송신한다.

3.2.2 MAC 주소 테이블의 등록 및 업데이트

스위칭 허브는 패킷을 중계할 때 MAC 주소 테이블의 내용을 변경하기도 합니다. 업데이트 작동은 두 가지입니다. 하나는 패킷을 수신했을 때 송신원 MAC 주소를 조회해 수신한 입력 포트 번호와 세트로 묶어 MAC 주소 테이블에 등록합니다. 패킷이 들어온 포트 끝에 그 패킷을 송신한 기기가 있을 것이기 때문에, 이렇게 송신원 주소를 등록해 두면 해당 MAC 주소로 온 패킷을 받았을 때 이것을 존재하는 포트로 중계할 수 있습니다. 스위칭 허브는 패킷을 수신할 때마다 등록 작동을 실행하기 때문에 한 번이라도 패킷을 송신하면 그 기기의 MAC 주소가 MAC 주소 테이블에 등록됩니다.

또 하나, MAC 주소 테이블에 등록된 내용을 지우는 작동도 있습니다. 이쪽은

---

[15] 이 작동은 스위칭 허브에 중계기 허브가 접속된 경우를 가정했습니다. 한마디로 반이중 모드 작동입니다. 이게 이더넷의 원형이지만 지금은 중계기 허브를 사용하지 않고 PC와 라우터를 직접 스위칭 허브에 접속하는 것이 보통입니다. 이 경우, 포트는 자동으로 전이중 모드로 바뀌고 전이중 모드로 송수신 작동을 실행합니다. 전이중 모드에 대한 것은 나중에 설명합니다.

기기를 옮긴 경우의 불량을 막기 위해서입니다. 예를 들어 본인 책상에서 사용하던 노트북을 회의실에 가져와 사용하는 경우가 있는데, 이런 식으로 기기가 이동하면 어떻게 될까요? 스위칭 허브 쪽에서 보면 그때까지 접속돼 있던 노트북이 사라진 셈이 됩니다. 이 상태로 사라진 노트북이 받을 패킷을 수신하면, 이제 노트북이 없는데도 그곳에 패킷을 보내려고 할 테죠. 이래서는 올바르게 통신할 수 없으므로 오래된 정보는 지워야 합니다. 하지만 노트북이 사라져 버린 것을 스위칭 허브에 알리는 방법은 없기에 오래된 정보는 그대로 남아 있습니다. 이러면 곤란하니 MAC 주소 테이블에 등록한 정보는 그대로 두지 않습니다. 사용하지 않고 일정 시간이 지나면 삭제됩니다.

　회의실에 있는 스위칭 허브의 움직임도 보도록 하겠습니다. 이쪽은 노트북이 접속해 패킷을 보냈을 때, MAC 주소 테이블에 MAC 주소가 등록됩니다. 이동한 곳에서는 특별한 처리를 하지 않아도 올바르게 작동해요.

　이 두 가지를 합쳐서 생각해 보면, 컴퓨터가 이동한 경우에 겪을 수 있는 불편을 방지하려면 사용하지 않은 상태로 일정 시간이 지난 정보를 MAC 주소 테이블에서 삭제하는 대책만 취해도 된다는 점을 알 수 있습니다.

　MAC 주소 테이블에서 지울 때까지의 시간은 통상적으로 몇 분 정도 걸리기 때문에, 오래된 정보가 사라지기 전에 이동한 기기로 가야 할 패킷이 도달하는 경우도 있을 겁니다. 그럼 패킷은 오래된 장소로 중계돼 통신이 올바르게 작동하지 않습니다. 드물기는 하지만 이런 사태에 빠지는 경우가 있어요. 이건 분명히 문제라고 생각해도 됩니다. 하지만 당황하지 않아도 됩니다. 이런 경우, 스위칭 허브를 리셋하면 MAC 주소 테이블은 모두 삭제되고, 올바른 정보가 새롭게 등록됩니다.

　그리고 네트워크는 정상적으로 작동할 거예요. 이렇게 MAC 주소 테이블의 내용은 스위칭 허브가 직접 등록하거나 삭제하기 때문에, 수동으로 등록하거나 삭제할 필요는 없습니다.[16] MAC 주소 테이블의 내용이 이상해져 버린 경우에도, 기기를 리셋해 MAC 주소 테이블의 내용을 모두 지워버리면 거기서 새롭게 주소가 등록되기 때문에 그런 면에서도 수동으로 업데이트할 필요는 없다고 할 수 있습니다.

3.2.3 예외적인 작동

이게 스위칭 허브의 기본적인 작동이지만, 예외적인 작동도 있으니 마저 설명할게요. 예를 들어 주소 테이블에서 일치하는 행을 찾아냈을 때, 주소 테이블에 등록된 송신 포트가 패킷을 수신한 포트와 똑같았다고 치겠습니다. 이런 상황은 그림 3.9처럼 스위칭 허브에 중계기 허브가 접속된 경우에 일어납니다.

우선 PC A에서 보낸 패킷은 중계기 허브에 도달해, 그곳에서 모든 포트에 뿌려져 스위칭 허브와 PC B에 도달합니다.(그림 3.9 ①) 이때 스위칭 허브가 패킷을 중계하면 똑같은 패킷을 중계기 허브에 되돌려보냅니다.(②) 그럼 중계기 허브에

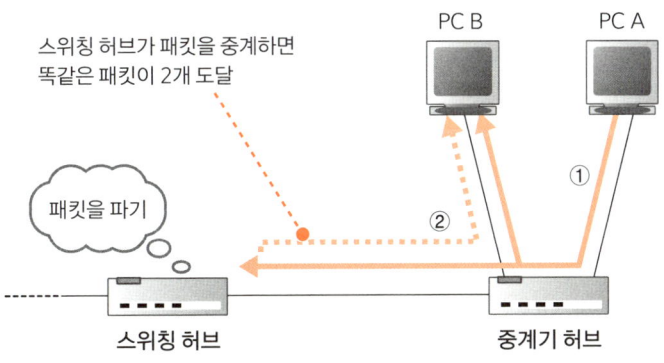

그림 3.9 수신한 포트에는 송신하지 않는다

---

16 관리 기능을 갖춘 상위 기종은 수동으로 주소를 등록하거나 해제하는 기능이 있지만, 저렴한 기종은 수동으로 MAC 주소 테이블을 업데이트하는 기능이 없기 때문에 수동으로 업데이트하려고 해도 불가능합니다.

서 뿌려져 PC A와 PC B에 패킷이 도달합니다. 그 결과 PC B에는 똑같은 패킷이 2개 도달합니다. 이러면 통신이 올바르게 작동하지 않아요. 이 때문에 스위칭 허브는 패킷을 수신한 포트와 송신할 포트가 똑같은 경우에는 패킷을 중계하지 않고 버립니다.

   MAC 주소 테이블에 수신처 MAC 주소와 일치하는 주소가 등록돼 있지 않은 경우도 있습니다. 그 주소의 기기에서 패킷이 한 번도 스위칭 허브에 도달하지 않은 경우나, 어느 정도 시간이 지나서 MAC 주소 테이블에서 삭제돼 버린 경우입니다. 이런 경우에는 어느 포트에서 송신해야 할지 판단할 수 없으므로, 패킷을 수신한 포트 이외의 모든 포트에서 패킷을 송신합니다. 수신처 MAC 주소의 기기는 어딘가에 존재할 테니, 결국 패킷은 도달합니다. 기기가 존재하지 않는 포트로도 송신해 버리긴 하지만 그래도 문제는 일어나지 않아요. 이더넷은 원래 네트워크 전체에 패킷을 보내고 해당자만 수신하는 시스템이라서, 기기가 존재하지 않는 포트에 패킷을 송신해도 무시당할 뿐이기 때문입니다.

   필요 없는 패킷을 보내기에 LAN이 혼잡할 때는 민폐라고 생각할 수도 있지만, 이 때문에 짜증을 낼 필요는 없습니다. 패킷을 보내면 특정한 응답이 되돌아오고, 그때 주소가 테이블에 등록되기 때문에 2번째 이후에는 네트워크 전체에 패킷을 보낼 일은 사라지거든요. LAN은 1초간 수천 개 이상의 패킷을 흘려보낼 수 있어서 패킷이 1개나 2개 늘어도 큰 문제가 되지는 않습니다. 또 수신처 MAC 주소가 브로드캐스트 주소[17]인 경우에도 수신 포트를 제외한 모든 포트에서 패킷을 송신합니다.

---

17   브로드캐스트 주소 : 특정 주소를 수신처 주소로 지정해 패킷을 보내면 패킷이 네트워크에 접속한 모든 기기에 도달하는 특별한 주소를 말합니다. LAN에서 사용하는 MAC 주소로는 FF:FF:FF:FF:FF:FF, IP 주소의 경우에는 255.255.255.255가 브로드캐스트 주소가 됩니다.

3.2.4 전이중 모드로 송신과 수신을 동시에 실행

전이중 모드, 즉 송신과 수신을 동시에 실행할 수 있다는 점도 중계기 허브에는 없는 스위칭 허브의 특징입니다. 중계기 허브를 사용하는 경우, 컴퓨터 여러 대가 동시에 송신 작동을 개시하면 중계기 허브 내부에서 신호가 섞이고, 결국 신호가 망가져 버립니다. 이게 충돌이라는 현상으로, 이더넷의 중요한 특징입니다. 하지만 중계기 허브를 사용하지 않으면 이런 사태는 일어나지 않습니다.

트위스트 페어 케이블의 신호선은 송신용과 수신용이 나뉘어 있어서[18] 트위스트 페어 케이블 중간에서 충돌할 일은 없어요. 케이블이 연결된 곳, 즉 스위칭 허브의 포트 부분이나 LAN 어댑터에 있는 PHY(MAU) 회로와 MAC 회로 내부도 송신과 수신이 나뉘어 있고 신호는 따로따로 흘러가기 때문에 그곳에서 신호가 충돌할 일도 없습니다. 중계기 허브를 사용하지 않으면 신호는 충돌하지 않습니다.

충돌이 일어나지 않으면 반이중 모드의 충돌 회피 처리를 마련할 필요는 없습니다. 즉 송신과 수신 양쪽을 동시에 해도 상관없다는 거죠. 하지만 이더넷에는 신호가 흘러갈 때 끝나길 기다린 다음 송신 작동을 실행한다는 규칙이 있어서, 그대로는 송신과 수신을 동시에 실행할 수 없습니다. 여기서 이더넷 규정을 개정해, 신호가 흘러가도 상관없이 송신해도 된다는 작동 모드를 새롭게 추가했습니다.

이 작동 모드로 동시에 움직일 때는 신호 충돌을 검출하는 회로를 무효로 하기로 했습니다.(그림 3.10) 이게 전이중 모드입니다. 전이중 모드는 송신 때 신호가 흘러가도, 끝나길 기다릴 필요가 없어서 그만큼 반이중 모드보다 빠르게 작동합니다.[19] 양방향으로 동시에 송신할 수 있어서 송신할 수 있는 데이터양의 상한도

---

[18] 1000BASE-T라는 사양의 기가비트 이더넷은 송신용과 수신용으로 나뉘어 있지 않고, 똑같은 선에 송신과 수신 신호를 둘 다 보내지만 PHY(MAU) 회로에 송신과 수신 신호를 분리하는 회로가 있어서 송신/수신 신호가 충돌하는 일은 없습니다.
[19] 네트워크를 흐르는 패킷 양이 적고, 송신 작동이 끝나길 기다리는 사태가 일어나지 않으면 반이중과 전이중의 속도는 차이가 없습니다.

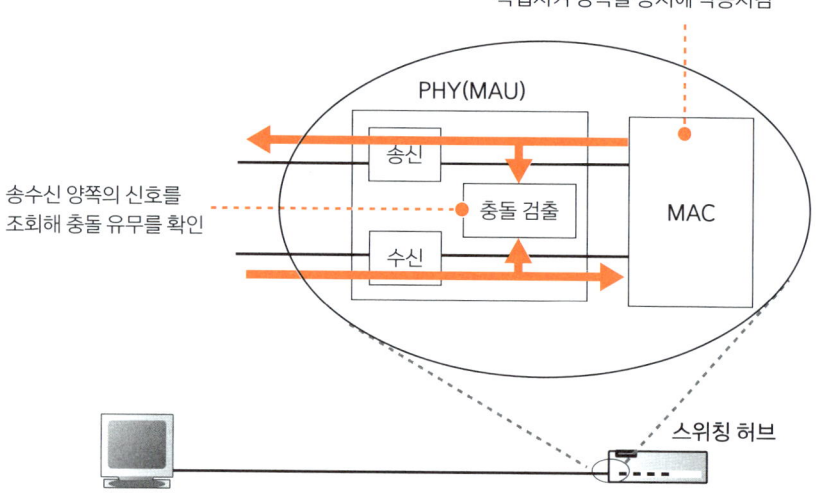

그림 3.10 전이중 작동의 작동 방식
MAU의 송신 부분과 수신 부분 사이에는 신호 충돌을 조회하는 부분이 있다. 송신과 수신을 동시에 하는 전이중 작동의 경우, 이 활동을 무효로 한다.

높으며 그만큼 성능이 뛰어나다고 할 수 있습니다.

스위칭 허브의 전이중 모드는 송신과 수신을 동시에 할 수 있다.

3.2.5 최적의 전송 속도로 보내는 자동 협상

전이중 모드의 등장으로 전이중 모드와 반이중 모드를 전환할 필요가 생겼습니다.[20] 전이중 모드가 등장해 한동안은 수동으로 자동 모드를 전환했지만, 그러

---

20 원래 이더넷에는 작동 모드라는 작동 방식이 없고, 당연히 작동 모드를 나타내는 말도 없었습니다. 전이중 모드가 등장했을 때, 통신 회선 분야에서 옛날부터 사용하던 전이중, 반이중이라는 말을 이용해 전이중 모드, 반이중 모드라고 부르고 있습니다.

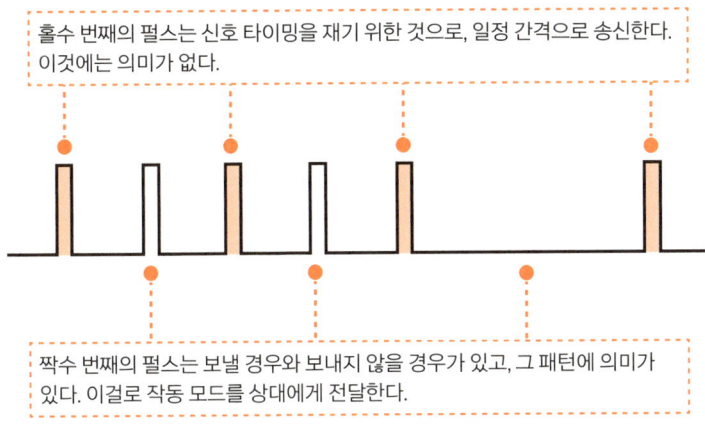

그림 3.11 데이터를 송신하지 않을 때 흐리는 신호

면 불편하기 때문에 나중에는 작동 모드를 자동으로 전환하는 기능이 등장했습니다. 접속한 상대가 전이중 모드에 대응하는지 아닌지를 검출하고, 작동 모드를 자동으로 전환하는 거죠. 작동 모드뿐만이 아니라 상대의 전송 속도까지 검출해 그 또한 자동으로 전환합니다. 이런 자동 전환 기능을 **자동 협상**이라고 부릅니다.

이더넷은 데이터가 흐르지 않을 때는 **링크 펄스**라는 펄스형 신호를 보냅니다. 데이터가 흐르지 않을 때, 이 신호를 보내면 항상 특정한 신호가 흐르게 되고, 상대가 이 신호를 이용해 올바르게 작동하는지 또는 케이블이 단선되지 않았는지 같은 것들을 확인합니다. 이더넷 기기의 커넥터 주변에 녹색 LED로 된 인디케이터가 붙어 있는데, 펄스형 신호가 흐르고 있는지 아닌지를 보여줍니다. 이게 점등되면 PHY(MAU) 회로와 케이블에는 이상이 없는 거예요.[21]

트위스트 페어 케이블을 사용하는 이더넷이 최초로 만들어졌을 때, 펄스 신호를 일정 간격으로 보낸다는 규정만 있었습니다. 이 때문에 작동 확인용으로만 사

---

[21] MAC 회로, 버퍼, 메모리, 버스 신호선 같은 부분의 이상은 이 LED로 판단할 수 없습니다.

표 3.3 자동 협상의 예
예를 들어 아래 조합 같은 경우에는 100메가비트/초의 전이중 모드가 최적의 조합이다.

전송 속도, 작동 모드	LAN 어댑터	스위칭 허브
1기가비트/초의 전이중	O	X
1기가비트/초의 반이중	O	X
100메가비트/초의 전이중	O	O
100메가비트/초의 반이중	O	O
10메가비트/초의 전이중	O	O
10메가비트/초의 반이중	O	O

용할 수 있었지만, 나중에 그림 3.11처럼 특정한 패턴으로 펄스 신호를 송신해서 본인의 상황을 상대에게 전달하는 방법이 고안됐습니다. 자동 협상 기능은 이걸 이용합니다. 즉 이 패턴으로 대응 가능한 작동 모드[22]와 전송 속도를 서로 통지해 그 안에서 최적의 조합을 선택하고, 각각 자기 자신을 설정합니다.[23]

구체적인 예를 생각해 보죠. 가령 표 3.3처럼 LAN 어댑터는 모든 속도와 작동 모드에 대응하고, 스위칭 허브는 100메가비트/초의 전이중 모드까지만 대응한다고 칠게요. 전원을 켜서 하드웨어의 초기화 작동이 끝나면 양쪽 기기는 본인이 대응하는 속도와 작동 모드를 펄스 신호로 보냅니다. 그럼 그 신호가 상대에게 도달합니다. 거기서 도달한 펄스의 패턴을 읽어 상대가 어떤 모드에 대응하는지 확인합니다. 모드에는 우선순위가 정해져 있어서, 순위가 높은 것부터 차례대로 조회

---

[22] 전이중 모드에 대응할지 말지, 반이중 모드에 대응할지 말지를 말합니다.
[23] 자동 협상 기능은 이더넷에 나중에 추가된 것이라 애초부터 이 기능에 대응하는 기기와 대응하지 않는 기기가 혼재된 경우가 있었습니다. 이 경우, 이 기능에 대응하지 않는 기기는 펄스에 패턴이 없어서 작동 모드를 올바르게 전달하지 못하고 문제를 일으켰습니다. 자동 협상의 사양 자체에도 미비한 점이 있었고, 이것이 원인이 돼 문제를 일으키는 경우도 있었죠. 이 탓에 자동 협상 기능을 싫어하는 사람도 있었지만, 이 기능을 올바르게 이해하고 올바르게 사용하면 이런 문제는 방지할 수 있습니다. 또한 지금은 이 기능에 대응하지 않는 오래된 기기가 남아 있지 않을 테니, 역시 문제도 일어나지 않겠죠.

해 본인과 상대 양쪽이 대응하는 것을 찾습니다. 표 3.3은 우선순위에 따라 적혀 있습니다. 이 표의 위에서부터 순서대로 조회합니다. 그럼 양쪽이 대응하는 건 표의 3번째 행부터라는 사실을 알 수 있어요.

위에 있는 것이 우선순위가 높습니다. 따라서 이 예시라면 100메가비트/초의 전이중 모드가 최적의 조합이고, 두 기기는 이 모드로 움직입니다.

3.2.6 스위칭 허브는 여러 중계 작동을 동시에 실행

스위칭 허브는 수신처 MAC 주소의 기기가 존재하는 포트 이외에는 송신 작동을 하지 않기 때문에 다른 포트는 빈 상태가 됩니다. 앞에 나온 그림 3.7을 예로 들면, 제일 위와 아래의 포트에 패킷이 흐르고 있었을 때 그 외의 포트는 빈 상태가 됩니다. 비어 있기에 거기서 다른 패킷을 흘려보낼 수 있습니다. 그렇게 하면 동시에 여러 패킷을 중계할 수 있어요.

한편 중계기 허브는 들어온 신호를 전체 포트에서 뿌리기 때문에 동시에 2개 이상의 신호가 들어오면 패킷이 충돌해 버립니다. 따라서 이런 식으로 여러 신호를 동시에 흘려보낼 수가 없어요. 기기 전체에서 중계할 수 있는 패킷의 수는 스위칭 허브가 중계기 허브보다 더 많다는 이야기입니다.

3.3 라우터의 패킷 중계 작동
3.3.1 라우터의 기본

패킷은 중계기 허브와 스위칭 허브를 거쳐 이윽고 라우터에 도달할 겁니다. 그리고 거기서 다음 라우터로 중계되죠. 중계 시스템은 스위칭 허브와 비슷합니다. 중계처를 등록한 테이블을 보고 어디로 패킷을 중계해야 할지 판단하는 부분이 공통이기 때문입니다. 하지만 구체적인 작동은 스위칭 허브와는 달라요. 그건 바로 라우터의 기반이 되는 IP의 작동 방식이 스위칭 허브의 기반이 되는 이더넷과

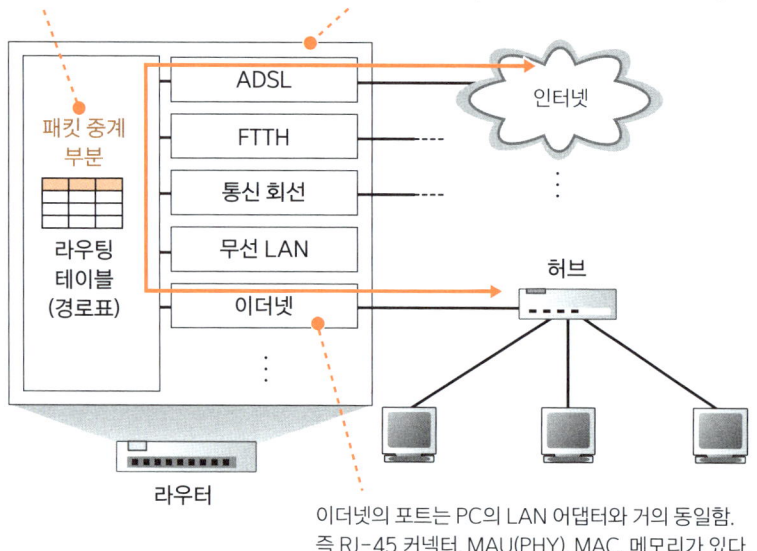

그림 3.12 라우터 시스템

다르기 때문입니다.[24] IP와 이더넷의 차이는 다양한 부분에 걸쳐 있으니, 자세하게 설명하기 전에 라우터의 개요를 설명해 두겠습니다.

일단 라우터의 내부 구조를 그림 3.12로 정리해 봤습니다. 상당히 간략하게 표현했지만, **중계 부분**과 **포트 부분**이라는 두 부분으로 구성된 점을 이해하기만 하면 충분합니다. 중계 부분이 패킷의 중계처를 판단하고, 포트 부분이 패킷을 송수신합니다. 이 역할 분담은 제2장에서 컴퓨터 내부를 설명할 때도 나왔습니다. 즉 라우터의 중계 부분과 포트 부분의 역할 분담은 프로토콜 스택의 IP 담당 부분과 LAN 어댑터의 역할 분담과 똑같아요. 이 때문에 라우터의 중계 부분은 IP 담당

24 '1.2.1 IP 주소의 기본'과 '2.5.1 패킷의 기본'에서 IP의 기본을 설명했습니다.

부분과 같고, 포트 부분은 LAN 어댑터와 똑같다고 생각하면 됩니다.

컴퓨터는 LAN 어댑터를 교환해 이더넷뿐만이 아니라 무선 LAN에도 대응할 수 있는데, 이 점도 같습니다. 라우터의 포트 부분에 무선 LAN용 하드웨어를 장비한 기종이면 무선 LAN에도 대응할 수 있습니다.

더 나아가 컴퓨터용 LAN 어댑터면 이더넷과 무선 LAN 이외의 통신 기술에 대응하는 것은 거의 찾아볼 수 없지만, 라우터의 포트 부분은 LAN 이외의 통신 기술에 대응하는 것도 있습니다. ADSL이나 FTTH 등과 같은 브로드밴드 회선, 전용선 등의 통신 회선 등이 그 예입니다. 포트 부분에 이런 통신 기술의 하드웨어를 장비하면 다양한 통신 기술에 대응할 수 있어요.[25]

내부 구조를 이해하면 어떻게 움직일지 대충 알게 됩니다. 라우터가 패킷을 중계할 때는 우선 포트 부분에서 패킷을 수신해요. 그 움직임은 포트 부분의 통신 기술 규칙을 따릅니다. 포트 부분이 이더넷이면 이더넷의 규칙대로 움직이고, 무선 LAN이면 무선 LAN의 규칙대로 움직이며, 통신 회선이면 통신 회선의 규칙대로 움직이는 식입니다. 포트 부분의 하드웨어에 의뢰해 패킷을 수신해 달라고 하는 것으로 생각하면 됩니다. 그렇게 하면 중계 부분이 패킷의 IP 헤더에 기재된 수신처 IP 주소와 중계처를 등록한 테이블을 이용해 중계처를 판단합니다. 그리고 중계처 쪽의 포트로 패킷을 옮겨 포트 부분의 하드웨어 규칙에 따라 패킷 송신 작동을 실행합니다. 이 역시 포트 부분에 의뢰해 패킷을 송신해 달라고 하는 걸로 생각하면 돼요.

이게 라우터의 기본이지만 조금 보충하고 넘어가겠습니다. 아까 포트 부분의 통신 기술 규칙에 따라 패킷을 송수신한다고 설명했지만, 이는 포트 부분이 패킷의 송신원 또는 수신처가 돼 패킷을 송수신하는 겁니다. 예를 들어 포트가 이더넷

---

25 컴퓨터도 원리적으로는 어댑터만 있으면 다양한 통신 기술에 대응할 수 있습니다. 하지만 현실적으로 LAN 이외의 어댑터는 수요가 없어서 대개 판매되고 있지 않습니다.

이었던 경우, 라우터의 포트에는 MAC 주소가 할당돼[26] 이더넷의 송신원이나 수신처가 되는 거예요.[27] 포트에는 IP 주소도 할당되기 때문에 그 의미에서 봐도 컴퓨터의 LAN 어댑터와 같습니다. 그리고 패킷을 중계할 때는 우선 라우터의 포트 부분이 수신처가 되고, 이더넷의 패킷 수신 작동을 실행해[28] 중계처를 조회하고, 그다음에 포트 부분이 송신원이 돼 이더넷의 패킷 송신 작동을 실행합니다. 이 점이 스위칭 허브와 다릅니다. 스위칭 허브는 들어온 패킷을 전송할 뿐이고, 본인이 송신원과 수신처가 되는 일은 없습니다.

라우터의 각 포트에는 MAC 주소와 IP 주소가 할당돼 있다.

3.3.2 경로표에 등록되는 정보

중계 부분의 작동 방식, 즉 테이블을 사용해 중계처를 조회하는 작동 방식은 비슷하지만, 구체적인 작동은 스위칭 허브와 다릅니다. 스위칭 허브가 MAC 헤더에 기재된 수신처 MAC 주소로 중계처를 판단하는 것에 비해 라우터는 IP 헤더에 기재된 수신처 IP 주소로 중계처를 판단하기 때문입니다. 취급하는 주소도 달라서 중계처의 주소를 등록하는 테이블의 내용도 다릅니다.

자세한 내용은 뒤로 미루고 먼저 개요를 설명하겠습니다. 라우터의 테이블은 **라우팅 테이블** 또는 **경로표**라고 부르고, 그곳에는 그림 3.13 같은 정보를 등록합니다.[29]

---

[26] MAC 주소는 LAN 어댑터와 마찬가지로 공장에서 제조할 때 포트 부분의 ROM에 저장됩니다.
[27] IP 송신원과 수신처가 되는 것은 아닙니다.
[28] 이더넷 규칙에 따라 포트 부분에 할당한 MAC 주소와 수신한 패킷의 수신처 MAC 주소가 일치할 때에만 해당 패킷을 수신하고 그 이외는 버립니다.
[29] 라우터의 경로표도, 제2장의 그림 2.18에 표현한 컴퓨터의 경로표도 작동 방식과 역할은 똑같습니다. 다만 각 난의 이름은 컴퓨터와 라우터에서는 다른 경우가 있습니다. 제조사나 기종에 따라 이름이 다른 거죠. 하지만 이것만으로 이해하기 어려우니 그림 3.13에는 그림 2.18과 대응이 될 만한 이름을 적었습니다. 이 때문에 실제 라우터의 경로표와는 이름이 다를 수 있습니다.

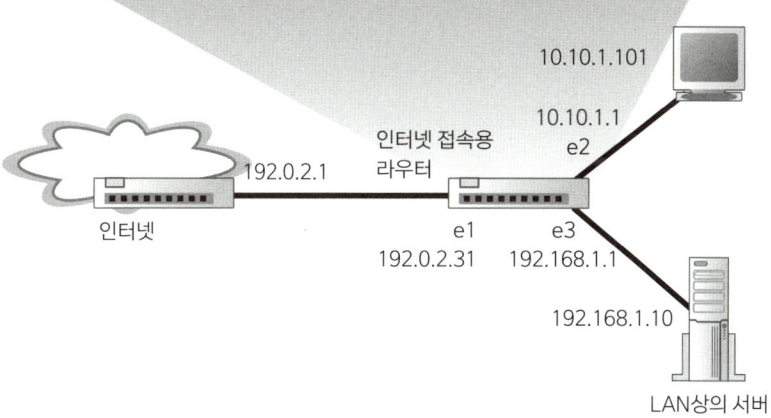

그림 3.13 경로표를 이용해 라우터는 패킷을 중계한다

라우터는 'IP 주소'로 중계처를 판단한다.

가장 왼쪽에 있는 **수신란**에 수신처의 정보가 들어갑니다. 수신처의 정보라고 하면 이해하기 힘드니, 일단 서브넷 자체를 나타내는 IP 주소, 즉 네트워크 번호 부분의 비트값만 있고 호스트 번호 부분의 비트값은 모두 제로(0)인 IP 주소가 들어간다고 생각합니다.[30]

30 그림 3.13에는 다 제로가 아닌 IP 주소도 들어 있지만, 이후 자세히 설명할 테니 일단은 신경 쓰지 않아도 됩니다.

라우터는 이 난에 등록된 IP 주소와 수신한 패킷의 수신처 IP 주소를 비교해 그 행이 해당하는지 판단합니다. 다만 스위칭 허브처럼 양쪽이 완전하게 일치하는지를 확인하는 게 아니라 호스트 번호 부분은 무시하고 네트워크 번호 부분만 조회합니다.

패킷의 수신처가 어느 곳인지 조회해 ○○는 이쪽, ××는 저쪽 이런 식으로 패킷을 중계하는 겁니다. 그 주소를 비교하는 작동을 할 때, 네트워크 번호의 비트 수를 판단할 필요가 없기 때문에 경로표에는 **넷마스크난**도 준비돼 있어요. 이 넷마스크난의 작동 방식은 제1장의 그림 1.9 (b)에서 설명한 넷마스크와 거의 똑같아서 이 값으로 네트워크 번호의 비트 수를 판단합니다.

라우터는 호스트 번호를 무시하고 네트워크 번호만 조회한다.

대강의 개요 파악이 목적이라면 지금까지 한 설명으로 충분하지만, 실제 라우터를 이해하려면 한 걸음 더 나아가야 해요. 수신란에는 서브넷을 나타내는 IP 주소가 등록된다고 아까 설명했지만 그렇지 않은 경우도 있습니다. 실제로 서브넷에 할당된 넷마스크의 값과 경로표에 등록된 넷마스크의 값이 다를 때가 있습니다. **주소 집단화**라는 작동 방식이 있는데, 이 작동 방식을 사용하면 서브넷을 몇 개 모아 하나로 합친 서브넷을 경로표에 등록할 수 있기 때문입니다. 이 이야기는 예를 드는 편이 이해가 쉽겠죠.

예를 들어 그림 3.14처럼 10.10.1.0/24, 10.10.2.0/24, 10.10.3.0/24라는 서브넷 3개가 있다고 치고, 이 서브넷에 라우터 B가 패킷을 보낸다고 생각해 보겠습니다. 이때는 라우터 B의 경로표에 서브넷 3개를 따로따로 등록하는 것이 원칙입니다. 하지만 이 예에서는 어느 서브넷에 패킷을 보내더라도 라우터 A에 패킷을 중계하는 데 변함은 없어서, 3개를 하나로 합친 10.10.0.0/16이라는 서브넷이 있

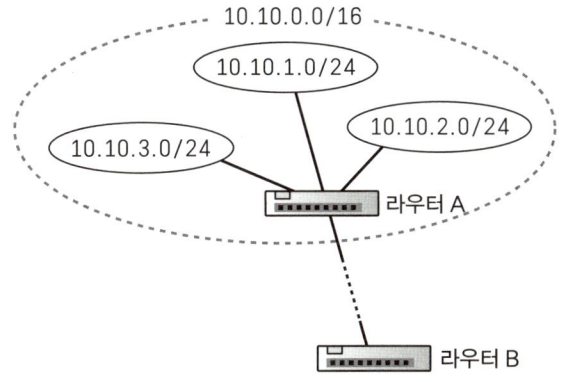

그림 3.14 주소의 집단화

다고 간주하고 이를 경로표에 등록하더라도 패킷 중계 작동은 올바르게 실행할 수 있습니다. 이렇게 하면 경로표 등록 작업을 줄일 수 있어요.

이게 주소 집단화의 작동 방식입니다. 주소 집단화를 할 때, 여러 서브넷을 하나로 간주하기 위해 넷마스크값을 바꿔 경로표에 등록합니다. 그리고 수신란에는 집단화한 주소를 등록합니다. 또 이와는 반대로 서브넷 하나를 세분화해서 경로표에 등록하고, 여러 서브넷이 있는 듯 보여주는 경우도 있습니다.

결국 경로표의 넷마스크난은 경로표에서 수신처를 대조할 때의 비교 작동을 실행하는 비트 수를 나타내는 것에 지나지 않는 거예요. 또 수신란에 등록된 주소가 실제 서브넷에 할당한 네트워크 번호와는 다른 경우도 있습니다. 하지만 그래도 상관없어요. 라우터는 올바르게 작동하니까요.

이 방법을 쓰면 호스트 번호 부분에 값이 들어온 각각의 컴퓨터를 표시하는 주소를 수신란에 등록할 수도 있습니다. 넷마스크값을 255.255.255.255, 즉 32비트가 모두 1이 되도록 하면 됩니다. 이렇게 하면 호스트 번호 부분의 비트값을 모두 제로로 한 서브넷을 표시하는 주소와 호스트 번호 부분에 값이 들어간 각각의

컴퓨터를 표시하는 주소를 똑같은 방법으로 다룰 수 있습니다.[31]

> 라우터 경로표의 넷마스크난은 경로표의 수신처와 패킷의 수신처 주소를 대조할 때의 비트 수를 나타낼 뿐이다.

수신처와 넷마스크의 이야기는 이 정도로 하고, 다음 이야기로 넘어가도록 하죠. 넷마스크난의 오른쪽에 있는 **게이트웨이난**과 **인터페이스난**은 패킷의 중계처를 나타냅니다. 수신란과 넷마스크난에서 해당하는 행을 찾아내면 인터페이스[32]난에 등록된 IP 주소를 가진 라우터로 패킷을 중계하는 겁니다.

메트릭은 수신처 IP 주소에 기재된 목적지가 가까운지 먼지를 나타냅니다. 이곳에 등록된 수가 작으면 목적지가 가까이 있고, 수가 크면 멀리 있다는 것을 의미합니다.

또 경로표에 경로 정보를 등록하는 시스템도 라우터와 스위칭 허브에서는 다릅니다. 스위칭 허브는 패킷 중계 작동의 일환으로 MAC 주소 테이블에 정보를 등록하는 작동을 실행하지만,[33] 라우터가 경로표에 경로 정보를 등록하거나 업데이트하는 작동은 패킷을 중계하는 작동과 분리돼 있습니다. 즉 패킷을 중계할 때 경로표의 내용에 손을 댈 일은 없다는 거죠.

라우터의 경로표에 경로 정보를 등록하는 방법은 몇 가지 있고, 크게 나누면 다음 두 가지로 분류할 수 있습니다.

---

31 그림 3.13의 2번째 행과 4번째 행이 그 예입니다.
32 라우터를 설명할 때 나오는 인터페이스와 포트라는 말은 똑같은 의미라고 생각해도 됩니다. 역사적인 경위나 관례로 인터페이스라고 부르는 경우와 포트라고 부르는 경우 두 가지가 있습니다.
33 '3.2.2 MAC 주소 테이블의 등록 및 업데이트'에서 스위칭 허브가 중계처의 정보를 테이블에 등록하는 작동을 설명했습니다.

(a) 인간이 수동으로 경로 정보를 등록/업데이트

(b) **라우팅 프로토콜**이라는 시스템을 사용해 라우터끼리 경로 정보를 교환하고 라우터가 직접 경로표에 등록

더 나아가 (b)는 하나가 아니라 여러 개의 프로토콜이 존재합니다. RIP, OSPF, BGP라고 부르는 라우팅 프로토콜이 그 예입니다.

3.3.3 라우터의 패킷 수신 작동

그럼 라우터의 작동을 따라가 볼까요? 첫 번째는 패킷을 수신하는 부분입니다. 라우터의 포트에는 다양한 종류가 있지만, 여기서는 이더넷의 포트에서 볼 수 있는 패킷 수신 작동에 초점을 맞출게요. 이더넷 포트 부분의 구조는 PC의 LAN 어댑터와 거의 똑같습니다. 패킷을 수신해 버퍼 메모리에 저장하는 부분까지의 작동도 LAN 어댑터와 거의 다를 게 없어요.

먼저 신호가 커넥터 부분에 도달하면 그 안쪽에 있는 PHY(MAU) 회로와 MAC 회로에서 신호를 디지털 데이터로 변환합니다. 그리고 패킷 끝의 FCS를 대조해 오류 유무를 확인해 정상이면 MAC 헤더의 수신처 MAC 주소가 본인에게 해당하는지 아닌지 확인하고, 해당하면 그 패킷을 수신 버퍼 메모리에 저장합니다. 여기서 만약 수신처 MAC 주소에 본인이 해당하지 않는 경우라면 패킷을 버려요. 본인이 수신처에 해당하지 않을 경우, 도달한 패킷은 다른 기기가 수신할 것이기 때문에 이 패킷을 수신하면 이더넷의 규칙을 위반하는 겁니다.

> 라우터의 포트에는 MAC 주소가 할당돼 있어, 라우터는 본인의 주소에 해당하는 패킷만 수신하고 해당하지 않는 것은 버린다.

3.3.4 경로표를 검색해 출력 포트 찾기

라우터는 이 패킷 수신 작동이 끝나면 맨 앞의 MAC 헤더를 버립니다. MAC 헤더의 역할은 라우터에 패킷을 보내는 데 있습니다. MAC 헤더의 수신처 MAC 주소란에 라우터의 포트에 할당한 MAC 주소가 적혀 있는 걸로 이를 알 수 있어요. 그러니까, 패킷을 수신하면 역할이 끝난 셈이기 때문에 MAC 헤더를 버리는 겁니다.

라우터에서 중계하는 패킷의 수신처 MAC 주소에는 이 라우터의 포트에 할당된 MAC 주소가 적혀 있다.

이후에는 MAC 헤더의 뒤에 있는 IP 헤더에 관한 내용을 보고 패킷 중계 작동에 들어갑니다. 중계 작동은 몇 단계를 거치는데, 일단 경로표에서 중계처를 확인합니다. 이 움직임은 구체적인 예가 있어야 이해하기 쉬울 테니, 그림 3.13 같은 상황에서 10.10.1.101의 PC에서 192.168.1.10이라는 서버 주소로 보낸 패킷이 라우터에 들어왔다고 치고 설명해 볼게요.

중계처를 확인할 때, 맨 처음 작동은 수신한 패킷의 수신처 IP 주소와 경로표의 수신란을 조회해 해당하는 행을 찾는 겁니다. 이때 아까 설명했듯이 32비트를 죄다 비교하는 게 아니에요. 넷마스크난에 등록된 값으로 네트워크 번호의 비트 수를 판단해 네트워크 번호만 비교할 겁니다.[34] 예를 들어 그림 3.13의 3번째 행을 조회할 거라면 넷마스크난은 255.255.255.0이기 때문에 수신란의 왼쪽에서 24비트만큼을 확인하는 거죠. 왼쪽에서 24비트만큼 확인하면 패킷의 수신처 IP 주

---

[34] 아까 설명했듯이 경로표에 실제 서브넷에 할당된 네트워크 번호가 등록돼 있다고 할 수만은 없습니다. 이 때문에 여기서 네트워크 번호라는 표현을 사용한 것은 정확하지 않아요. 하지만 네트워크 번호 쪽이 더 알기 쉽기에 네트워크 번호라고 표현하겠습니다.

소는 192.168.1, 경로표의 수신란도 192.168.1이라서 둘이 일치하니까, 이 행을 중계처의 후보로 생각해도 되는 겁니다.

이렇게 해당하는 것을 찾으면 여러 후보를 찾아낼 수 있습니다. 이 예라면 3, 4, 5번째 행의 3개가 해당해요.[35] 이렇게 하면 네트워크 번호의 비트 수가 가장 긴 것을 찾습니다.[36] 네트워크 번호의 비트 수가 길면 호스트 번호의 비트 수가 짧아집니다. 호스트 번호의 비트 수가 짧다는 건 호스트 번호로 할당 가능한 번호의 수가 적다는 거예요. 이는 거기 있는 서브넷에 접속할 수 있는 대수가 적다는 뜻이라, 서브넷이 적다는 것과 의미가 같습니다. 그만큼 범위가 좁혀졌다고 할 수 있어요. 이 때문에 그쪽을 채택하는 쪽이 중계처를 더 정확하게 판단할 수 있다고 생각하는 겁니다. 이것도 그림 3.13을 예로 들어 생각해 보도록 하죠.

그림의 3번째 행은 192.168.1.0/255.255.255.0이라는 '서브넷'을 나타내고, 4번째 행은 그 서브넷에 있는 192.168.1.10/255.255.255.255라는 '서버'를 나타냅니다. 서버가 소속된 서브넷을 나타내는 주소보다 서버 그 자체를 나타내는 주소가 더 범위가 좁혀진 것이기 때문에 4번째 행을 채택합니다. 이렇게 후보가 하나로 추려지면 중계처로 삼습니다.

하지만 네트워크 번호의 길이가 똑같은 게 여러 행 존재하는 경우도 있어요. 라우터의 고장이나 케이블의 단선 등을 고려해 우회로를 설치하는 경우가 바로 그 예입니다. 이 경우에는 메트릭값으로 판단해요. 메트릭값이 작은 쪽이 지름길인 셈이라 값이 작은 쪽을 중계처로 채택합니다.

이 예와 달리 해당하는 행을 하나도 찾지 못한 경우도 있을지 몰라요. 이 경우, 라우터는 패킷을 버립니다. 그리고 송신원에 ICMP[37] 메시지로 그 취지를 통지해

---

[35] 5번째 행이 해당하는 이유는 나중에 설명할 테니 여기서는 해당한다는 것만 기억하세요.
[36] 이걸 '최장일치'라고 부릅니다.
[37] Internet Control Message Protocol. 패킷을 옮길 때 발생하는 오류를 통지하거나 제어용 메시지를 보낼 때 사용합니다.

요.[38] 이 부분이 스위칭 허브와 다른 점인데, 그 이유는 가정하는 네트워크의 규모에 있습니다. 스위칭 허브는 겨우 수천 대 정도, 즉 그다지 크지 않은 네트워크를 가정해 만들어진 거예요.[39] 수천 대 규모면 중계처를 찾지 못했을 때 전체 포트에 패킷을 뿌린다는 거친 방법을 쓰더라도 문제를 일으키지 않습니다. 반면 라우터가 가정하는 네트워크, 즉 인터넷 규모는 자릿수가 아주 달라요. 전 세계에 펼쳐져 지금도 계속 확대되고 있기 때문에 미래에는 어디까지 대수가 늘어날지 예측조차 할 수 없을 정도로 터무니없는 규모입니다. 여기에 여러분이 중계처를 알 수 없는 패킷을 뿌리면 대량의 패킷이 뿌려지고, 이 탓에 네트워크가 혼잡해져요. 그래서 라우터는 중계처를 알 수 없는 패킷을 버리는 겁니다.

3.3.5 해당하는 경로가 없을 경우 채택하는 디폴트 경로

그렇게 하면 이번에는 라우터에 중계처를 전부 등록해야 하는 상황이 됩니다. 회사나 가정의 LAN뿐이라면 그래도 문제가 없지만, 인터넷의 중계처는 너무 많아서 다 등록하기는 힘들어요.

하지만 걱정하지 않아도 됩니다. 앞에 나온 그림 3.13의 경로표에 있는 마지막 1행이 중계처를 모두 등록하는 것과 똑같은 역할을 하니까요. 이 행은 넷마스크가 0.0.0.0입니다. 이 부분이 포인트예요. 넷마스크난이 0.0.0.0이라는 건 패킷의 수신처 IP 주소와 경로표의 수신란을 비교할 때의 비트 수가 0이라는 것이라, 비교 작동을 실행하지 않아도 됩니다.

넷마스크난을 0.0.0.0으로 해두면 어떤 주소든 일치하거든요. 이걸로 중계처를 알 수 없는 사태는 벌어지지 않습니다.

---

38 '2.5.11 서버에서 온 응답 패킷을 IP에서 TCP로 건네기'에서 ICMP를 설명했습니다.
39 수천 대라는 가정은 이더넷의 것입니다. 스위칭 허브는 이런 규모를 가정해 만든 것이 아니지만, 이더넷 작동을 기반으로 만들었기 때문에 가정하는 규모는 이더넷과 똑같습니다.

이 행의 게이트웨이난에 인터넷으로 나가는 라우터를 등록해 두면 그 밖에 해당하는 게 없을 경우[40], 패킷을 그쪽에 중계합니다. 이 행을 **디폴트 경로**라고 부르고, 그곳에 등록한 라우터를 **디폴트 게이트웨이**라고 불러요. PC의 TCP/IP 설정 화면에 디폴트 게이트웨이라는 항목이 있는데, 이것과 의미가 똑같습니다. PC에도 라우터와 마찬가지로 경로표가 있고, 디폴트 게이트웨이에 입력한 값이 경로표의 디폴트 게이트웨이로 등록됩니다.

> 라우터 경로표의 넷마스크난에 있는 0.0.0.0은 디폴트 경로를 나타낸다.

이걸로 수신란에 서브넷을 나타내는 IP 주소와 각 컴퓨터를 나타내는 IP 주소 양쪽이 혼재되더라도 똑같은 방법으로 중계처를 검색할 수 있습니다. 또 중계처를 알 수 없는 사태도 방지할 수 있어요.

3.3.6 패킷에는 유효 기한이 있음

경로표에서 중계처를 찾아내면 출력 쪽 포트로 패킷을 옮기고 그곳에서 송신하는데, 라우터가 그 전에 해야 할 일이 몇 가지 있습니다. 하나는 TTL(Time To Live : 생존 기한)이라는 IP 헤더 필드(제2장의 표 2.2 참고)를 업데이트하는 거예요.

TTL이라는 필드는 패킷의 생존 기한을 나타냅니다. 라우터를 거칠 때마다 이 값을 하나씩 줄여나가고, 이게 0이 되면 패킷의 기한이 지났다고 간주해 폐기해 버려요.

이 시스템은 패킷이 똑같은 곳을 빙글빙글 도는 것을 방지합니다. 경로표에 중계처가 올바르게 등록돼 있으면 이런 사태는 일어나지 않지만, 경로표에 등록된

---

[40] 비교하는 비트 수가 긴 것을 우선시하는 작동 방식 때문에 넷마스크난이 0.0.0.0인 행은 우선순위가 가장 낮아집니다. 달리 해당하는 행이 없을 때만 넷마스크난이 0.0.0.0인 행을 채택합니다.

정보에 오류가 있는 경우나 기기 고장 때문에 우회로로 바꿀 때 일시적으로 경로가 흐트러지면 이런 사태에 빠집니다.

송신원이 처음으로 패킷을 송신할 때 64나 128 같은 값을 세팅하기 때문에 그 수만큼 라우터를 거친 시점에서 패킷은 수명을 다합니다. 지금 인터넷은 지구 반대편까지 접속하더라도, 경유하는 라우터의 수가 많아 봐야 수십 개 정도여서 패킷이 계속 돌지만 않으면 수명이 다하기 전에 목적지에 도달할 거예요.

3.3.7 큰 패킷은 단편화 기능으로 분할

라우터의 포트 부분은 이더넷뿐만이 아닙니다. 이더넷 이외의 LAN이나 통신 회선인 경우도 있어요. 그 회선이나 LAN의 종류에 따라 패킷의 최대 길이가 다르기 때문에 출력 포트 쪽 패킷의 최대 길이가 입력 쪽보다 작은 경우도 있습니다.[41] 패킷의 최대 길이는 똑같아도 여분에 헤더를 덧붙여 패킷의 실질적인 길이가 짧아지는 경우도 있고요. ADSL이나 FTTH 같은, 소위 브로드밴드 접근 회선에서 PPPoE[42] 프로토콜을 사용하는 경우가 그 예입니다. 어떤 경우에도 중계하는 패킷의 크기가 출력 쪽 패킷의 최대 길이를 넘으면 그 상태로는 패킷을 송신할 수 없어요.

이럴 때는 IP 프로토콜에서 규정한 **단편화**라는 방법을 사용해 패킷을 분할하고, 패킷 길이를 짧게 만든 다음 중계합니다. 이때 단편화는 제2장에서 설명한 TCP가 데이터를 단편으로 분할하는 것과는 달라요. TCP는 패킷에 데이터를 저장하기 전에 데이터를 분할합니다. 즉 분할한 데이터 단편을 패킷 하나에 저장하는 거죠. 이 패킷은 하나이기 때문에 IP 단편화의 관점에서 보면 분할되지 않은

---

41 패킷의 최대 길이는 통신 회선이나 LAN의 사양에서 규정하고, 최대 길이를 넘는 패킷을 송신하면 규칙 위반입니다. 이 때문에 입력 쪽에서 최대 길이를 넘는 패킷이 들어오는 일은 없습니다.
42 PPPoE : PPP over Ethernet. ADSL이나 FTTH 같은 브로드밴드 회선을 제어하는 방식. '4.3.2 이더넷에서 PPP 메시지를 주고받는 PPPoE'에서 설명합니다.

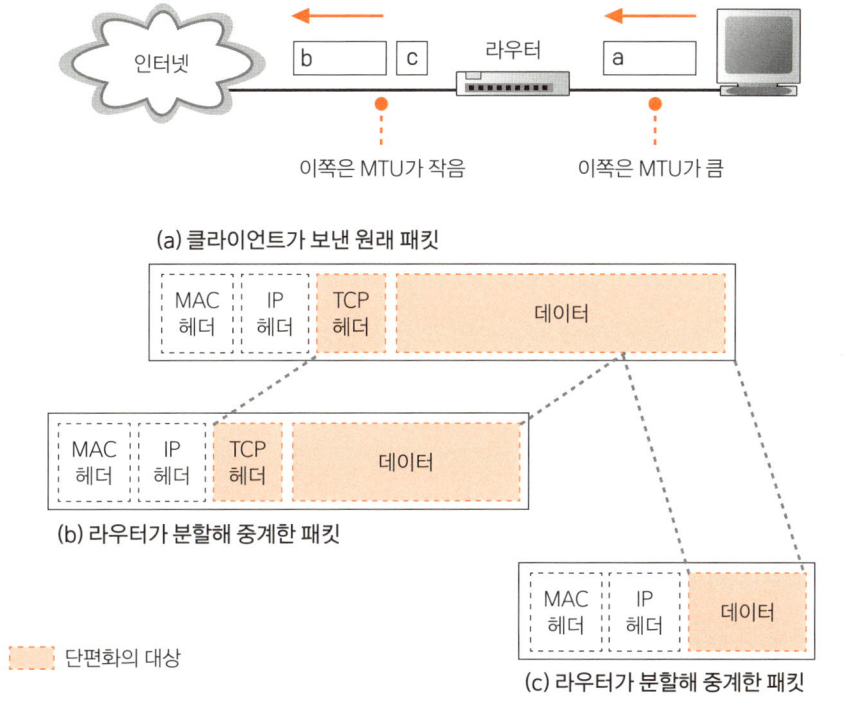

그림 3.15 패킷을 분할하는 단편화 기능
TCP 헤더는 사용자 데이터가 아니지만, IP 프로토콜의 관점에서는 데이터로 취급한다.

셈입니다. 반면 단편화는 패킷이 완성된 후에 패킷을 분할하는 것을 가리켜요.

단편화 작동은 다음과 같습니다.(그림 3.15) 먼저 출력 쪽 MTU[43]를 조회하고, 중계하는 패킷을 그대로 출력 쪽에서 송신할 수 있을지 없을지를 확인합니다. 패킷 최대 길이는 포트 종류에 따라 결정되기 때문에 거기서 헤더의 길이를 빼서 MTU를 산출하고, 중계할 패킷의 길이와 비교합니다. 그리고 출력 쪽 MTU가 충분히 크고, 분할하지 않아도 송신할 수 있겠다 싶으면 분할하지 않습니다. 출력 쪽 MTU가 작은 경우에는 그곳에 저장할 수 있는 크기로 패킷을 분할하지만, 그

---

[43] 패킷 하나로 옮길 수 있는 데이터의 최대 길이. '2.3.1 프로토콜 스택에 HTTP 요청 메시지 건네기'에서 설명했습니다.

전에 IP 헤더의 플래그 필드를 조회해서 분할해도 될지를 확인해요.[44]

플래그 필드가 분할 불가능으로 돼 있으면 분할할 수 없기 때문에, 이 경우에는 패킷을 버리고 ICMP 메시지로 송신원에 통지합니다. 그렇지 않으면 출력 쪽 MTU에 맞춰 데이터 부분을 맨 앞에서부터 순서대로 분리해 나가요. 이때 TCP 헤더 이후의 부분을 분할 대상 데이터로 간주합니다.

TCP 헤더는 사용자 데이터가 아니지만, IP 관점에서 보면 TCP에서 송신을 의뢰받은 부분이기 때문에 데이터가 됩니다. 이걸로 데이터를 분할하면 그곳에 IP 헤더를 붙입니다. 그 내용은 원래 패킷의 IP 헤더를 그대로 복사한 것이라고 생각하면 됩니다. 다만 일부 필드는 수정합니다. 단편화로 분할했다는 정보를 IP 헤더에 기재하기 위한 거죠.

3.3.8 라우터의 송신 작동은 컴퓨터와 동일

이걸로 송신 전에 할 일은 끝났으니[45] 다음은 패킷의 송신 작동을 설명해 보겠습니다. 이때의 작동은 출력 쪽 포트에 따라 다릅니다. 이더넷이면 이더넷의 규칙에 따라 패킷을 신호로 변환해 송신하고, ADSL이면 ADSL의 규칙에 따라 신호로 변환해 송신하는 식이에요. 가정의 LAN이면 라우터의 끝은 ADSL이나 광케이블 같은 통신 회선을 거쳐 인터넷에 연결되기 때문에 그 통신 회선의 규칙에 따라 패킷 송신 작동을 실행하겠죠.

하지만 그 작동을 이해하려면 통신 회선을 이해하는 데서 시작해야 합니다.[46]

---

44 통상적으로는 분할할 수 있지만, 다음과 같은 경우에는 분할이 불가능합니다. 송신원에서 애플리케이션이 패킷 분할 불가능이라고 지정한 경우 또는 단편화 기능으로 이미 패킷이 분할된 경우.

45 사실 할 일이 남아 있습니다. IP 헤더에는 오류 확인용 '체크섬'이라는 필드가 있고, 라우터는 TTL이나 단편화로 IP 헤더의 내용을 수정하기 때문에 그에 따라 체크섬의 값을 다시 계산해야 합니다. 하지만 이에 대한 설명은 생략할게요. 체크섬은 이더넷이나 통신 회선의 오류 확인과 비교했을 때 신뢰성이 낮은 탓에 라우터 대부분이 체크섬을 검사하지 않아 체크섬은 없는 것이나 다름없는 상태이기 때문입니다.

46 ADSL 같은 통신 회선은 다음 장에서 설명합니다.

이건 보통 힘든 일이 아니니, 이 송신 작동은 다음 장에서 인터넷 내부를 탐험할 때 설명할게요. 여기서는 회사의 LAN에서 사용하는 라우터를 가정해, 출력 쪽 포트가 이더넷인 경우의 송신 작동에 관해 설명합니다.

　이더넷의 패킷 송신 작동은 이더넷의 규칙으로 규정돼 있어서, 기기 종류가 달라도 바뀔 것은 없어요. 즉 기본은 프로토콜 스택의 IP 담당 부분이 패킷을 보낼 때와 똑같다는 겁니다. 패킷의 맨 앞에 MAC 헤더를 덧붙이고, 그곳에 값을 세팅한 다음에 패킷을 완성해 전기신호로 변환해 보내는 건데, 이 부분을 한 번 더 간단하게 복습하고 넘어갈게요.

　우선 MAC 헤더의 맨 앞에 있는 수신처 MAC 주소 필드에 값을 세팅하기 위해 경로표의 게이트웨이난으로 패킷을 건넬 상대를 판단합니다.

　게이트웨이난에 IP 주소가 적혀 있으면 해당 IP 주소가 상대고, 그곳이 공란이면[47] IP 헤더의 수신처 IP 주소가 상대입니다. 그렇게 해서 상대의 IP 주소가 정해지면 ARP[48]로 IP 주소에서 MAC 주소를 조회해 그 결과를 수신처 MAC 주소에 세팅합니다. 라우터에도 ARP 캐시가 있기 때문에 일단 ARP 캐시를 찾고, 해당하는 게 없으면 ARP로 질의를 보내 MAC 주소를 조회합니다.

> 라우터가 다음 상대를 판단하는 방법
> · 경로표의 게이트웨이난에 IP 주소가 적혀 있으면 그 IP 주소가 상대
> · 경로표의 게이트웨이난이 공란이면 IP 헤더의 수신처 IP 주소가 상대
> 라우터도 ARP를 사용해 다음 상대의 MAC 주소를 조회한다.

---

[47] 게이트웨이난의 IP 주소에 인터페이스난의 IP 주소와 똑같은 값이 들어가 있으면 IP 헤더의 수신처 IP 주소가 패킷을 건네는 상대라고 제2장에서 설명했는데, 이건 Windows PC를 가정했을 때의 설명입니다. 라우터는 Windows와 달라서 IP 헤더에 있는 수신처 IP 주소의 상대에게 직접 패킷을 건넬 수 있는 경우라면 게이트웨이난을 공란으로 하는 것이 통례입니다.

[48] ARP는 수신처 IP 주소에 대응하는 MAC 주소를 조회할 때 사용하는 프로토콜입니다. '2.5.5 ARP로 수신처 라우터의 MAC 주소 조회하기'에서 설명했습니다.

그다음은 송신원 MAC 주소 필드인데, 이건 출력 쪽 포트에 할당한 MAC 주소를 세팅합니다.[49] 그리고 타입 필드에 0800(16진수)을 세팅합니다. 이걸로 송신 패킷이 완성됐기 때문에 전기신호로 변환해 포트에서 송신합니다.

이 작동도 컴퓨터와 같습니다. 예를 들어 이더넷의 반이중 모드라면 케이블에 신호가 흘러가지 않았음을 확인해 신호를 송출하고, 만약 충돌하면 잠시 기다렸다가 다시 보냅니다. 또 전이중 모드면 케이블 신호를 확인하지 않고 그대로 신호를 송신합니다.

출력 쪽 포트가 이더넷이면 송신한 패킷은 스위칭 허브를 거쳐 다음 라우터로 가겠죠. 수신처 MAC 주소에 다음 라우터의 주소가 적혀 있어서 스위칭 허브가 그걸 보고 다음 라우터까지 패킷을 옮겨주니까요. 그렇게 하면 그 라우터가 또 그다음 라우터로 패킷을 중계합니다. 이렇게 패킷은 점점 앞으로 나아가고, 최종적으로 패킷은 목적지에 도달합니다.

3.3.9 라우터와 스위칭 허브의 관계

패킷을 중계한다는 라우터의 기본 작동에 관한 설명은 이걸로 끝이지만, 여기서 라우터와 스위칭 허브의 관계를 정리하고 넘어가도록 하겠습니다.

둘의 관계를 이해하는 데 중요한 점은 컴퓨터가 패킷을 송신할 때나 라우터가 패킷을 중계할 때, 맨 앞에 MAC 헤더를 덧붙인다는 겁니다. 지금까지 한 설명은 맨 앞에 MAC 헤더를 붙인다고 표현했지만, 그림 3.16과 같이 이더넷의 패킷 데이터 부분에 IP의 패킷을 넣는다고 표현하는 쪽이 본래의 작동 방식과 더 잘 맞아떨어져요. 즉 MAC 헤더를 덧붙여 패킷을 송신한다는 건 이더넷의 패킷 데이터 부분에 IP 패킷을 넣어, 이더넷 시스템으로 다음 라우터까지 옮긴다는 말입니다. IP라는 시스템은 직접 패킷을 옮기는 수단이 없기 때문에 패킷을 옮길 때는

---

49 포트의 MAC 주소는 통상적으로 공장에서 하드웨어를 제조할 때 ROM에 저장됩니다.

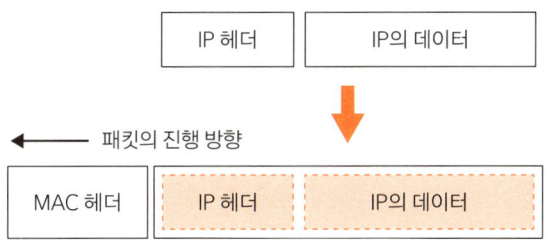

그림 3.16 이더넷 패킷의 데이터 부분에 IP의 패킷을 넣는다

이더넷에 의뢰해 옮겨달라고 합니다. 라우터는 IP의 작동 방식에 기반해 만들어 졌고, 스위칭 허브는 이더넷에 기반해 만들어졌기 때문에 IP와 이더넷의 관계가 라우터와 스위칭 허브의 관계를 나타낸다고 할 수 있겠네요.

즉 라우터는 패킷을 옮기는 일을 스위칭 허브에 의뢰한 셈입니다.[50] 이 설명은 IP와 이더넷이라는 시스템을 각기 실현한 라우터와 스위칭 허브를 가정하고 있습니다. 실제로 라우터에는 스위칭 허브가 내장된 기종이 있고, 가정에서 사용하는 인터넷 접속용 라우터는 이런 타입이 많기 때문에 이 설명이 맞아떨어지지 않는 경우도 있을 테죠. 하지만 스위칭 허브가 내장된 라우터도 기능별로 분리해서 생각하면 이 설명이 맞아떨어집니다.

패킷을 어디까지 옮겨달라고 해야 하느냐는 점에 착안하면 라우터가 스위칭 허브에 의뢰할 때의 작동 방식을 잘 알 수 있어요. IP는 최종 목적지까지 패킷을 옮겨달라고 이더넷에 의뢰하지 않습니다. 다만 다음 라우터로 패킷을 옮겨달라고 의뢰할 뿐이죠. MAC 헤더를 만들 때 IP의 경로표에서 다음 라우터의 IP 주소를 조회하고, 거기서 ARP로 조회한 MAC 주소를 수신처 MAC 주소에 기재합니다.

---

[50] 스위칭 허브 대신 중계기 허브를 사용하는 것도 가능하고, 스위칭 허브나 중계기 허브를 사용하지 않고, 크로스 케이블로 라우터의 포트를 직접 연결하는 것도 가능합니다. 한마디로 패킷을 옮기는 일의 의뢰처는 이더넷의 규칙에 따라 패킷을 옮기는 것이라면 어디든 좋습니다.

그런데 이게 다음 라우터로 패킷을 옮기도록 이더넷에 의뢰하고 있는 것을 보여 줍니다.

다음 라우터에 패킷이 도달하면 또 거기서 다음 라우터로 패킷을 옮기도록 다시 이더넷에 의뢰합니다. 이 작동을 반복하면 패킷은 IP의 목적지, 즉 통신 상대로 옮겨집니다.

이걸로 라우터와 스위칭 허브의 관계가 이해되죠? 한마디로 통신 상대까지 패킷을 보내는 전체 작동은 IP(라우터)가 담당하고, 그 작동을 할 때 다음 라우터까지 패킷을 옮기는 부분을 이더넷(스위칭 허브)이 담당합니다.

네트워크에는 이더넷뿐만이 아니라 무선 LAN도 있고, 인터넷으로 나가면 통신 회선도 있어요. 그런 것들과 IP와의 관계는 어떨까요? 이 관계는 무선 LAN과 통신 회선을 이더넷으로 대체해서 생각해 보면 됩니다. 즉 다음 라우터와의 사이가 무선 LAN으로 연결돼 있으면 무선 LAN에 의뢰해 패킷을 옮겨달라고 하고, 통신 회선으로 연결돼 있으면 통신 회선에 의뢰해 패킷을 옮기도록 하는 겁니다. 이 세상에는 여기 언급한 것들 이외에도 다양한 통신 기술이 존재하며, 이 경우에도 모두 똑같습니다. 요컨대 해당 통신 기술에 의뢰해 패킷을 옮기도록 하는 거죠.

이렇게 다음 라우터까지 직접 패킷을 옮기지 않고, 다양한 통신 기술에 의뢰해서 패킷을 옮기도록 하는 데는 중요한 의미가 있습니다. 바로 다양한 통신 기술을 적재적소에 사용할 수 있다는 점입니다. 이건 IP의 큰 특징으로, 이 특징 덕에 인터넷 같은 거대한 네트워크를 만들 수 있었다고 해도 과언이 아닙니다.

> 통신 상대에 패킷을 보내는 전체적인 작동은 IP(라우터)가 담당하고, 그 작동을 할 때 다음 라우터로 패킷을 옮기는 일을 이더넷(스위칭 허브)이 담당한다.

3.4 라우터의 부가 기능

3.4.1 주소 변환으로 IP 주소를 효과적으로 이용

여기까지가 라우터의 기본 작동인데, 지금의 라우터는 기본에 더해 몇 가지 부가적인 기능이 있습니다. 그중에서도 중요한 두 기능, **주소 변환**과 **패킷 필터링** 기능을 설명할게요.

일단 주소 변환 기능이 등장한 배경부터 이야기하죠. 주소는 각 기기를 식별하는 데 쓰입니다. 그래서 중복되지 않는 고유한 주소를 할당하는 게 기본입니다. 똑같은 주소가 이곳저곳에 있으면 어디에 우편을 배달해야 할지 알 수 없는 것과 마찬가지입니다. 이 때문에 인터넷에 접속하는 기기는 본래 주소가 고유해야 하고, 옛날에는 그렇게 했습니다. 예를 들면 사내 LAN을 인터넷에 접속할 경우, 주소를 일원 관리하는 기관에 신청해 IP 주소를 취득하고 이를 사내의 모든 기기에 설정했습니다. 지금처럼 사내 PC와 공공용 서버라는 구별은 없고, 클라이언트도 포함해 모든 게 공공용이었다고 생각하면 됩니다.

이게 본래 모습이지만 1990년대 들어 인터넷이 일반인들에게 개방되자 급속하게 접속 대수가 늘어나서 사정이 바뀌었습니다. 그때까지의 방법을 이어가면 가까운 미래에 할당할 주소가 사라져 버린다는 예측이 나왔습니다. 다른 것과 중복되지 않는 고유한 주소를 할당한다는 것은 패킷을 옮기는 시스템의 근간과 관련된다는 게 큰 문제입니다. 만약 이걸 방치하면 가까운 미래에 고유한 주소를 모두 한 번 쓰고 버리게 되고, 그렇게 되면 새롭게 기기를 접속할 수 없으니 인터넷은 갈 길이 막히겠죠.

이 문제를 해결한 방법의 포인트는 무엇을 고유한 것이라고 간주하느냐에 있습니다. 예를 들어 A사와 B사가 있고, 각기 완전히 독립한 사내 네트워크를 구축했다고 가정합니다.

이 경우, 서로 패킷이 오가는 게 아니기 때문에 A사의 서버에 할당한 주소와 똑같은 걸 B사가 클라이언트에 할당하더라도 패킷을 보낼 곳을 알 수 없는 것은 아닙니다. 두 회사 모두 자사의 네트워크 내에서 패킷을 보낼 곳이 명확해지면 좋기 때문에, 다른 회사에 똑같은 주소가 존재해도 상관없어요. 두 회사가 똑같은 주소를 사용했다고 해도 네트워크가 독립돼 있으면 문제는 일어나지 않습니다.

주소 부족에 대처하려고 이 성질을 이용했습니다. 즉 사내의 기기에 할당하는 주소는 다른 회사와 중복돼도 된다고 본 거죠. 그렇게 하면 사내 기기에는 고유한 주소를 할당할 필요가 없어져 주소를 대폭 절약할 수 있습니다. 다만 아무리 사내라고 해도 다들 마음대로 주소를 할당하면 문제가 일어날 수도 있습니다. 이 때문에 특정한 주소를 사내용으로 사용한다는 규칙을 만든 거예요. 그리고 그 규칙에 기반한 사내용 주소를 **프라이빗 주소**라고 부르고, 기존의 고유한 주소는 **글로벌 주소**라고 부르기로 했습니다.[51]

프라이빗 주소의 규칙은 어렵지 않습니다. 사내에서 사용하는 프라이빗 주소는 아래에 보이는 범위 안에서 쓰도록 한정돼 있습니다.

  10.0.0.0~10.255.255.255
  172.16.0.0~172.31.255.255
  192.168.0.0~192.168.255.255

이 범위는 프라이빗 주소의 규칙을 만드는 시점에서 어디에도 할당돼 있지 않던, 말하자면 미사용 글로벌 주소 중에서 선택한 것입니다. 프라이빗 주소는 구조가 특별하지 않고, 단지 원래 글로벌 주소에 포함돼 있던 것 중에서 범위를 정해 사내에서 사용한다는 약속을 정해둔 것에 지나지 않습니다.

[51] 인터넷 사양서에는 globally unique address 또는 public address라고 적혀 있지만 그렇게 부르는 사람은 적어서, '글로벌 주소'라고 부르는 게 통례입니다.

이 범위는 다른 회사와 중복돼도 된다고 정해놨기 때문에 일원 관리를 하지 않습니다. 따라서 신청할 필요가 없고, 누구든 자유롭게 사용할 수 있어요. 다만 사내에서 중복되면 패킷을 옮길 수 없으니 사내에서 중복되는 일은 피해야 합니다.

이 방식으로 주소를 절약할 수 있게 됐지만, 모든 문제가 해결되진 않았습니다. 사내 네트워크는 완전히 독립된 게 아니라 인터넷을 통해 많은 회사에 연결돼 있어서 사내와 인터넷을 패킷이 오가면 문제가 발생합니다. 이곳저곳에 똑같은 주소가 있으니 패킷을 올바르게 옮길 수 없는 겁니다.

그런 점 때문에 사내 네트워크를 인터넷에 접속할 때는 그림 3.17처럼 구성합니다. 회사 네트워크를 인터넷에 공개한 서버에 접속하는 부분과 사내용 네트워크로 나눕니다. 그리고 공개용 서버 쪽에는 글로벌 주소를 할당하고 인터넷과 직접 통신하도록 합니다. 이 부분은 이전의 방법과 똑같아요. 반면 사내 네트워크에 프라이빗 주소를 할당해서 인터넷과 직접 패킷을 주고받지 않고 특별한 시스템을 사용해 접속합니다. 그 시스템이 바로 주소 변환입니다.

3.4.2 주소 변환의 기본 작동

주소 변환 시스템은 패킷을 중계할 때 IP 헤더에 기재된 IP 주소와 포트 번호[52]를 바꿉니다. 구체적인 방법은 그 움직임을 좇아가 보면 알 수 있어요. 웹 서버에 접속할 때 흐르는 패킷을 순서대로 살펴보도록 하죠.

일단 TCP의 접속 작동에서 처음으로 흐르는 패킷을 인터넷에 중계할 때 그림 3.18처럼 송신원의 IP 주소를 프라이빗 주소에서 글로벌 주소로 변환합니다. 여기서 사용하는 글로벌 주소는 주소 변환 장치[53]의 인터넷 쪽에 있는 포트에 할당

---

[52] 이 포트 번호는 라우터와 허브의 커넥터 주변을 의미하는 포트가 아니라 TCP와 UDP의 포트 번호를 말합니다. 자세한 내용은 제2장을 참고하세요.

[53] 주소 변환 기능이 있는 기기는 라우터뿐만이 아닙니다. 방화벽에도 주소 변환 기능이 있고, 라우터의 주소 변환과 똑같이 작동합니다. 그래서 주소 변환 장치라고 표현했지만 여기서는 라우터를 가리킨다고 생각하세요.

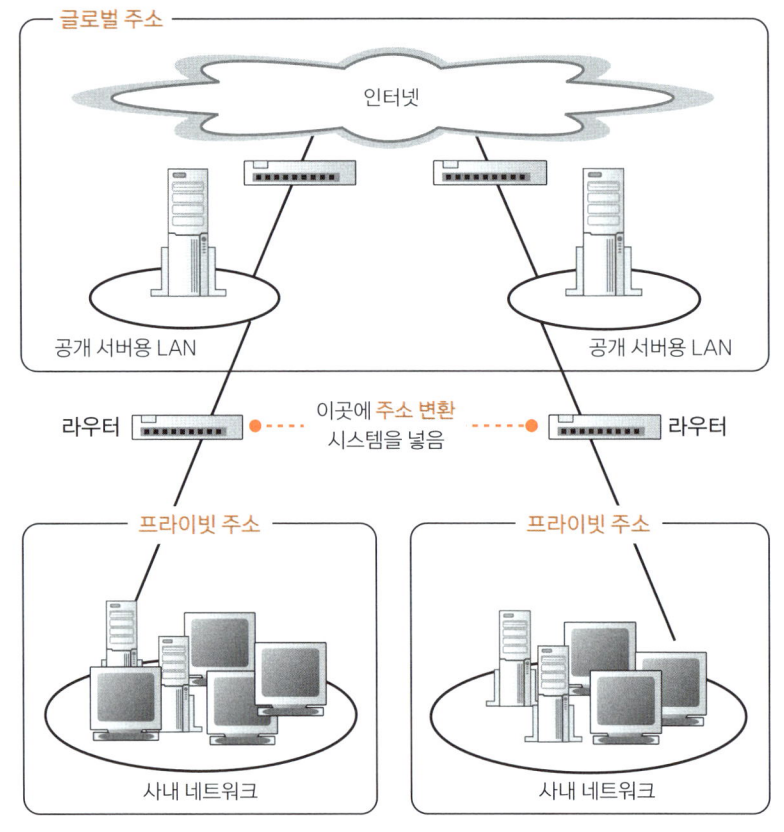

그림 3.17 프라이빗 주소와 글로벌 주소로 나눠 관리

한 주소입니다. 그와 동시에 포트 번호도 변환합니다. 포트 번호 쪽은 미사용 번호를 주소 변환 장치가 적당히 선택해 사용합니다. 그리고 수정하기 전의 프라이빗 주소와 포트 번호, 수정한 후의 글로벌 주소와 포트 번호를 한 세트로 해서 주소 변환 장치 내부에 있는 대응표에 기록해 둡니다.

송신원의 IP 주소와 포트 번호를 변환하면 패킷을 인터넷에 송출합니다. 그럼 패킷은 서버에 도달하고 거기서 회신 패킷이 되돌아와요. 서버는 송신원에 회신을 돌려보내기 때문에 회신 패킷의 수신처는 변환한 글로벌 주소와 포트 번호가

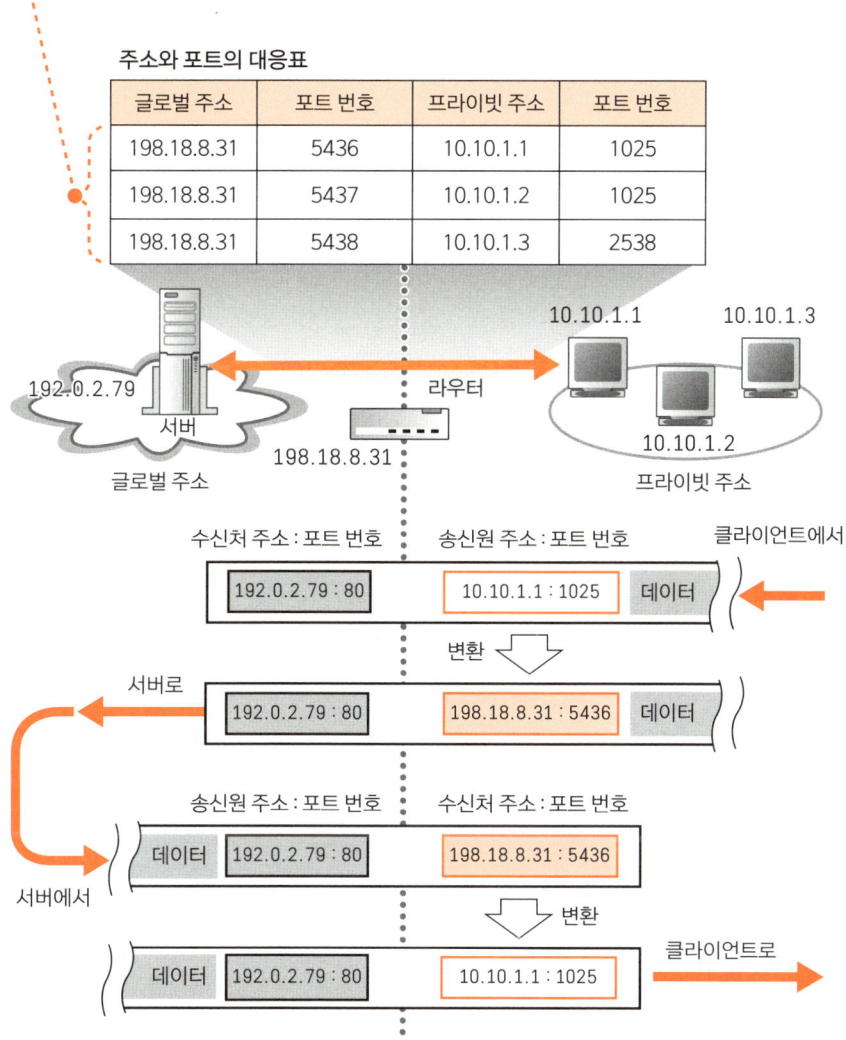

그림 3.18 포트 번호를 이용해 IP 주소를 변환한다
외부 네트워크를 위해 글로벌 주소를 하나만 이용할 수 있는 경우, 사내 네트워크의 여러 단말을 식별하는 데 포트 번호를 이용한다.

됐을 겁니다. 그 글로벌 주소는 주소 변환 장치에 할당된 것이라 회신 패킷은 주소 변환 장치로 되돌아옵니다.

그렇게 하면 주소 변환 장치는 주소의 대응표에서 글로벌 주소와 포트 번호를 찾고, 패킷의 목적지 주소와 포트 번호에 대응하는 프라이빗 주소와 포트 번호로 수신처를 변환해서 사내 네트워크에 패킷을 보냅니다. 이걸로 송신원에 응답 패킷이 도달하죠.

이후 패킷을 주고받을 때는 대응표에서 프라이빗 주소와 글로벌 주소의 대응 관계를 확인해 주소와 포트 번호를 변환한 후 패킷을 중계합니다. 그리고 데이터 송수신을 끝낸 후 종료 작동의 패킷이 흐르고 접속 작동이 끝나면 대응표에 등록한 것을 삭제합니다.

이러면 프라이빗 주소를 할당한 기기도 인터넷에 접속할 수 있습니다. 인터넷 쪽에서 보면 주소 변환 장치(여기서는 라우터)가 통신 상대가 된 것처럼 보입니다.

지금까지 사내 네트워크를 예로 들어 설명했지만, 가정 내의 LAN도 사정은 완전히 똑같습니다. 규모에 차이는 있지만, 작동 방식도 실제 움직임도 크게 다르지 않아요.

3.4.3 포트 번호를 변환하는 이유

지금 사용하는 주소 변환 시스템은 이처럼 주소와 포트 번호 양쪽을 변환하지만, 초기의 주소 변환은 포트 번호를 변환하지 않고 주소만 변환했습니다. 그 방법으로도 사내와 인터넷에서 데이터를 주고받을 수 있고, 그편이 시스템은 더 간단합니다.

하지만 이 방법을 쓰면 프라이빗 주소와 글로벌 주소가 일대일로 대응하고, 인터넷에 접속하는 대수만큼 글로벌 주소가 필요해져요. 접속 작동이 끝나고 대응표에서 삭제하면 똑같은 글로벌 주소를 다른 기기에서 사용할 수 있기 때문에 동시에 접속하는 대수만큼 있으면 되지만, 그래도 사내에 인원수가 많으면 동시에 접속하는 인원수도 늘어납니다. 수천 명 규모의 회사면 수백 명이 동시에 접속하는 일도 있을 테죠. 그럼 글로벌 주소 수백 개가 필요합니다.

  포트 번호를 변환하는 방법은 이 점을 개선하기 위해 고안된 것이었습니다. 클라이언트 쪽의 포트 번호는 원래 비어 있는 것 중에서 무작위로 선택해 사용하는 것뿐이라 포트 번호를 변환해도 문제는 일어나지 않아요. 포트 번호는 16비트의 수치이기 때문에 수만 개가 존재할 수 있습니다.[54] 이 포트 번호를 글로벌 주소와 한 세트로 해서 프라이빗 주소에 대응시키면 글로벌 주소 하나를 수만 개의 프라이빗 주소에 대응시킬 수 있어요. 이쪽이 글로벌 주소의 이용 효율이 더 높아집니다.

3.4.4 인터넷에서 사내로 접속하기

  사내에서 인터넷에 접속하는 패킷을 중계할 때는 대응표에 송신원의 프라이빗 주소와 포트 번호가 등록돼 있지 않아도 패킷을 중계할 수 있습니다. 변환하는 글로벌 주소는 주소 변환 장치(라우터)에 할당돼 있고, 포트 번호는 적당히 비어 있는 걸 사용하면 되니 주소 변환 장치 자신이 적당히 판단할 수 있기 때문입니다. 하지만 인터넷에서 사내에 패킷을 중계할 때는 대응표에 등록돼 있지 않으면 중계할 수 없습니다. 대응표에 기록이 없으면 주소 변환 장치가 글로벌과 프라이빗의 대응 관계를 판단할 수 없기 때문이죠.

  이건 시각을 달리해 보면 인터넷에 접속하지 않은 기기에는 인터넷 쪽에서 패킷을 보낼 수 없다는 이야기입니다. 접속 중인 기기더라도 인터넷과의 통신으로 사용하는 포트 번호 이외의 포트에 패킷을 보낼 수는 없어요. 즉 사내에서 의도적으로 인터넷에 접속하지 않는 한, 인터넷 쪽에서 사내에 패킷을 보낼 수 없다는

---

54 16비트의 포트 번호로 65,536개분의 번호를 표현할 수 있지만, 모두 주소 변환용으로 사용할 수는 없습니다.

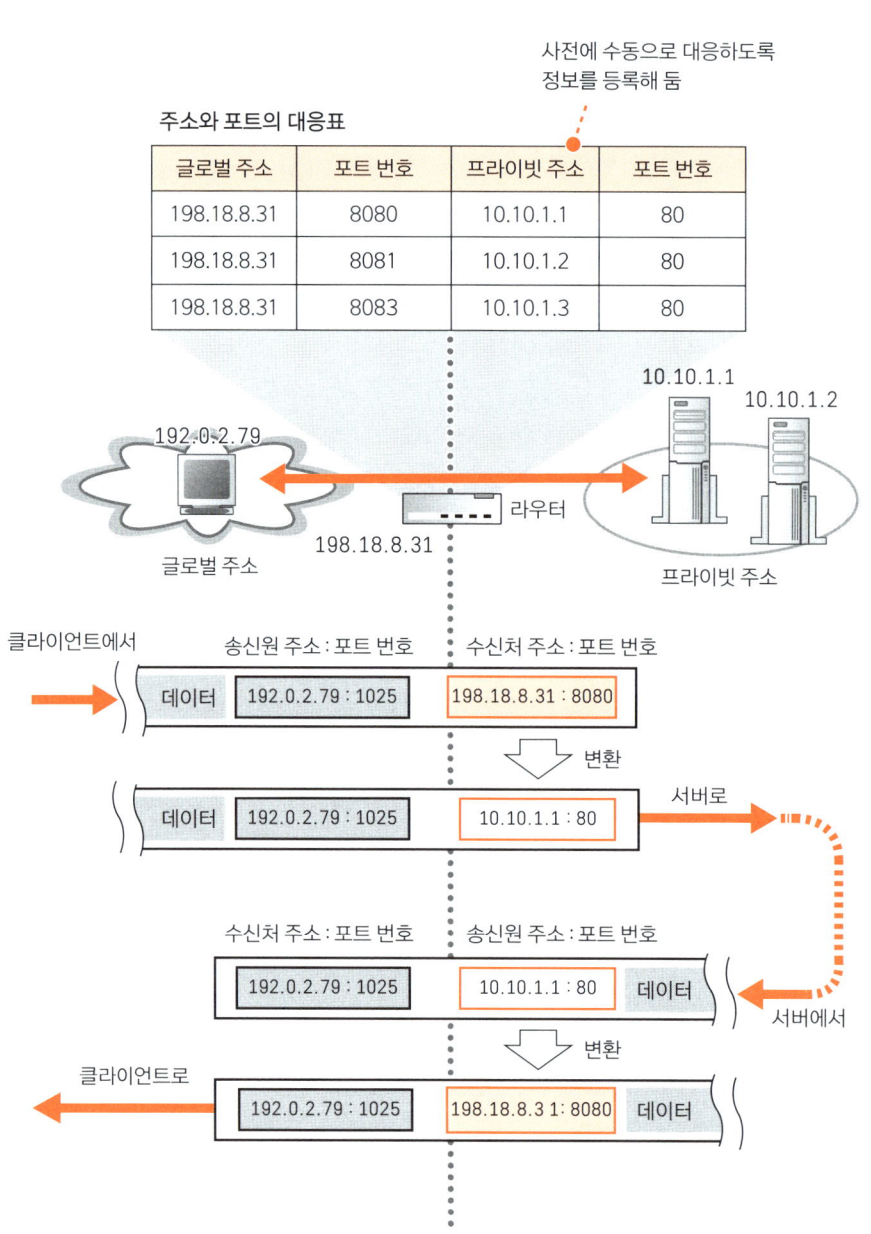

그림 3.19 인터넷 쪽에서 사내 네트워크로 접속
사전에 주소와 포트를 대응시킬 정보를 주소 변환 장치의 대응표에 등록해 두면, 인터넷 쪽에서 사내 네트워크로 접속할 수도 있다.

말입니다. 이러면 불법 침입을 막는 효과가 있어요.

하지만 사내에 접속시키기 싫을 때도 있겠죠. 조금 생각해 보면 이것도 가능합니다. 인터넷에서 사내에 접속하지 못하는 이유는 대응표에 등록돼 있지 않았기 때문인데, 사전에 수동으로 대응표에 등록해 두면 됩니다.(그림 3.19) 통상적으로 공개용 서버는 주소 변환 장치 바깥으로 꺼내 글로벌 주소를 할당하지만, 서버의 프라이빗 주소를 주소 변환 장치에 수동으로 등록해 두면 사내에 있는 프라이빗 주소를 할당한 서버를 공개할 수도 있다는 겁니다.[55]

3.4.5 라우터의 패킷 필터링 기능

다음으로 **패킷 필터링 기능**을 설명하겠습니다. 이것도 라우터의 중요한 부가 기능 중 하나입니다. 주소 변환은 조금 복잡했지만, 패킷 필터링 시스템은 그렇게 복잡하지 않습니다. 패킷을 중계할 때 MAC 헤더, IP 헤더, TCP 헤더에 기재된 내용을 확인해[56] 사전에 설정한 조건과 일치하면 패킷을 중계하거나 버리는 작동을 하는 게 전부입니다. 이른바 방화벽이라고 부르는 기기나 소프트웨어 대부분은 이 시스템을 이용해 불법 침입을 막습니다.[57]

패킷 필터링의 작동 방식은 이렇게 간단하지만, 불법 침입과 정상적인 접속을 구분해 불법 침입만 막도록 조건을 설정하는 일은 그리 간단하지 않습니다. 예를 들어 인터넷에서 침입을 막으려고 인터넷에서 들어오는 패킷을 모두 차단하면 어떻게 될까요? 제2장에서 설명한 TCP의 작동을 통해 알 수 있듯이 패킷은 양방향으로 흐르기 때문에, 단순하게 인터넷에서 들어오는 패킷을 모두 막아버리면 사내에서 인터넷에 접속하는 일도 정상적으로 작동하지 않습니다.

---

[55] 이 경우에는 주소 변환 장치에 등록하는 글로벌 주소를 DNS 서버에 등록합니다.
[56] TCP 헤더 뒤에 있는 데이터 내용을 조건으로 설정할 수 있는 장치도 있지만, 일반적이지는 않습니다.
[57] 다른 시스템으로 불법 침입을 막는 방화벽도 있습니다.

이와 관련한 주제는 흥미롭긴 하지만, 패킷 필터링을 사용하는 방법은 서버의 움직임과 연관돼 있으므로 서버를 탐험할 때 자세히 설명하겠습니다. 패킷은 인터넷과 연결된 라우터를 통과해 드디어 인터넷 안으로 들어갑니다. 다음 장은 이 부분을 탐험합니다.

확인 퀴즈

지금까지 살펴본 내용을 확인할 겸 퀴즈를 준비했습니다.

문제

1. LAN에서 사용하는 트위스트 페어 케이블이 꼬여 있는 이유는 무엇일까요?

2. 입력 신호를 전체 포트에 출력하는 건 스위칭 허브와 중계기 허브 중 무엇일까요?

3. 네트워크 번호와 호스트 번호의 비트 수를 정하는 건 무엇일까요?

4. 큰 패킷을 분할하는 기능을 뭐라고 부를까요?

5. 라우터 경로표의 넷마스크난에 0.0.0.0이라는 값의 경로 정보가 적힌 경우가 있습니다. 이걸 뭐라고 할까요?

COLUMN
실제로는 어렵지 않은 네트워크 용어

허브와 라우터
이름을 바꾸면 가격도 바뀐다?

탐험 대원: 중계기 허브와 스위칭 허브는 똑같은 허브라도 내용은 완전히 다르네요.
탐험 대장: 그렇지.
탐험 대원: 그럼 왜 둘 다 허브라고 부르나요?
탐험 대장: 사전은 찾아봤나?
탐험 대원: 아뇨, 안 찾아봤는데요.
탐험 대장: 그렇다면 먼저 허브라는 말을 찾아보게.
탐험 대원: 잠깐만요. 음, 바퀴의 중앙 부분이라고 적혀 있네요. 바퀴의 중앙이라는 게 뭐죠?
탐험 대장: 아무리 자네라도 자전거 바퀴 정도는 본 적이 있을 것 아닌가?
탐험 대원: 그 정도야 저도 알죠.
탐험 대장: 자전거 바퀴를 보면 일단 타이어가 있고, 안쪽으로 바큇살이 뻗어 나와 중심축에 모이잖나? 그 축이 바로 허브야. 차축이라고 하지.
탐험 대원: 그게 왜 중계기 허브와 스위칭 허브와 관계 있나요?
탐험 대장: 허브라는 건 여러 케이블이 접속하는 장치잖나.
탐험 대원: 그렇죠.
탐험 대장: 그러니까 허브에 케이블이 모여든다고 생각하는 거야. 케이블을 차축의 바큇살에 비유한 거지.
탐험 대원: 그렇구나. 중앙 부분에서 케이블이 모이기 때문에 허브라고 부른다는 거네요.
탐험 대장: 자네치고는 이해가 빠르군. 쉽게 말하면 케이블을 접속했을 때의 형태를 가리키는 말이라서 중계기 허브와 스위칭 허브 모두에 쓰는 거야.
탐험 대원: 그렇군요. 하지만 라우터도 케이블이 모이는데, 라우터를 허브라고는 부르지 않잖아요. 그건 왜인가요?
탐험 대장: 으-음. 허브라는 건 단순하다고 해야 하나 저성능이라고 해야 하나, 빈말이라도 고성능 기계라는 이미지가 아니잖나.

탐험 대원 : 그렇죠.

탐험 대장 : 라우터를 허브라고 부르면 라우터의 가치가 떨어진 것 같은 느낌이 들지? 그래서 이미지를 떨어뜨리는 이름으로는 부르지 않는다네.

탐험 대원 : 그런 거라면 스위칭 허브는 왜 허브라는 이름을 붙인 건가요?

탐험 대장 : 이건 예외지. 제대로 설명하려면 시간이 한참 걸리니 좀 봐주게.

탐험 대원 : 에이, 쩨쩨하시다!

탐험 대장 : 뭐, 요컨대 케이블을 연결하기만 하면 간단하게 사용할 수 있는 기기라는 점을 내세우고 싶었던 거지.

탐험 대원 : 그런가요?

탐험 대장 : 라우터보다 고성능이지만 간단하게 사용할 수 있다는 말이 스위칭 허브가 등장했을 때의 슬로건이었다네.

탐험 대원 : 스위칭 허브가 라우터보다 더 성능이 높은가요?

탐험 대장 : 옛날 라우터는 소프트웨어로 제어했기 때문에 하드웨어로 제어하는 스위칭 허브가 더 고속이었지.

탐험 대원 : 호오, 그랬군요. 하나 더 질문해도 될까요?

탐험 대장 : 뭔가?

탐험 대원 : 레이어2 스위치는 스위칭 허브랑 어떻게 다른가요?

탐험 대장 : 으음. 또 어려운 질문을 하는군. 둘 다 작동 원리는 다르지 않으니 말이야.

탐험 대원 : 제가 궁금한 점이 그거예요. 왜 스위칭 허브라고 했다가 레이어 2 스위치라고 했다가 그러는 거예요?

탐험 대장 : 소형에 가격이 낮은 보급품이 스위칭 허브고, 대형에 고성능인 기종은 레이어 2 스위치라고 할 수 있겠군.

탐험 대원 : 왜 그런 번거로운 짓을 하는지 모르겠네요.

탐험 대장 : 뭐, 이것도 이미지 문제겠지. 수백만 원에서 수천만 원까지 하는 기종은 몇만 원짜리 허브와는 다르다고 말하고 싶을 테니 말이야.

탐험 대원 : 으음. 네트워크는 참 어렵네요.

┃해답

1. 잡음으로 인한 영향을 억제하려고(3.1.3 참고)　**2.** 중계기 허브(3.1.4 참고)　**3.** 넷마스크(3.3.2 참고)
4. 단편화(3.3.7 참고)　**5.** 디폴트 경로(3.3.5 참고)

제4장

접근 회선을 통해
인터넷 내부로
접근 회선과 프로바이더 탐험하기

워밍업

탐험을 시작하기 전에 워밍업으로 이 장에 관련된 주제를 모아 퀴즈를 만들어봤습니다. 한번 풀어보세요. 또한 퀴즈 정답을 몰라도 탐험하는 데는 지장이 없으니 편하게 시도해 보길 바랍니다.

퀴즈

아래 설명은 O 아니면 X?

1. 패킷을 사용한 첫 네트워크는 인터넷의 전신이었던 ARPANET.

2. ADSL은 전화국까지 뻗은 케이블 요금이 전화 요금에 포함돼 있어서 인터넷 요금이 싸다.

3. 광케이블 통신 속도가 고속인 이유는 빛이 전기보다 빠르게 신호를 전달하기 때문이다.

정답

1. ○

인터넷은 최신 기술로 계속 발전하기에 새로운 네트워크라고 생각하기 쉽지만, 그렇지는 않습니다. 인터넷은 50년이 넘은 '가장 오래된' 패킷 네트워크입니다.

2. ○

ADSL은 케이블 요금이 전화 요금에 포함돼 있지만, 광통신은 케이블 요금이 인터넷 요금(접근 회선의 요금)에 포함돼 있습니다. 이 때문에 광통신은 인터넷 요금이 비싸고 전화 요금이 쌉니다.

3. X

전기든 빛이든 신호가 전달되는 속도에 큰 차이는 없습니다. 전기 쪽이 통신 속도가 저속인 것은 전기신호의 통신 속도를 높이면 감쇠율이 높아지고(신호가 도중에 약해진다는 이야기), 신호가 도달하지 않기 때문입니다. 반면 광신호는 원래 감쇠율이 낮아서 통신 속도를 높여도 감쇠율이 높아지는 일이 없습니다. 또 광케이블은 전기적 잡음의 영향도 받지 않습니다. 광케이블이 고속인 것은 이 때문입니다.

이전 장에서는 클라이언트 PC가 송신한 패킷이 가정이나 회사의 LAN에 있는 허브나 라우터를 거쳐서 목적지로 가는 모습을 탐험했습니다. 이 장에서는 패킷이 인터넷 접속용 라우터를 통과해 인터넷 안으로 들어가는 모습을 탐험할 예정입니다.

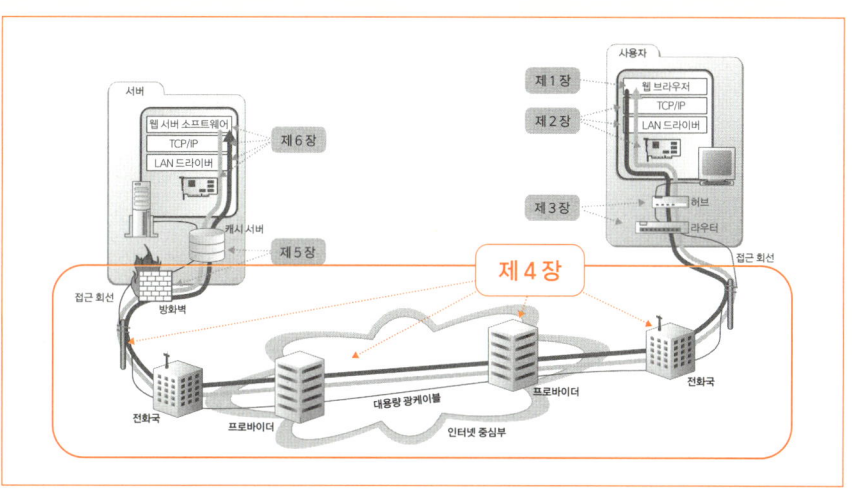

(1) ADSL 기술을 사용한 접근 회선의 구조와 작동

가정이나 회사의 LAN은 접근 회선이라고 부르는 통신 회선으로 프로바이더에 연결돼 있습니다. 접근 회선에는 다양한 종류가 있는데, 여기서는 ADSL 기술을 사용한 접근 회선을 설명합니다. ADSL 접근 회선의 구성, 전화선을 흐르는 신호, 전화와 공존시키는 방법 등이 볼거리입니다.

(2) 광케이블을 사용한 접근 회선(FTTH)

광케이블을 사용한 접근 회선도 설명합니다. 최근에 주로 이용하는 회선입니다. 광섬유의 구조, 싱글 모드와 멀티 모드의 차이 같은 광케이블의 성질과 접근 회선으로 사용할 경우의 광케이블 모습이라는 두 가지 볼거리가 있습니다.

(3) 접근 회선에서 사용하는 PPP와 터널링 프로토콜
접근 회선에는 사용자 이름과 비밀번호로 사용자가 본인인지 아닌지 확인하거나 프로바이더 쪽에서 사용자 쪽에 글로벌 주소를 통지하는 작동도 있습니다. 또 접근 회선 부분에서 프로바이더로 패킷을 옮길 때 터널링 프로토콜이라는 기술을 사용하기도 합니다. 이것도 볼거리라고 할 수 있어요.

(4) 프로바이더의 내부
접근 회선 끝에는 프로바이더의 네트워크가 있습니다. 프로바이더의 네트워크도 라우터를 중심으로 구성한다는 점은 가정이나 회사의 LAN과 같아서, 패킷을 중계하는 작동은 바뀌지 않습니다. 하지만 프로바이더 사이에서 경로 정보를 교환해 라우터의 경로표에 자동으로 등록하는 부분에서는 가정이나 사내의 LAN과 다른 기술을 사용해요. 그 부분이 볼거리입니다.

(5) 프로바이더를 거쳐서 흐르는 패킷
인터넷은 여러 프로바이더의 네트워크를 상호 간에 접속한 거대 네트워크입니다. 프로바이더끼리 접속하는 지점이 인터넷의 핵심이라고 할 수 있습니다. 이것도 볼거리라고 할 수 있겠네요.

4.1 ADSL 기술을 사용한 접근 회선의 구조와 작동

4.1.1 인터넷의 기본은 가정이나 사내의 LAN과 동일

인터넷은 거대하고 복잡한 시스템이며 전 세계에 걸쳐 있지만, 기본 작동은 놀랄 만큼 단순합니다. 라우터로 패킷을 중계하는 부분은 가정이나 회사의 LAN과 똑같고, 라우터의 기본적인 시스템과 작동도 다른 게 아무것도 없습니다.(그림 4.1) 이 때문에 가정이나 회사의 네트워크 규모가 커진 게 인터넷이라고 생각하면 될 정도입니다.

하지만 가정이나 회사의 LAN과는 다른 면도 몇 가지 있습니다. 하나는 중계 장치 사이의 거리입니다. 회사나 가정의 LAN이면 중계 장치 사이의 거리는 수 미터에서 수백 미터 정도 되겠죠. 이런 경우, 이더넷 케이블을 늘리면 인접한 중계 장치에 도달합니다.[1] 하지만 인터넷은 그게 안 돼요. 가장 가까이 있는 전화국에 가려고만 해도 수 킬로미터는 되고, 국내와 미국을 이어주는 부분은 태평양을 넘어야 하니 인터넷 케이블로 연결할 수도 없는 일입니다.

거리뿐 아니라 라우터로 패킷의 중계처를 제어하는 부분도 다릅니다. 경로표에 등록된 경로 정보에 기반해 중계처를 판단한다는 기본 작동은 같지만, 경로표에 정보를 등록하는 부분이 달라요.[2] 인터넷의 핵심 라우터에는 경로 정보가 100만 건 이상 등록돼 있습니다. 심지어 정보가 시시각각 바뀝니다. 통신 회선에 장애가 발생하거나 인터넷에 새롭게 접속하는 회사 등이 있으면 그때마다 경로가 바뀌거나 추가되기 때문이에요. 도저히 사람 손으로 등록할 수 있는 수준이 아니라서 그 부분은 자동화해야 합니다.

회사에서 사용하는 라우터에도 경로표에 자동 등록하는 기능이 있습니다만, 여러 이유로 인터넷에서는 회사와 다른 방식이 사용되고 있습니다. 중계 장치 사

---

[1] 트위스트 페어 케이블은 100미터가 한계지만 광케이블이면 수 킬로미터의 거리를 연결할 수 있습니다.
[2] 경로표의 상세한 내용은 제3장에서 설명했습니다.

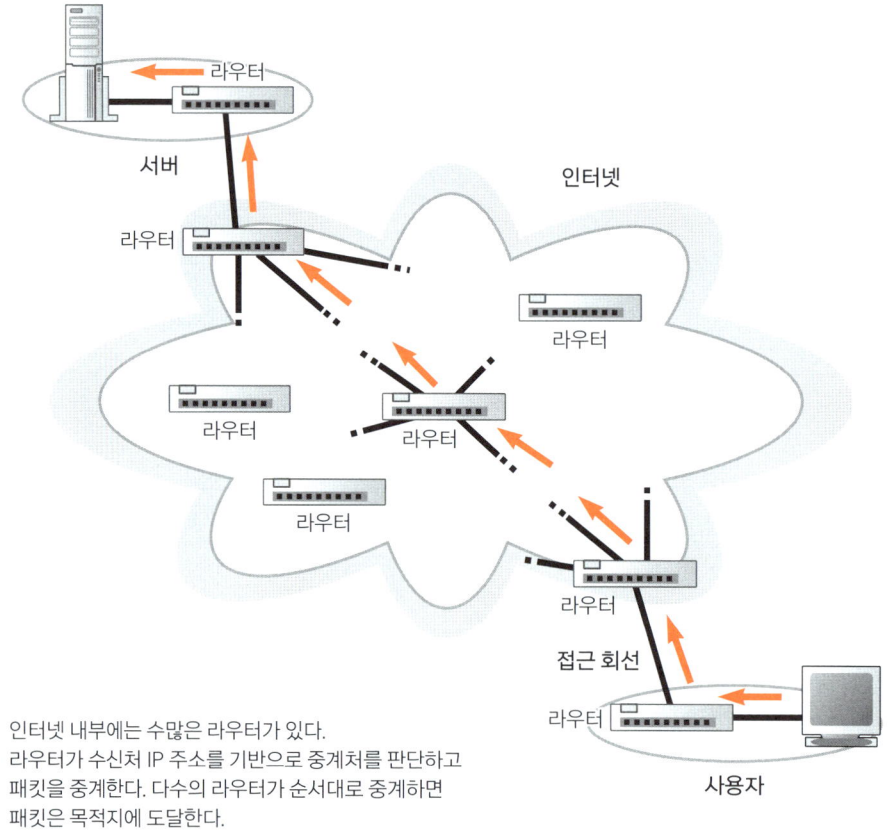

인터넷 내부에는 수많은 라우터가 있다.
라우터가 수신처 IP 주소를 기반으로 중계처를 판단하고
패킷을 중계한다. 다수의 라우터가 순서대로 중계하면
패킷은 목적지에 도달한다.

그림 4.1 인터넷의 기본 틀

이의 거리 차이와 경로 정보 등록 방법의 차이가 바로 회사나 가정에서 쓰는 LAN과 인터넷의 차이라고 할 수 있습니다.

4.1.2 사용자와 인터넷을 연결하는 접근 회선

이전 장에서 설명했듯이 스위칭 허브와 라우터로 패킷을 중계하면 패킷은 목적지인 서버를 향해 나아갑니다. 그리고 인터넷 접속용 라우터를 거쳐 인터넷으

로 나가겠죠.[3] 이 장의 탐험은 여기서부터 시작됩니다.

지금까지 설명했듯이 라우터의 중계 작동은 모두 똑같기에 인터넷 접속용 라우터의 패킷 중계 작동도 제3장에서 설명한 이더넷의 라우터와 거의 똑같습니다. 즉 패킷의 IP 헤더에 기재된 수신처 IP 주소와 경로표의 수신란을 비교해 보고, 해당하는 경로를 찾아 그곳에 등록된 중계처로 패킷을 송신합니다. 다만 인터넷 접속용 라우터의 패킷 송신 작동은 이더넷의 패킷 송신 작동과는 조금 달라요. 인터넷 접속용 라우터는 접근 회선의 규칙에 따라 패킷 송신 작동을 실행하기 때문입니다. 이 부분이 이더넷의 라우터와 다른 점이에요.

접근 회선은 가정이나 회사의 LAN을 인터넷과 연결하는 통신 회선입니다.[4] 일반 가정이면 ADSL[5], FTTH[6], CATV, 전화 회선, ISDN 등을 접근 회선으로 사용하는 것이 일반적입니다. 회사라면 전용선 같은 것들이 추가됩니다. 이처럼 접근 회선에는 다양한 종류가 있어서 그 움직임을 모두 탐험할 수는 없어요. 따라서 대표적인 예로 일단 ADSL의 경우를 들어보겠습니다.

4.1.3 ADSL 모뎀에서 패킷을 셀로 분할

ADSL 기술을 사용한 접근 회선의 구성은 그림 4.2와 같습니다. 이 그림의 오른쪽에서 왼쪽으로 패킷이 흘러갑니다. 즉 사용자 쪽의 라우터[7]에서 송신된 패킷

---

[3] 목적지인 서버가 회사나 가정의 LAN에 있는 경우, 인터넷 접속용 라우터가 아니라 그 서버에 패킷이 도달합니다. 인터넷으로는 나가지 않습니다.

[4] 접근 회선이라는 말은 통신 회로의 사용법을 나타냅니다. 통신 회로의 시스템과 구조를 나타내는 게 아닙니다. 예를 들어 회사에서 사용하는 통신 회선(전용선)은 인터넷 접속용으로 사용할 때는 접근 회선이 되지만, 본사와 지점을 이어줄 때는 접근 회선이라고 부르지 않습니다. 또 접근 회선이라는 말은 인터넷에 국한된 것은 아니에요. 통신사업자가 제공하는 통신 서비스를 이용할 때 사용자와 통신사업자를 연결하는 회선을 가리키는 일반적인 용어입니다.

[5] ADSL : Asymmetric Digital Subscriber Line. 전봇대에 부설된 전화용 금속제 케이블을 사용해 고속으로 통신하는 기술의 일종으로, 사용자에서 인터넷으로 향하는 상향과 인터넷에서 사용자에게로 향하는 하향에서 통신 속도가 다름을 가리킵니다.

[6] FTTH : Fiber To The Home. 일반 가정까지 광케이블을 끌어오는 것을 가리키는 용어입니다.

은 ADSL 모뎀과 전화 케이블을 거쳐 전화국에 도달하고, 거기서 ADSL 사업자의 네트워크를 통과해 프로바이더(ISP : 인터넷 서비스 프로바이더)에 도달합니다. 프로바이더에 도달할 때까지 패킷은 다양한 형태로 모습을 바뀌며 나아갑니다.

그 모습을 정리한 것이 그림 4.3입니다. 이 그림을 보며 탐험을 계속해 보죠. 먼저 클라이언트에서 만든 패킷이(그림 4.3 ①과 ②) 중계기 허브와 스위칭 허브를 거쳐 인터넷 접속용 라우터에 도달하고(③), 이때 이더넷의 패킷에서 IP 패킷을

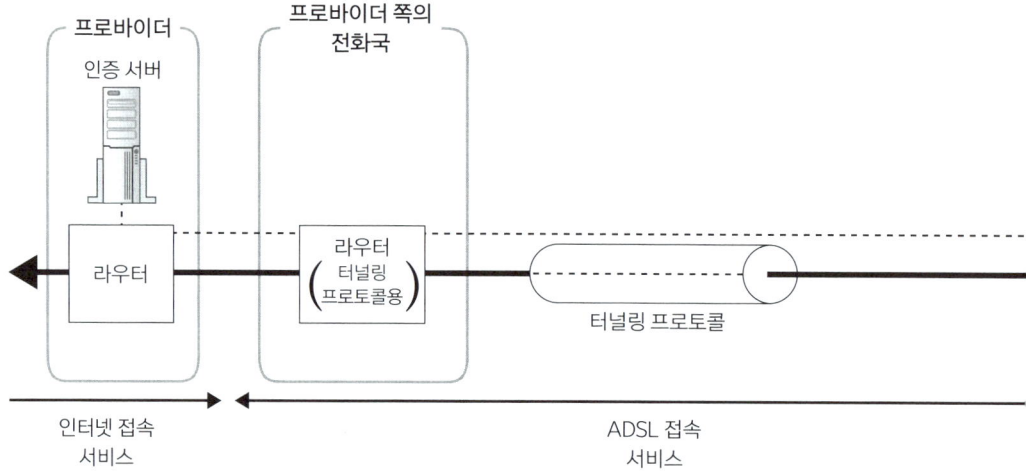

이 그림에서는 생략했지만 사용자 쪽 스플리터의 왼쪽에는 IDF(중간배선반), MDF(주배선반), 보안기 같은 기기가 설치되는 경우가 있습니다.

그림 4.2 ADSL 접근 회선의 구성(PPPoE의 경우)

7 인터넷 접속용 라우터와 ADSL 모뎀을 일체화한 라우터 일체형 ADSL 모뎀(라우터 타입의 ADSL 모뎀이라고 부르는 경우도 있음)을 사용하기도 합니다. 이때 ADSL 모뎀과 라우터가 한 케이스에 들어간다고 생각하면 됩니다.

추출해 중계처를 판단하는 단계(④)까지는 아까 설명했듯이 제3장에서 설명한 이더넷의 라우터와 다르지 않습니다. 그다음, 패킷을 송신하는 작동도 비슷합니다.

인터넷 접속용 라우터와 ADSL 모뎀이 이더넷으로 연결돼 있다면, 이더넷의 규칙에 따라 패킷 송신 작동을 실행해 신호를 송신하는 작동은 바뀌지 않기 때문입니다. 다만 이더넷의 헤더가 조금 다릅니다. 이 부분은 접근 회선 사업자에 따

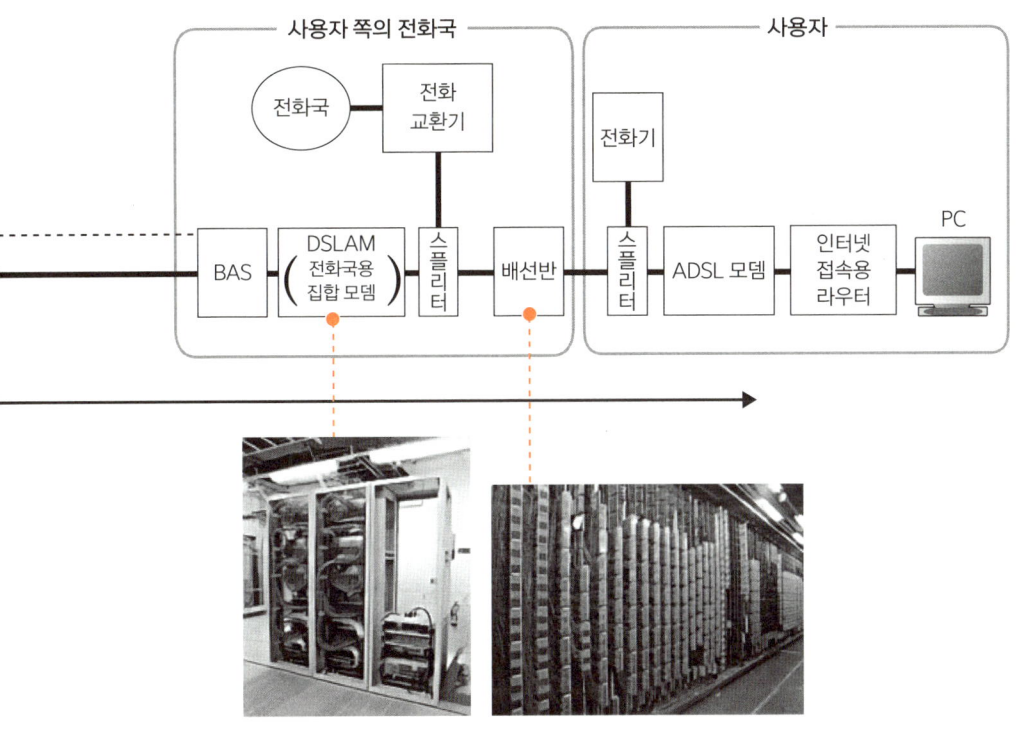

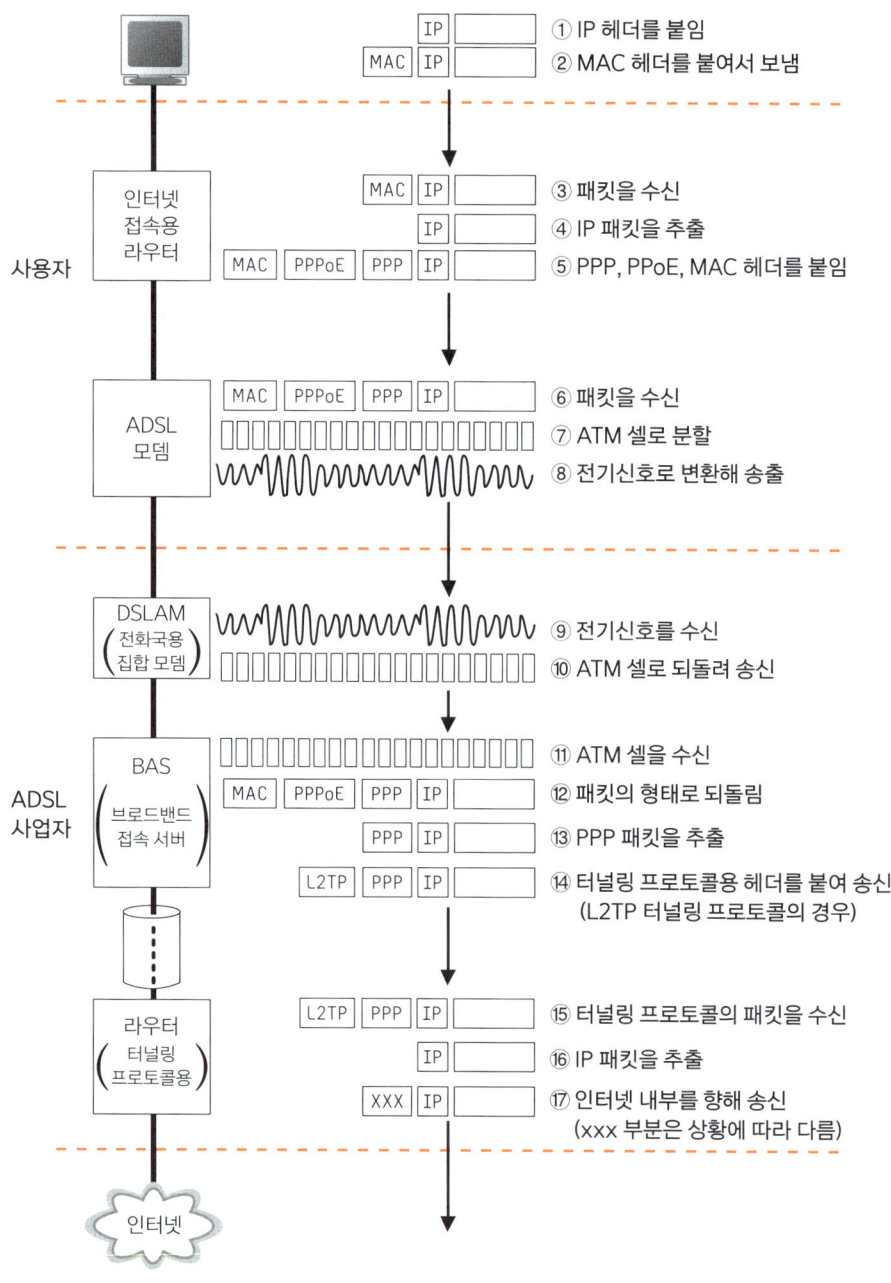

그림 4.3 모습을 바꾸는 패킷

라 종류가 다양하고 또 접근 회선 끝에 있는 BAS[8]라는 패킷 중계 장치도 알아야 하므로, 상세한 내용은 BAS의 작동을 탐험할 때 설명할게요. 여기서는 일단 MAC 헤더, PPPoE 헤더, PPP[9] 헤더라는 헤더 3개를 붙여(⑤) 이더넷의 규칙에 따라 신호로 변환해 송신한다고 생각하면 됩니다.[10]

> 인터넷 접속용 라우터는 MAC 헤더, PPPoE 헤더, PPP 헤더 3개를 붙여 ADSL 모뎀으로 패킷을 송부한다.(PPPoE의 경우)

인터넷 접속용 라우터가 패킷을 송신하면 패킷은 ADSL 모뎀에 도달합니다.(⑥) 그렇게 하면 ADSL 모뎀은 패킷을 세세하게 분할해 **셀**에 저장합니다.(⑦) 셀은 앞부분에 헤더(5바이트)가 있고, 그 뒤에 데이터(48바이트)가 이어지는 작은 디지털 데이터 덩어리로, ATM[11]이라는 통신 기술에서 사용합니다. 패킷을 작게 만든 것이라고 생각해도 돼요. 그 데이터 부분에 패킷을 분할한 단편을 저장합니다.

TCP가 애플리케이션에서 받은 데이터를 분할한 단편을 패킷의 데이터 부분에 저장하는 것과 똑같은 작동 방식입니다.[12] 여담이지만, 셀로 분할하는 것은 다음과 같은 이유가 있기 때문입니다. ADSL 기술 개발이 시작되던 당시, 통신업계에서는 ATM 기술이 유력시되고 있었고 통신사업자도 ATM 관련 설비 투자를 하

---

8 Broadband Access Server. 라우터의 일종입니다.
9 Point-to-Point Protocol. 전화 회선이나 ISDN 등의 통신 회선을 사용해 통신할 때 쓰는 시스템입니다. 본인 확인, 인정값 통지, 데이터 압축, 암호화 등 다양한 기능을 조합해 사용할 수 있습니다.
10 이건 나중에 설명할 PPPoE라는 방식의 규칙으로 규정된 작동입니다.
11 Asynchronous Transfer Mode. 전화 회선의 작동 방식에 기반한 기존 전화 기술의 연장선상에 있는 통신 방식입니다. '셀'이라는 작은 덩어리를 사용해 데이터를 옮기는 부분은 패킷을 사용한 TCP/IP와 비슷하지만 컴퓨터 통신과는 맞지 않습니다.
12 TCP 프로토콜로 데이터를 분할하는 작동은 제2장에서 프로토콜 스택을 설명한 부분을 참고하세요.

고 있었습니다. 이런 상황인 만큼, 셀을 사용하는 형태로 해두면 다른 설비와 원활하게 연계되고 개발 투자나 설비 투자를 억제할 수 있었습니다. 이게 셀로 분할하는 이유인데, 이런 이유가 없으면 셀로 분할하지 않아도 상관없고 실제로 셀로 분할하지 않는 타입의 ADSL 모뎀을 사용하는 ADSL 사업자도 있었습니다.

ADSL 모뎀은 패킷을 셀로 분할해 전기신호로 바꾼 다음 스플리터로 송신합니다.

4.1.4 ADSL은 '변조 방식'으로 셀을 암호화

셀에 저장하면 다음은 신호로 변환합니다.(그림 4.3 ⑧) LAN의 경우에는 제2장의 그림 2.27에서 볼 수 있듯이 사각형 신호로 0과 1을 표현하는 간단한 방식을 사용해 디지털 데이터를 신호로 변환했지만, ADSL은 더 복잡한 방법을 씁니다. 이유는 두 가지인데요. 하나는 사각형 신호는 파형이 무너지기 쉬워 거리가 멀어지면 오류를 일으키기 쉽다는 겁니다. 또 하나는 사각형 신호에는 낮은 주파수에서 높은 주파수까지 폭넓은 주파수가 포함돼 있다는 겁니다. 신호 주파수가 높아지면 주변에 방사하는 잡음의 양이 늘어나는 성질이 있어서, 주파수의 폭이 넓으면 잡음을 제어하기가 어려워집니다.

여기서 ADSL 모뎀은 완만한 파형(정현파)을 합성한 신호에 0과 1의 비트값을 대응시키는 기술을 사용합니다. 이 기술을 **변조 기술**이라고 불러요. 변조 기술에는 몇 가지 방식이 있는데, ADSL은 **진폭 편이 변조**(ASK)라는 방식과 **위상 편이 변조**(PSK)라는 방식을 조합한 **직교 진폭 변조**(QAM)라는 방식을 사용합니다. 일단 조합의 기반이 되는 두 가지 방식부터 설명해 볼게요.

진폭 편이 변조 방식은 신호 세기, 즉 신호의 큰 진폭과 작은 진폭에 0과 1을 대응시키는 방법입니다. 그림 4.4 (b)처럼 진폭이 작은 신호를 0, 진폭이 큰 신호를 1에 대응시키는 것이 가장 간단한 예입니다. 이 예는 진폭이 크고 작고의 2단계밖에 없지만, 단계를 늘리면 대응시키는 비트 수를 늘릴 수 있습니다.

예를 들어 진폭을 4단계로 늘리면 가장 작은 진폭을 00, 2번째를 01, 3번째를 10, 4번째를 11이라는 2비트의 값에 대응시킬 수 있는 거죠. 이러면 옮기는 데이터양이 2배로 늘고 속도가 올라갑니다. 이 작동 방식을 발전시키면 진폭이 8단계일 때 3비트, 16단계일 때 4비트라는 식으로 비트 수를 늘려 고속화할 수 있습니다. 하지만 신호는 전달되는 도중에 감쇠해서 약해지고, 잡음의 영향을 받으면 파형이 변형되기 때문에 단계를 너무 많이 늘리면 수신 쪽에서 인접한 단계라고 오인할 가능성이 커져서 오류 원인이 됩니다. 그렇게 되지 않는 정도에서 단계 수를 조절해야 해요.

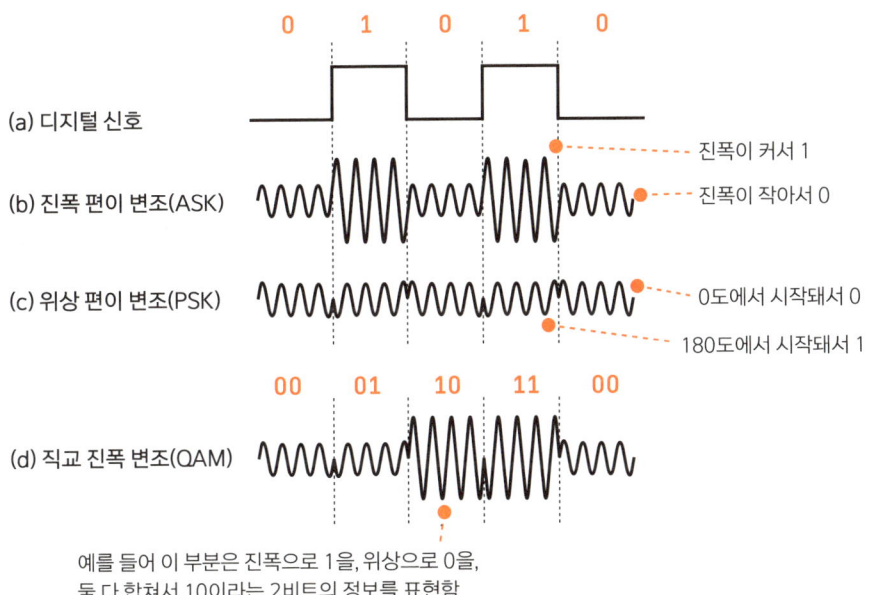

그림 4.4 신호의 변조

위상 편이 변조는 신호의 위상에 0과 1을 대응시키는 방법입니다. 모뎀이 만드는 신호는 일정한 주기로 변화하는 파형의 일종인데, 그림 4.5와 같이 파형에는 한 주기를 어디서 시작하느냐에 따라 형태가 각각 다르다는 성질이 있습니다. 파형은 한 주기 만에 원래대로 되돌아오기 때문에, 원이 한 바퀴 돌아오는 움직임에 맞춰 파형 주기를 0도부터 360도까지의 각도로 나타냅니다. 이 각도를 **위상**이라고 부르며, 그 각도에 0과 1을 대응시키는 것이 위상 편이 변조입니다.

가장 간단한 예를 들자면 0도부터 시작되는 파형에는 0, 180도부터 시작되는 파형에는 1을 대응시킵니다. 이를 표현한 것이 바로 그림 4.4 (c)입니다. 이것도 진폭 편이 변조와 마찬가지로 각도의 단계를 세밀하게 나누면 대응시키는 비트 수를 늘릴 수 있어 고속화를 할 수 있습니다. 하지만 각도가 가까워지면 판별할 수 없어서 오류가 일어나기 쉽기 때문에 고속화에는 한계가 있어요.

ADSL에서 사용하는 직교 진폭 변조라는 방식은 이 두 가지를 조합한 것입니다. 그림 4.4 (d)에는 (b)와 (c)를 조합한 예가 있는데, 이걸 보니 조합 방법이 이

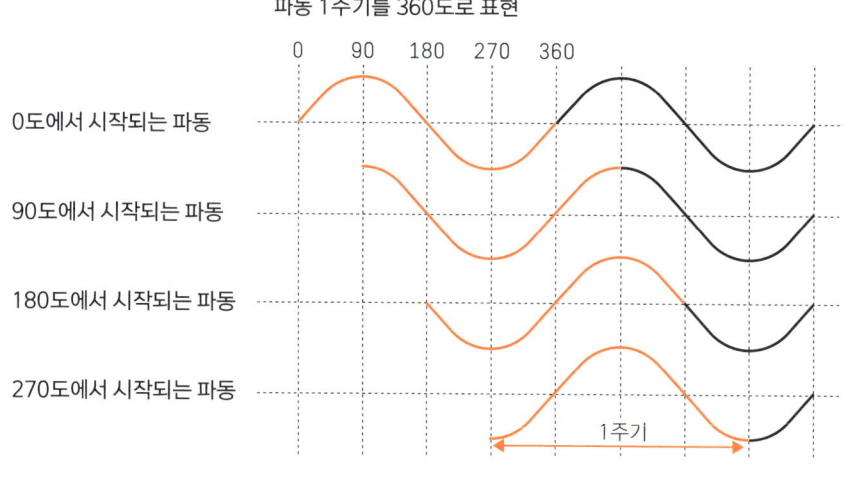

그림 4.5 파동의 위상

해되죠? 신호의 진폭에 1비트, 위상에 1비트를 대응시켜 한 파형에 2비트분의 데이터를 대응시켰습니다. 이렇게 두 가지 방식을 조합해 한 파형에 대응시켜 비트 수를 늘리고 속도를 올린 것을 직교 진폭 변조라고 부릅니다.

직교 진폭 변조도 진폭과 위상의 단계를 각각 늘려나가면 대응시킬 비트 수를 늘릴 수 있습니다. 예를 들어 진폭, 위상을 각각 4단계씩 하면 그 조합은 16가지가 되고 4비트의 값을 대응시킬 수 있습니다. 하지만 진폭 편이 변조와 위상 편이 변조를 단독으로 사용할 때처럼 단계를 늘리면 판별이 어려워지기 때문에 이 방법을 쓰더라도 고속화에 한계가 있습니다.

4.1.5 ADSL은 파동을 다수 사용해 고속화를 실현

그림 4.4의 예로 설명한 신호는 주파수가 하나인 파형이지만, 신호를 단일 주파수의 파형으로 한정할 필요는 없습니다. 주파수가 다른 파형을 섞으면 파형은 합성할 수 있고, 특정한 주파수의 파형만 지나가는 필터 회로를 사용하면 주파수마다 파형을 분리할 수도 있습니다. 이 때문에 여러 주파수의 파형을 합성한 것을 신호로 사용할 수도 있어요. 이렇게 하면 대응시킬 비트 수는 사용하는 파형의 수와 곱해져 늘어납니다.

ADSL은 이 성질을 사용해 여러 파형에 비트값을 대응시켜 고속화를 노립니다. 구체적으로는 그림 4.6과 같이 4.3125kHz씩 주파수를 이동시킨 파형을 수백 개 사용해 각각의 파형에 직교 진폭 변조로 비트값을 대응시킵니다. 그때 잡음의 상태로 한 파형에 대응시킬 비트 수를 바꿉니다. 즉 잡음이 없는 주파수의 파형에는 여러 비트를 대응시키고, 잡음이 있는 주파수의 파형에는 소수의 비트를 대응시키는 거죠.[13] 그리고 각각의 파형에 대응시킨 비트 수를 더한 값에 따라 전체의 전송 속도가 정해집니다.

[13] 통상적으로 한 파동에 수 비트에서 수십 비트를 대응시킵니다.

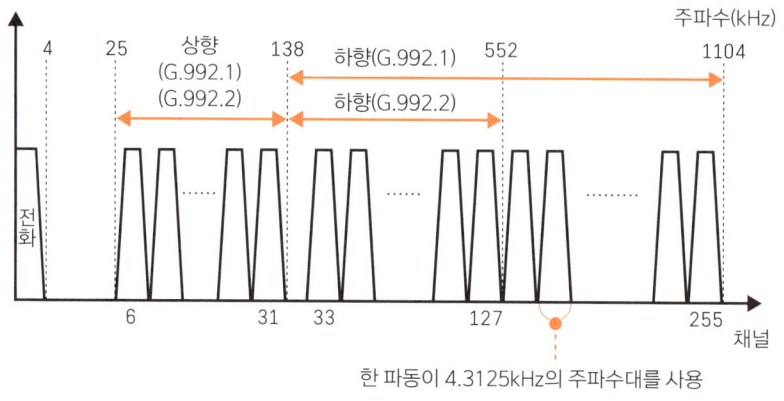

그림 4.6 ADSL에서 사용하는 파동의 주파수

ADSL은 사용자에서 인터넷으로 향하는 상향과 인터넷에서 사용자에게로 가는 하향의 전송 속도가 다릅니다. 상향은 26개의 파형을 사용하는 것에 비해 하향은 95개 또는 223개로 여러 파형을 사용합니다. 이 수의 차이가 상향과 하향의 속도 차이로 이어집니다

또한 하향에 사용하는 높은 주파수의 파형은 잡음의 영향을 받기 쉬워서, 적은 비트 수만 대응시킬 수 있거나 전혀 사용하지 못하는 때도 있습니다. 거리가 멀어지면 멀어질수록, 주파수가 높아질수록 이런 경향이 강해져요. 전화국에서 멀리 떨어지면 속도가 떨어지는 이유는 여기에 있습니다.

잡음이나 감쇠 등의 회선 특성은 전화 회선 하나하나에서 모두 다릅니다. 시간에 따라 바뀌는 경우도 있어요. 이 때문에 ADSL에는 회선 상태를 확인해, 사용하는 파형의 수나 각 파형에 대응시킬 비트 수를 판단하는 시스템도 갖춰져 있습니다. 구체적으로는 모뎀 전원을 켰을 때, 시험 신호를 보내 수신 상태에 따라 파형의 수나 비트 수를 판단합니다. 이걸 트레이닝이라고 부르고, 몇 초에서 수십 초가 걸립니다.

4.1.6 스플리터의 역할

ADSL 모뎀에서 전기신호로 변환한 셀은 그다음으로 **스플리터**라는 장치에 들어갑니다. 여기서 ADSL의 신호는 전화 음성신호와 섞여 전화 회선에 함께 흘러나가죠. 사용자 쪽에서 신호를 전화 회선에 송출할 때는 전화와 ADSL 양쪽 신호를 그대로 흘려보낼 뿐이고, 스플리터는 이렇다 할 일을 하지 않습니다.

이와는 반대로 전화 회선에서 신호가 흘러 들어왔을 때, 스플리터가 일합니다. 이 경우, 스플리터는 전화와 ADSL의 신호를 나누는 역할을 합니다.(그림 4.7) 전화 회선에서 흘러 들어온 신호는 전화의 음성신호와 ADSL의 신호 양쪽이 섞여 있기 때문에, 그대로 전화기에 흘려보내면 ADSL의 신호가 잡음이 돼 전화 음성이 듣기 힘들어집니다. 이런 일을 방지하려고, 전화기 쪽에 ADSL 신호가 흘러가지 않도록 신호를 분리하는 게 스플리터의 역할입니다.

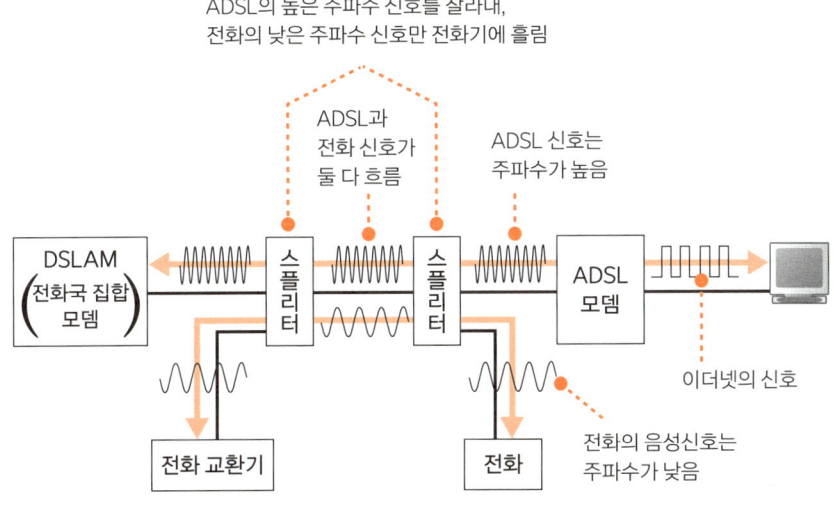

그림 4.7 스플리터의 역할

구체적으로는 일정한 주파수를 넘는 신호를 잘라내는 기능을 갖추고 있어, ADSL의 높은 주파수 신호를 잘라내는 겁니다. 이 덕분에 전화기에는 전화 신호만 흘러갑니다. 한편 ADSL 모뎀으로 가는 신호는 그대로 흘려보냅니다. ADSL 모뎀 내부에는 ADSL에서 사용하는 주파수 범위를 벗어나는 불필요한 주파수를 잘라내는 기능이 있어서, 스플리터가 잘라낼 필요가 없습니다.[14]

그럼 그사이에 수십 초 정도 통신이 중단됩니다. 스플리터는 이를 방지하는 역할도 있어요. 고속으로 트레이닝을 다시 하는 시스템이 있으면 스플리터가 없어도 지장이 없다는 작동 방식이 G.992.2라는 ADSL 사양에 마련돼 있지만, ADSL의 신호가 잡음이 돼 전화 소리를 듣기 어렵다는 이유로 G.992.2 사양의 ADSL에서도 스플리터를 사용하는 것이 일반적입니다.

4.1.7 전화국까지의 거리

스플리터 끝에는 전화 케이블을 삽입하는 모듈러 커넥터가 있습니다. 그곳을 통과해 전화의 실내 배선을 지나가면 빌딩 같은 경우에는 IDF[15]나 MDF[16]가 있습니다. 이곳에는 밖에서 들어오는 배선과 빌딩 내의 배선이 둘 다 연결돼 있고, 거기서 바깥 배선과 실내 배선이 접속돼 있습니다. 또한 단독주택이라면 전화 배선이 여러 개 있는 게 아니기 때문에 배선반은 없고, 바깥 배선이 직접 실내 배선과 연결돼 있습니다. 여기를 지나면 다음은 **보안기**입니다. 보안기는 낙뢰가 발생하면 바깥 전화선에서 과대한 전류가 흘러 들어오지 않도록 확보하기 위한 것으로, 내부에는 퓨즈가 들어가 있습니다.

그곳을 벗어나면 신호는 전봇대의 전화 케이블에 들어갑니다. 전화 케이블의

---

14 전화국에도 스플리터가 있는데, 그 역할이나 기능도 이곳에서 설명한 것과 같습니다.
15 IDF : Intermediate Distribution Frame. 중간배선반.
16 MDF : Main Distribution Frame. 주배선반.

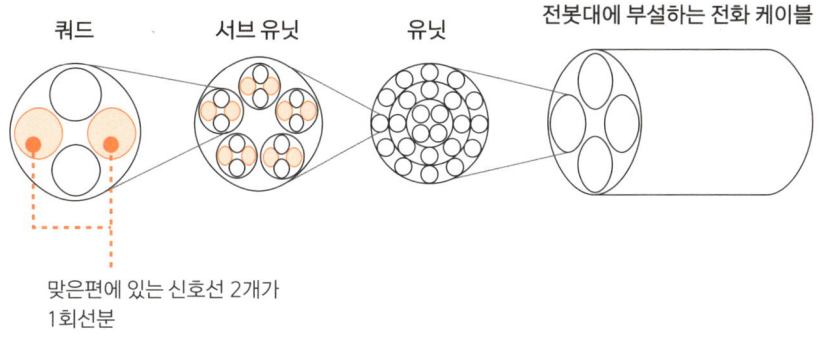

맞은편에 있는 신호선 2개가
1회선분

그림 4.8 다수의 신호선을 묶은 전화 케이블

사진 4.1 통신구

신호선은 굵기 0.32~0.9밀리미터[17]의 금속이며, 이것이 그림 4.8 같은 구조로 묶여 있습니다. 이 케이블은 사용자 근처에서는 전봇대에 부설돼 있지만, 중간에 전봇대 옆에 동여맨 금속 파이프 안에 들어가고 거기서 지하로 들어갑니다.

그 부분을 **궤선점**이라고 불러요. 전화 케이블은 주택과 빌딩마다 뻗어 있기 때

---

17 신호선의 두께에 따라 신호 감쇠 같은 특성이 다릅니다. 가는 선은 감쇠가 비교적 크기 때문에 전화국에서 가까운 곳은 가는 신호선, 먼 곳까지 케이블을 늘인다면 두꺼운 신호선을 사용합니다.

문에 전화국에 가까이 가면 상당한 수의 케이블이 모입니다. 그걸 모두 전봇대로 전화국까지 끌어온다는 건 현실성이 없어요. 전화국 주변이 전봇대투성이가 돼버릴 거라는 건 농담이고, 전봇대에 굵은 케이블을 여러 개 부설하면 방재 문제가 발생할 테니까요. 그래서 어느 정도 전화국에 가까워진 시점에서 지하에 케이블을 매설합니다. 전화국에 가까워질수록 지하 케이블의 수가 늘어나기 때문에, 그걸 모아 매설하는 부분은 지하도처럼 돼요. 그 부분을 **통신구**라고 부릅니다.(사진 4.1) 통신구를 지나 전화국에 들어간 케이블은 전화국의 MDF에 하나하나 연결됩니다.

4.1.8 잡음의 영향

신호가 전화 케이블을 지나갈 때, 여러 가지 잡음의 영향을 받습니다. 전화 케이블은 구조에 차이가 있지만, 금속제 신호선 안을 전기신호가 흘러간다는 점이 이더넷의 트위스트 페어 케이블과 같습니다. 즉 케이블 외부에서 들어오는 잡음이나 케이블 내부에서 발생하는 잡음(크로스토크[18])의 영향을 받아 신호가 변형되죠. 또 전화 케이블은 ADSL의 높은 주파수 신호를 흘려보내는 것을 가정해 만들지 않았기에, 이더넷의 트위스트 페어 케이블보다 잡음의 영향을 받기 쉽다고 할 수 있습니다.

다만 영향을 받는 방식은 트위스트 페어 케이블과 조금 달라요. 트위스트 페어 케이블을 흐르는 신호는 사각형 신호가 하나뿐이기 때문에 신호가 변형되면 디지털 데이터를 읽을 수 없어서 오류가 발생하는데, ADSL은 바로 오류가 생기지 않습니다. ADSL 신호는 여러 주파수로 나뉘어 있고, 잡음과 주파수가 겹치는 신호만 영향을 받아서 사용할 수 없게 됩니다. 즉 사용할 수 있는 신호의 수가 줄어

---

18 크로스토크 : 신호선에서 새어 나온 전자파가 잡음이 돼 케이블 내의 근접한 신호선에 악영향을 주는 것을 말합니다. '3.1.3 꼬임은 잡음을 방지하기 위한 아이디어'에서 설명했습니다.

서 속도가 저하되는 거죠.

이 때문에 잡음이 많은 곳에 전화 케이블이 부설되면 속도가 떨어질 수 있습니다. 예를 들어 전차 노선 옆이 그렇습니다. 전차가 팬터그래프(집전장치)로 가선에서 전력을 받을 때 불꽃이 튀어 잡음이 방사되는 경우가 있는데, 그 영향을 받아 속도가 떨어지죠. AM 라디오 전파의 영향을 받는 경우도 있습니다.

케이블 내부에서 발생하는 잡음의 영향을 받는 때도 있어요. 그림 4.8에서 보여준 쿼드 내부 또는 인접한 서브 유닛의 가까운 위치에 ADSL 신호선과 ISDN 신호선이 함께 들어가는 경우, ISDN 회선에서 새어 나오는 잡음에 영향을 받기도 합니다.

ADSL 기술이 실용화된 당시에는 이 영향을 막는 기술이 주목받았습니다. 하지만 지금은 ISDN 회선의 영향을 막는 기술이 확립됐기 때문에 걱정 없이 이용할 수 있어, ISDN 회선에 주의할 필요성은 낮아졌습니다.

4.1.9 DSLAM을 통과해 BAS에 도달

전화 케이블을 거쳐 전화국에 도달한 신호는 배선반, 스플리터를 통과해 DSLAM[19]에 도달합니다.(그림 4.3 ⑨) 여기서 전기신호가 디지털 데이터의 셀로 반환됩니다.(⑩) DSLAM이 신호의 파형을 읽어 진폭과 위상을 확인하고, 그게 어느 비트값에 대응하는지 판단해 디지털 데이터로 되돌리는 거죠. 이 작동은 사용자 쪽에 있는 ADSL 모뎀의 수신 작동과 똑같습니다. 이 때문에 전화국 쪽에 사용자 쪽과 마찬가지로 ADSL 모뎀을 다수 나열해도 똑같은 일이 일어납니다. 하지만 사용자 쪽과 마찬가지로 ADSL 모뎀을 다수 설치하자면 자리를 차지하고, 수가 많으면 작동을 감시하는 데도 꽤 많은 손이 들어갑니다. 여기서 전화국

---

19 DSLAM : DSL Access Multiplexer의 약자. 전화국용 ADSL 집합 모뎀. 다수의 ADSL 모뎀을 케이스 하나에 넣은 기기입니다.

은 여러 ADSL 모뎀에 해당하는 기능을 한데 모아 본체 하나에 넣은 장치를 사용합니다. 그게 바로 DSLAM이라는 장치입니다.

DSLAM에는 사용자가 쓰는 ADSL 모뎀과 다른 부분이 하나 있습니다. ADSL 모뎀이 이더넷 인터페이스를 이용해 사용자 쪽의 라우터나 PC와 데이터를 주고받을 때는 이더넷의 패킷 형태로 송수신하는 반면에 DSLAM은 이더넷 대신 ATM 인터페이스를 이용해서 패킷을 분할한 셀 형태 그대로 뒤쪽의 라우터와 데이터를 주고받습니다.[20]

> DSLAM은 ATM 인터페이스를 이용해, 패킷을 분할한 셀 형태 그대로 뒤쪽의 라우터와 데이터를 주고받는다.

DSLAM을 나온 셀은 BAS[21]라고 부르는 패킷 중계 장치에 도달합니다.(⑪) BAS에도 DSLAM과 마찬가지로 ATM 인터페이스가 있고, 거기서 셀을 수신합니다. ATM 인터페이스는 수신한 셀을 원래 패킷으로 되돌리는 기능이 있기 때문에, 이 단계에서 원래 패킷의 형태로 셀을 되돌립니다.(⑫) 이걸로 BAS의 수신 작동은 끝나요. 그렇게 하면 수신한 패킷의 앞부분에 있는 MAC 헤더와 PPPoE 헤더를 버리고, PPP 헤더 이후의 부분을 추출합니다.(⑬) MAC 헤더나 PPPoE 헤더는 BAS의 인터페이스에 패킷을 보내기 위해 사용하는 것으로, 인터페이스가 패킷을 수신한 시점에서 역할을 마칩니다.

이 때문에 거기서 없애는 거예요. 이더넷 인터페이스가 있는 라우터는 패킷을 수신했을 때 MAC 헤더를 없애는데, 이 작동과 같습니다. 그리고 터널링 프로토

---

20 ATM의 셀로 분할하지 않고 패킷 그대로 ADSL의 신호로 변환하는 타입의 DSLAM은 패킷 형태로 후방의 라우터와 데이터를 주고받습니다.
21 BAS : Broadband Access Server

콜용 헤더[22]를 붙이고, 터널링 프로토콜의 출구를 향해 중계하죠.(⑭)[23] 그럼 패킷은 터널링 프로토콜의 출구에 있는 터널링용 라우터에 도달합니다.(⑮) 이후에 터널링 프로토콜용 헤더를 제거하고, IP 패킷을 추출해(⑯) 인터넷 내부로 중계합니다.(⑰)

> BAS는 ATM 셀을 패킷으로 되돌려보내고 인터넷 내부로 중계한다.

4.2 광케이블을 사용한 접근 회선(FTTH)
4.2.1 광케이블의 기본

ADSL 접근 회선을 빠져나와 BAS를 지난 패킷은 인터넷 내부로 들어가는데, 그 끝으로 나아가기 전에 접근 회선을 하나 더 알아보겠습니다. 광케이블을 사용한 접근 회선으로 FTTH라고 부릅니다. FTTH의 핵심은 광케이블을 사용한다는 점에 있으니 광케이블의 기본부터 설명하겠습니다.

광케이블은 그림 4.9와 같이 가는 섬유 모양의 투명한 재질(유리나 플라스틱)이 이중 구조로 돼 있습니다. 안쪽에 있는 코어 부분 안으로 광신호를 흘려 디지털 데이터를 전달합니다.(그림 4.10) ADSL 신호는 여러 주파수 신호를 사용해서 복잡하지만, 광신호는 의외다 싶을 정도로 단순합니다. 불이 켜진 상태가 디지털 데이터의 1을 나타내고, 어두운 상태가 0을 나타낼 뿐이죠.

디지털 데이터에서 갑자기 광신호를 만들어내는 것은 불가능하므로 그림 4.10과 같이 디지털 데이터를 전기신호로 변환한 다음에 전기신호를 광신호로 변환합니다. 여기서 사용하는 전기신호는 1을 높은 전압으로 나타내고, 0을 낮은 전압

---
[22] L2TP라는 터널링 프로토콜 기술을 사용하는 방법이 전형적인데, 이 경우에는 L2TP 헤더를 붙입니다.
[23] 이에 관해서는 나중에 나오는 4.3에서 BAS를 알아볼 때 설명합니다.

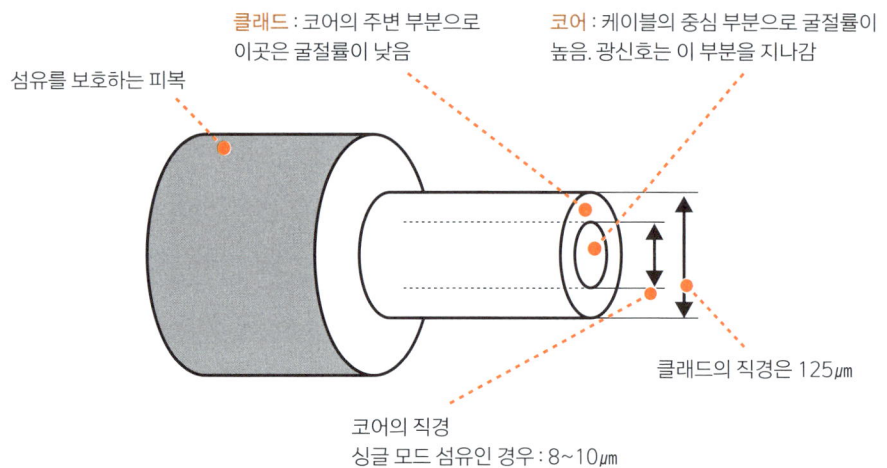

그림 4.9 광케이블의 구조

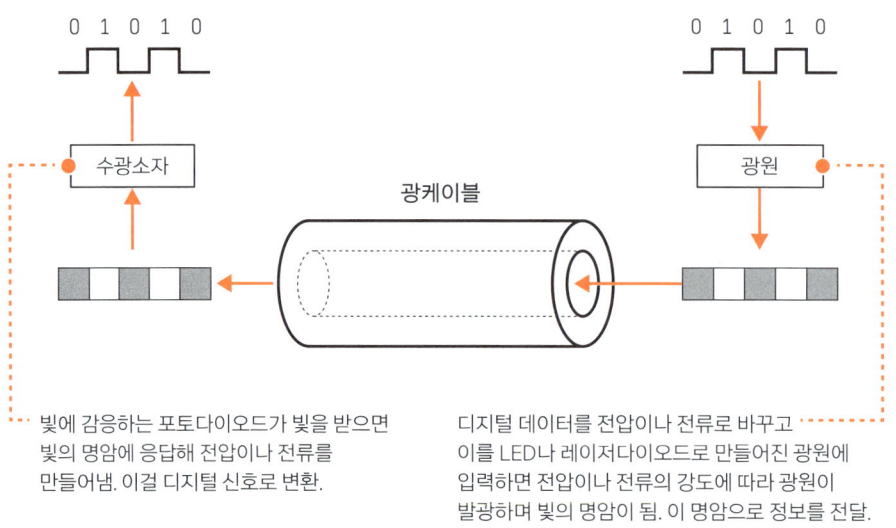

그림 4.10 광통신의 원리

으로 나타내는 단순한 것이에요. 전기신호를 LED나 레이저다이오드 같은 광원에 입력하면 광원은 입력된 신호의 전압에 따라 빛을 냅니다. 즉 전압이 높으면 밝아지고, 낮으면 어두워지는 거죠. 이 빛이 광케이블 안을 지나가면, 빛이 수신 쪽에 도달합니다. 수신 쪽에는 빛에 감응해 밝기에 따라 전압을 만드는 수광소자가 있고, 그곳에 빛이 닿았을 때 밝으면 높은 전압, 어두우면 낮은 전압의 전기신호가 나옵니다. 이 신호를 디지털 데이터로 변환하면 데이터를 수신한 셈이 됩니다. 이것이 바로 광케이블을 사용한 통신의 원리예요.

4.2.2 싱글 모드와 멀티 모드의 차이

광통신의 핵심은 빛을 전달하는 광케이블입니다. 투명한 재질의 내부를 빛이 지나간다는 점은 직감적으로 이해할 수 있지만, 사실 그 빛을 전달하는 방식이 꽤 복잡해서 광케이블의 재질 차이로 발생하는 빛의 투과율이나 굴절률의 차이, **코어의 직경** 등이 빛이 전달되는 방식에 영향을 줍니다. 이 부분을 이해하기 위해 광케이블 안을 빛이 지나가는 상황을 설명해 보겠습니다.

먼저 광원에서 나온 빛이 광케이블의 코어 부분에 들어가는 부분인데요. 광원

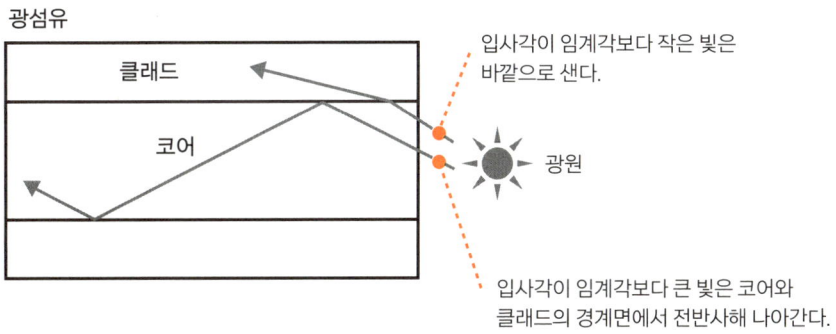

그림 4.11 광신호가 전달되는 모습

에서 나온 빛은 남김없이 흩어지기 때문에 코어 부분에는 다양한 각도의 빛이 들어갑니다. 그리고 코어와 클래드(코어의 주변 부분)의 경계면에 도달한 시점에서 임계각보다 입사각이 작은 것은 밖으로 나가버립니다. 입사각이 임계각보다 큰 빛만이 경계면에서 전반사를 하며 코어 안을 지나갑니다.(그림 4.11)

하지만 전반사한 빛이 전부 코어 안을 지나가는 것은 아닙니다. 빛은 파동의 일종이라서 그림 4.5 같은 위상이 있고, 코어와 클래드의 경계면에서 반사할 때 그 각도에 따라 위상에 차이가 납니다. 이 성질 때문에 경계면으로 향하는 빛과 경계면에서 반사해 되돌아온 빛이 교차할 때, 두 빛의 위상에 어긋나는 부분이 발생하는 경우와 발생하지 않는 경우로 나뉩니다.

위상에 어긋난 부분이 생기면, 빛이 서로 약해져서 중간에 소멸해 버립니다. 그리고 위상에 어긋나는 부분이 없는 경우에만 빛은 사라지지 않고 남아 광섬유 안을 지나갑니다. 이 현상은 수면에 돌을 던졌을 때 나오는 파문과 같습니다. 수면

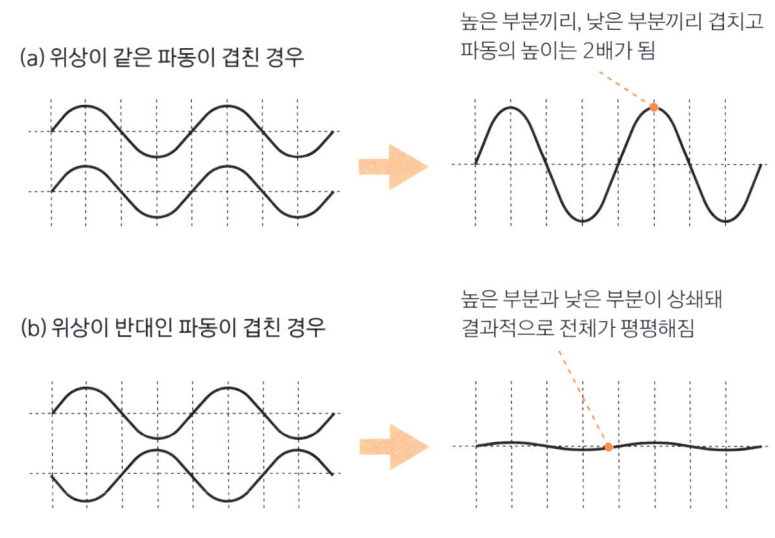

그림 4.12 위상이 어긋난 파동은 상쇄된다

의 파형에도 위상이 있어서, 돌을 던진 순간에 파문의 중심 부분에는 다양한 위상의 파형이 생겨요.

하지만 위상이 어긋난 파형은 상쇄해 버립니다. 그림 4.12와 같이 위상이 180도 어긋나 반대가 된 경우가 가장 이해하기 쉬운데, 이처럼 위상이 어긋나면 파형은 약해져 버리는 거죠. 그 결과 위상이 어긋난 파형은 사라져 버렸고, 똑같은 위상의 파형만 남아 주변으로 확장됩니다. 주변에 확장되는 파문은 동심원 모양으로 파형의 높이가 몰려 있습니다.

평소에 자연스럽게 바라보는 광경이지만, 실은 파형의 위상이 한데 모여 있는 현상을 눈으로 보고 있는 겁니다. 수면의 파문은 주위에 아무것도 없으면 동심원으로 퍼지지만, 수로처럼 양쪽에 벽이 있는 곳이면 물결이 벽에 부딪히고 거기서 반사돼 되돌아옵니다. 그때 벽으로 향하는 물결과 벽에서 되돌아오는 물결이 서로 겹치죠. 그 물결도 위상이 똑같으면 서로 강해지고, 위상이 어긋나 있으면 상쇄합니다.

광케이블 안에서도 이와 똑같은 일이 일어난다고 생각하면 됩니다. 다만 수면의 물결과 달리 빛은 코어와 클래드의 경계면에 부딪혀 반사될 때 위상이 어긋납니다. 어긋나는 양은 빛이 코어와 클래드의 경계면에서 반사되는 각도에 따라 다르고, 대부분 각도에서 위상이 어긋나 파형을 상쇄해 버립니다. 하지만 몇몇 특정한 각도에서 반사할 때만 경계면으로 향하는 빛과 반사해 돌아온 빛의 위상이 한데 모입니다. 그럼 그 각도에서 반사한 빛은 상쇄되는 일 없이 멀리까지 도달합니다.(그림 4.13) 광케이블에 들어가는 빛은 각도가 다양하지만, 그중에서 반사했을 때 위상이 한데 모이는 각도로 들어온 소수의 빛만이 멀리 도달한다는 거죠.

그 각도가 핵심으로, 코어 직경은 이 각도를 고려해서 정합니다. 그리고 코어 직경에 따라 광케이블의 성질은 크게 달라져요. 코어 직경은 종류가 여럿 있지만, 크게 분류하면 **싱글 모드**라고 부르는 가느다란 것($8 \sim 10\,\mu m$ 정도)과 **멀티 모드**라고

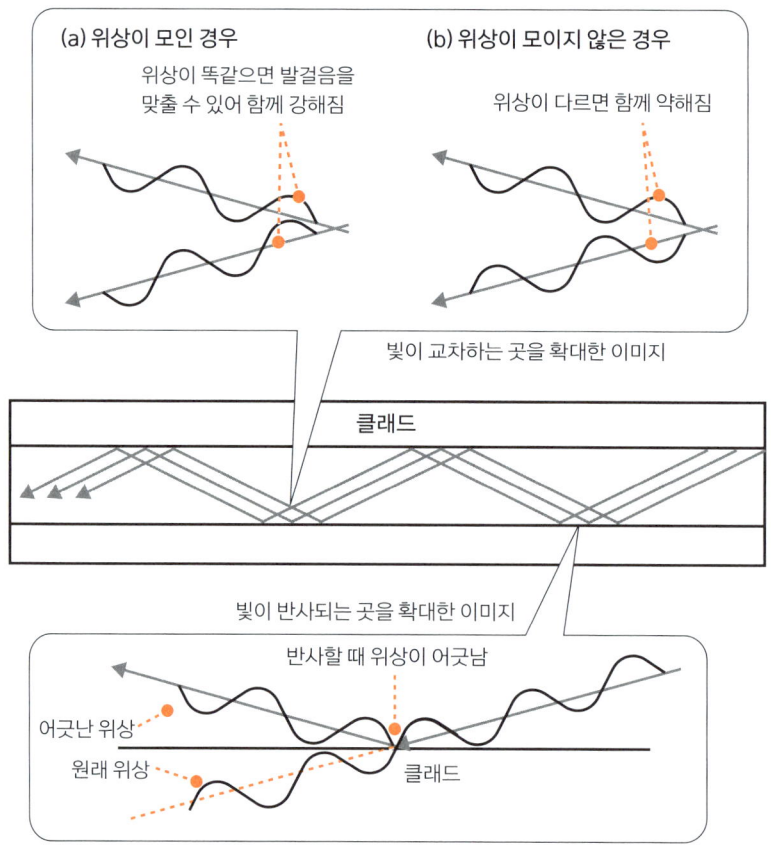

그림 4.13 파동의 반사와 어긋난 위상

부르는 굵은 것(50μm 또는 62.5μm)으로 분류합니다. 싱글 모드 광케이블은 코어가 가늘고, 광축에 대해 거의 평행하게 입사하는 빛만 내부에서 전파될 수 있기 때문에, 전파 가능한 모드 중 가장 직진성이 높은 경로만 유지됩니다.

거꾸로 말하면, 그러한 단일 모드만이 전파되도록 입사 조건을 엄격히 제한하기 위해 코어의 직경을 작게 설계한 것이 싱글모드 광케이블이라고 할 수 있습니다.

(a) 싱글 모드 광섬유
위상이 모이는 각도 중에서 광축에 대해 가장 작은 각도의 빛만 전반사해 코어 안을 지나감

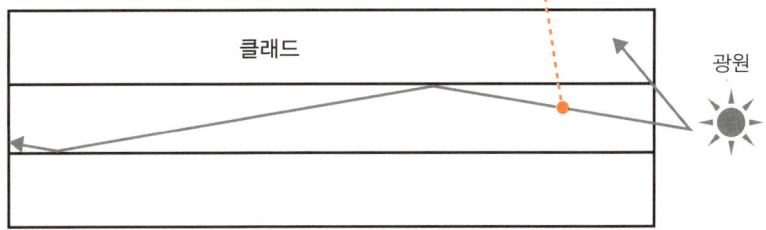

(b) 멀티 모드 광섬유

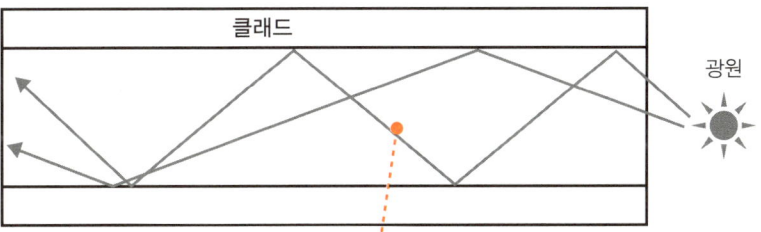

광축에 대해 각도가 큰 쪽이 통과하는 거리가 더 길어짐

그림 4.14 싱글 모드와 멀티 모드

멀티 모드 광케이블은 코어의 직경이 굵고, 광축에 대해 더 큰 각도로 입사하는 빛도 전파될 수 있기 때문에, 단일 모드에서 허용되는 가장 직진성이 높은 경로뿐 아니라, 그보다 더 비스듬한 경로들, 즉 두 번째나 세 번째로 전파 조건을 만족하는 모드들도 함께 코어 안을 지나갑니다.

또한 싱글 모드나 멀티 모드라는 말은 이 위상이 한데 모이는 각도의 수가 하나냐 둘이냐를 나타냅니다.(그림 4.14) 이처럼 싱글 모드와 멀티 모드는 빛이 나아가는 방식이 다르고, 이 점이 광케이블의 특성을 좌우합니다. 멀티 모드 광케이블은 그 안에 여러 빛이 지나갑니다.

이는 빛의 양이 많다는 뜻입니다. 광원이나 수광소자의 성능이 비교적 낮아도

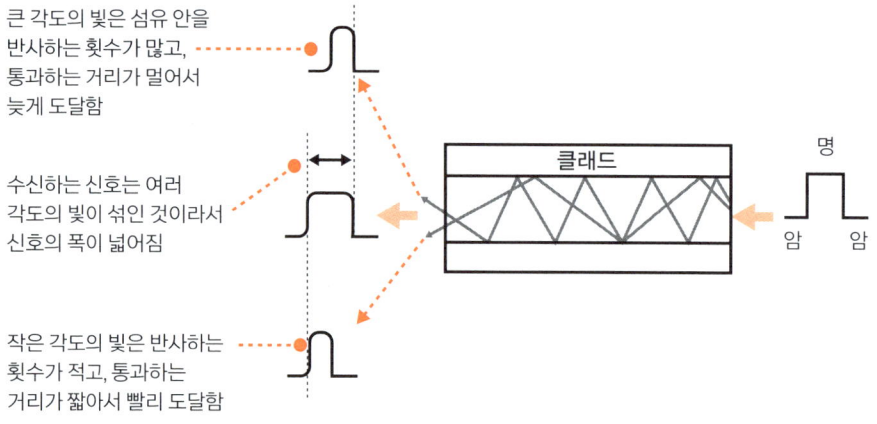

그림 4.15 흐트러진 파형

상관없다고 할 수 있어요. 이 덕분에 광원이나 수광소자의 가격을 낮출 수 있는 거죠. 반면 싱글 모드는 코어 내부를 지나가는 빛이 하나밖에 없어서, 빛의 양은 줄어듭니다. 그만큼 광원이나 수광소자의 성능을 높여야 합니다. 그 대신 신호 변형이 적다는 이점이 있어요.

신호 변형은 빛이 코어를 따라 전달될 때 반사하는 횟수와 관련 있습니다. 멀티 모드는 반사각이 다른 몇몇 빛이 코어 내부를 지나갑니다. 광축에 대해 각도가 큰 빛은 반사하는 횟수가 많아서 빛이 나아가는 거리가 멀어집니다.

반대로 광축에 대해 각도가 작은 빛은 반사 횟수가 적어서 길이도 짧아져요. 이는 빛이 수신 쪽에 도달할 때까지의 시간에 영향을 줍니다. 즉 거리가 먼 쪽이 더 많은 시간이 소요되죠. 그 결과, 신호가 도달하는 시간이 뒤죽박죽되며 신호의 폭이 넓어져 버립니다. 이게 신호가 변형된다는 뜻입니다. 광섬유가 길어지며 변형은 커지고, 변형의 허용 한도를 넘으면 통신 오류가 일어납니다.(그림 4.15)

반면 싱글 모드는 이런 사태가 벌어지지 않아요. 코어를 지나가는 빛이 하나밖에 없어서, 거리가 멀다는 이유로 도달 시간에 차이가 생기는 현상이 일어나지 않는 터라 케이블이 길어져도 신호가 변형되는 일은 적습니다.

광케이블의 최대 길이는 이 성질에 따라 결정됩니다. 싱글 모드가 신호 변형이 적기 때문에 멀티 모드보다 긴 케이블에 쓸 수 있어요. 따라서 멀티 모드 광케이블은 주로 한 건물의 내부를 연결할 용도로 사용하고, 싱글 모드 광케이블은 서로 떨어진 건물 사이를 연결할 때 사용합니다. FTTH는 후자이기 때문에 싱글 모드 광케이블을 사용한다고 생각하면 됩니다.

4.2.3 광케이블을 분기하면 비용이 절감

ADSL 대신 광케이블을 사용해 사용자 쪽의 인터넷 접속용 라우터와 인터넷 쪽의 BAS를 접속한 것이 바로 FTTH 접근 회선입니다.[24] 여기에는 크게 두 가지 형식이 있습니다. 하나는 광케이블 하나로 사용자 쪽과 가장 가까이 있는 전화국 쪽을 접속하는 타입입니다.[그림 4.16 (a)] 이 타입은 사용자와 전화국 사이를 광케이블 하나로 직접 연결해, 패킷은 다음과 같이 흘러갑니다. 먼저 사용자 쪽에 설치한 **미디어 컨버터**[25]라는 장치로 이더넷의 전기신호를 광신호로 변환합니다. 여기서는 전기신호를 광신호로 변환하기만 해도 ADSL처럼 셀에 저장할 일은 없습니다. 이더넷의 패킷을 그대로 광신호로 변환한다고 생각하면 됩니다.

그리고 광신호는 미디어 컨버터로 연결된 광케이블 안으로 들어갑니다. 광케이블은 외길로 BAS 앞에 있는 집합형 미디어 컨버터에 연결되기 때문에, 광신호는 그 안을 지나갑니다. FTTH는 싱글 모드의 광케이블을 사용하기 때문에 코어 내부를 특정한 각도로 반사하며 광신호가 흘러갑니다. 이후 집합형 미디어 컨버

---

[24] FTTH도 ADSL과 마찬가지로 몇 종류가 있습니다. 다만 ADSL과 마찬가지로 대개 PPPoE를 채택합니다. 앞으로는 PPPoE를 채택한 사업자라고 가정해 설명합니다.

[25] 이더넷의 전기신호를 광신호로 변환하는 장치입니다. '종단 장치'라고 부르기도 합니다.

(a) 분기하지 않는 타입

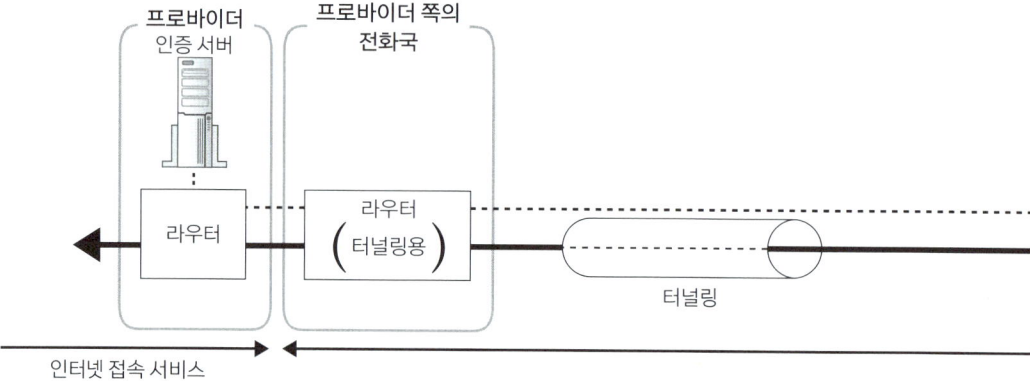

(b) 분기하는 타입

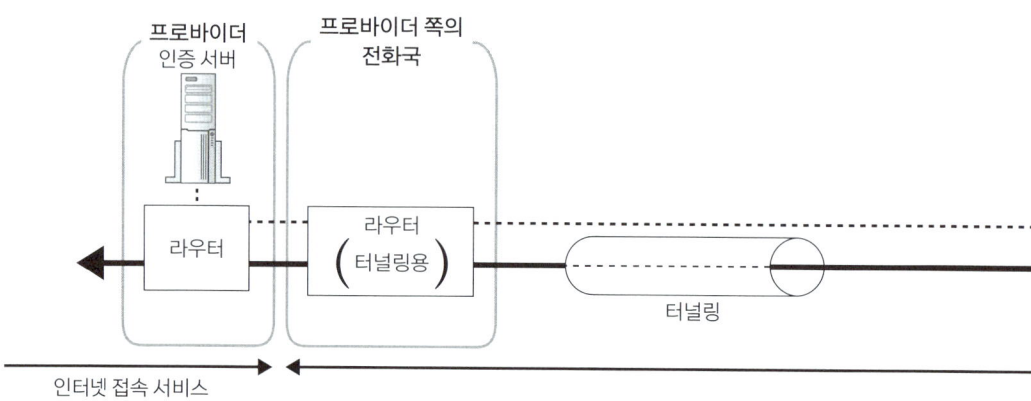

※ 그림에서는 생략했지만, 가장 가까운 전화국의 집합형 미디어 컨버터나 OLT의 오른쪽에는 광배선반이 있습니다.

그림 4.16 FTTH 접근 회선의 형태

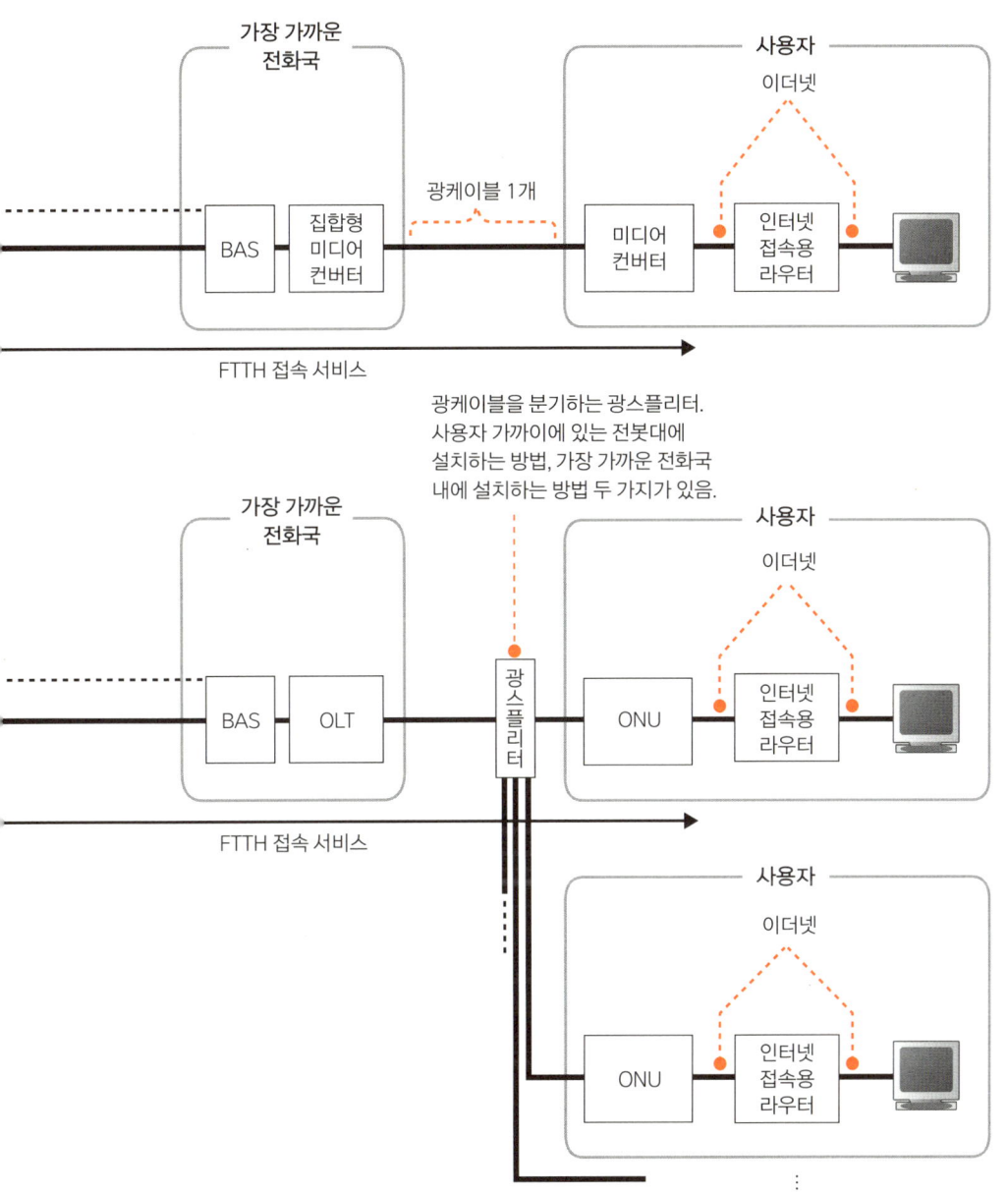

터에서 전기신호로 되돌아와 BAS의 포트가 이를 수신하고, 인터넷 내부에 패킷을 중계합니다.

이렇게 패킷을 인터넷으로 보내면 인터넷에서 응답 패킷이 되돌아옵니다. 이 광신호도 똑같은 광케이블을 통해 사용자 쪽으로 들어갑니다. 이때 인터넷으로 가는 상향 광신호와 사용자 쪽으로 향하는 하향 광신호는 광케이블 안에서 섞여 버립니다. 그대로 두면 신호에서 디지털 데이터를 읽을 수 없기 때문에 한 가지 대안을 마련했습니다.

바로 광신호의 파장을 바꿔서 상향과 하향으로 보내는 것입니다. 파장이 다른 빛은 섞이더라도 프리즘의 원리로 분리할 수 있으니, 광케이블에서 상향 신호와 하향 신호가 섞이더라도 괜찮거든요. 이렇게 한 광케이블을 사용해 파장이 다른 여러 광신호를 흘리는 것을 **파장다중**이라고 부릅니다.

또 하나는 사용자 가까이에 있는 전봇대에 **광스플리터**라고 부르는 분기기를 설치해, 거기서 광케이블을 분기해 여러 사용자를 이어주는 타입입니다.[26] [그림 4.16 (b)] 이 타입은 미디어 컨버터 대신 ONU[27]라는 장치를 사용자 쪽에 설치하고, 거기서 이더넷 신호를 광신호로 변환해 그 신호가 BAS 바로 앞에 있는 OLT[28]라는 장치로 흘러가는 형태입니다. 이때 광신호가 흐르는 방식은 아까 나온 분기하지 않는 타입과 똑같지만, 다른 점이 하나 있습니다.

바로 여러 사용자가 동시에 패킷 송신 작동을 하면 광스플리터가 있는 곳에서 패킷의 광신호가 충돌한다는 점입니다. 이 때문에 OLT와 ONU에는 패킷 충돌을

---

26 광섬유를 중간에 분기해 여러 사용자가 광케이블을 공유하는 형태를 총칭해 PON(Passive Optical Network) 이라고 부릅니다. PON에는 GE-PON, WDM-PON, B-PON, G-PON 등의 방식이 있는데 지금은 2기가비트/초 안팎의 속도로 통신하는 G-PON 이용이 많습니다.
27 ONU : Optical Network Unit. 미디어 컨버터와 마찬가지로 전기신호를 광신호로 변환하는 장치인데, 그에 더해 전화국의 OLT와 연계해 신호 충돌을 방지하는 기능도 있습니다. 이쪽도 '종단 장치'라고 부르는 경우가 있습니다. 종단 장치라는 용어는 ONU와 미디어 컨버터를 구별하지 않는 총칭으로 사용되기 때문입니다.
28 OLT : Optical Line Terminal

막기 위해 타이밍을 조절하는 기능이 있어요. 이 기능은 OLT가 송신 타이밍을 조절해 ONU에 송신 지시를 내리고, 그 지시에 따라 ONU가 송신 작동을 실행하는 형태로 움직입니다. 또 BAS 쪽에서 사용자 쪽에 신호를 보낼 때는 분기 장치로 신호가 뿌려지는 게 전부라서 충돌할 일은 없지만, 신호를 뿌리면 수신처 이외의 곳에도 신호가 흘러가 버려요. 그게 그대로 사용자 쪽에 흘러가면 정보가 새어 나갈 수도 있어서, 패킷 맨 앞에 각 ONU를 식별할 수 있는 정보를 덧붙입니다.

그리고 ONU는 흘러온 신호가 자신에게 올 경우에만 광신호를 수신해 이더넷 신호로 변환합니다. 이처럼 FTTH는 광섬유를 분기하지 않는 타입과 분기하는 타입 두 가지 형태로 나뉘는데, 둘 다 광신호가 흐르는 방식이 다른 것뿐이라 광케이블 안을 패킷이 흐른다는 점에서 변함이 없습니다. PPPoE를 사용해 패킷을 옮길 경우, 아까 설명했던 ADSL에 관한 내용과 비슷해요. 구체적으로는 인터넷 접속용 라우터에서 그림 4.3 ⑤처럼 MAC 헤더, PPPoE 헤더, PPP 헤더라는 세 헤더가 IP 헤더 앞에 부가되고, 그게 미디어 컨버터와 ONU에서 광신호로 변환돼[29] 광케이블 안을 흐른 다음, BAS 바로 앞에 있는 집합형 미디어 컨버터와 OLT에서 전기신호로 되돌아와 BAS에 도달합니다.

4.3 접근 회선으로 사용하는 PPP와 터널링 프로토콜

4.3.1 본인 확인과 설정 정보 통지

아까 간단하게 설명했지만, ADSL과 FTTH 같은 접근 회선에서 인터넷을 향해 흘러온 패킷은 접근 회선을 운영하는 사업자[30]가 소유하는 BAS에 도달합니다.[31]

---

29 셀을 사용하지 않고 이더넷의 패킷을 그대로 광신호로 변환합니다.
30 한국에서는 KT, SK브로드밴드, LG유플러스가 대표적인 사업자
31 전화국에 BAS를 설치하는 곳이 준비돼 있고, 접근 회선 사업자는 그곳에 BAS를 가져와 설치합니다. 또한 DSLAM도 마찬가지로 전화국에 설치 장소가 준비돼 있습니다.

인터넷은 원래 여러 라우터를 연결해 만든 것이라서 접근 회선을 라우터에 연결하는 것이 원칙입니다. 그리고 접근 회선이 ADSL이나 FTTH로 발전했기 때문에 그에 맞춰 접근 회선을 연결하는 라우터도 발전했습니다. 그렇게 발전한 라우터가 BAS입니다. 어떤 점이 발전했는지 설명해 볼게요.

먼저 **본인 확인과 설정값 통지 기능**입니다. ADSL이나 FTTH의 접근 회선은 처음에 사용자 이름과 비밀번호[32]를 입력해 로그인 작동을 실행해야 인터넷에 접속할 수 있어요. BAS는 이 같은 로그인 작동의 창구 역할을 합니다. BAS는 이 역할을 실현하기 위해 PPPoE[33]라고 부르는 시스템을 사용해요.[34] PPPoE는 일반적인 전화 회선을 사용한 다이얼업 접속에 사용하는 PPP라는 시스템이 발전한 것이니, 그 기반이 된 다이얼업 접속의 PPP부터 설명해 보겠습니다.

전화 회선과 ISDN을 사용해 인터넷에 다이얼업 접속을 할 때 PPP는 다음과 같이 움직입니다. 우선 프로바이더의 접속 포인트에 전화를 걸고(그림 4.17 ①-1) 전화가 연결되면(①-2) 사용자 이름과 비밀번호를 입력해 로그인합니다.(②-2)

사용자 이름과 비밀번호는 RADIUS[35]라는 프로토콜을 사용해 RAS[36]에서 본인 확인용 서버(인증 서버)로 전송되고, 거기서 맞는지 틀렸는지를 검사합니다. 그리고 비밀번호가 맞다고 확인되면 인증 서버에서 IP 주소 등의 설정 정보가 반송되기 때문에, 이번에는 그걸 사용자 쪽에 전송합니다.(②-3)

사용자의 PC는 그 정보에 따라 IP 주소 등을 설정하는데, 이러면 TCP/IP의 패킷을 송수신할 준비가 끝납니다. 그리고 이후에 TCP/IP의 패킷을 송수신하는 작동으로 넘어가요.(③)

---

32 프로바이더와 계약했을 때 프로바이더가 사용자에게 할당하는 인터넷 접속용 사용자 이름과 비밀번호를 말합니다.
33 PPPoE : Point-to-Point Protocol over Ethernet
34 나중에 설명할 PPPoA라는 시스템을 사용하는 사업자도 있습니다.
35 RADIUS : Remote Authentication Dial-In User Service
36 RAS : Remote Access Server

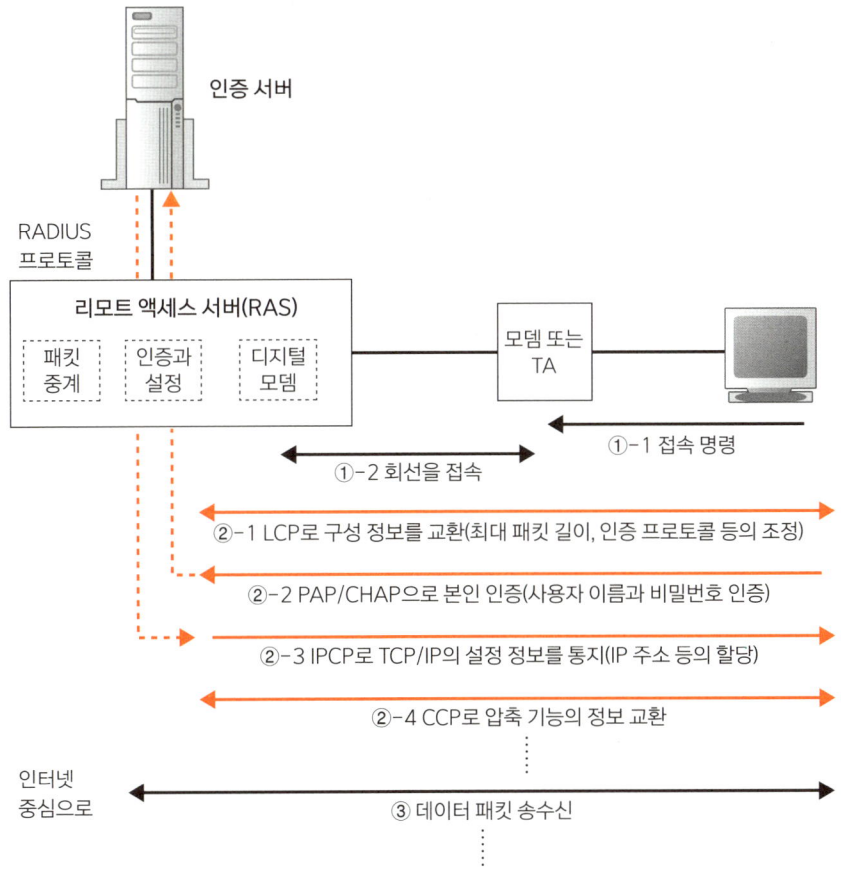

그림 4.17 PPP를 이용하는 다이얼업의 접속 작동

    이 움직임의 핵심은 그림 4.17 ②-3의 TCP/IP의 설정 정보를 통지하는 작동에 있습니다. 인터넷에 접속할 때는 PC에 글로벌 주소를 설정해야 하는데, 이를 사전에 고정된 값으로 정해둘 수가 없어요. 다이얼업 접속은 전화번호에 따라 접속 포인트를 바꿀 수 있고, 바꾼 접속 포인트에 따라 주소가 달라서 사전에 PC의 주소를 고정할 수 없기 때문입니다. 접속한 시점에 인터넷 쪽에서 PC에 TCP/IP의 설정 정보를 통지하고, 그 안에 포함된 글로벌 주소를 PC에 설정합니다.

4.3.2 이더넷에서 PPP 메시지를 주고받는 PPPoE

ADSL과 FTTH의 경우에도 PC에 글로벌 주소를 설정해야 인터넷에 접속할 수 있어요. 이 부분은 다이얼업 접속과 똑같습니다. 하지만 ADSL과 FTTH는 사용자와 BAS를 케이블로 고정해 접속하기 때문에 본인을 확인하지 않아도 됩니다. 이 때문에 반드시 PPP 시스템이 모두 필요한 건 아닙니다. 하지만 사용자 이름과 비밀번호를 입력하는 작동을 남겨두면, 사용자 이름으로 프로바이더를 바꿀 수 있어 편리합니다.[37] 그래서 접근 회선의 사업자는 ADSL과 FTTH에서도 PPP 시스템을 사용합니다.[38] 이게 ADSL과 FTTH에서 PPP를 사용하는 이유입니다.

다만 다이얼업 접속의 PPP를 그대로 ADSL이나 FTTH에서 사용할 수는 없습니다. 이를 이해할 수 있게 PPP 프로토콜이 메시지를 어떻게 옮기는지 설명할게요.

PPP 메시지를 옮길 때는 IP 패킷을 이더넷 패킷에 넣어 옮기는 것과 똑같은 작동 방식이 필요합니다. PPP 프로토콜에는 이더넷의 프리앰블이나 FCS에 해당하는 규정이 없고, 신호 규정도 없어서 PPP 메시지를 그대로 신호로 변환해 송신할 수는 없어요. 송신할 때는 프리앰블과 FCS 같은 신호 규정이 있는 '그릇'을 준비해 그곳에 PPP 메시지를 저장해야 합니다. 그리고 PPP는 그 그릇으로 HDLC[39]라는 프로토콜 사양을 차용합니다. HDLC라는 프로토콜은 원래 전용선이라고 부르는 통신 회선을 사용해 패킷을 옮기려고 만든 것으로, 다이얼업 접속에서는 그 사양을 일부 수정해 사용하고 있어요. 그 결과 그림 4.18 (a)에 표현한 형태로 PPP 메시지는 옮겨집니다.

---

[37] 사용자 이름과 비밀번호를 입력해 누가 인터넷에 접속하고 있는지 파악할 수 있습니다. 네트워크를 관리하는 입장인 사업자는 이 점이 편리하다고 할 수 있죠.
[38] PPP가 아니라 DHCP라는 방법으로 주소 같은 설정 정보를 클라이언트 쪽에 통지하는 방법도 있고, 이 방법을 채택한 사업자도 있습니다.
[39] HDLC : High-level Data Link Control

(a) 다이얼업 접속의 PPP

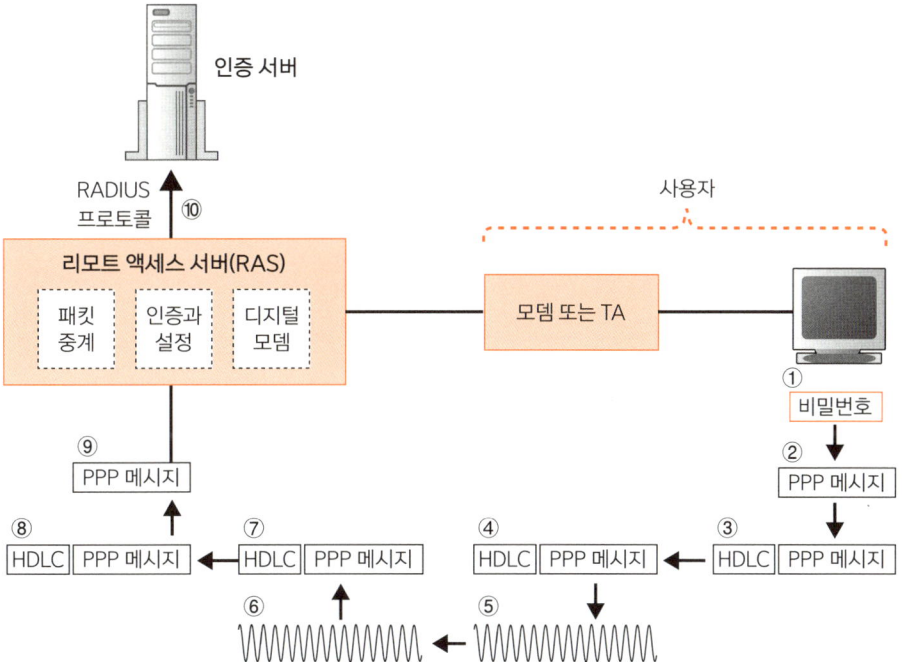

① 사용자 PC에서 사용자 이름과 비밀번호를 입력
② 사용자 이름/비밀번호를 기반으로 PPP 메시지를 작성
③④ PPP 메시지를 HDLC 프레임에 저장해 송신
⑤ 모뎀 또는 TA에서 회선용 신호로 변환해 전화 회선 또는 ISDN 회선에 송신
⑥⑦ 디지털 모뎀에서 신호를 수신해 HDLC 프레임으로 복원
⑧⑨ HDLC 프레임에서 PPP 메시지를 추출해 RAS의 인증 기능에 건넴
⑩ 인증 서버에 사용자 이름/비밀번호를 전송해 거기서 비밀번호가 맞는지 틀렸는지 검사

(a), (b) 어느 경우이든 비밀번호가 올바르다면, 반대 경로를 통해 IP 주소 같은 설정 정보를 사용자에게 통지한다. 그리고 그 정보를 바탕으로 사용자가 IP 주소 등을 설정하면 데이터 패킷 송수신 준비가 완료되므로, 이후에는 데이터 패킷의 송수신 작동으로 넘어간다.

그림 4.18 PPP 인증 작동의 흐름

(b) ADSL의 PPP(PPPoE)

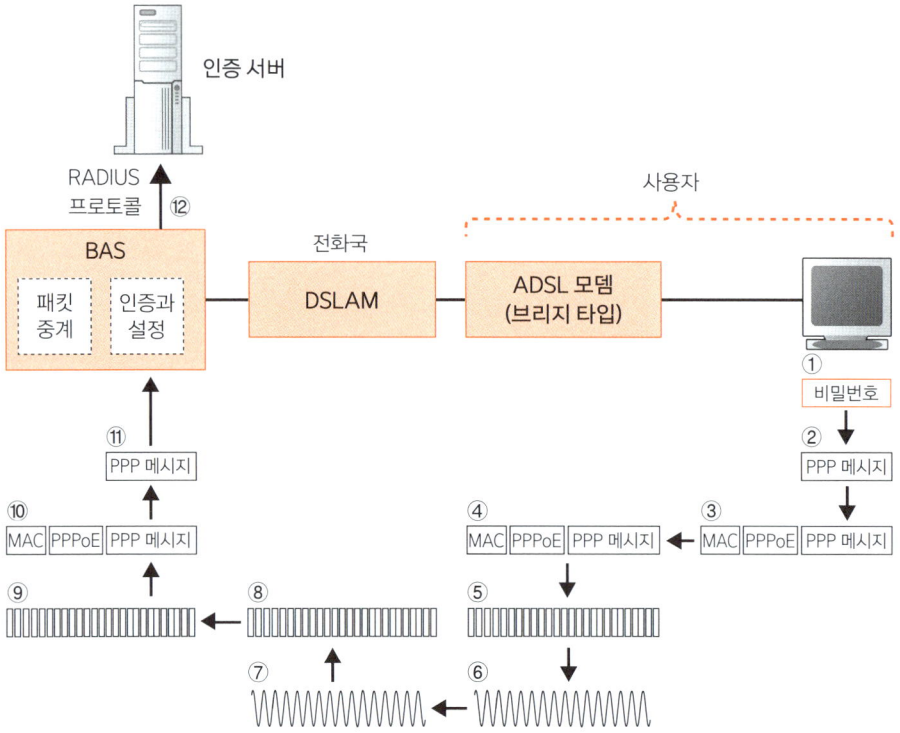

① PC에서 사용자 이름과 비밀번호를 입력
② 사용자 이름/비밀번호를 기반으로 PPP 메시지를 작성
③④ PPP 메시지를 이더넷 패킷에 저장해 송신
⑤⑥ 이더넷의 패킷을 ATM의 셀에 저장하고 ADSL 모뎀에서 변조해 전화 회선에 송신
⑦⑧ 신호를 수신하고 셀로 복원해 BAS에 송신
⑨⑩⑪ 셀을 수신하고 이더넷 패킷으로 되돌려 PPP 메시지를 추출한 다음, 인증 기능에 건넴
⑫ 인증 서버에 사용자 이름/비밀번호를 전송해 거기서 비밀번호가 맞는지 틀렸는지 검사

그림 4.18 PPP 인증 작동의 흐름(279쪽에서 이어짐)

(c) FTTH의 PPP(PPPoE)

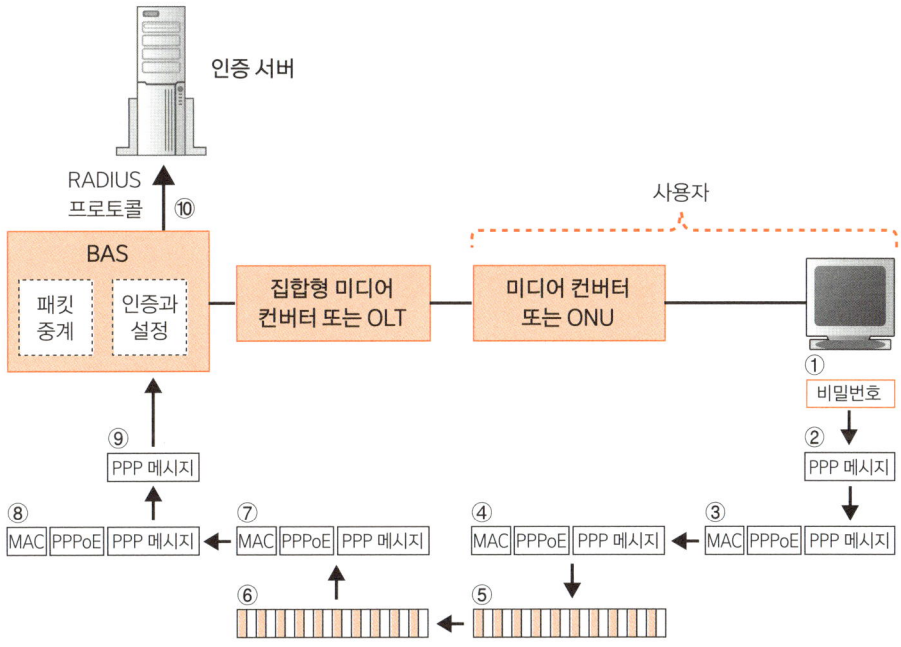

① PC에서 사용자 이름과 비밀번호를 입력
② 사용자 이름/비밀번호를 기반으로 PPP 메시지를 작성
③④ PPP 메시지를 이더넷 패킷에 저장해 송신
⑤ 이더넷 패킷을 광신호로 변환해 송신
⑥⑦ 광신호를 수신해 이더넷 패킷으로 변환
⑧⑨ 이더넷 패킷에서 PPP 메시지를 추출해 인증 기능으로 건넴
⑩ 인증 서버에 사용자 이름/비밀번호를 전송해 거기서 비밀번호가 맞는지 틀렸는지 검사

ADSL이나 FTTH의 경우에도 이와 마찬가지로 HDLC를 그릇으로 사용하는 형태를 만들 수 있으면 PPP 프로토콜을 그대로 유용할 수 있습니다. 하지만 ADSL이나 FTTH는 그렇게 돼 있지 않기 때문에 HDLC를 대신할 그릇을 준비해야 해요. 그래서 그림 4.18 (b)의 ③이나 그림 4.18 (c)처럼 HDLC 대신 이더넷 패킷을 그릇으로 사용하기로 했습니다. 또 이더넷은 PPP와는 작동 방식이 다른 부분이 있어서 그 차이를 메울 사양을 새로 만들었습니다. 그 사양을 PPPoE라고 부릅니다.

이렇게 하면 다이얼업과 마찬가지로 ADSL과 FTTH에서도 PPP 메시지를 옮길 수 있습니다. 그림 4.18은 그림 4.17의 ②-2에 착안한 것이지만, ②-2 이외의 움직임도 이것과 똑같아요. PPP 메시지를 이더넷 패킷에 넣어 옮기면, ADSL과 FTTH에서도 다이얼업 회선과 똑같이 통신할 수 있습니다.

PPPoE는 PPP 메시지를 이더넷 패킷에 넣어 주고받는다.

4.3.3 터널링 기능으로 프로바이더에 패킷 보내기

BAS에는 본인 확인용 창구 역할을 하는 기능에 더해 **터널링**이라는 작동 방식으로 패킷을 옮기는 기능도 있습니다. 터널링이라는 작동 방식은 소켓과 소켓 사이를 연결하는 TCP의 커넥션과 비슷해요. TCP 커넥션의 한쪽 출입구(소켓)에서 데이터를 넣으면, 그 데이터가 그 형태 그대로 또 다른 출입구에 도달하는데, 터널링은 이 작동과 같습니다. 즉 한쪽 터널링의 출입구에서 헤더를 포함한 패킷 전체를 넣으면, 헤더를 포함해 그 형태 그대로 또 한쪽의 출입구에 도달합니다. 네트워크 안에 터널이 생기고, 그 안을 패킷이 지나간다는 이미지입니다.

이 작동 방식으로 BAS와 프로바이더의 라우터 사이에 있는 ADSL/FTTH 접속 서비스 사업자의 네트워크 안에 터널링을 만들어 그곳에 사용자와 BAS를 이

(a) TCP 커넥션을 이용한 터널링

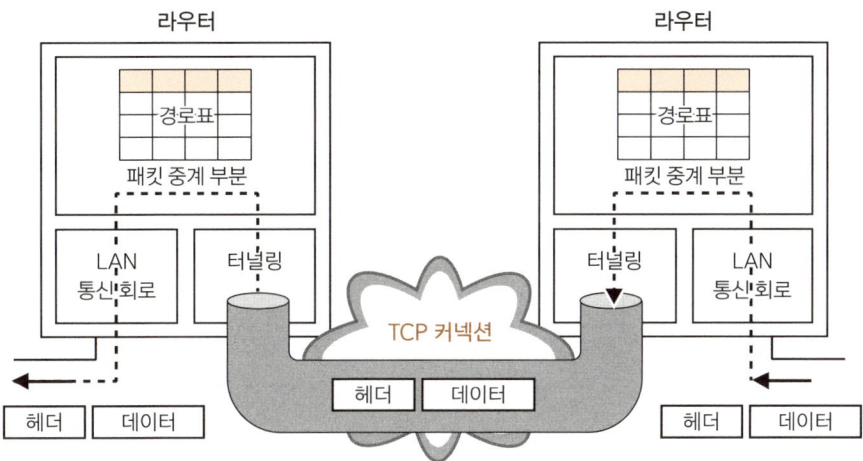

(b) 캡슐화를 이용한 터널링

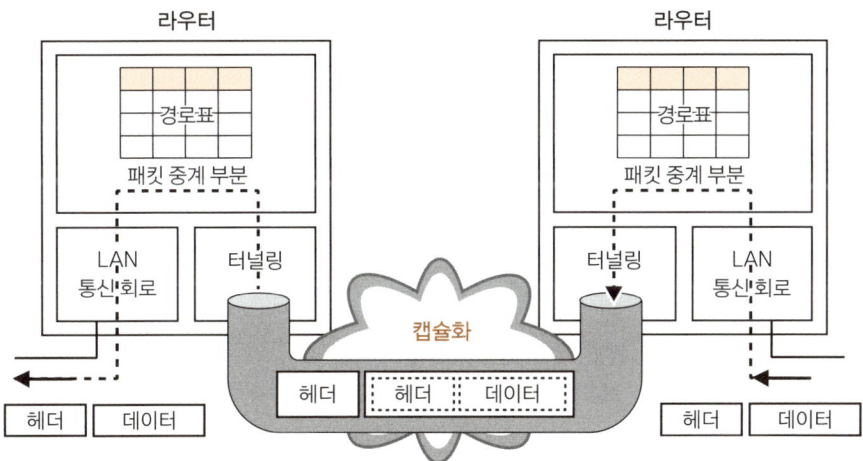

그림 4.19 터널링의 작동 방식

어주는 접근 회선을 연결하면 사용자에서 프로바이더의 라우터까지 길 하나가 생기고, 패킷은 그곳을 지나 인터넷 내부로 들어가는 형태입니다. 이건 접근 회선이 프로바이더의 라우터까지 연장됐다고 생각하면 됩니다.

터널링을 실현하는 방식은 몇 가지가 있습니다. 아까 설명했듯이 TCP 커넥션을 사용해 실현하는 게 한 방법이에요.[그림 4.19 (a)] 이 방법의 경우, 먼저 네트워크상에 설치한 터널링용 라우터[40] 사이에 TCP 커넥션을 만듭니다.

그리고 커넥션 양 끝에 있는 소켓에 해당하는 부분을 라우터의 포트로 간주하고, 거기서 패킷을 송수신합니다. 즉 라우터로 패킷을 송수신할 때, 터널링의 규칙에 따라 터널 안에 패킷을 넣고 빼는 거죠. 그럼 커넥션이 케이블 역할을 하고, 패킷이 그 안을 지나가서 다른 한쪽에 도달합니다.

그림 4.19 (b)에 보이는 **캡슐화**라는 방법으로 터널링을 실현하기도 합니다. 헤더도 포함한 패킷 전체를 다른 패킷 안에 저장해 터널의 또 다른 출입구까지 옮기는 겁니다. 이래도 패킷은 형태를 유지한 상태로 다른 출입구에 도달하기 때문에, 결과적으로 TCP 커넥션을 이용하는 방법과 마찬가지로 패킷의 통로가 되는 터널을 실현할 수 있어요. 이 두 가지 설명으로 알 수 있듯이, 패킷을 있는 그대로 옮길 수 있는 시스템이라면 원리적으로는 어떤 것이든 터널링에 이용할 수 있습니다.

4.3.4 접근 회선 전체의 움직임

PPPoE와 터널링의 작동 방식을 이해한 시점에서 접근 회선 전체의 작동을 따라가 보도록 하죠. 접근 회선의 움직임은 사용자 쪽에 인터넷 접속용 라우터를 설치하고 인터넷에 접속하는 데서 시작합니다. 먼저 인터넷 접속용 라우터에 프로

---

[40] 터널링 기능이 있다면 라우터가 아니라도 상관없습니다. 서버 머신을 사용하는 경우도 있습니다.

바이더에서 할당한 사용자 이름과 비밀번호를 등록합니다.[41] 그럼 인터넷 접속용 라우터는 PPPoE의 Discovery라는 시스템을 이용해 BAS를 찾습니다. 이 시스템은 ARP처럼 이더넷의 브로드캐스트를 이용한 것으로 "BAS는 없나요? 있으면 MAC 주소를 가르쳐주세요."라고 질의하면, "여기 있어요. MAC 주소는 xx:xx:xx:xx:xx:xx입니다."라고 BAS가 대답합니다. 아주 간단하죠.

이런 식으로 BAS의 MAC 주소를 알 수 있고, BAS와 데이터를 주고받을 수 있습니다. 이 부분은 다이얼업의 PPP에서 전화 회선을 연결하는 작동(그림 4.17 ①-1과 ①-2)에 해당한다고 생각하면 됩니다.

> 인터넷 접속용 라우터는 PPPoE의 Discovery라는 시스템을 이용해 BAS의 MAC 주소를 찾아낸다.

그렇게 하면 본인 확인과 설정값 통지 작동을 실행하는데(그림 4.17 ②-1에서 ②-4까지의 작동) 이 작동은 조금 복잡하니 주요한 점만 설명할게요. 먼저, 사용자 이름과 비밀번호를 BAS로 보냅니다. 비밀번호를 암호화하는 CHAP[42]이라는 방식과 암호화하지 않는 PAP[43]라는 방식이 있는데, 여기서는 비밀번호를 암호화하는 게 안전성이 더 높으므로 CHAP을 추천하지만, 암호화하지 않은 PAP라고 비밀번호가 바로 도청되는 건 아니에요. 요컨대 암호화하지 않은 비밀번호는 BAS와 인터넷 접속용 라우터 사이에서만 오가기 때문에,[44] 라우터와 ADSL 모뎀 사이에서 패킷을 도청하든가 전봇대에 올라 케이블에서 새어 나오는 전자파에서

---

41 라우터를 사용하지 않고 PC를 인터넷에 접속할 경우, PC에 사용자 이름과 비밀번호를 설정해 PC가 라우터 대신 PPPoE의 작동을 실행합니다. 사실은 이 형태가 원래 모습입니다.
42 CHAP : Challenge Handshake Authentication Protocol
43 PAP : Password Authentication Protocol
44 BAS에서 인증 서버로 비밀번호를 전송할 때는 RADIUS라는 프로토콜을 사용해, CHAP인지 PAP인지 상관없이 암호화해야 합니다.

데이터를 읽어오는 장치를 설치해 도청하지 않는 한 비밀번호를 도청할 수 없습니다. 광케이블이라면 전자파가 새지 않기 때문에 전자파로 읽어오는 것도 불가능합니다.

다음으로 살펴볼 점은 비밀번호를 확인한 후, BAS에서 사용자에게 TCP/IP의 설정 정보를 통지하는 것입니다. 여기서 통지할 정보는 인터넷에 접속하는 기기에 할당하는 IP 주소[45], DNS 서버의 IP 주소, 디폴트 게이트웨이의 IP 주소 같은 겁니다. 인터넷 접속용 라우터를 사용한다면, 이 설정 정보를 인터넷 접속용 라우터가 받아 라우터 본인에게 설정합니다. 이걸로 인터넷 접속용 라우터의 BAS 쪽 포트에 글로벌 주소가 할당되고,[46] 더 나아가 경로표에 디폴트 게이트웨이[47]도 설정돼 인터넷 접속용 라우터는 패킷을 인터넷에 중계할 수 있는 상태가 됩니다.

BAS가 보낸 TCP/IP 설정값은 인터넷 접속용 라우터의 BAS 쪽 포트로 설정된다. 이걸로 인터넷 접속용 라우터는 준비가 끝난다.

클라이언트에서 인터넷으로 접속하는 패킷이 흘러나오는 건 그 이후입니다. 누군가가 브라우저로 인터넷에 접속하면 그 패킷이 흘러나오겠죠. 해당 패킷의 수신처는 인터넷 어딘가이기 때문에 아마 인터넷 접속용 라우터의 경로표에는 등록돼 있지 않을 겁니다. 이 경우에 인터넷 접속용 라우터는 디폴트 경로를 채택해 그곳에 등록된 게이트웨이, 즉 BAS에서 통지한 디폴트 게이트웨이에 패킷을 중계합니다.

이 부분은 제3장에서 설명한 라우터의 패킷 중계 작동과 같습니다.[48] 다만 경

---

45 인터넷에서 사용하는 글로벌 주소를 말합니다.
46 LAN 쪽의 포트는 통상적으로 사용자가 프라이빗 주소를 할당합니다.
47 디폴트 경로로 설정된 게이트웨이. '3.3.5 해당하는 경로가 없을 경우 채택하는 디폴트 경로'에서 설명했습니다.
48 '3.3 라우터의 패킷 중계 작동'에서 설명했습니다.

로표에서 중계처를 판단한 후 패킷을 송신하는 부분은 통상적인 이더넷이 아니라 PPPoE의 규칙을 따릅니다. 그 과정은 다음과 같습니다.

먼저 송신할 패킷에 그림 4.20과 같은 헤더를 붙이고 그곳에 값을 기재합니다. 앞에 있는 MAC 헤더의 수신처 MAC 주소로는 PPPoE의 Discovery에서 조회한 BAS의 MAC 주소, 송신원 MAC 주소로는 인터넷 접속용 라우터의 BAS 쪽 포트의 MAC 주소, 이더 타입으로는 PPPoE를 나타내는 8864(16진수)라는 값을 씁니다.

다음의 PPPoE 헤더와 PPP 헤더에는 그림 4.20에서 보여준 필드가 있지만, 페이로드 길이 이외에는 사전에 값이 정해져 있습니다. 페이로드 길이도 패킷 길이

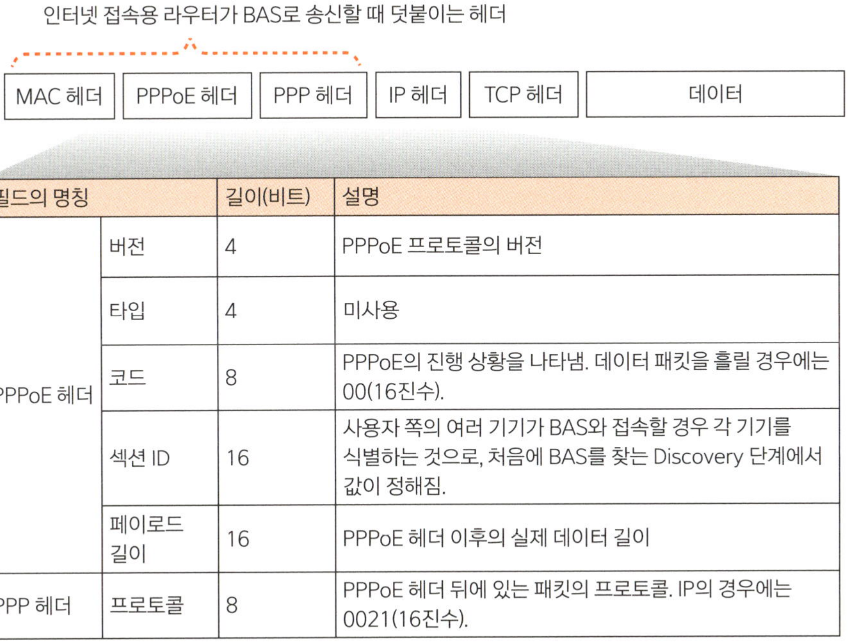

인터넷 접속용 라우터가 BAS로 송신할 때 덧붙이는 헤더

| MAC 헤더 | PPPoE 헤더 | PPP 헤더 | IP 헤더 | TCP 헤더 | 데이터 |

필드의 명칭		길이(비트)	설명
PPPoE 헤더	버전	4	PPPoE 프로토콜의 버전
	타입	4	미사용
	코드	8	PPPoE의 진행 상황을 나타냄. 데이터 패킷을 흘릴 경우에는 00(16진수).
	섹션 ID	16	사용자 쪽의 여러 기기가 BAS와 접속할 경우 각 기기를 식별하는 것으로, 처음에 BAS를 찾는 Discovery 단계에서 값이 정해짐.
	페이로드 길이	16	PPPoE 헤더 이후의 실제 데이터 길이
PPP 헤더	프로토콜	8	PPPoE 헤더 뒤에 있는 패킷의 프로토콜. IP의 경우에는 0021(16진수).

그림 4.20 PPPoE의 패킷

를 확인해 보면 알 수 있습니다. 그리고 그 뒤에 이어지는 부분, 즉 수신한 패킷의 IP 헤더 이후 부분은 그대로이기 때문에 결국 패킷 중계 작동을 할 때 헤더에 기재할 값을 조회하거나 판단하는 작동은 거의 없고, 사전에 값이 정해져 있는 헤더를 덧붙이는 것뿐입니다. 이후에 패킷을 신호로 변환해 포트에서 송신합니다.

그럼 패킷은 BAS에 도달합니다. BAS는 도달한 패킷에서 MAC 헤더와 PPPoE 헤더를 제거하고 PPP 헤더 이후 부분을 추출합니다. 그리고 터널링 시스템을 사용해 패킷을 송신하죠. PPP의 패킷은 또 다른 출구를 이용해 터널 안을 지나가고, 터널을 빠져나간 곳에 있는 프로바이더의 라우터에 도달합니다.

> BAS는 인터넷 접속용 라우터가 보낸 패킷을 받아 MAC 헤더와 PPPoE 헤더를 제거한 후, 터널링 시스템을 사용해 프로바이더의 라우터로 송신한다.

4.3.5 IP 주소를 할당하지 않는 언넘버드

이게 PPPoE의 작동 방식인데, 인터넷 접속용 라우터가 패킷을 송신할 때 헤더를 덧붙이는 부분에는 흥미로운 특성이 숨어 있습니다. 덧붙일 헤더의 값은 사전에 거의 정해져 있고, 경로표의 디폴트 게이트웨이난에 어떤 값이 들어가 있어도 상관이 없다는 거죠. 일대일의 형태, 즉 라우터의 포트끼리 한 케이블로 연결하는 형태로 접속된 부분에서는 한쪽에서 송신한 패킷이 불응하는 일 없이 다른 한쪽에 도달하기 때문에 경로표에 있는 게이트웨이난의 값을 기반으로 중계처 주소를 확인하는 작동이 필요 없습니다.[49]

그리고 중계처 주소를 확인할 필요가 없으면 게이트웨이난에 값을 기재할 필

---

[49] PPPoE는 이더넷에서 움직이는 시스템이라서, 허브를 거쳐 라우터와 BAS를 접속할 수도 있기에 접속 형태라는 물리적인 면에서 보면 일대일은 아닙니다. 하지만 Discovery를 거쳐 BAS와 데이터를 주고받는 단계에 들어서면 논리적인 통신 형태는 일대일이 되고, 여기서 설명한 특성과도 맞아떨어집니다.

요도 없고, 게이트웨이난에 주소를 기재할 필요가 없으면 중계처 라우터의 포트에 IP 주소를 할당할 필요도 없어요. 이 성질은 일대일인 모든 곳에 맞아떨어집니다.

옛날에는 이런 상황에서도 각 포트에 IP 주소를 할당했습니다. 각 포트에 IP 주소를 할당해야 한다는 규칙이 있었기 때문이죠. 하지만 글로벌 주소가 부족해지면서 특례가 만들어져 일대일 형태로 접속된 포트에는 IP 주소를 할당하지 않아도 됩니다. 이제는 이런 상황이 오면 포트에 IP 주소를 할당하지 않는 것이 통례입니다.[50] 이걸 **언넘버드**라고 불러요. 이 경우, BAS의 설정 정보 통지 작동으로 디폴트 게이트웨이의 IP 주소를 통지하지 않습니다.

> 일대일 형태로 접속된 포트에 IP 주소를 할당하지 않아도 되는 특례가 있다. 이를 '언넘버드'라고 부른다.

4.3.6 인터넷 접속용 라우터에서 프라이빗 주소를 글로벌 주소로 변환

지금까지 한 설명에서 하나 빠뜨린 것이 있습니다. 바로 인터넷 접속용 라우터에서 패킷을 중계할 때의 주소 변환 작동에 관한 내용입니다.[51]

아까 설명했듯이 BAS는 사용자 쪽에 TCP/IP의 설정 정보를 통지합니다. 이 설정 정보를 PC에 설정하면 PC에 글로벌 주소가 할당되고, 주소 변환 시스템을 사용하지 않고 인터넷에 접속할 수 있어요. 이게 TCP/IP 본래의 방법입니다. 하지만 인터넷 접속용 라우터를 사용하면 BAS가 통지한 설정 정보를 라우터가 받고, 글로벌 주소는 라우터에 할당됩니다. 이러면 PC에 글로벌 주소를 할당하는 일이 불가능해요.

---

50 특례를 이용하지 않고 IP 주소를 할당해도 상관없습니다.
51 '3.4 라우터의 부가 기능'에서 주소 변환을 설명했습니다.

이때 PC에는 프라이빗 주소를 할당하고, PC가 보낸 패킷은 인터넷 접속용 라우터에서 주소를 변환한 다음 인터넷에 중계합니다. Web이나 메일 같은 애플리케이션의 경우에는 그래도 문제가 없지만, 애플리케이션 종류에 따라서는 주소 변환의 영향으로 정상적으로 작동하지 않기 때문에 주의가 필요합니다. 애플리케이션이 자신의 IP 주소를 통신 상대나 제어용 서버에 통지하지만, 주소 변환 시스템이 그 통지 작동에 대응하지 못하기 때문이에요.[52]

이 경우, 즉 주소 변환의 영향으로 애플리케이션이 올바르게 작동하지 않는다면 라우터를 사용하지 않고 BAS가 통지하는 PPPoE 메시지를 PC가 받는 형태로 인터넷에 연결하는[53] 원래 방법을 쓰면 좋습니다. 그렇게 하면 PC에 글로벌 주소를 할당할 수 있어서 주소 변환 시스템을 사용하지 않고 인터넷에 접속할 수 있어요.[54]

라우터를 사용하지 않는 방법에는 주의할 점이 있습니다. 바로 글로벌 주소를 할당한 PC로 인터넷이 직접 패킷을 보내기 때문에 공격당할 가능성이 있다는 점이에요. 이 때문에 클라이언트 PC용 방화벽을 사용하는 등 적절한 방어책을 취하는 것이 좋습니다.

4.3.7 PPPoE 이외의 방식

지금까지 한 설명에서는 PPPoE라는 방법을 전제로 했지만, 현실에는 그 외의

---

[52] 인터넷 전화, 채팅, 대전 게임같이 클라이언트끼리 패킷을 주고받는 애플리케이션이 자신의 IP 주소를 통지합니다. 이런 애플리케이션이 주소 변환의 영향을 받는데, 지금은 다양한 회피책이 있어 이런 종류의 애플리케이션이 모두 안 되는 것은 아닙니다. 회피책이 있는지 없는지 하나하나 확인하지 않으면 주소 변환의 영향을 받을지 어떨지 판단할 수 없습니다.

[53] ADSL 모뎀, 미디어 컨버터, ONU 등에 PC를 직접 또는 허브를 거쳐서 연결하면 PPPoE 메시지를 PC가 받을 수 있습니다.

[54] 법인용, 즉 IP8이나 IP16 같은 여러 글로벌 주소를 할당하는 서비스를 이용하는 방법도 있습니다. 하지만 이 서비스는 고가입니다.

방식도 있습니다. 잠시 주제에서 벗어나는 듯하지만, 이에 대한 설명을 간단하게 해볼게요.

먼저 PPPoA[55]라는 방법을 사용한 ADSL 접근 회선부터 설명해 보죠.[56] ADSL에서 PPPoE를 사용할 때는 PPP 메시지를 일단 이더넷 패킷에 저장한 다음 셀에 저장했지만, PPPoA는 PPP 메시지를 그대로 셀에 저장합니다.(그림 4.21) 맨 앞에 MAC 헤더와 PPPoE 헤더를 붙이냐 마냐가 다를 뿐 PPP 메시지를 주고받는다는 점은 변함이 없기 때문에 비밀번호 확인, TCP/IP의 설정 정보 통지, 데이터 패킷 송수신 같은 작동은 PPPoE와 거의 똑같아요. 하지만 맨 앞에 MAC 헤더와 PPPoE 헤더를 붙이냐 마냐 같은 언뜻 별것 아닌 듯 보이는 일이 사용자의 편의에 영향을 미칩니다.

> PPPoA는 MAC 헤더와 PPPoE 헤더를 붙이지 않고 패킷을 그대로 셀에 저장한다.

PPPoA는 앞에 MAC 헤더가 붙어 있지 않아서, PPP 메시지를 그대로 이더넷에 전송할 수 없습니다. PPP 메시지를 이더넷에 전송할 수 없으니 BAS와 PPP 메시지를 주고받는 기기, 즉 PC나 라우터를 ADSL 모뎀과 일체화시키지 않으면 PPP 시스템은 작동하지 않아요. 일체화시키는 방법에는 두 가지가 있습니다.

하나는 PC의 USB 인터페이스에 ADSL 모뎀을 연결해 ADSL 모뎀과 PC를 일체화시키는 방법이에요. 하지만 이 방법은 보급되지 않고 끝났습니다. 또 하나는 그림 4.21과 같이 ADSL 모뎀과 라우터를 일체화시킨 라우터 일체형 ADSL 모뎀을 사용하는 방법입니다.

이 방법은 PPPoE로 라우터를 사용하는 경우와 차이가 거의 없어서 널리 보급

---

[55] PPPoA : Point-to-Point Protocol over ATM
[56] PPPoA를 FTTH에서 사용하는 일은 없습니다. FTTH는 ATM의 셀을 사용하지 않기 때문입니다.

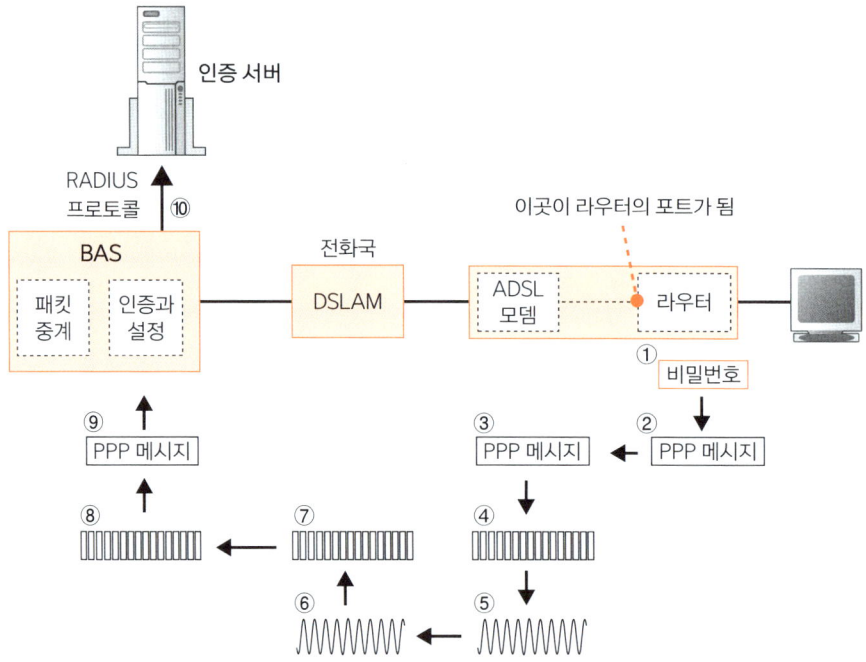

① PC에서 사용자 이름과 비밀번호를 입력
②③ 사용자 이름/비밀번호를 기반으로 PPP 메시지를 작성
④ PPP 메시지를 ATM의 셀로 분할
⑤ 셀을 ADSL 모뎀으로 변조해 전화 회선에 송신
⑥⑦ 신호를 수신해 셀로 복원하고 BAS로 송신
⑧⑨ 셀을 수신해 PPP 메시지로 변환하고 인증 기능으로 건넴
⑩ 인증 서버에 사용자 이름/비밀번호를 전송해 거기서 비밀번호가 맞는지 틀렸는지 검사

그림 4.21 PPP 메시지를 ATM 셀에 저장하는 PPPoA

됐습니다. 하지만 아까 설명했듯이 주소 변환으로 문제가 발생하면 난감해져요. 라우터를 사용하지 않고 PC를 인터넷에 연결한다는 대책을 쓸 수 없기 때문입니다.

다만 PPPoA에는 PPPoE보다 좋은 면도 있습니다. PPPoE는 그림 4.18처럼

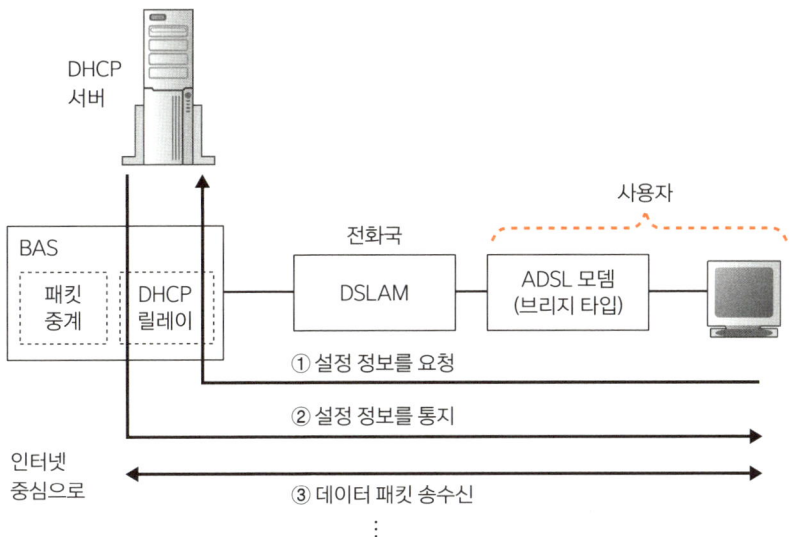

그림 4.22 DHCP의 구조

PPPoE 헤더와 PPP 헤더가 붙어 그만큼 MTU가 짧아집니다.[57] 이게 효율 저하의 요인이 될 때도 있지만, PPPoA는 이더넷 패킷을 사용하지 않기 때문에 MTU가 짧아질 일이 없고, 효율 저하도 일어나지 않아요.

PPPoE는 효율이 저하될 수 있고, PPPoA에는 ADSL 모뎀과 라우터를 분리할 수 없다는 제약이 있지만 이런 제약이 발생하는 원인은 PPP를 사용하는 데 있습니다. 그래서 PPP를 사용하지 않는 접근 회선 사업자도 있어요. 이 사업자가 채택한 방법은 PPP 대신 DHCP[58]라는 시스템을 사용해 TCP/IP의 설정 정보를 BAS에서 사용자 쪽에 통지하는 방법입니다.

DHCP는 주로 사내 LAN에서 클라이언트 PC에 TCP/IP의 설정 정보를 통지

---

57 PPPoE는 터널링과 병용하는 것이 일반적이지만, 이 경우에는 터널링 헤더도 추가돼 MTU는 더 짧아집니다.
58 DHCP : Dynamic Host Configuration Protocol

하는 데 널리 사용됩니다. 이 시스템은 그림 4.22와 같이 PC에서 설정 정보를 요청하고(①), DHCP 서버가 설정 정보를 통지(②)하는 게 전부로 매우 간단합니다. PPP(그림 4.17)처럼 여러 단계는 없고, 사용자 이름과 비밀번호를 확인할 일도 없습니다. 사용자 이름과 비밀번호를 확인하지 않기 때문에 사용자 이름으로 프로바이더를 교체할 수는 없지만, 좋은 면도 있어요. 단순히 이더넷 패킷을 그대로 주고받는 게 전부라 PPP의 여분 헤더가 붙을 일이 없고, MTU가 짧아질 일도 없거든요.

또 DHCP를 채택한 사업자는 ADSL 모뎀 방식도 PPPoE나 PPPoA와는 달리, 셀을 사용하지 않고 이더넷 패킷을 그대로 ADSL 신호로 변환합니다. 그래서 ADSL 모뎀과 라우터를 분리하지 못한다는 제약도 없죠.[59]

> PPP를 사용하지 않고 이더넷 패킷을 그대로 ADSL 신호로 변환해 DSLAM에 송신하는 DHCP라는 방식도 있다.

4.4 프로바이더의 내부

4.4.1 POP과 NOC

원래의 탐험 주제로 돌아가 보죠. 접근 회선을 지나간 패킷은 프로바이더의 라우터에 도달합니다. 그곳이 인터넷의 입구이고, 거기서 패킷은 인터넷 내부로 들어갑니다.[60]

인터넷의 실체는 한 조직이 운영 관리하는 단일 네트워크가 아니라, 여러 프로바이더의 네트워크를 서로 접속한 것입니다.(그림 4.23) 그리고 ADSL이나 FTTH

---

[59] 셀을 사용하는 PPPoE나 PPPoA는 BAS에 비교적 고가인 ATM용 인터페이스를 써야 하지만, 셀을 사용하지 않으면 그만큼 비용을 억제하는 효과도 기대할 수 있습니다.

[60] 그 후의 패킷 움직임은 간단하게 말하면 라우터에서 중계돼 목적지로 나아갈 뿐이기 때문에 기본적인 움직임은 지금까지 설명한 것과 크게 다르지 않습니다.

의 접근 회선은 사용자가 계약한 프로바이더의 설비에 연결돼 있어요. 그 설비를 POP[61]이라고 부릅니다. 인터넷의 입구인 라우터가 그곳에 설치돼 있죠.

> 접근 회선을 통과한 패킷은 프로바이더의 POP에 설치한 라우터에 도달한다.

그럼 POP 내부를 살펴볼까요? POP의 구성은 접근 회선 수나 프로바이더의 사업 형태 등에 따라 다르지만, 대체로 그림 4.24와 같습니다. 그곳에는 다양한 유형의 라우터가 설치돼 있어요. 라우터의 기본 작동은 여기서도 다르지 않지만, 역할에 따라 다양한 타입의 라우터를 구분해 사용합니다. 그림 4.24에서는 중앙 부분에 접근 회선을 접속하는 라우터가 몇 가지 표기돼 있는데, 이걸로 접근 회선의 종류에 따라 다양한 유형의 라우터를 구분해 사용한다는 점을 알 수 있죠.

먼저 위에서부터 순서대로 전용선을 사용한 접근 회선을 연결하는 부분에는 통신 회선용 포트를 장비한 통상적인 라우터를 사용합니다. 전용선은 본인 확인이나 설정값 통지 등의 기능이 필요 없어서[62] 평범한 라우터면 충분합니다. 그 아래에, 전화 회선이나 ISDN 회선 같은 다이얼업 회선을 연결하는 부분은 RAS라고 부르는 라우터를 사용합니다. 다이얼업 회선은 사용자가 건 전화를 받는 기능이 필요해서, RAS에 이 기능이 있어요. 또 아까 PPP 프로토콜을 사용해 비밀번호 확인과 설정 정보를 통지하는 움직임을 설명했는데, RAS는 해당 기능도 갖추고 있습니다.

그 아래가 PPPoE의 ADSL과 FTTH입니다. PPPoE의 경우에는 ADSL과 FTTH를 운영하는 사업자 내부에 BAS가 설치돼 있고, 이것과 연결하기 위한 라

---

61 POP : Point of Presence
62 전용선은 회선을 고정적으로 접속하기 때문에 본인 확인을 하지 않아도 됩니다. 이 때문에 PPP나 DHCP 같은 시스템이 필요하지 않습니다. 예전에는 인정값을 FAX와 편지 등으로 통지해 수동으로 설정했지만, 지금은 보안상 쓰지 않습니다.

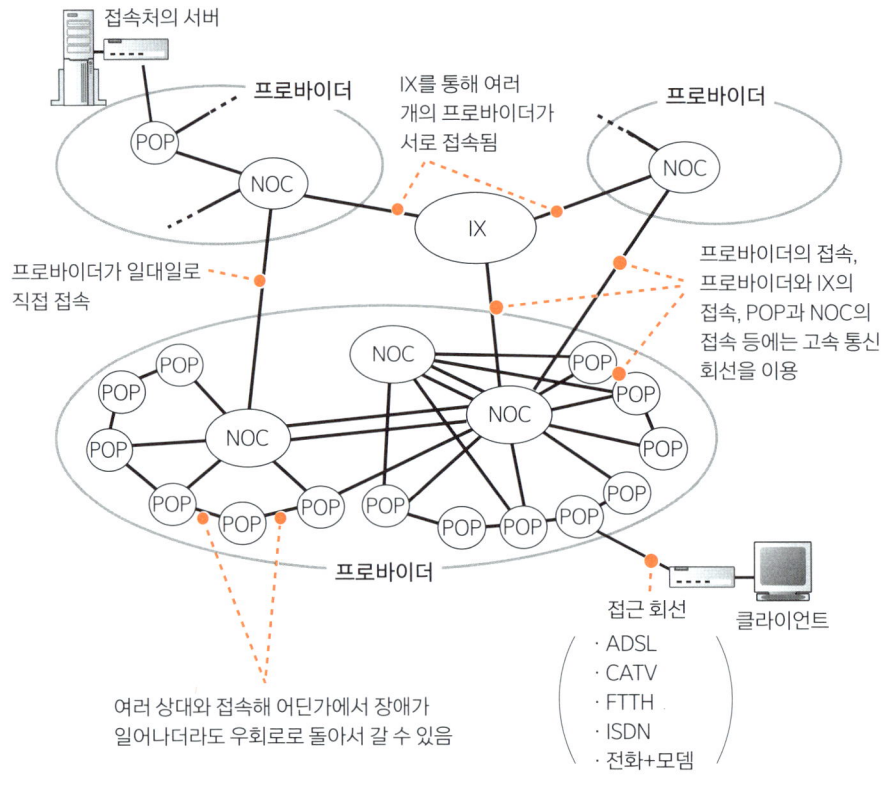

그림 4.23 인터넷 내부의 개요

우터가 프로바이더에 설치됩니다. PPPoE를 사용한 본인 확인이나 설정 정보 통지 작동은 ADSL이나 FTTH의 사업자에 있는 BAS가 창구 역할을 하고, 프로바이더의 라우터는 평범하게 패킷을 중계할 뿐이라 BAS와 연결되는 부분에는 평범한 라우터를 사용합니다.

ADSL 접근 회선이 PPPoA를 채택했다면 이 경우와 조금 달라서, DSLAM에서 ATM 스위치[63]를 거쳐 ADSL 사업자의 BAS에 연결되고, 거기서 프로바이더

63　ATM 스위치는 ATM의 셀을 중계하는 장치로, DSLAM에서 나온 셀을 BAS에 중계하는 역할을 합니다.

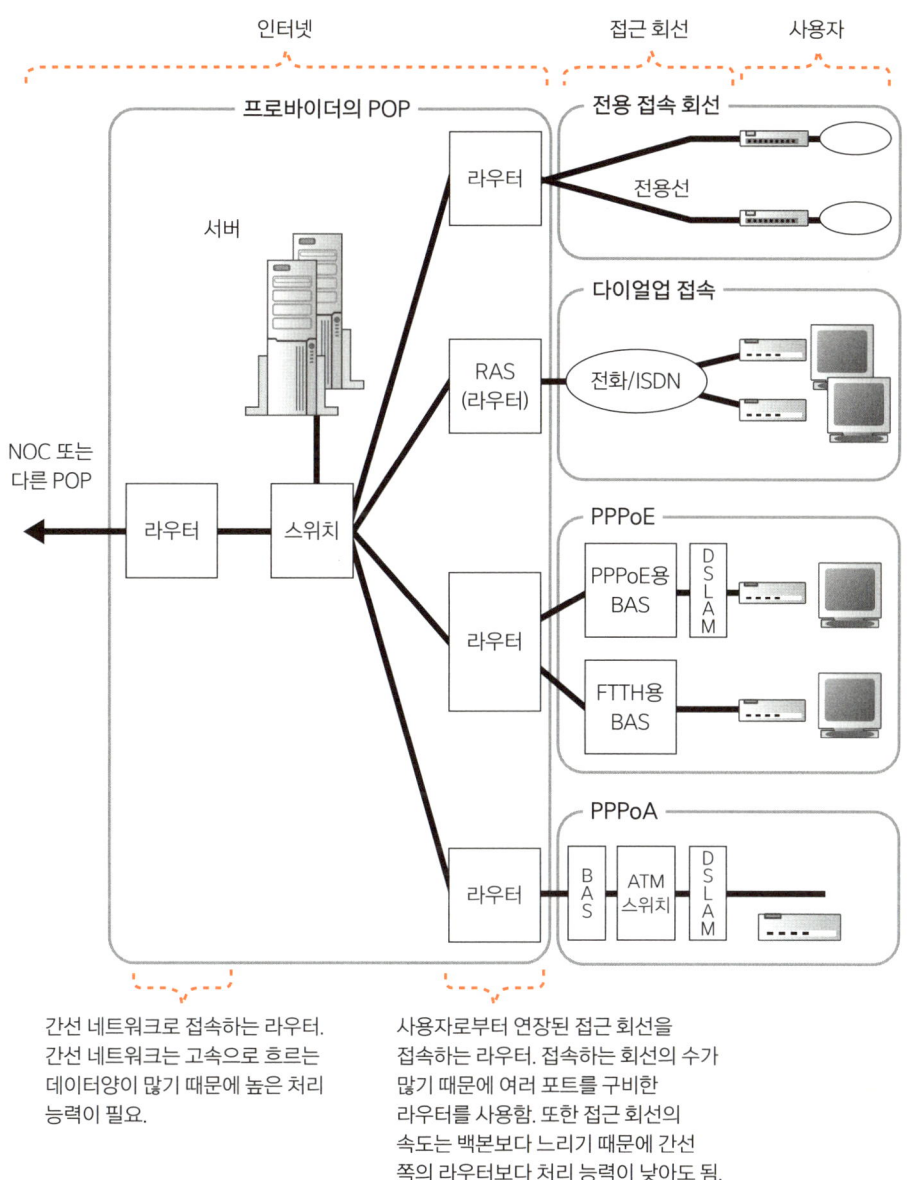

그림 4.24 POP의 개요

의 라우터에 연결됩니다. 사용자 쪽으로부터 흘러오는 신호는 이렇게 처리됩니다. ADSL 모뎀에서 패킷을 ATM 셀에 저장한 다음, 신호로 변환하고 DSLAM 쪽에서 그 신호를 셀로 되돌리며, ATM 스위치로 BAS에 셀을 중계합니다. 그리고 BAS에서 패킷으로 되돌리면 프로바이더의 라우터를 거쳐서 인터넷 내부로 가는 거죠.

접근 회선을 연결하는 부분은 접속할 접근 회선의 수가 많아서 라우터에는 포트가 여러 개 필요하지만, 흐르는 패킷의 양은 비교적 적다고 생각해도 됩니다. 접근 회선은 인터넷 중심 부분의 회선과 비교하면 속도가 느리기 때문입니다. 그래서 포트당 가격을 낮춘 기종이 적합합니다. 반면 그림 왼쪽에 있는 라우터는 프로바이더의 중심인 NOX와 다른 POP으로 접속하기 위해 사용합니다. 여기에는 패킷 중계 능력과 데이터 전송 능력이 높은 기종이 적합합니다. 접근 회선을 접속한 여러 라우터에서 나오는 패킷이 모이는 장소이고, 사용하는 회선의 속도도 빠르기 때문입니다.

NOC[64]은 프로바이더의 핵심 설비로, POP에서 들어온 패킷이 이곳에 모입니다. 거기서 목적지 근처에 있는 POP으로 또는 다른 프로바이더로, 패킷이 흘러갑니다. 여기에도 고성능 라우터가 설치돼 있어요.

고성능이라도 해도 어느 정도의 고성능인지 알기 힘들기에 실제 제품 사양을 비교해 보겠습니다. 프로바이더용으로 판매되는 고성능 라우터는 데이터 전송 능력이 수십에서 수백 테라비트/초[65]입니다. 개인 사용자용 인터넷 접속 라우터의 데이터 전송 능력은 높아 봐야 수 기가비트/초 정도이니 1만 배 이상이죠. 라우터의 능력은 데이터 전송 능력만으로 정해지는 것은 아니지만, 이걸로 규모나 성능의 차이를 대충 알겠죠?

64 NOC : Network Operation Center
65 테라는 10^{12}를 나타냅니다.

또 NOC과 POP은 엄밀하게 구분해야 하는 것은 아닙니다. NOC에도 접근 회선 접속용 라우터를 설치해 POP과 겸용하는 경우가 많기 때문이에요. IP 프로토콜로 패킷을 옮기는 작동만 봐도 둘을 구분할 필연성은 없습니다. 패킷을 중계하는 기본 작동은 어떤 라우터든 차이가 없기 때문입니다. POP의 규모가 커진 것이 NOC이라고 생각해도 될 정도입니다.[66]

4.4.2 건물 바깥은 통신 회선으로 접속

POP이나 NOC은 전국 각지에 있습니다. 그중 하나는 규모에 차이가 없지만, 회사에 있는 서버 룸이나 머신 룸과 비슷합니다. 어딘가의 빌딩 안에 있는 거죠. 이 때문에 그곳에 있는 라우터는 케이블로 직접 접속하거나 스위치를 거쳐 접속합니다. 요컨대 회사나 가정의 LAN과 똑같다는 거죠. 다만 회사의 머신 룸이면 트위스트 페어 케이블을 사용해 기기를 접속하는 일이 많은데, 프로바이더의 네트워크는 흐르는 패킷의 양이 꽤 많아 트위스트 페어 케이블로 다룰 수 있는 한계를 넘어버리곤 합니다. 그런 곳에는 광케이블을 사용해요.[67]

건물 안은 이렇게 케이블로 직접 접속하지만, 떨어진 곳에 있는 NOC이 POP을 연결하는 방법에는 몇 가지가 있습니다.

그중 간단한 것은 직접 광케이블을 소유한[68] 프로바이더가 쓰는 방법이에요. 자사에서 광케이블을 소유하고 있으니 이를 사용해 떨어진 곳에 있는 NOC이나

---

[66] 이 책의 취지에 따라 패킷 흐름에 착안하면 프로바이더 내부에는 라우터가 있는 걸로만 보이지만, POP이나 NOC에 설치된 건 라우터뿐만이 아닙니다. 프로바이더는 Web이나 메일 등의 다양한 서비스를 제공하고, 이런 서비스를 실현하기 위한 각종 서버도 다수 설치돼 있습니다.

[67] 광케이블의 기본은 FTTH와 다르지 않습니다. 건물 내부를 연결할 때는 거리가 짧아서, 멀티 모드라는 타입의 광섬유를 사용하는 예가 많습니다.

[68] 예를 들어 전화 회사는 자사의 통신사업용으로 전봇대나 지하에 부설한 광케이블을 다수 소유하고 있습니다. 전력회사가 전력사업을 위해 설치한 송전선이나 전봇대에 부설한 광케이블을 이어받아 통신사업을 하는 통신사업자도 자사에서 광케이블을 소유한 회사 중 하나입니다. 그 외에 고속도로를 따라 부설한 광케이블을 소유한 회사도 있습니다. 이처럼 소유 형태는 다양합니다.

POP을 이어주기만 하면 됩니다.

  이 방법은 간단하지만 실현하기가 간단하지 않아요. 광케이블을 부설하려면 지중에 매설하는 공사가 필요한데 막대한 비용이 듭니다. 부설 공사비가 끝이 아니에요. 케이블 종료 사고가 일어나면 수리해야 하니 유지 관리에도 비용이 듭니다. 이 때문에 광케이블을 소유할 수 있는 극소수의 대기업 프로바이더만이 가능한 일이라고 할 수 있겠죠.

  그 외의 프로바이더는 어떻게 해야 할까요? 이것도 그리 어려운 이야기는 아닙니다. 한마디로 정리하면 광케이블을 가지고 있는 곳에서 빌리는 건데, 단순하게 광케이블 그 자체를 빌린다는 의미가 아니에요.

  광케이블을 소유한 회사는 빌려주는 사업도 하는 게 일반적입니다. 전화 회사를 예로 들어 설명해 볼게요. 전화 회사는 자신이 소유한 광케이블에 음성 데이터를 흘려 상대에게 전달하는 서비스를 제공할 수 있습니다. 하지만 한 광케이블에 한 회선의 음성 데이터를 흘리지 않습니다. 광케이블의 능력을 세세하게 나눠 그 하나에 음성 데이터를 흘립니다.

  바꿔 말하면 자사에서 소유한 광케이블을 세분화해 그 일부를 고객에게 빌려준다는 뜻입니다. 고객 처지에서 보면 전화 요금을 내고 세분화된 광케이블 일부를 빌린다고도 할 수 있습니다. 전화 회사는 소유한 광케이블을 모두 자사에서 사용하지 않고, 이렇게 고객에게 빌려줘 수입을 얻는 형태로 사업을 운영하는 거죠. 전화를 예로 들어 설명했는데, 이런 사업의 본질은 전화뿐만이 아니라 인터넷에서도 다르지 않습니다.[69] 그리고 이런 종류의 사업에서 제공하는 서비스를 **통신 회선**이라고 불러요.

  광케이블이 없는 프로바이더는 통신 회선을 사용해 멀리 있는 NOC이나 POP을 이어줍니다. 전화에서 사용하는 통신 회선(전화 회선)은 음성 데이터라는 아주

---

[69] 인터넷 이외의, 소위 통신 회선 사업에서도 이 본질은 다르지 않습니다.

당연한 것을 옮길 뿐이라서 한 가지 종류밖에 없지만, 프로바이더가 사용하는 통신 회선은 다양해요. 먼저 속도에 다양한 종류가 있고, 빠른 건 전화 회선의 100만 배 이상입니다. 속도뿐만이 아니라 데이터를 옮기는 방식에도 여러 가지가 있어요. 옛날에는 여러 전화 회선을 묶어 사용하는 방식이 주류였지만, 지금은 다양한 방식의 통신 회선이 제공되고 있습니다. 그중에는 광케이블의 능력을 세분화하지 않고 그대로 대여하는 서비스도 있어요.[70] 이렇게 통신 회선은 방식이나 속도에 여러 가지가 있고 요금도 다릅니다. 광케이블이 없는 프로바이더는 여러 통신 회선 중에서 상황에 맞는 것을 선택해 빌리면 됩니다.

4.5 프로바이더를 거쳐서 흐르는 패킷

4.5.1 프로바이더끼리 접속하기

프로바이더의 내부를 이해한 시점에서 POP의 라우터에 도달한 패킷의 움직임에 관해 설명해 보겠습니다. 먼저 최종 목적지인 웹 서버가 클라이언트와 똑같은 프로바이더에 접속돼 있는 경우예요. 그때는 POP의 라우터 경로표에 중계처가 등록돼 있을 겁니다. 프로바이더의 라우터에는 라우터끼리 경로 정보를 서로 교환해 경로표에 자동으로 등록하는 기능이 갖춰져 있습니다. 이 기능을 사용해 경로 정보를 자동화하기 때문입니다.[71] 이 때문에 경로표를 찾으면 중계처가 판명됩니다. 그 중계처가 NOC일지도 모르고, 옆의 POP일지도 모릅니다. 어느 경우든 중계처에 패킷을 보냅니다. 그럼 그곳에도 라우터가 있고, 그곳에서도 똑같이 패킷을 중계해요. 그 라우터의 경로표에도 중계처가 등록돼 있을 테니, 그 내용에 따라 패킷을 보냅니다. 이 작동을 반복하면 패킷은 머지않아 웹 서버 쪽의 POP에 설치한 라우터에 도달합니다. 그리고 거기서부터 웹 서버로 향해요.

---

70 이 서비스를 '다크 파이버'라고 부릅니다.
71 경로 정보는 '3.3.2 경로표에 등록되는 정보'에서 설명했습니다.

서버 쪽의 프로바이더가 클라이언트 쪽과 다르다면 어떨까요? 이 경우에 패킷을 서버 쪽 프로바이더로 보내야 하지만, 그때의 중계처도 경로표에 등록돼 있습니다. 프로바이더는 다른 프로바이더와도 경로 정보를 서로 교환하므로, 라우터에는 다른 프로바이더의 경로 정보도 등록돼 있거든요. 그 정보 교환은 나중에 설명하고, 여기서는 중계처가 경로표에 등록돼 있다는 전제하에 계속 이야기를 진행해 보죠. 경로표에 등록돼 있으면 경로표를 찾아 중계처를 찾을 수 있으니 그곳에 패킷을 보내기만 하면 됩니다.

결국 인터넷 내의 라우터에는 최종 목적지가 같은 프로바이더인지 다른 프로바이더인지 상관없이 모든 경로가 등록돼 있습니다. 이 덕분에 경로표에서 다음 중계처를 찾아 그곳에 패킷을 보내는 작동을 반복하면 머지않아 웹 서버 쪽의 POP에 도달합니다. 이렇게 하면 지구 뒤편에 패킷을 보낼 수도 있습니다.

4.5.2 프로바이더끼리 경로 정보를 교환

경로표에 경로가 등록돼 있으면 확실하게 지구 뒤편이든 어디든 패킷을 보낼 수 있지만, 경로 정보를 등록하지 않으면 라우터는 어디에 어떤 네트워크가 있는지 판단할 수 없어서 패킷을 중계할 수 없습니다. 케이블이나 통신 회선으로 라우터를 접속하기만 해서는 패킷을 중계할 수 없어요. 다음으로는 그 방법, 즉 프로바이더 사이에서 경로 정보를 교환해 이걸 라우터에 자동으로 등록하는 방법을 설명하겠습니다.

이 방법은 그렇게 어렵지 않습니다. 그림 4.25처럼 접속 상대가 경로 정보를 가르쳐줍니다. 상대가 경로 정보를 가르쳐주면 그쪽에 어떤 네트워크가 있는지 알 수 있습니다. 그렇게 알게 된 경로 정보를 경로표에 등록하면 그쪽으로 패킷을 보낼 수 있죠.

상대가 경로 정보를 가르쳐주면 이쪽에서도 똑같이 경로 정보를 상대에게 통

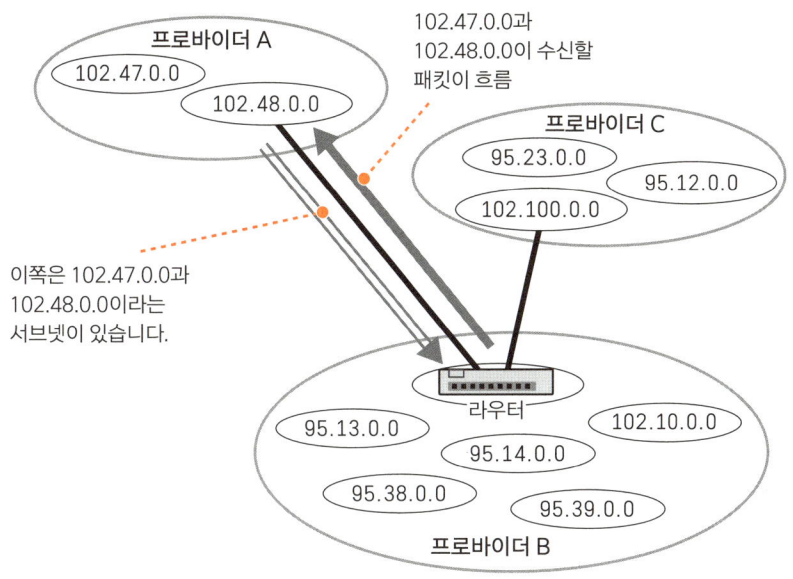

그림 4.25 프로바이더끼리 경로 정보를 주고받는다

지합니다. 그럼 상대 쪽에서 이쪽의 네트워크가 받을 패킷이 흘러나와요. 이 경로 정보 교환은 라우터가 자동으로 진행하고, 이때 사용하는 시스템을 BGP[72]라고 부릅니다.

경로 정보 교환은 통지하는 경로 정보의 내용에 따라 두 유형으로 나눌 수 있습니다. 하나는 인터넷 경로를 모두 상대에게 통지하는 겁니다. 예를 들어 그림 4.26에서 프로바이더 D가 프로바이더 E에 대해 인터넷상의 경로를 모두 통지했다고 치죠. 그럼 프로바이더 E는 프로바이더 D뿐만이 아니라 끝에 있는 프로바이더 B, A, C 등 인터넷에 있는 프로바이더 모두에게 보입니다. 그 결과, 프로바이더 D를 통해 인터넷의 프로바이더 전체에 패킷을 보낼 수 있습니다. 이렇게 하

72 BGP : Border Gateway Protocol

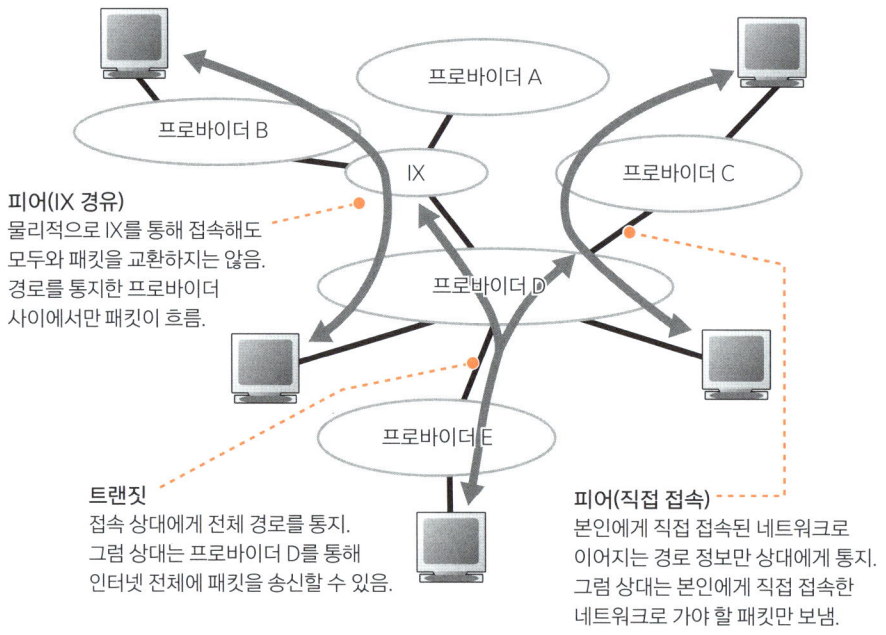

그림 4.26 경로 정보 통지의 유형

면 프로바이더 D를 통과해 패킷이 흘러가요. 이걸 **트랜짓**이라고 부릅니다.

또 하나는 두 프로바이더가 각각 네트워크에 관한 경로 정보만 서로 통지하는 겁니다. 이렇게 하면 상대의 네트워크가 받을 패킷만 흘러가죠. 이 방법을 **피어(비트랜짓)**[73]라고 부릅니다.

> 이더넷 내부에서는 BGP라는 시스템을 사용해 프로바이더 사이에서 경로 정보를 교환한다.

73　BGP의 사양으로는 정보를 교환할 상대를 피어라고 부르는데, 피어는 트랜짓과 비(非)트랜짓 둘 다를 포함합니다. 반면 여기서 말하는 피어는 비(非)트랜짓만 가리킵니다. 의미가 다르니 혼동하지 않도록 주의해 주세요.

4.5.3 사내 네트워크에서 쓰는 자동 등록과의 차이

라우터끼리 서로 경로 정보를 교환해 경로표를 자동으로 설정하는 방법은 사내 네트워크에서도 사용합니다.

하지만 사내에서 사용하는 방법은 프로바이더끼리 경로 정보를 교환하는 방법과 다른 점이 있어요. 사내에서 사용하는 시스템은 목적지까지 가는 최단 경로를 찾아 그곳에 패킷을 중계하도록 만들어져 있습니다. 따라서 주변에 있는 라우터 모두와 무차별적으로 경로 정보를 교환합니다.

사내의 경우 이래도 상관없지만, 프로바이더끼리는 불편함이 생길 수 있습니다. 가령 어느 프로바이더가 미국과 국내를 이어주는 고속 통신 회선을 가지고 있다고 칩시다. 그럼 미국에 접속할 때 그 회선을 지나가는 경로가 최단 경로가 될 가능성이 있습니다. 이 같은 상황에서 단순히 최단 경로에 패킷을 보내는 시스템을 사용하면 다른 프로바이더의 패킷이 그 회선으로 흘러들어옵니다. 그때 패킷을 보낸 상대에게 통신 회선의 비용 부담을 요청하면 되지만, 그게 안 되면 무임승차를 당하는 결과가 될 수 있습니다. 이런 상황일 때, 최단 거리라는 작동 방식에 기반해 경로를 결정하는 방법으로는 부담에 응하는 프로바이더와 그렇지 않은 프로바이더를 구별할 수 없습니다. 부담에 응하지 않는 프로바이더가 보낸 패킷을 막을 수가 없다는 거죠. 그럼 접속료 협상은 잘되지 않을 겁니다.

이러면 곤란하므로 인터넷의 경우, 단순히 최단 경로를 선택할 것이 아니라 의도치 않은 상대가 보낸 패킷을 막는 시스템이 필요합니다. 인터넷의 경로 정보 교환은 그런 시스템이 있습니다.

먼저 경로 정보를 교환할 상대를 지정할 수 있어요. 사내에서는 무차별적으로 모든 라우터와 경로 정보를 교환하지만, 프로바이더는 서로 특정한 라우터와 일대일로 경로 정보를 교환합니다. 이를 통해 비용 부담 같은 협상에 응한 상대에게만 경로 정보를 통지할 수 있죠. 그렇게 하면 경로 정보를 통지한 상대 이외의 패킷은 흘러오지 않습니다.

또 하나, 경로를 판단할 때 최단 경로인지 아닌지 판단하는 것뿐만 아니라 다른 판단 요소를 파라미터로 설정할 수 있습니다. 예를 들어, 한 목적지로 가는 여러 경로가 있다면 우선도를 설정할 수 있습니다.

이렇게 상대를 선택해 경로 정보를 교환하는 것이 프로바이더끼리 하는 방법이지만, 이러면 경로 정보를 교환하지 않는 상대에게는 패킷을 보낼 수 없고, 상대 쪽에게 접속처인 웹 서버가 있으면 그곳에는 접속할 수 없는 사태가 벌어집니다. 하지만 그 부분은 걱정하지 않아도 돼요. 프로바이더는 그런 사태가 일어나지 않도록 배려해 경로 정보를 교환하고 있기 때문입니다. 인터넷에는 여러 프로바이더가 있고, 프로바이더 하나는 여러 프로바이더와 서로 접속하고 있습니다. 그러니까 저쪽 프로바이더가 안 되면, 이쪽 프로바이더를 통해 보내면 됩니다. 이런 식으로 인터넷 구석구석까지 패킷을 보낼 수 있도록 경로 정보를 교환하고 있습니다. 만약 이게 안 되는 프로바이더가 있으면, 그 프로바이더는 살아남을 수 없을 테죠.

4.5.4 IX의 필요성

그림 4.26에는 IX[74]라는 게 있는데, 이를 설명해 보겠습니다. 프로바이더끼리 접속하는 방법은 그림 4.26에 있는 프로바이더 D와 프로바이더 C처럼 프로바이더끼리 일대일 형태로 접속하는 게 기본입니다. 지금도 이 방법이 쓰이고 있습니다. 하지만 이것만으로는 불편한 면이 있어요. 프로바이더끼리 일대일로 접속하는 방법밖에 없으면, 그림 4.27 (a)처럼 모든 프로바이더와 통신 회로를 연결해야 합니다. 지금은 일본 국내에만 수천 곳의 프로바이더가 있기 때문에 보통 일이 아니에요. 이런 상황일 때 그림 4.27 (b)처럼 중심이 되는 설비를 설치하고, 그곳

---

[74] IX : Internet eXchange

(a) IX가 없을 경우

인터넷 접속 사업자는 개별로 접속해야 함

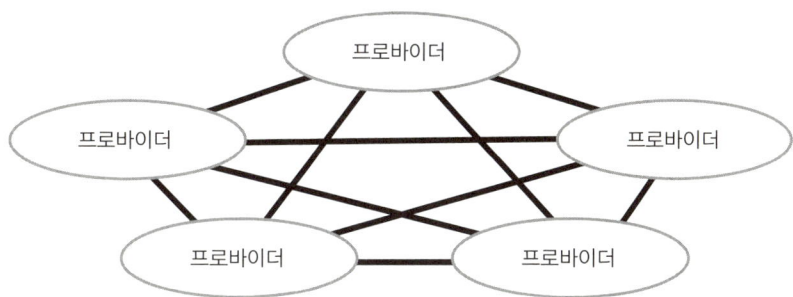

(b) IX가 있을 경우

IX에 접속하기만 해도 모든 인터넷 접속 사업자와 패킷을 교환할 수 있음

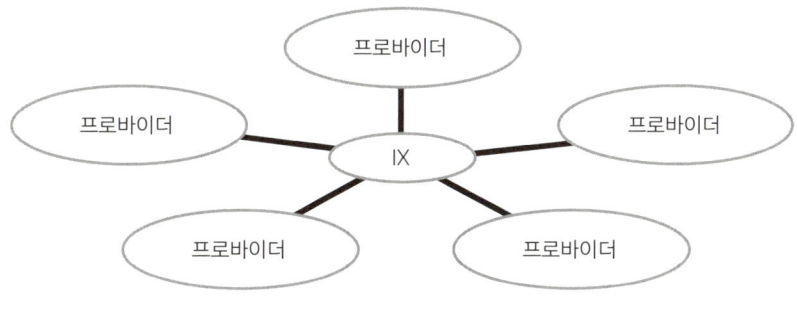

그림 4.27 IX의 필요성

을 거쳐 접속하는 방법을 쓰면 통신 회선의 수를 줄일 수 있습니다. 이때 중심이 되는 설비가 바로 IX입니다.

현재 일본에는 그런 설비가 여러 곳 있습니다. JIPX[75], NSPIXP-2[76], JPNAP[77] 등입니다. (한국에는 KINX, 세종텔레콤 Neutral IX 등이 있다.-편집자 주) 이들을 거

---

75 JPIX : JaPan Internet eXchange. 일본 인터넷 익스체인지사의 IX.
76 NSPIXP-2 : Network Service Provider Internet eXchange Point-2. 관학민이 공동으로 운영하는 WIDE 프로젝트의 IX.
77 JPNAP : Japan Network Access Point. 인터넷 멀티 피드사의 IX.

쳐가는 패킷의 양은 세 곳을 합치면 약 200기가비트/초[78]에 이르고, IX를 통과하는 데이터양은 계속 증가하고 있습니다.

4.5.5 IX에서 프로바이더끼리 접속하는 상황

그럼 IX를 알아볼까요. 일단 IX의 장소입니다. 정전이나 화재 등의 사고, 지진 같은 재해가 일어나더라도 라우터 같은 네트워크 기기가 정지하지 않도록 자가 발전 설비를 갖춘 내진 구조의 빌딩 안에 IX가 있습니다. 이 점은 IX뿐만이 아니라 프로바이더의 NOC도 마찬가지입니다. 필연적으로 안전성을 갖춘 건물에 NOC이나 IX가 설치됩니다. 프로바이더나 IX 운영 조직은 이 같은 건물의 임차인으로서, 공간을 빌려 NOC 또는 IX의 설비를 설치 운영하고 있다는 거죠. 바꿔 말하면 건물 어느 층의 한 모퉁이에 IX가 있습니다.

IX의 중심에는 고속 LAN[79]의 인터페이스를 여럿 장비한 **레이어 2 스위치**가 있습니다.(그림 4.28)[80] 레이어 2 스위치의 기본 작동은 스위칭 허브와 똑같으니 거대한 고속 스위칭 허브가 IX의 핵심이라고 생각하면 됩니다.

그곳에 프로바이더의 라우터를 연결해 뒀는데, 연결 방법이 다양합니다. 우선 IX와 똑같은 건물에 NOC을 설치한 프로바이더가 쓰는 방법인데요. 이 경우, NOC에서 광케이블을 연장해 IX의 스위치에 접속하는 것이 통례입니다.(그림 4.28 ①) 가정이나 회사의 LAN으로 라우터를 스위칭 허브에 접속하는 것과 똑같다고 생각하면 됩니다. 이 방법은 간단하지만, NOC을 IX와 다른 빌딩에 설치한 프로바이더도 있을 거예요. 이때에는 통신 회선으로 라우터와 스위치를 잇습니

---

78 2007년 2월 시점의 추정값입니다.
79 지금은 100기가바이트 이더넷이 주로 사용되고 있지만, 트래픽양이 많은 곳은 성능이 더 높은 이더넷을 쓸 겁니다.
80 이 방식을 '레이어 2 방식'이라고 부르고, 현재 일본에서는 이 방식이 주류입니다. 하지만 IX에는 이것 이외의 방식도 있습니다.

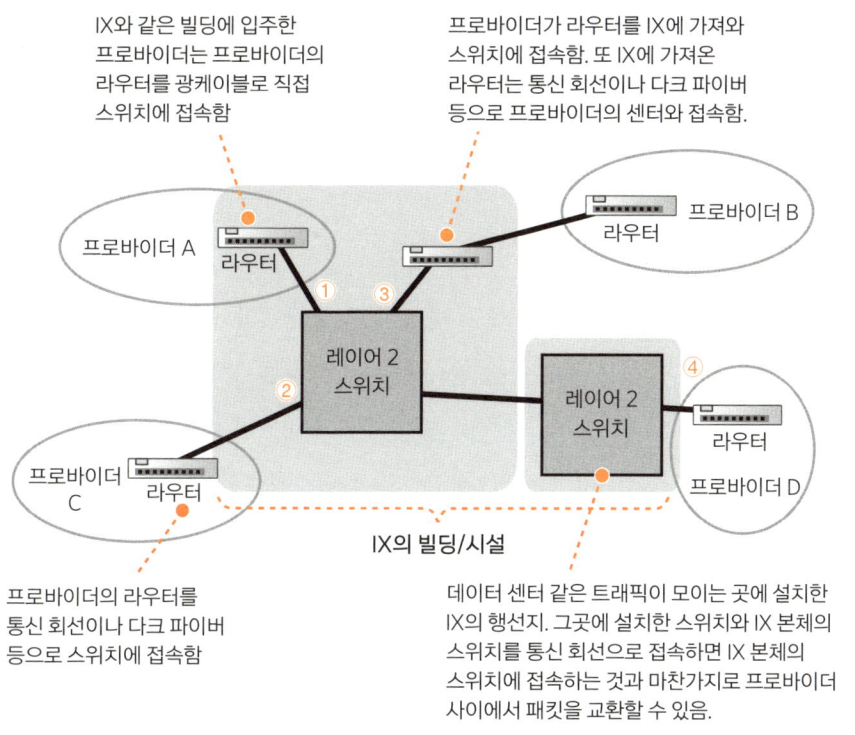

그림 4.28 IX의 실체는 고성능 스위칭 허브

다. 이 형태에는 두 가지가 있어요. 하나는 라우터에서 통신 회선을 연장해 IX의 스위치에 접속하는 방법입니다.(②)

또 하나는 IX에 라우터를 가져와 통신 회선으로 접속하고, 라우터와 IX의 스위치를 접속하는 방법입니다.(③)

이전에는 한 곳에 이런 스위치를 설치하는 형태밖에 없어서, IX는 말하자면 점에 불과했습니다. 하지만 지금은 점이 확장됐어요. 즉 데이터 센터 같은 패킷 흐름이 집중되는 곳에 스위치를 설치하고, 그곳에 프로바이더의 라우터를 연결하는 예가 늘었기 때문이죠.(④) IX는 점에서 선, 면으로 확장되고 있습니다.

여기서 패킷이 어떻게 움직이는지 보겠습니다. 본다고 말은 했지만, 다시 설명해야 할 것은 없어요. IX의 스위치는 스위칭 허브와 똑같이 움직일 뿐이라, 라우터에서 패킷을 송신할 때 ARP에서 중계처 라우터의 인터페이스에 있는 MAC 주소를 조회하고, 이걸 MAC 헤더에 기재해 패킷을 보내면 끝입니다.

헤더에 MAC 주소를 기재하면 어떤 프로바이더의 라우터에도 패킷을 보낼 수 있습니다. 하지만 실제로 패킷을 보내려면 경로 정보를 교환해야 합니다. 경로 정보를 교환하지 않은 상대에게 패킷을 보낼 수는 없습니다. 프로바이더는 서로 계약 조건을 협상해서 합의에 도달한 상대와 경로 정보를 교환해 패킷을 주고받습니다.

프로바이더끼리 직접 접속하거나 IX를 거쳐 접속하는 등 접속 형태는 다양하지만, 최종적으로 패킷은 서버 쪽의 프로바이더에 도달합니다. 그리고 그곳의 POP을 거쳐서 서버 쪽 네트워크에 패킷은 흘러갑니다. 그다음 내용은 제6장에서 다뤄보겠습니다.

확인 퀴즈

지금까지 살펴본 내용을 확인할 겸 퀴즈를 준비했습니다.

문제

1. 접근 회선이란 무엇일까요?
2. ADSL 서비스에 가입할 때 전화 신호와 ADSL 신호를 분리하는 기기를 설치합니다. 이 기기를 뭐라고 할까요?
3. ADSL 서비스는 전화국에서 거리가 멀어지면 통신 속도가 떨어집니다. 왜일까요?
4. 브로드밴드 액세스 서버와 통상적인 라우터의 차이는 무엇일까요?
5. 프로바이더끼리 같은 장소에 모아 서로 접속하는 설비를 뭐라고 부를까요?

COLUMN
실제로는 어렵지 않은 네트워크 용어

이름은 서버
내용은 라우터

탐험 대원: 브로드밴드 액세스 서버라는 라우터 말인데요.

탐험 대장: 그렇지. 라우터의 일종이라고 할 수 있다네. 하지만 평범한 라우터에는 없는 기능이 있어서, 라우터 플러스 알파라고 하면 되려나.

탐험 대원: 그럼 왜 서버라고 하는 거죠?

탐험 대장: 자네는 이상한 것에 생각이 미치는군.

탐험 대원: 그런가요? 이런 게 궁금한 사람은 저뿐만이 아닐걸요.

탐험 대장: 알았네, 알았어. BAS는 리모트 액세스 서버(RAS)가 발전한 기기인데, 최초로 브로드밴드용 리모트 액세스 서버라는 의미로 B-RAS라고 불렀어. 이걸 축약해서 BAS가 된 거라네.

탐험 대원: RAS도 라우터의 일종이죠?

탐험 대장: 그래.

탐험 대원: 그럼 RAS는 왜 서버라고 하나요? 애당초 그게 이상하더라고요.

탐험 대장: 딱히 이상할 건 없다고 보네만.

탐험 대원: 왜요?

탐험 대장: 옛날에는 지금과 달리 서버 머신에 RAS용 소프트웨어를 설치해 RAS로 사용하는 경우가 많았어. 그래서 서버라고 부르는 게 자연스러웠지.

탐험 대원: 어? 서버인데 라우터가 돼버린 건가요?

탐험 대장: 그렇게 놀라지 말게. 컴퓨터는 소프트웨어만 있으면 뭐든 할 수 있는 기계지 않나.

탐험 대원: 그러고 보니 그렇네요.

탐험 대장: 그러니까 라우터용 소프트웨어가 있으면 컴퓨터가 라우터도 된다는 말이지.

탐험 대원: 뭐야, 그런 거였군요.

탐험 대장: 애당초 옛날에는 라우터라는 기계가 없었고, 컴퓨터에 소프트웨어를 넣어 라우터로 썼어.

탐험 대원: 와, 진짜요?

탐험 대장 : 그래. 그러니까 지금도 제대로 된 컴퓨터는 라우터로 사용할 수 있다네. Linux라든가, UNIX 계열의 OS는 모두 라우터 기능을 내장하고, Windows도 서버 버전은 라우터 기능이 있다네.

탐험 대원 : 그렇군요. 몰랐어요.

탐험 대장 : 하지만 옛날에는 지금과 달리 컴퓨터가 고가였어. 최소 몇천만 원, 고성능 기종이면 몇십억 원이나 했지.

탐험 대원 : 그랬다죠.

탐험 대장 : 그런 비싼 기계를 패킷 중계라는 단순한 일에만 사용하면 아깝잖나.

탐험 대원 : 패킷을 중계한다는 건 충분히 복잡한 일이라고 생각하는데요.

탐험 대장 : 아니, 아니. 데이터베이스라든가 업무 애플리케이션 같은 일에 비하면 패킷 중계는 단순한 편이라네.

탐험 대원 : 그런가요?

탐험 대장 : 그래. 단순한 일을 고가 컴퓨터에 시키는 건 좀 아깝지. 그럴 바엔 전용 기계를 만드는 편이 싸게 먹힌다고 생각한 사람들도 있었어. 그래서 라우터라는 기계가 생긴 걸세.

탐험 대원 : 호오, 그랬군요.

탐험 대장 : 다만 이건 초창기 이야기고, 지금은 사정이 조금 달라. 비용을 절감하기 위해 전용 하드웨어를 사용할 뿐 아니라 성능을 올리기 위해 전용 하드웨어를 사용하기도 한다네.

탐험 대원 : 그게 무슨 뜻인가요?

탐험 대장 : 컴퓨터는 패킷을 중계하는 처리를 소프트웨어로 실행하잖나.

탐험 대원 : 네.

탐험 대장 : 전용 하드웨어는 말 그대로 물리적인 칩으로 고속 처리를 할 수 있으니 그 편이 성능이 좋다는 얘길세.

탐험 대원 : 그렇군요.

해답

1. 프로바이더에 접속하는 부분의 회선 (4.1.2 참고)   2. 스플리터(4.2.4 참고)   3. 전화국에서 멀리 떨어지면 신호가 약해지기 때문에(4.2.3 참고)   4. BAS에는 본인 확인 기능이나 IP 주소 같은 설정 정보를 클라이언트에 통지하는 기능이 있습니다.(4.3.1 참고)   5. IX(Internet eXhange)(4.4.4 참고)

제 5 장
서버 쪽의 LAN에는 무엇이 있을까

워밍업

탐험을 시작하기 전에 워밍업으로 이 장에 관련된 주제를 모아 퀴즈를 만들어봤습니다. 한번 풀어보세요. 또한 퀴즈 정답을 몰라도 탐험하는 데는 지장이 없으니 편하게 시도해 보길 바랍니다.

퀴즈

아래 설명은 O 아니면 X?

1. 브라우저에서 웹 서버에 접속할 때 브라우저의 통신 상대는 꼭 웹 서버라고 할 수 없다.

2. 방화벽이 없으면 인터넷에 접속할 수 없다.

3. 방화벽으로 막을 수 없는 공격도 있다.

정답

1. O

웹 서버가 브라우저의 통신 상대가 되는 경우도 있지만, 웹 서버 대신 캐시 서버나 부하 분산 장치 등이 통신 상대가 되기도 합니다.

2. X

방화벽은 필수가 아닙니다. 하지만 방화벽이 없으면 위험성이 높아집니다.

3. O

방화벽은 통신 데이터의 내용까지 점검하지 않기 때문에, 통신 데이터에 위험 요소를 숨긴 공격을 막지 못합니다.

이전 장에서는 인터넷으로 들어간 패킷이 통신 회선이나 프로바이더의 네트워크를 통해 서버 쪽의 POP으로 옮겨지는 과정을 탐험했습니다. 그 후 패킷은 서버를 향해 나아가 서버 바로 앞에 있는 방화벽, 캐시 서버, 부하 분산 장치 등을 통과합니다. 이번 장은 그 부분을 탐험할 예정입니다.

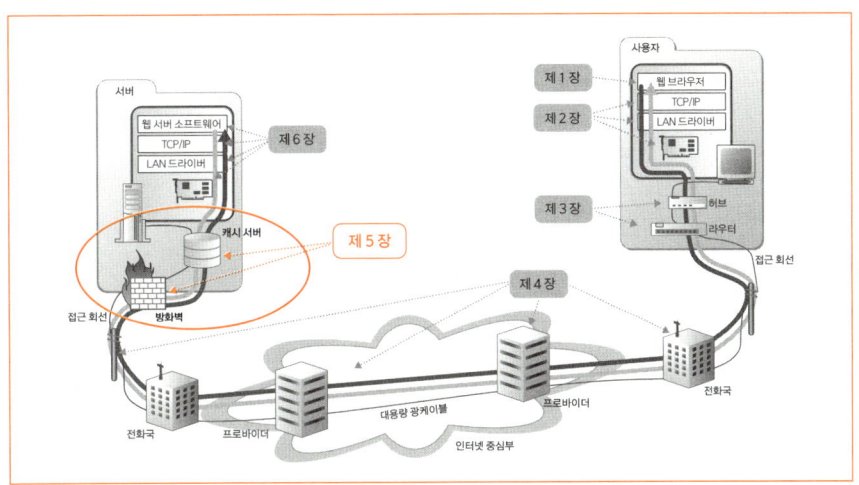

(1) 웹 서버의 설치 장소

클라이언트 PC는 가정이나 회사의 LAN에 연결돼 있지만, 서버는 꼭 가정이나 회사에 있다고 할 수 없습니다. 그럼 서버는 어디에 있을까요? 이게 첫 번째 볼거리입니다.

(2) 방화벽의 구조와 기능

웹 서버 바로 앞에는 방화벽이 설치돼 있는 것이 통례지만, 방화벽은 어떤 작동 방식이나 구조로 웹 서버를 지키고 있을까요? 이 부분이 다음 볼거리입니다.

(3) 여러 서버에 요청을 분할해 서버 부하를 분산

웹 서버로 접속하는 일이 늘어나면 웹 서버의 처리 능력이 부족해질 수 있습니다. 접속 수가 많은 대규모 사이트에서는 이런 사태에 대비해야 합니다. 이 대책도 볼거리예요. 또한 대책은 몇 가지가 있지만, 제일 먼저 여러 웹 서버를 준비해 부하를 분담하는 방법을 소개할 겁니다.

(4) 캐시 서버를 이용한 서버의 부하 분산

웹 서버의 부담을 줄이는 방법으로는 한 번 접속한 데이터를 캐시 서버에 저장해 두고, 두 번째 이후의 접속에 다시 이용하는 방법도 있습니다. 캐시 서버를 서버 쪽에 두는 사용법인데, 클라이언트 쪽에 캐시 서버를 두는 방법도 있어요. 캐시 서버의 다양한 사용법도 볼거리입니다.

(5) 콘텐츠 배포 서비스

콘텐츠 배포 서비스는 캐시 서버를 발전시킨 형태입니다. 인터넷 전체에 여러 캐시 서버를 배치하고 사용자와 가장 가까운 캐시 서버에 접속하도록 합니다. 어떻게 사용자와 가장 가까운 캐시 서버를 찾아낼까요? 그리고 그 캐시 서버에 접속시키려면 어떻게 해야 할까요? 이 시스템에는 흥미로운 사정이 여럿 있습니다.

5.1 웹 서버의 설치 장소

5.1.1 사내에 웹 서버를 설치할 경우

인터넷을 빠져나와 서버에 도달하기까지의 여정은 서버 설치 장소에 따라 다릅니다. 제일 간단한 건 그림 5.1 (a)처럼 사내 LAN에 서버를 설치해 인터넷에서 직접 접속할 수 있도록 하는 경우입니다. 이때 패킷은 가장 가까운 POP에 있는 라우터, 접근 회선, 서버 쪽의 라우터를 거쳐서 서버 머신에 도달합니다. 라우터로 패킷을 중계하는 작동과 접근 회선이나 LAN 케이블 안을 패킷이 흘러가는 움직임은 지금까지 했던 설명과 똑같습니다.[1]

옛날에는 이런 형태로 서버를 설치하는 경우가 많았지만, 지금은 주류에서 벗어나 버렸습니다. 그 이유는 몇 가지가 있어요. 하나는 IP 주소가 부족하다는 겁니다. 이 형태면 사내 LAN에 설치한 기기에는 서버뿐만이 아니라 클라이언트에도 글로벌 주소를 할당해야 합니다. 하지만 지금은 클라이언트에 글로벌 주소를 할당할 여유가 없기에 이 같은 형태를 택하는 건 어렵다고 할 수 있어요.

또 하나는 보안상의 이유입니다. 이 경우, 인터넷에서 보내는 패킷을 막을 방법이 없습니다. 요컨대 서버는 노출된 상태로 공격자의 눈앞에 놓이게 됩니다. 물론 공격을 견딜 수 있도록 서버 자신의 방어를 단단하게 하는 방법도 있고, 그렇게 하면 위험성을 낮출 수 있어요. 하지만 조금만 설정을 잘못하면 보안 취약점이 생기는 경우가 있고, 그때 노출 상태면 보안 취약점이 훤히 다 보입니다. 인간은 누구나 실수를 하기 마련이라 이런 보안 취약점을 완전하게 차단하는 건 어렵다고 생각하는 사람들도 있겠죠.

여기까지 생각하면 역시 노출 상태로 서버를 설치하는 건 현명한 방법이라고 하기는 어렵습니다. 지금은 그림 5.1 (b)처럼 **방화벽**[2]을 두는 방법이 일반적입니다. 방화벽은 관문 역할을 합니다. 특정한 서버상에서 움직이는 특정한 애플리케

---

1 라우터의 패킷 중계 작동과 LAN은 제3장, 접근 회선은 제4장에서 설명했습니다.

(a) 라우터에서 직결하는 경우

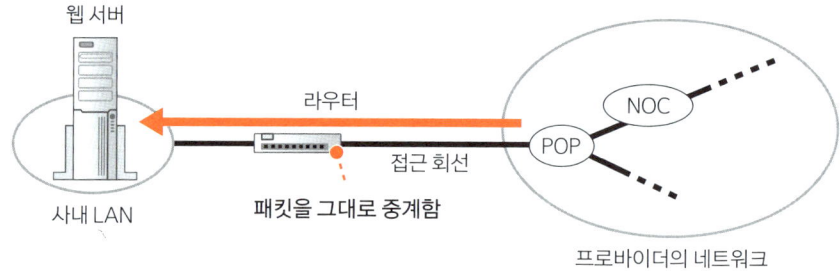

(b) 방화벽으로 분리하는 경우

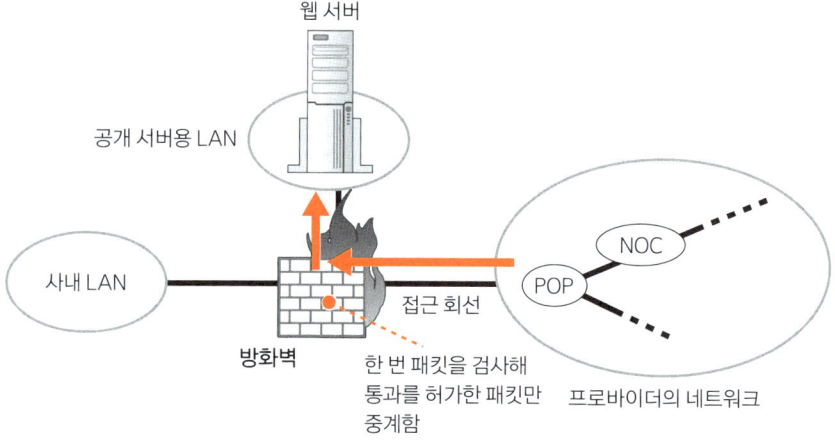

(c) 접속 사업자의 데이터 센터에 설치하는 경우

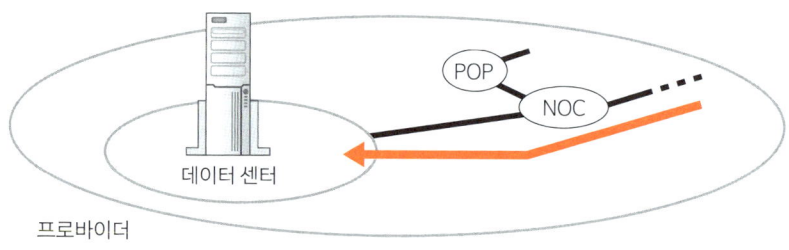

그림 5.1 접속처가 되는 서버의 소재지

이션에 접속하는 패킷만 지나가고, 그 이외의 패킷을 차단하죠. 방화벽 덕분에 보안 취약점이 애플리케이션에 있다고 해도 위험성은 적어집니다. 외부 접속을 허가받지 못한 애플리케이션으로 가는 패킷은 차단되기 때문에, 그곳에 보안 취약점이 있어도 공격 패킷은 도달하지 않는다는 거죠.[3] 다만 이걸로 위험성이 제로가 되는 건 아닙니다. 접속을 허가한 애플리케이션에 보안 취약점이 있으면 공격당할 위험성은 남기 때문입니다.[4] 그래도 보안 취약점이 모두 훤히 보이는 것에 비해 위험성은 꽤 낮다고 할 수 있습니다. 이게 방화벽을 설치하는 효용입니다.

5.1.2 데이터 센터에 웹 서버를 설치할 경우

그림 5.1의 (a)와 (b)는 회사에 웹 서버를 설치하는 경우지만, 웹 서버는 꼭 회사에 설치한다고 할 수 없습니다. 그림 5.1 (c)처럼 프로바이더가 운영하는 **데이터 센터**라는 시설에 서버를 설치하거나 프로바이더가 소유한 서버를 빌리는 형태로 운영하기도 합니다.

데이터 센터는 프로바이더의 중심에 있는 NOC에 직접 접속돼 있거나, 프로바이더끼리 접속하는 IX에 직결돼 있습니다. 인터넷의 중심에 고속 회선으로 접속된 만큼, 그곳에 서버를 설치하면 고속으로 접속할 수 있죠.[5] 이 방식은 서버 접속이 늘어났을 때 효과적이라고 할 수 있습니다. 또 데이터 센터는 내진 구조 빌딩

---

[2] 방화벽 : 네트워크를 외부 공격에서 지키기 위해 고안한 시스템. 이런 종류의 시스템 중에서는 최초로 등장한 것입니다. 지금은 이 시스템을 빠져나가는 공격 기법이 많이 고안됐기 때문에 방화벽에 더해 바이러스 체크, 불법 침입 탐지, 검역 네트워크 같은 시스템을 병용하는 것이 통례입니다. '5.2 방화벽 시스템과 기능'에서 자세히 설명합니다.

[3] 방화벽이 고안된 무렵에는 악질적인 공격 기법이 거의 없었기 때문에 서버 관리자가 적절하게 애플리케이션을 설정하면 보안 취약점이 생기는 걸 막을 수 있었습니다. 이 때문에 외부 접근을 허용하는 애플리케이션은 보안 취약점이 생기지 않도록 주의 깊게 설정하고, 그 이외의 애플리케이션에 대한 공격을 방화벽으로 방어하면 된다고 생각했습니다.

[4] 보안 취약점이 있는 애플리케이션은 취약점을 막은 최신판으로 업그레이드할 것, 보안 구멍이 생기지 않도록 주의 깊게 설정해서 사용할 것. 이 두 가지에 주의해야 합니다.

[5] 서버를 사내에 설치한 경우, 접근 회선을 고속화하면 고속으로 접근할 수 있습니다.

에 설치하거나 자가 발전 장치를 마련하고 24시간 입퇴실 관리 체제를 구축한 곳이 많아서, 회사 내부보다 안전성이 높다고 할 수 있겠죠. 데이터 센터는 서버의 설치 장소를 제공하는 데 머물지 않고, 기기의 가동 상태 감시, 방화벽의 설치 운영, 불법 침입 감시 같은 부가 서비스를 제공하기도 하므로 확실히 안전성이 높다고 할 수 있습니다.

웹 서버가 데이터 센터에 설치된 경우는 인터넷 중심 부분에서 데이터 센터에 패킷이 흘러가, 그곳에서 서버 머신에 도달합니다. 데이터 센터에 방화벽이 설치돼 있으면 그곳에서 점검한 다음, 서버에 도달할지도 모릅니다. 어느 쪽이든 패킷은 라우터에서 중계되고 최종적으로 서버에 도달합니다. 이 점은 변함이 없어요.

5.2 방화벽 시스템과 기능

5.2.1 패킷 필터링이 주류

서버의 설치 장소와 상관없이 지금은 바로 앞에 방화벽이 존재하는 것이 통례로, 패킷은 그곳을 통과해야 서버에 도달할 수 있습니다. 그런 의미에서 패킷이 방화벽을 통과하는 부분부터 탐험을 시작할게요.

방화벽의 기본 작동 방식은 아까도 설명했듯이 특정한 서버, 더 나아가 그 안의 특정 애플리케이션에 접속하는 패킷만 지나가게 하고 그 이외의 패킷을 차단합니다. 하지만 특정 서버 또는 특정 애플리케이션의 패킷만 지나가게 하기엔 네트워크에 여러 종류의 패킷이 많이 흐르는 터라 그중에서 지나가게 놔둘 패킷과 차단할 패킷을 골라내는 일이 쉽지 않습니다. 이 때문에 지금까지 다양한 방법이 고안됐어요.[6] 어떤 방법을 쓰더라도 방화벽의 목적을 다할 수야 있겠지만 성능, 가격, 편의라는 이유로 지금은 **패킷 필터링**이 가장 많이 보급돼 있습니다. 그런고로 이번에는 패킷 필터링으로 대상을 좁혀 탐험할 겁니다.

---

[6] 방화벽 방식에는 패킷 필터링, 애플리케이션 게이트웨이, 서킷 게이트웨이가 있습니다

5.2.2 패킷 필터링의 조건 설정에 대한 작동 방식

패킷의 헤더에는 통신 작동을 제어하는 제어 정보가 들어가 있어서, 이를 확인하면 많은 것을 알 수 있습니다. 그중에서도 표 5.1에 정리한 항목은 패킷 필터링의 조건 설정을 할 때 자주 사용합니다.

그렇다고 하더라도 이 표의 설명만 봐서는 차단하는 조건을 이해하기는 어려울 테니, 구체적인 예를 들어 설명해 보겠습니다.[7]

가령 그림 5.2처럼 공개용 서버를 설치한 LAN과 사내 LAN이 나뉘어 있고, 웹 서버는 공개 서버용 LAN에 접속돼 있다고 치죠. 그리고 인터넷에서 웹 서버로 접속하는 것은 허용되지만(①), 웹 서버에서 인터넷으로 접속하는 것은 막으려고 패킷을 차단한다고 치겠습니다.(②) 옛날에는 웹 서버에서 인터넷 쪽에 접속하는 일을 금지하는 예는 적었지만, 지금은 서버에 기생해 거기서 다른 서버로 감염되는 불법 소프트웨어가 있어서 감염을 막기 위해 웹 서버에서 인터넷 쪽으로 접속하는 것도 막습니다. 이런 상황에서 어떻게 패킷 필터링의 조건을 설정할지를 예로 들어 패킷 필터링의 작동 방식을 설명해 보겠습니다.

패킷 필터링의 조건을 설정할 때는 먼저 패킷의 흐름에 착안합니다. 그리고 수신처 IP 주소와 송신원 IP 주소로 시점과 종점을 판단합니다. 그림 5.2 ①을 예로 들자면 인터넷에서 웹 서버로 패킷이 흐릅니다. 인터넷에서 보내는 패킷은 시점을 특정할 수 없지만, 흐름의 종점은 웹 서버가 됩니다. 그러니 이를 조건으로 설정해, 조건에 해당하는 패킷만 통과시킵니다. 즉 시점(송신원 IP 주소)은 어디든 상관없어서 종점(수신처 IP 주소)이 웹 서버의 IP 주소와 일치하는 패킷은 지나가게 한다는 조건을 설정하면 된다는 이야기입니다.(그림 5.2의 표, 첫 번째 행) 송신원 IP 주소로 시점을 특정할 수 있는 경우에는 이를 조건으로 더하지만, 이 예처

---

[7] 패킷 필터링을 이해하려면 네트워크에 어떤 패킷이 흐르는지 확실하게 이해해야 합니다. 이에 대한 설명은 제2장에 있으니 복습해 두면 좋을 겁니다.

표 5.1 주소 변환과 패킷 필터링의 조건 설정에 사용하는 항목

헤더 종류	조건 설정에 사용하는 항목	설명
MAC 헤더	송신원 MAC 헤더	라우터는 패킷을 중계할 때 수신처 MAC 주소를 다음 라우터의 MAC 주소로 바꾸고 송신원 MAC 주소에는 자신의 MAC 주소를 입력한다. 송신원 MAC 주소를 조회하면 직전에 중계한 라우터의 MAC 주소를 알 수 있다.
IP 헤더	송신원 IP 주소	그 패킷을 최초로 송신한 기기의 IP 주소. 패킷을 송신한 기기를 조건으로 설정할 경우, 이 주소를 사용한다.
	수신처 IP 주소	패킷을 받을 IP 주소. 패킷의 행선지를 조건으로 설정하면 이 주소를 사용한다.
	프로토콜 번호	TCP/IP 프로토콜은 프로토콜 종류별로 번호가 할당된다. 프로토콜 종류를 조건으로 설정하면, 그 번호를 사용한다. 주요 프로토콜에 할당된 번호는 아래와 같다. IP : 0 ICMP : 1 TCP : 6 UDP : 17 OSPF : 89
	단편	IP 컨트롤의 단편화 기능으로 패킷이 분할되고, 이 패킷이 두 번째 이후라는 걸 나타낸다.
TCP 헤더 또는 UDP 헤더	송신원 포트 번호	패킷을 송신한 프로그램에 할당된 포트 번호. 서버 프로그램에 할당된 포트 번호는 고정돼 있어서 서버에서 반송된 패킷의 포트 번호로 서버 프로그램을 판별할 수 있다. 하지만 클라이언트 쪽의 프로그램 포트 번호는 미사용 번호를 무작위로 할당하는 경우가 많아서 이 번호로 판단하기는 어렵다. 이 때문에 클라이언트에서 송신된 패킷의 포트 번호를 조건으로 설정하는 일은 거의 없다.
	수신처 포트 번호	패킷을 받을 프로그램에 할당된 포트 번호. 송신원 포트 번호와 마찬가지로 서버의 포트 번호는 조건 설정에 사용하는 경우가 있지만, 클라이언트의 포트 번호를 조건 설정하는 데 사용하는 일은 거의 없다.
	TCP 컨트롤 비트	TCP 프로토콜 제어에 사용하는 정보. 주로 접속과 관련한 제어에 사용한다.

헤더 종류	조건 설정에 사용하는 항목		설명
		ACK	수신 데이터의 연번 필드가 유효하다는 것을 나타낸다. 보통 데이터가 올바르게 도달했음을 수신 쪽에서 송신 쪽에 알려줄 때 사용한다.
		PSH	송신 쪽 애플리케이션 프로그램이 송신 버퍼에 데이터를 모으지 않고 곧바로 송신하도록 지시해 송신된 데이터라는 사실을 알린다.
		RST	접속을 강제로 종료한다. 이상 종료 시 사용된다.
		SYN	통신 개시 시의 접속 작동에서 최초로 보내지는 패킷은 SYN 비트가 1, ACK 비트가 0이 된다. 이 패킷을 필터링하면 이후의 작동이 이어지지 않고 접속을 차단할 수 있다.
		FIN	종료를 나타낸다.
헤더가 아니라 ICMP 메시지의 내용			ICMP 메시지는 패킷 전송 도중에 이상이 생긴 사실을 알리거나 통신 상대의 작동을 확인할 때 사용한다. 주요한 타입은 아래와 같이 조건으로 설정할 수 있다.
	ICMP 메시지 타입	0	ping 명령으로 보내는 ICMP 에코 메시지에 응답하는 것. 이것과 아래의 8을 차단하면 ping 명령의 응답이 돌아오지 않는다. 공격을 하기 전에 ping 명령으로 어떤 기기가 네트워크에 존재하는지 모조리 확인하는 일이 많은데, 0과 8을 차단하면 ping에 응답하지 않고 존재 여부를 확인할 수 없게 된다. 다만 ping으로 기기가 움직이는지 어떤지 확인하는 경우도 있고, 그 경우에 0과 8을 막으면 기기가 멈춘 것으로 오인하기 때문에 주의가 필요하다.
		8	ICMP 에코라고 부른다. ping 명령을 실행하면 ICMP 에코 메시지가 송신된다.
		기타	ICMP 메시지는 0과 8 이외에도 몇 가지 타입이 있다. 하지만 차단하면 네트워크 작동에 지장을 가져오는 것도 있다. 0과 8 이외의 타입을 전부 차단하는 일은 주의가 필요하다.

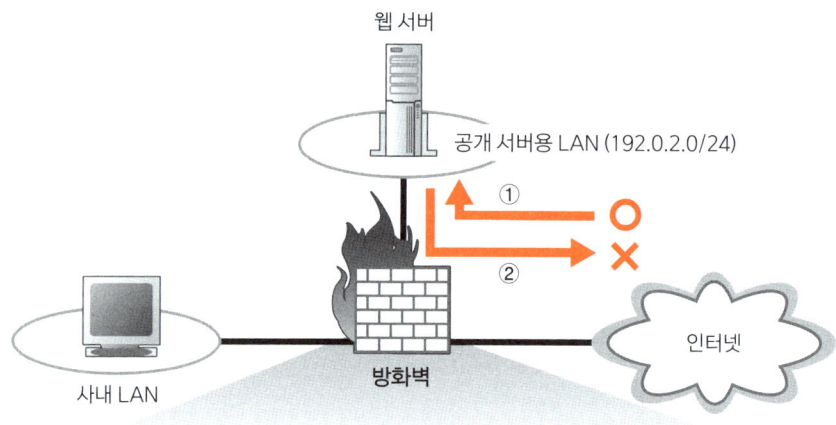

조건					통과/차단
수신처 IP 주소	수신처 포트 번호	송신원 IP 주소	송신원 포트 번호	TCP 컨트롤 비트	
192.0.2.0/24	80	-	-	-	통과
-	-	192.0.2.0/24	80	SYN=1 ACK=0	차단
-	-	192.0.2.0/24	80	-	통과
-	-	-	-	-	차단

그림 5.2 패킷 필터링의 전형적인 예

럼 시점을 특정할 수 없는 경우에는 송신원 IP 주소를 조건으로 지정하지 않아도 됩니다.

이걸로 인터넷 쪽에서 웹 서버로 흐르는 패킷은 방화벽을 통과하지만, 접속 작동이 올바르게 되지는 않습니다. 패킷을 받으면 올바르게 도달한 것을 송신 쪽에 알리는 수신 확인 응답 시스템[8]이 돌아가는 데다가, 웹 서버에서 인터넷 쪽으로 흐르는 패킷도 있기 때문입니다. 웹 서버에서 클라이언트로 보내는 데이터도 있

8 자세한 내용은 제2장에서 설명했습니다.

고, 그 패킷도 웹 서버에서 인터넷 쪽으로 흘러갑니다. 거기서 시점(송신원 IP 주소)이 웹 서버 주소와 일치하는 패킷도 지나가게 합니다.(그림 5.2의 표, 3번째 행) 이처럼 수신처나 송신원의 주소로 패킷이 어디서부터 어디로 흘러가는지 판단해, 지나가게 할지 차단할지를 결정하는 것이 첫걸음입니다.

5.2.3 애플리케이션을 한정하는 데 포트 번호를 사용

하지만 이렇게만 하면 인터넷과 웹 서버 사이를 흘러가는 패킷은 모두 통과하고, 위험한 상태가 됩니다. 예를 들어 서버 머신에서 파일 서버 기능이 활성화되면, 파일이 네트워크를 거쳐서 불법으로 접속돼 정보가 새어 나갈 수도 있습니다. 위험성이 있는 건 파일 서버뿐만이 아닙니다. 매일 차례로 보안 취약점이 발견되는 상황이라, 어디에 어떤 위험성이 잠재돼 있을지 모릅니다. 이 때문에 불필요한 것, 즉 이 예로 봤을 때 웹 이외의 애플리케이션의 패킷은 모두 차단하는 편이 좋다고 할 수 있습니다.

이처럼 애플리케이션을 한정할 때는 TCP 헤더나 UDP 헤더에 기재된 포트 번호를 조건으로 더합니다. 웹 서버의 포트 번호는 80번으로 정해져 있으니[9] 아까 나온 수신처 IP 주소와 송신원 IP 주소에 수신처 포트 번호가 80번이라는 조건도 덧붙입니다. 즉 수신처 IP 주소가 웹 서버의 주소와 일치하고, 수신처 포트 번호가 80번인 패킷은 지나가게 합니다.(그림 5.2의 표, 첫 번째 행) 또는 송신원 IP 주소가 웹 서버의 주소와 일치하고, 송신원 포트 번호가 80번인 패킷도 지나가도록 (그림 5.2의 표, 3번째 행) 설정합니다. 웹 서버 이외의 애플리케이션에 접속하는 것을 허가한다면, 그 애플리케이션의 포트 번호를 설정해 지나가게 합니다.

---

[9] 예외적으로 80번 이외의 포트 번호를 사용하는 사례도 있습니다. 이 경우에는 웹 서버 머신에 그 취지를 설정할 테니, 설정에 맞춰 방화벽을 준비합니다.

5.2.4 접속 방향을 컨트롤 비트로 판단

이런 방식으로 애플리케이션을 특정했는데, 아직 조건이 부족합니다. 웹 서버에서 인터넷 쪽에 접속하는 작동을 멈출 수 없기 때문입니다. Web의 작동은 TCP 프로토콜을 사용해 양방향에 패킷이 흘러갑니다. 따라서 단순히 웹 서버에서 인터넷으로 흘러가는 패킷을 저지해 버리면 인터넷에서 웹 서버로 접속하는 작동까지 멈춰버립니다. 그러니 패킷이 흘러가는 방향이 아니라 접속 방향을 판단해 멈춰야 해요. 여기서 바로 TCP 헤더에 있는 컨트롤 비트가 도움이 됩니다. TCP는 최초 접속 단계에서 작동할 때 패킷이 3개 흘러가는데,[10] 최초 패킷만 TCP 컨트롤 비트의 SYN이라는 비트가 1이 되고 ACK라는 비트가 0이 됩니다. 다른 패킷에서는 값이 똑같지 않아서, 이 값을 확인해 최초의 패킷과 2번째 이후의 패킷을 판별할 수 있습니다.

이 최초 패킷이 웹 서버 쪽에서 인터넷 쪽으로 흘러간다고 할 때, 이 패킷을 차단하도록 설정하면 어떻게 될까요?(그림 5.2의 표, 2번째 행) 이걸 차단하면 당연하게도 상대에게서 2번째 패킷이 되돌아오는 일은 없으니, TCP의 접속 작동은 실패로 끝납니다. 즉 웹 서버가 기점이 돼 인터넷에 접속하려 해도 접속 작동은 반드시 실패한다는 거죠. 이걸로 웹 서버에서 인터넷에 접속하는 작동을 멈출 수 있습니다.

그림 인터넷 쪽에서 웹 서버에 접속하는 패킷은 어떻게 될까요? 인터넷 쪽에서 웹 서버에 접속할 때의 첫 패킷은 수신처가 웹 서버를 나타내고, 그림 5.2의 표 첫 번째 행에 있는 조건에 해당하기 때문에 패킷 필터링을 통과합니다.

두 번째 패킷은 송신원이 웹 서버를 나타내지만, TCP 컨트롤 비트의 조건이 2번째와 일치하지 않기 때문에[11] 3번째 행의 조건과 일치하고 패킷 필터링을 통

---

10 제2장에서 설명했습니다.
11 2번째 패킷은 SYN이 1이고 ACK도 1이라서 이 조건과 일치하지 않습니다.

과합니다. 그 후의 패킷도 첫 번째 행 내지는 3번째 행 중 하나와 일치합니다. 결국 인터넷에서 웹 서버에 접속할 때 흐르는 패킷은 모두 패킷 필터링을 통과하죠.

수신처 IP 주소, 송신원 IP 주소, 수신처 포트 번호, 송신원 포트 번호, TCP 컨트롤 비트 등을 조건으로 사용해 통신의 시점과 종점, 애플리케이션의 종류, 접속 방향을 판별하는 방법을 소개했는데, 조건으로 사용할 수 있는 항목은 표 5.1에 있는 것처럼 많습니다. 이걸 조합하면 대상이 되는 패킷을 좁힐 수 있어요. 이렇게 접속 작동을 허가하는 패킷과 그 이외의 패킷을 완전히 선택할 수 있을 때까지 조건을 추가합니다. 그리고 접속을 허가하는 패킷만 지나가게 하고, 그 이외의 것은 차단하도록 조건을 설정합니다.[12]

하지만 실제로는 통과시킬 것과 차단할 것을 완전히 선별할 수 없는 사례도 있습니다. 대표적인 예는 DNS 서버에 대한 접속입니다. DNS 서버는 질의 작동에 UDP를 사용하지만, UDP는 TCP와 다르게 접속 단계의 작동이 없어서, TCP처럼 컨트롤 비트로 접속 방향을 판별할 수가 없습니다. 이 때문에 사내에서 인터넷의 DNS 서버에 접속하는 것은 허가하고, 인터넷에서 사내의 DNS 서버에 접속하는 패킷은 차단하는 식의 조건 설정은 불가능합니다. 이 특성은 DNS뿐만이 아니라 UDP를 사용하는 애플리케이션도 같습니다.

이런 경우에는 어느 정도 위험을 각오하고 해당 애플리케이션의 패킷을 모두 지나가게 하거나, 불편을 감수하고 그 애플리케이션을 전면적으로 차단하는 방법밖에 없습니다.[13]

---

[12] 위험한 것을 판단하고 그 외의 것들은 통과시키는 방법을 쓰면 미지의 (위험한) 패킷을 통과시킬 수도 있습니다. 그래서 미지의 위험을 피하기 위해 필요한 것만 추려내 통과시키고, 그 외의 것은 모두 차단하는 조건을 설정하는 것이 일반적입니다.
[13] 패킷 필터링 이외의 방법을 사용하면 UDP를 사용하는 애플리케이션의 접근 방향을 판단할 수 있는 경우도 있습니다.

5.2.5 사내 LAN에서 공개 서버용 LAN으로 조건을 설정

그림 5.2와 같은 구성의 경우, 인터넷과 공개 서버용 LAN을 오가는 패킷의 조건을 설정할 뿐 아니라 사내 LAN과 인터넷 또는 사내 LAN과 공개 서버용 LAN을 오가는 패킷의 조건도 설정해야 합니다. 그때 조건이 서로 악영향을 미치지 않도록 주의합니다. 예를 들어 사내 LAN과 공개 서버용 LAN 사이를 자유롭게 오가게 하려고 수신처 IP 주소가 공개 서버용 LAN과 일치하는 패킷을 모두 통과시켰다고 하죠. 거기서 송신원 IP 주소를 조건으로 설정하는 걸 깜빡하면 인터넷 쪽에서 흘러온 패킷이 조건 없이 공개 서버용 LAN으로 흘러 들어갑니다. 이러면 공개 서버용 LAN에 설치한 서버 모두가 위험한 상태에 노출되고 맙니다. 이런 사태가 일어나지 않도록 신중하게 조건을 설정해야 합니다.

5.2.6 바깥에서 사내 LAN으로 접속할 수 없음

패킷 필터링 방화벽은 패킷을 통과시킬지 차단할지 판단할 뿐 아니라 주소 변환 기능이 있어서,[14] 관련 설정도 필요합니다. 즉 인터넷과 사내 LAN을 오가는 패킷은 주소 변환을 해야 해서 그 설정도 해야 합니다.[15]

구체적으로는 패킷 필터링과 마찬가지로 패킷의 시점과 종점을 조건으로 지정하고, 주소 변환이 필요한 경우에는 주소를 변환하며, 변환이 불필요한 경우에는 변환하지 않도록 설정합니다. 프라이빗 주소와 글로벌 주소를 대응시키거나 포트 번호를 대응시키는 것은 자동으로 할 수 있기에 주소를 변환해야 할지 말지 설정하기만 하면 됩니다.

---

[14] 제3장에서 주소 변환을 설명했습니다.
[15] 인터넷 내에 있는 라우터의 경로표에는 프라이빗 주소를 등록하지 않기 때문에, 인터넷 내의 라우터는 프라이빗 주소 앞으로 온 패킷을 중계하지 않고 버립니다. 이게 주소 변환이 필요한 이유입니다. 반면 방화벽에 내장된 라우터 기능은 사용자가 스스로 설정할 수 있어서 경로표에 프라이빗 주소를 등록하면 프라이빗 주소 그대로 공개 서버용 LAN과 사내 LAN 사이에서 패킷을 중계할 수 있습니다. 그래서 공개 서버용 LAN과 사내 LAN을 오가는 패킷은 주소를 변환하지 않아도 됩니다.

또한 주소 변환 시스템의 작동 방식에서 알 수 있듯, 주소 변환을 사용하면 인터넷 쪽에서 자연히 사내 LAN에는 접속하지 못합니다. 이 때문에 사내 LAN에 접속하는 것을 금지하는 패킷 필터링 조건 설정은 필요 없습니다.

5.2.7 방화벽 통과하기

이처럼 방화벽에는 여러 조건이 설정돼 있습니다. 그곳에 패킷이 도달하면 조건에 해당하는지 아닌지를 판정해 통과시킬지 차단할지 결정합니다. 만약에 차단하면 패킷을 버려버립니다. 그리고 버린 기록을 남깁니다.[16] 버린 패킷 안에는 불법 침입의 흔적을 나타내는 게 있어서, 이걸 분석하면 침입자의 수법을 알 수 있거나 향후의 불법 침입 대책을 세우는 데 도움을 받을 수 있기 때문이죠.

통과시킨다는 판정이 내려진 경우, 패킷을 중계합니다. 이 중계 작동은 라우터의 작동과 똑같다고 생각하면 됩니다. 패킷을 통과시킬지 차단할지 판단하는 것에 착안하면, 방화벽에 특별한 시스템이 있는 것처럼 느껴집니다.

방화벽 전용 하드웨어나 소프트웨어가 시판되고 있는 점도 특별하다는 인상을 강하게 줍니다. 하지만 일단 통과시킨다고 결정하면 그 이상의 특별한 시스템은 없습니다. 이 때문에 패킷 필터링이라는 시스템은 방화벽에 쓰는 특별한 시스템이라고 생각할 게 아니라, 라우터의 패킷 중계 기능 중에서 부가 기능이라고 생각하는 편이 좋을지도 모릅니다. 다만 판정 조건이 복잡해지면 라우터의 명령으로 설정하는 일이 어려워지고, 패킷을 버린 기록을 남기는 것도 라우터에 부담이 큰 작업입니다. 이 때문에 전용 하드웨어나 소프트웨어를 사용합니다. 복잡한 조건 설정이나 버린 패킷의 기록이 필요하지 않으면, 패킷 필터링 기능이 있는 라우터를 방화벽으로 사용할 수도 있습니다.

---

16   패킷 필터링 기능이 있는 라우터를 방화벽으로 사용할 경우, 패킷을 버린 기록을 남기는 일은 드뭅니다. 라우터는 메모리 용량이 작아서 이런 기록을 남길 여지가 거의 없기 때문입니다.

패킷 필터링 방화벽은 수신처 IP 주소, 송신원 IP 주소, 수신처 포트 번호, 송신원 포트 번호, 컨트롤 비트 등으로 패킷을 지나가게 할지 버릴지를 판단한다.

5.2.8 방화벽으로 막을 수 없는 공격

방화벽은 패킷 흐름의 시점과 종점을 보고 통과시킬지 차단할지를 판단하는데, 시점과 종점을 본다고 위험한 패킷을 모두 판별할 수 있는 건 아닙니다. 그 예로 웹 서버에 오류가 있고, 특수한 데이터를 포함한 패킷을 받으면 웹 서버가 다운돼 버리는 상황을 생각해 보죠. 방화벽은 시점과 종점을 확인할 뿐이라, 패킷에 특수한 데이터가 포함돼 있어도 그 부분을 알아채지 못하고 패킷을 지나가게 할 겁니다. 그럼 그 패킷이 웹 서버에 도달하고, 웹 서버는 다운돼 버립니다. 이 예를 보면 알 수 있듯이 패킷 내용을 확인해야 위험한지 아닌지를 판단할 수 있는 사례도 있어서, 방화벽 시스템은 이런 상황에 대처하지 못해요.

이런 상황에 대한 대처법은 두 가지가 있습니다. 이 문제의 원인은 웹 서버 소프트웨어의 버그에 있어서, 그 버그를 고쳐 다운되지 않도록 하는 겁니다. 이런 종류의 버그 중에서 위험성이 높은 버그의 경우, 버그와 관련한 보안 취약점이 널리 공개돼 버그를 고친 새 버전이 배포될 겁니다. 보안 취약점 정보를 수집해 항상 새로운 버전으로 업데이트하는 것이 중요합니다.

또 다른 방법은 패킷 내용을 확인해 위험한 데이터가 포함돼 있다면, 패킷을 차단하는 장치나 소프트웨어를 따로 준비하는 겁니다.[17] 이 방법은 패킷 내용까지 확인하기 때문에 완벽하다고 생각하면 안 됩니다. 패킷 내용이 위험한지 아닌지는 웹 서버에 버그가 있는지 없는지로 결정됩니다. 따라서 잠재적인 버그가 아직 발견되지 않았다면 패킷이 위험하다고 판단할 수 없어 패킷을 차단하는 일이 불가능합니다. 결국 미지의 위험성에는 대처할 수 없는 거죠. 이 점은 발견된 버그

---

17 방화벽 옵션으로 제공되는 것도 있습니다.

를 고치는 방법과 크게 다르지 않습니다. 다만 서버가 많이 있다면 새로운 버전으로 교체하는 일을 게을리하거나 잊어버리는 일이 쉽게 일어나기 때문에 패킷 내용을 검사하는 방법은 효과가 있다고 할 수 있어요.

5.3 여러 서버에 요청을 할당해 서버의 부하를 분산

5.3.1 처리 능력이 부족하다면 여러 서버로 부하를 분산

서버에 접속하는 일이 늘어났을 때는 서버로 연결되는 회선을 빠르게 만드는 방법이 효과적이지만, 회선이 빨라지는 것만으로 충분치 않을 때도 있습니다. 고속화한 회선에서 흘러오는 대량의 패킷을 서버의 처리 능력이 따라가지 못하는 경우가 있기 때문입니다.[18] 특히 CGI 같은 애플리케이션에서 페이지의 데이터를 동적으로 만들면, 서버 머신의 프로세서 파워를 사용하기 때문에 서버의 처리 능력은 그만큼 중요해집니다.

이때 제일 먼저 떠오르는 방법은 서버 머신을 고성능 기종으로 교체하는 건데, 여러 사용자가 집중적으로 접속하면 어떤 고성능 기종을 사용해도 1대로는 따라가지 못할 수 있습니다. 그럴 때는 여러 서버를 사용해 처리를 분담한 다음, 서버 1대당 처리량을 줄이는 방법이 효과적입니다. 이런 처리 형태를 총칭해 **분산 처리**라고 하는데, 처리를 분담하는 방법은 다양합니다. 제일 간단한 방법은 단순하게 웹 서버를 여럿 나열하고 1대가 담당하는 사용자 수를 줄이는 겁니다. 가령 웹 서버를 3대 나열하면 1대당 대기하는 클라이언트의 수는 3분의 1로 줄고, 그만큼 서버 1대당 부하가 가벼워집니다. 이 방법을 쓸 경우, 클라이언트가 보내는 요청을 웹 서버에 할당하는 시스템이 필요합니다. 구체적인 방법은 몇 가지가 있지만, 가장 간단한 건 DNS 서버로 할당하는 방법이겠죠. 서버에 접속할 때는 DNS 서버에 질의해 IP 주소를 조회하는데, DNS 서버에 똑같은 이름으로 웹 서버를 여

---

18 이건 서버의 설치 장소가 사내든 데이터 센터든 둘 다 공통되는 점입니다.

럿 등록해 두면 DNS 서버는 질의가 있을 때마다 순서대로 IP 주소를 되돌려줍니다.

예를 들면, www.lab.glasscom.com이라는 서버명에 대해 다음과 같은 IP 주소 3개를 대응시킨다고 치겠습니다.

192.0.2.60
192.0.2.70
192.0.2.80

그럼 첫 질의로는 192.0.2.60 / 192.0.2.70 / 192.0.2.80 이렇게 3개를 나열해 회답하고, 다음 질의에는 192.0.2.70 / 192.0.2.80 / 192.0.2.60 이렇게 순서를 배열하고 회답하며, 그다음은 192.0.2.80 / 192.0.2.60 / 192.0.2.70을 회답하는 방식입니다. 그리고 한 바퀴 돌면 원래대로 되돌아오죠.(그림 5.3) 이 방법을 **라운드 로빈**이라고 부릅니다. 이 방식으로 여러 서버에 균등하게 접속을 분산시킬 수 있습니다. 다만 이 방법에는 결점이 있어요. 웹 서버가 몇 대나 있으면 그중에는 고장이 나기도 합니다.

이럴 때 고장 난 웹 서버를 피해 IP 주소를 회답해 주면 되지만, 평범한 DNS 서버는 웹 서버가 움직이고 있는지 확인하지 않기 때문에 웹 서버가 멈춰도 아랑곳하지 않고 그 IP 주소를 회답해 버립니다.[19]

또 라운드 로빈으로 순서에 따라 웹 서버를 할당하면 오류가 발생할 수도 있습니다. CGI 같은 애플리케이션으로 페이지를 만들 때는 여러 페이지에 걸쳐 데이

---

[19] DNS 서버가 회답한 IP 주소의 첫 번째 주소와 접속에 실패하면 다음 IP 주소를 테스트해 보는 기능을 갖춘 브라우저를 사용할 경우, 멈춘 웹 서버의 IP 주소를 회답해도 큰 문제가 되지는 않습니다. 최근 브라우저는 대부분 이 기능이 있습니다.

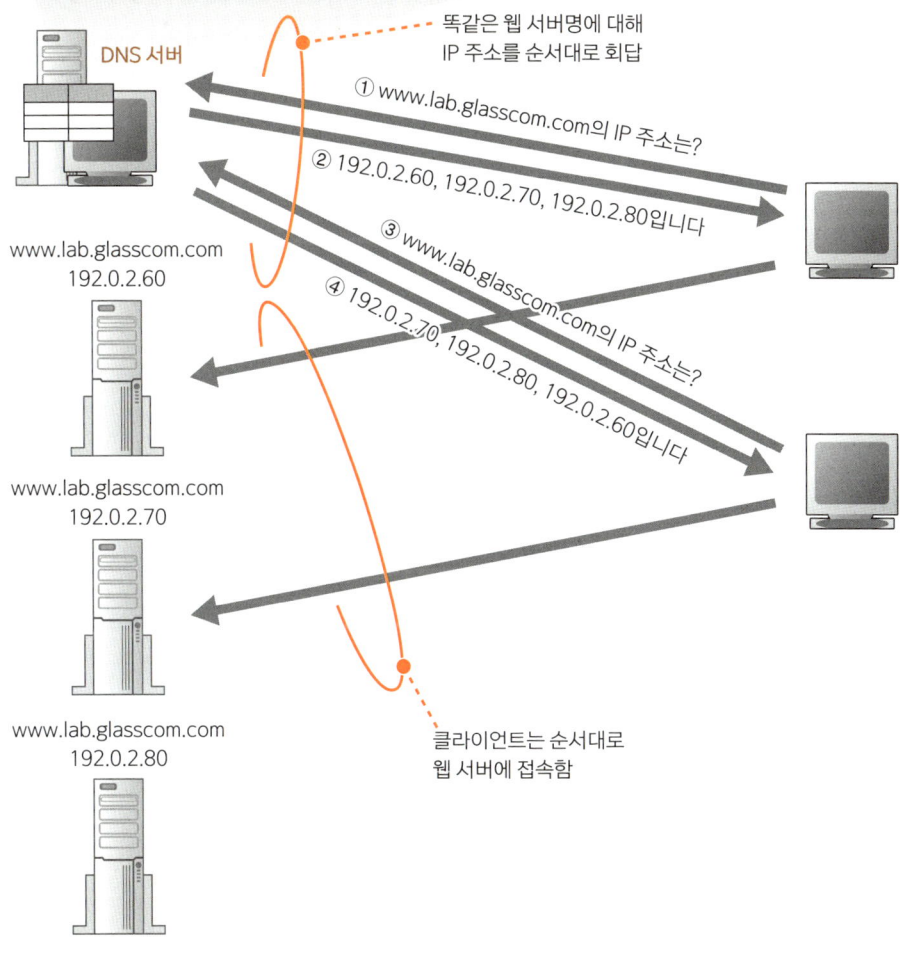

그림 5.3 DNS 라운드 로빈의 작동 방식

터를 주고받는 경우가 있는데, 웹 서버가 바뀌면 이 움직임이 도중에 끊어져 버릴 수 있기 때문입니다. 예를 들면 쇼핑 사이트에서 첫 번째 페이지에 주소와 이름을 입력하고 그다음 페이지에 신용카드 번호를 입력하는 사례처럼 말이에요.

5.3.2 부하 분산 장치로 여러 웹 서버에 할당

이런 오류를 피하기 위해 고안된 기기가 있습니다. **부하 분산 장치** 또는 **로드 밸런서**라고도 부르는 기기입니다. 부하 분산 장치를 사용할 때는 먼저 부하 분산 장치를 웹 서버 대신 DNS 서버에 등록합니다. 예를 들면 부하 분산 장치에 www.lab.glasscom.com처럼 웹 서버를 연상하는 이름을 붙이고, 이 이름에 대응시켜 부하 분산 장치의 IP 주소를 DNS 서버에 등록하는 거죠.

그럼 클라이언트는 부하 분산 장치가 웹 서버라고 생각하고, 그곳에 요청 메시지를 보냅니다. 그렇게 하면 부하 분산 장치가 어느 웹 서버에 요청 메시지를 보낼지 판단해 웹 서버에 요청 메시지를 전송합니다.(그림 5.4)[20] 여기서 핵심은 말할 것도 없이, 어느 웹 서버에 요청을 전송해야 할지 판단하는 부분입니다. 판단 기준은 몇 가지가 있지만, 여러 페이지에 걸쳐 데이터를 주고받는지 어떤지에 따라 판단 기준이 완전히 달라집니다.

여러 페이지에 걸치지 않은 단순한 접속이면, 웹 서버의 부하 상태가 판단 기준이 될 테죠. 웹 서버와 정기적으로 정보를 교환해 CPU나 메모리의 사용률을 수집한 다음, 이를 기반으로 어느 웹 서버의 부하가 낮은지를 판단하거나, 시험 패킷을 웹 서버로 보내 그 응답 시간으로 부하를 판단하는 방법이 일반적입니다. 다만 웹 서버의 부하는 짧은 시간에 올라갔다 내려갔다 하므로 부지런히 상황을 확

---

[20] 요청 메시지를 전송하는 시스템은 나중에 설명할 캐시 서버에서도 채택하는 '프록시'라는 시스템을 사용합니다. 또 부하 분산 장치 중에는 캐시를 내장하는 기종도 있습니다. 부하 분산 장치는 캐시 서버와 많이 비슷한 장치, 또는 캐시 서버가 발전한 것이라고 생각하면 됩니다.

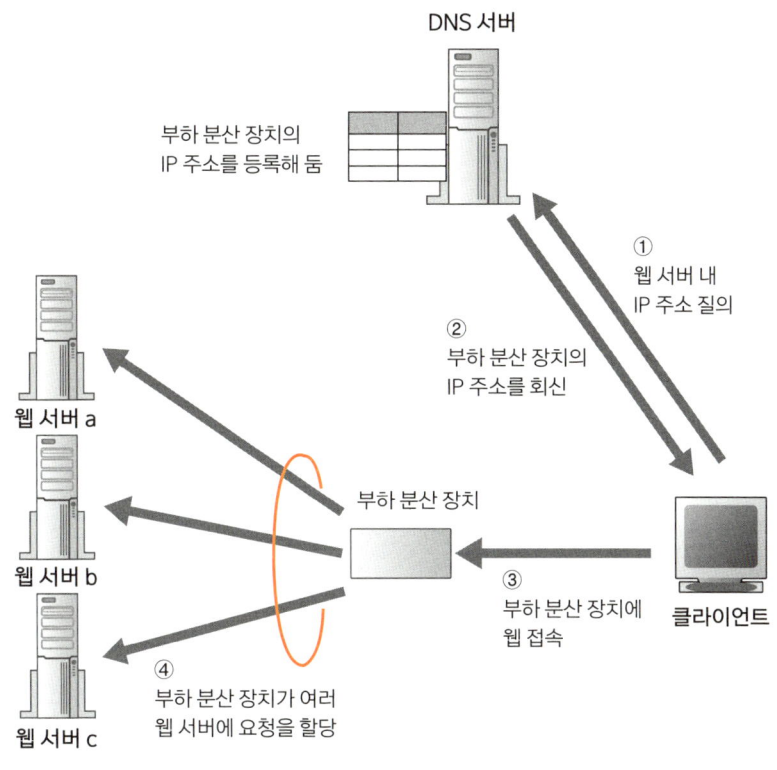

그림 5.4 웹 서버로 접속을 할당하는 부하 분산 장치

인해야 정확한 부분까지 파악할 수 있어요.

그렇다고 너무 부지런히 하면 부하를 확인하는 작동 자체 탓에 웹 서버에 부하가 생겨버립니다. 그럴 거면 부하를 확인하지 않고 미리 웹 서버의 능력을 설정해 그 비율에 따라 요청을 할당하는 편이 낫다는 아이디어가 있는데, 이를 바탕으로 만든 작동 방식도 있습니다. 어느 쪽이든 특정한 웹 서버에 부하가 집중되지 않도록 한다는 점은 어느 방법이든 공통입니다.

여러 페이지에 걸쳐 데이터를 주고받을 때는 웹 서버의 부하와 상관없이 이전 요청과 똑같은 웹 서버로 전송해야 해요. 이를 위해서는 먼저 여러 페이지에 걸쳐 데이터를 주고받았는지를 판단해야 합니다. 이게 핵심입니다. HTTP의 기본 작동은 요청 메시지를 보내기 전에 TCP의 접속 작동을 하고, 응답 메시지를 되돌려 보내면 종료됩니다. 그리고 다음으로 웹 서버에 접속할 때는 TCP의 접속 작동부터 다시 합니다.[21] 이 때문에 웹 서버 쪽에서 보면 HTTP가 데이터를 주고받는 일은 매번 전혀 다른 일로 보여서, 받은 요청이 이전 요청의 다음에 해당하는지 아니면 이전 요청과는 아무 상관이 없는지를 판단할 수 없습니다.

이렇게 된 이유는 Web에서 사용하는 HTTP 프로토콜이 의도적으로 그렇게 작동하도록 만들어져 있기 때문입니다. 이런 전후 관계를 판단하려면 웹 서버에서 그 정보를 유지해야 하므로 웹 서버의 부담을 늘리는 결과로 이어집니다. 또 웹 서버는 애당초 CGI 애플리케이션을 사용하지 않는 정적인 문서 데이터를 다루는 데 중점을 두고 있다는 점을 이해해야 합니다. 정적인 문서면 전후 관계를 판단하지 않아도 오류는 일어나지 않는다는 사정이 있었어요. 이 때문에 최초의 HTTP 사양에는 전후 관계를 판단하는 장치가 의도적으로 생략돼 있었습니다.

전후 관계를 모르더라도 요청한 송신원 IP 주소가 똑같아 일련의 것이라고 간단하게 판단할 수 있으면 다행이지만, 그것도 불가능합니다. 나중에 설명할 프록시[22]를 사용하면, 요청한 송신원 IP 주소가 프록시 IP 주소가 돼버려 실제로 요청을 보낸 클라이언트가 어느 것인지 모르기 때문입니다. 주소 변환을 이용하더라도 송신원 IP 주소가 주소 변환 장치의 IP 주소가 돼버려서 클라이언트를 판별하지 못해요.

여기서 전후 관계를 판단하기 위해 다양한 방법이 고안됐습니다. 폼에 기입한

---

21 지금은 응답 메시지를 돌려보낸 후에도 한동안 종료하지 않고 다음 요청 메시지를 보내는 웹 서버가 늘어났습니다. 하지만 대기 시간은 최대 몇 초이기 때문에, 쇼핑 사이트처럼 여러 페이지에 걸쳐 다양한 항목을 폼에 기입해야 하는 작동 방식이면 접속이 끊겨버립니다.
22 클라이언트와 웹 서버 사이에 설치해 접근 작동을 중개하는 시스템입니다. 이후의 '5.4 캐시 서버를 이용한 서버의 부하 분산'에서 설명합니다.

데이터를 보낼 때, 그 안에 전후 관련을 보여주는 정보를 덧붙이거나 HTTP의 사양을 확장해 전후 관계를 판단할 수 있는 정보를 HTTP의 헤더 필드에 덧붙이는 방법[23]이죠. 부하 분산 장치는 이런 정보들을 확인해 일련의 데이터 주고받기라면 지난 회와 똑같은 웹 서버에 요청을 전송하고, 그렇지 않으면 부하가 적은 웹 서버에 전송하는 식으로 움직입니다.

5.4 캐시 서버를 이용한 서버의 부하 분산

5.4.1 캐시 서버의 이용

웹 서버를 여러 대 나열하는, 즉 똑같은 기능을 갖춘 서버를 여러 대 나열하는 것이 아니라 다른 방법으로 부하를 분산하는 방법도 있습니다. 바로 데이터베이스 서버와 웹 서버처럼 역할에 따라 서버를 나누는 방법입니다.[24] 이 같은 역할별 분산 처리 방법 중 하나가 **캐시 서버**를 사용하는 방법입니다.

캐시 서버는 **프록시**라는 시스템을 사용해 데이터를 캐시하는 서버입니다. 프록시는 웹 서버와 클라이언트 사이에서 웹 서버로 접속하는 작동을 중개하는 역할을 하는데, 접속 작동을 중개할 때 웹 서버에서 받은 데이터를 디스크에 저장해 두고, 그 데이터를 웹 서버 대신 클라이언트로 되돌려보내는 기능이 있어요. 이를 **캐시**라고 부르며, 캐시 서버는 이 기능을 이용합니다.

웹 서버는 URL 또는 접속 권한을 점검하거나 페이지 안에 데이터를 삽입하는 식의 처리를 내부에서 실행하기 때문에, 페이지의 데이터를 클라이언트로 송신할 때 다소 시간이 걸립니다. 반면 캐시 서버는 웹 서버에서 받아 저장해 둔 데이터를 읽어서 클라이언트로 송신하다 보니, 웹 서버보다 빠르게 데이터를 송신할 수 있습니다.

---

23 이 정보를 쿠키(cookie)라고 합니다.
24 같은 기능의 서버를 여러 대 나열하는 방법과 역할마다 서버를 분산하는 방법을 조합하는 방식도 있습니다.

다만 캐시에 데이터를 저장한 후, 웹 서버에서 데이터가 변경되면 캐시 데이터는 사용할 수 없습니다. 이 때문에 언제든 캐시 데이터를 이용할 수 있는 건 아니에요.

또 CGI 애플리케이션이 출력하는 페이지 데이터도 내용이 매번 바뀌어서 캐시를 이용할 수 없습니다. 하지만 접속 작동 중 일부는 웹 서버를 번거롭게 하는 일 없이 캐시 서버에서 판가름할 수 있습니다. 이처럼 일부라도 캐시 서버에서 접속 작동을 고속화할 수 있으면 전체 성능이 향상된다고 생각하거든요. 또 캐시 서버에서 요청을 판가름하면 그만큼 웹 서버의 부하가 줄어들고, 그 결과 웹 서버의 처리 시간을 단축하는 효과도 있습니다.

5.4.2 캐시 서버는 업데이트 일시로 콘텐츠를 관리

그럼 캐시 서버의 움직임을 확인해 볼까요?[25] 캐시 서버를 사용할 때는 부하 분산 장치와 마찬가지로 캐시 서버를 웹 서버 대신 DNS 서버에 등록합니다. 그럼 사용자는 캐시 서버에 HTTP 요청 메시지를 보낼 테죠.[그림 5.5 (a) ①, 그림 5.6 (a)] 이렇게 하면 캐시 서버가 메시지를 받습니다. 이때 수신 작동은 웹 서버의 수신 작동과 똑같아요. 웹 서버의 수신 작동은 제6장의 '6.2 서버의 수신 작동'에서 설명하겠지만,[26] 접속을 대기하는 소켓을 만들어 그곳에 사용자가 접속하면 접속 작동을 실행하고, 사용자가 보낸 요청 메시지를 받는 겁니다. 사용자 처지에서 보면 캐시 서버가 웹 서버로 보일 거예요. 요청 메시지를 받으면 캐시 서버는 요청 메시지의 내용을 확인해 데이터가 캐시에 저장돼 있는지 없는지 확인합니다. 그다음 작동은 데이터가 캐시에 저장된 경우와 저장되지 않은 경우가

---

[25] 캐시 서버의 움직임을 이해하려면 웹 서버의 움직임과 HTTP 프로토콜의 움직임을 이해해야 합니다. 이에 관해서는 제1장에서 설명했습니다.

[26] 데이터 송수신 작동의 기본은 제2장에서 설명했습니다.

(a) 캐시에 데이터가 없는 경우

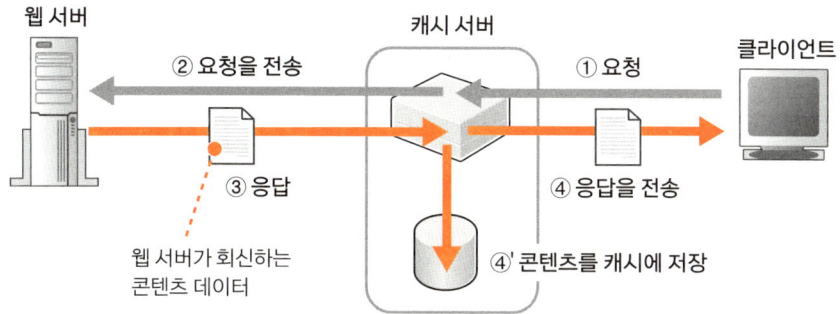

(b) 캐시에 데이터가 있는 경우

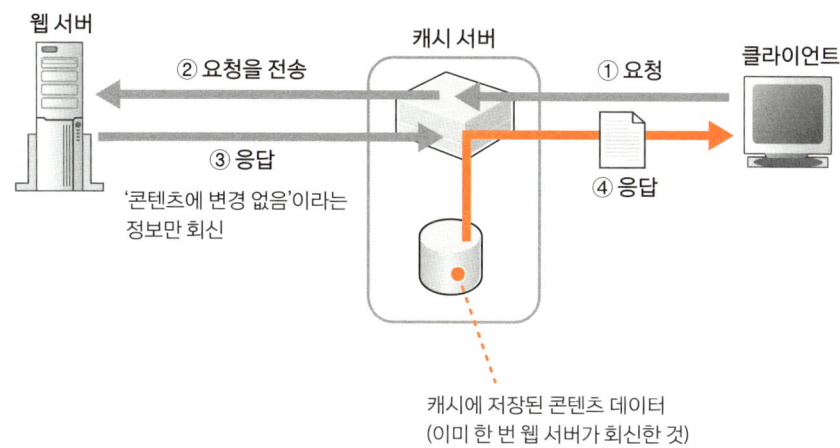

그림 5.5 콘텐츠를 일시적으로 저장해 대신 회신하는 캐시 서버

다르니, 저장돼 있지 않은 경우부터 먼저 설명할게요.

이 경우, 캐시 서버는 요청 메시지에 그림 5.6 (b) ②처럼 캐시 서버를 거쳤음을 알리는 Via라는 헤더 필드를 추가해 웹 서버에 요청을 전송합니다.[그림 5.5 (a) ②]

(a) 클라이언트에서 캐시 서버로 보낸 요청 내용[그림 5.5 (a) ①]
　　클라이언트에서 캐시 서버로 보내는 요청은 통상적으로 바뀌지 않는다.

```
GET /dir1/sample1.html HTTP/1.1
Accept: */*
Accept-Language: ja
Accept-Encoding: gzip, deflate
User-Agent: Mozilla/4.0 (compatible;    [오른쪽 끝 생략]
Host: www.lab.glasscom.com
Connection: Keep-Alive
```

(b) 캐시 서버에서 웹 서버로 전송한 요청 내용[그림 5.5 (a) ②]
　　캐시 서버를 거쳤음을 알리는 헤더 필드를 추가하고 URI에서 전송처를 판단해 전송한다.

```
GET /dir1/sample1.html HTTP/1.1
Accept: */*
Accept-Language: ja
Accept-Encoding: gzip, deflate
User-Agent: Mozilla/4.0 (compatible;    [오른쪽 끝 생략]
Host: www.lab.glasscom.com
Connection: Keep-Alive
Via: 1.1 proxy.lab.glasscom.com
```

② Via로 캐시 서버를 거쳤음을 웹 서버에 알리는데 이 정보는 그리 중요하지 않아 캐시 서버의 설정에 따라 이 헤더를 붙이지 않는 경우도 있음

① URI에 적힌 디렉터리로 전송처인 웹 서버를 판단함

(c) 웹 서버에서 캐시 서버로 반송한 응답 내용[그림 5.5 (a) ③]
　　If-modified-Since를 붙이지 않은 경우(캐시에 데이터가 없는 경우), 또는 웹 서버 쪽에 변경이 있는 경우에는 웹 페이지의 데이터가 그대로 되돌아온다. 내용은 통상적인 것과 같다.

```
HTTP/1.1 200 OK
Date: Wed, 21 Feb 2007 12:20:40 GMT
Server: Apache
Last-Modified: Mon, 19 Feb 2007 12:24:51 GMT
ETag: "5a9da-279-3c726b61"
Accept-Ranges: bytes
Content-Length: 632
Connection: close
Content-Type: text/html

<html>
<head>
<meta http-equiv="Content-Type" content="text/html;    [오른쪽 끝 생략]

[이하 생략]
```

(d) 캐시 서버에서 클라이언트로 전송한 응답 내용[그림 5.5 (a) ④]
캐시 서버를 거쳤음을 나타내는 Via 헤더가 붙는 것 외에는 통상적인 응답 메시지와 같음

그림 5.6 캐시에 데이터가 저장되지 않은 경우

이때 어느 웹 서버에 요청 메시지를 전송해야 할지 판단해서는 안 됩니다. 웹 서버가 1대뿐이라면, 이 웹 서버의 도메인명과 IP 주소를 캐시 서버로 설정해 두고, 조건 없이 그곳에 전송하는 방법을 쓸 수 있어요.

하지만 캐시 서버 1대로 여러 웹 서버의 데이터를 캐시할 경우에는 이런 단순한 방법으로는 안 됩니다. 요청 메시지의 내용에 따라 전송처인 웹 서버를 판단하는 방법이 필요해요. 이 방법은 몇 가지가 있지만, 요청 메시지의 URI[그림 5.6 (b) ①]에 적힌 디렉터리를 보고 판단하는 방법이 대표적입니다. 이 방법을 사용하면 먼저 캐시 서버에 다음과 같이 전송처를 설정해 둡니다.

- URI가 /dir1/라는 디렉터리면 www1.lab.glasscom.com에 전송
- URI가 /dir2/라는 디렉터리면 www2.lab.glasscom.com에 전송

이 설정을 보고 전송처를 판단해 요청 메시지를 전송하는데, 이때 전송처인 웹 서버를 대상으로 캐시 서버가 클라이언트가 돼 요청 메시지를 보냅니다. 즉 소켓을 만들어 웹 서버의 소켓에 접속해 요청 메시지를 보내는 형태죠.

웹 서버 쪽에서 보면 캐시 서버가 클라이언트로 보일 겁니다. 이렇게 하면 웹 서버에서 캐시 서버로 응답 메시지가 되돌아오기 때문에 그 메시지를 받습니다. [그림 5.5 (a) ③, 그림 5.6 (c)] 캐시 서버가 클라이언트가 돼 데이터를 받는 거죠.

응답 메시지에 그림 5.6 (d) ①처럼 캐시 서버를 거쳤음을 알리는 Via 헤더 필드를 덧붙이고, 이번에는 웹 서버가 돼 클라이언트를 향해 응답 메시지를 전송합니다.[그림 5.5 (a) ④] 그리고 응답 메시지를 캐시로 저장해 저장한 일시를 기록합니다.[그림 5.5 (a) ④']

이처럼 클라이언트와 웹 서버 사이를 중개하는 게 프록시라는 시스템입니다. 그리고 중개할 때 페이지 데이터를 저장하면 캐시 서버에 데이터가 저장됩니다. 사용자가 접속한 페이지가 캐시 서버로 저장되는 사례가 늘어나죠. 다음으로 이야기할 건 저장된 페이지가 있는 경우입니다.[그림 5.5 (b)]

먼저 사용자가 보낸 요청 메시지를 받아 캐시로 저장돼 있는지 알아보는 부분은 아까와 똑같습니다.[그림 5.5 (b) ①, 그림 5.6 (a)] 그리고 그림 5.7 (a)처럼 웹 서버 쪽에서 데이터 변경이 있는지 없는지 확인하기 위해 If-Modified-Since라는 헤더 필드를 추가해 웹 서버로 전송합니다.[그림 5.5 (b) ②, 그림 5.7 (a)]

그림 웹 서버는 If-Modified-Since 헤더 필드값과 페이지 데이터의 최종 업데이트 일시를 비교해서, 변경이 없으면 그림 5.7 (b)처럼 변경이 없음을 알리는 응답 메시지를 되돌려보냅니다.[그림 5.5 (b) ③] 이때 웹 서버는 데이터의 최종 업데이트 일시를 조회하기만 하고 끝내기 때문에 페이지 데이터를 되돌려보내는 것보다 부담이 줄어듭니다. 또 되돌려보내는 응답 메시지도 짧아서 이런 면의 부담도 적어집니다.

(a) 캐시 서버에서 웹 서버로 전송한 요청의 내용[그림 5.5 (b) ②]
캐시에 저장한 일시 이후에, 데이터 변경이 없는지 확인하는 헤더 필드가 덧붙여져 웹 서버로 전송된다.

> 이전에 접속한 데이터가 캐시에 저장돼 있다면, If-Modified-Since로 그 정보를 덧붙이고, 그 이후 웹 서버 쪽에 변경이 있었는지 없었는지 찾아낸다. 또한 캐시에 데이터가 없다면 이 헤더는 붙지 않는다.

```
GET /dir1/sample2.htm HTTP/1.1
Accept: */*
Accept-Language: ja
Accept-Encoding: gzip, deflate
User-Agent: Mozilla/4.0 (compatible;   [오른쪽 끝 생략]
Host: www.lab.glasscom.com
Connection: Keep-Alive
If-Modified-Since: Wed, 21 Sep 2007 10:25:52 GMT
Via: 1.1 proxy.lab.glasscom.com
```

(b) 웹 서버에서 캐시 서버로 반송한 응답의 내용[그림 5.5 (b) ③]
If-Modified-Since 이후로 변경 사항이 없다면 웹 페이지의 데이터가 아니라 변경이 없다는 의미의 메시지가 되돌아온다.

```
HTTP/1.1 304 Not Modified  ←  이걸로 페이지 데이터에
Date: Wed, 21 Feb 2007 13:03:21 GMT     변경이 없음을 알림
Server: Apache
Connection: close
ETag: "22f236-3e9-3b7f46d8"
```

그림 5.7 캐시 데이터가 저장된 경우

그 후에 응답 메시지는 캐시 서버에 도달할 테죠. 이걸로 캐시에 저장한 데이터가 최신 데이터와 똑같다는 것을 알 수 있기 때문에, 캐시 서버는 캐시에서 데이터를 추출해 사용자에게 보냅니다.[그림 5.5 (b) ④] 이 응답 메시지의 내용은 캐시에 데이터가 없는 경우와 같습니다.[그림 5.6 (d)]

또 웹 서버 쪽에서 데이터 변경이 있다면 캐시에 데이터가 저장되지 않은 경우와 똑같습니다. 웹 서버는 최신 데이터를 되돌려보내기 때문에[그림 5.5 (a) ③, 그

림 5.6 (c)] 그 메시지에 Via 헤더를 덧붙여 사용자에게 전송하고, 데이터를 캐시에 저장합니다.

5.4.3 프록시의 원점은 포워드 프록시

지금까지는 프록시라는 시스템을 웹 서버 쪽에 두고 캐시 기능을 이용하는 것을 설명했는데, 클라이언트 쪽에 캐시 서버를 두는 방법도 있습니다. 여기서 잠깐 샛길로 새서 클라이언트 쪽에 두는 캐시 서버를 설명하겠습니다.

사실 캐시 서버로 사용하는 프록시 시스템은 원래 클라이언트 쪽에 두는 방법에서 시작했습니다. 이 타입이 프록시의 원형입니다. 이 타입을 **포워드 프록시**라고 부릅니다.[27]

최초로 포워드 프록시가 등장했을 때, 이용 목적 중 하나는 캐시를 이용하는 것에 있었습니다. 이는 서버 쪽에 설치한 캐시 서버와 다르지 않아요. 하지만 당시의 포워드 프록시는 중요한 목적이 또 하나 있었습니다. 바로 방화벽을 실현한다는 목표였죠.

방화벽을 이용한 목적은 인터넷 불법 침입을 막는 데에 있는데, 이 목적을 달성하는 가장 확실한 방법은 인터넷과 사내 패킷의 왕래를 모두 막는 겁니다. 하지만 패킷을 모두 막아버리면 인터넷 접속도 막혀버려요. 이러면 도움이 되지 않기 때문에 필요한 것을 지나가게 하는 방법을 생각해야 합니다. 이를 위해 프록시 시스템을 생각해낸 겁니다. 즉 그림 5.8처럼 프록시로 요청 메시지를 일단 받고, 인터넷으로 전송하면[28] 필요한 패킷만 지나가게 할 수 있다고 생각한 겁니다.

---

[27] 처음부터 포워드 프록시라고 부른 것은 아니고, 처음에는 지금의 포워드 프록시에 해당하는 것을 단순히 프록시 또는 프록시 서버라고 불렀습니다. 처음에는 이것밖에 없었기 때문입니다. 하지만 나중에 프록시에 해당하는 방식이 늘어나서, 호칭을 정리하려고 ○○ 프록시처럼 방식을 나타내는 말을 앞에 붙였습니다. 또한 ○○ 프록시라고 부르는 경우에는 길어지기 때문에 ○○ 프록시 서버라고는 부르지 않는 경우가 많습니다.

[28] 프록시라는 말은 '대리'라는 의미이기 때문에 메시지를 전송한다고 생각하지 말고, 메시지를 받은 프록시가 본래의 클라이언트를 대신해 웹 서버에 접속한다고 생각하는 편이 좋습니다.

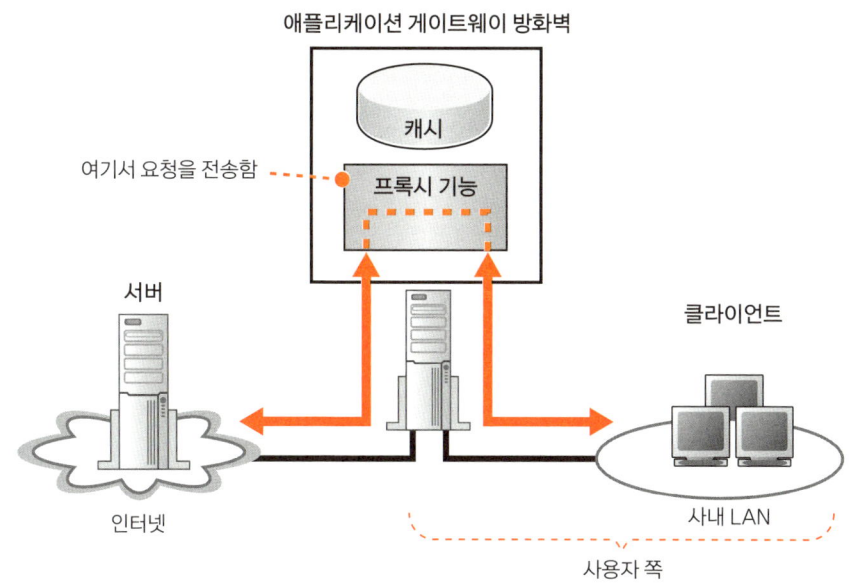

그림 5.8 프록시를 이용한 방화벽

이때 프록시의 캐시를 이용하면 더 효과적입니다. 이전에 접속한 페이지라면 사내 LAN에서 프록시에 접속하기만 해도 데이터를 구할 수 있으니까요. 저속 회선으로 인터넷에 접속하는 것보다 확실히 빨라지겠죠.[29]

또 프록시는 요청 내용을 확인한 다음 전송하기 때문에 요청 내용에 따라 접속 가능과 불가능을 판단할 수도 있어요. 즉 위험한 사이트, 업무와 상관이 없는 사이트로 접속하는 것은 금지한다는 접속 제한을 만드는 겁니다. 패킷 필터링 방화벽이면 IP 주소와 포트 번호라는 정보만 사용할 수 있어서 이렇게까지 세세하게 조건을 설정하는 것은 불가능합니다.

29 프록시가 등장했을 무렵에는 ADSL이나 FTTH 같은 기술이 실용화되기 전이라 저렴하면서도 고속인 접근 회선은 없었습니다. 따라서 저속인 접근 회선을 사용하는 것이 당연한 상황이었습니다. 프록시의 캐시 기능은 이 때문에 고안한 방법 중 하나입니다.

(a) 클라이언트에서 캐시 서버로 보낸 요청의 내용(그림 ●①)
　클라이언트(웹 브라우저)에서 프록시를 설정하면 통상과는 다르게 URI 부분에 웹 서버명이 들어간다.

> 프록시를 사용하지 않는다면, URI는 파일이나 프로그램의 이름을 기재할 뿐이지만 프록시를 설정하면 http://...처럼 URL을 그대로 기재한다. 프록시는 이 내용을 보고 전송처의 웹 서버를 판단한다.

```
GET http://www.lab.glasscom.com/sample3.htm HTTP/1.1
Accept: */*
Accept-Language: ja
Accept-Encoding: gzip, deflate
User-Agent: Mozilla/4.0 (compatible;    [오른쪽 끝 생략]
Host: www.lab.glasscom.com
Connection: Keep-Alive
```

그림 5.9 포워드 프록시의 HTTP 메시지

　포워드 프록시를 사용한다면, 통상적으로 브라우저의 설정 화면에 준비된 **프록시 서버**라는 항목에 포워드 프록시의 IP 주소를 설정합니다.

　그럼 브라우저의 요청 메시지 송신 작동이 조금 바뀌어요. 포워드 프록시를 설정하지 않으면 브라우저는 주소창에 입력된 http://...라는 문자열에서 접속처인 웹 서버를 산출해 그곳에 요청 메시지를 보내지만, 포워드 프록시를 설정하면 URL 내용과 상관없이 요청을 모두 포워드 프록시로 보냅니다. 그리고 요청 메시지의 내용도 조금 다른 형태가 되죠. 포워드 프록시를 설정하지 않으면 URL에서 웹 서버의 이름을 제거하고, 파일이나 프로그램의 경로명 부분을 추출해서 요청 URI 부분에 기재하는데, 포워드 프록시를 설정하면 그림 5.9처럼 http://...라는 URL을 그대로 요청 URI에 기재합니다.

　포워드 프록시는 메시지를 전송하는 기능까지 서버 쪽에 두는 캐시 서버와 약간 다릅니다. 다른 점은 전송처인 웹 서버를 판단하는 부분이에요. 포워드 프록시를 사용한다면 URI 부분에 http://...라는 URL이 그대로 적혀 있어서, 그 URL이 전송처가 됩니다.

이 때문에 서버 쪽에 두는 캐시 서버처럼 전송처인 웹 서버를 사전에 설정해 둘 필요는 없고, 어느 웹 서버로나 전송할 수 있습니다. 서버 쪽에 두는 캐시 서버라면 설정해 둔 웹 서버에만 전송할 수 있기 때문에 그것과는 많이 달라요.

5.4.4 포워드 프록시를 개량한 리버스 프록시

이처럼 포워드 프록시를 사용한다면 브라우저에 꼭 설정해야 합니다. 이게 포워드 프록시의 특징이라고 할 수 있어요. 하지만 이 방법을 쓰면 브라우저 설정을 하는 것도 번거롭고, 오설정으로 인해 브라우저가 올바르게 움직이지 않는 장애의 원인이 되기도 했습니다.

브라우저에 설정이 필요하다는 점은 이런 번거로움이나 장애 문제뿐만이 아니라 다른 제약 사항이 되기도 합니다. 인터넷에 공개된 웹 서버는 누가 접속할지 알 수 없기 때문에 브라우저에 프록시를 설정해 달라고 할 수가 없어서, 웹 서버 바로 앞에 프록시를 두는 방법을 쓸 수가 없습니다.

그래서 브라우저에 프록시를 설정하지 않아도 사용할 수 있도록 개량했습니다. 즉 요청 메시지의 URI에 적혀 있는 디렉터리명과 전송처인 웹 서버를 대응시키고 설정해서 URI 부분에 http://...라고 적혀 있지 않은 통상적인 요청 메시지를 전송할 수 있게 한 거죠. 이게 아까 설명한 서버 쪽에 설치한 캐시 서버가 채택하고 있는 방식입니다. 이 방식을 **리버스 프록시**라고 부릅니다.

5.4.5 투명 프록시

캐시 서버에서 전송처를 판단할 방법이 하나 더 있습니다. 바로 요청 메시지 패킷의 헤더를 확인하는 방법입니다. 패킷 맨 앞에 있는 IP 헤더에는 수신처 IP 주소가 기재돼 있어서, 이걸 조회하면 접속처인 웹 서버가 어디에 있는지 알 수 있습니다.[30] 이 방법을 **투명 프록시**라고 불러요.

이 방법이면 통상적인 요청 메시지를 전송할 수 있어서, 포워드 프록시처럼 브라우저로 설정할 필요는 없습니다. 더 나아가 전송처를 캐시 서버에 설정할 필요도 없어 어느 웹 서버에나 전송할 수 있습니다.

투명 프록시는 포워드 프록시와 리버스 프록시의 장점만 모은 듯한 형태로 편리한 시스템이지만, 주의해야 할 점이 있습니다. 바로 투명 프록시에 요청 메시지를 보내는 방법입니다. 투명 프록시는 브라우저로 설정하지 않기 때문에 브라우저는 웹 서버에 요청 메시지를 보냅니다. 리버스 프록시처럼 DNS 서버에 등록하는 방법이면 이 요청 메시지가 프록시에 도달하지만, 투명 프록시는 DNS 서버에 등록할 일도 없습니다. DNS 서버에 등록하면 투명 프록시 자신이 접속처가 돼 버려, 수신처 IP 주소로 전송처인 웹 서버를 판단한다는 아주 중요한 시스템을 이용하지 못하기 때문입니다. 이대로 두면 요청 메시지는 브라우저에서 웹 서버로 흘러가기만 하고 투명 프록시에 도달하지 않습니다.

그래서 브라우저에서 웹 서버로 요청 메시지가 흘러가는 그 길에 투명 프록시를 설치합니다. 메시지가 투명 프록시를 통과할 때 그걸 가로채는 겁니다. 억지스러운 감도 있긴 하지만, 이걸로 요청 메시지가 투명 프록시에 도달해서 웹 서버에 전송할 수 있어요.

또 요청 메시지가 흘러가는 길이 몇 군데 있으면 그곳에 모두 투명 프록시를 설치해야 합니다. 따라서 네트워크를 길이 한곳으로 모이는 형태로 만들어 그곳에 투명 프록시를 설치하는 것이 통례입니다. 인터넷에 연결되는 접근 회선 부분

---

30 HTTP 버전이 1.1이 됐을 때 접속처의 웹 서버를 나타내는 Host라는 헤더 필드가 사양에 추가돼, Host 헤더로 전송처를 판단하는 일도 가능해졌습니다.

이 이런 형태라서, 접근 회선 부분에 설치한다고 표현해도 될지 모릅니다.[31] 투명 프록시를 사용하면 사용자가 프록시의 존재를 염려할 필요는 거의 없어요. 이 때문인지 HTTP 메시지를 전송하는 시스템과 관련한 관심은 옅어지고, 캐시를 이용하는 쪽의 비중이 높아지고 있는 것으로 보입니다.[32]

5.5 콘텐츠 배포 서비스

5.5.1 콘텐츠 배포 서비스를 이용한 부하 분산

캐시 서버는 서버 쪽에 두는 경우와 클라이언트 쪽에 두는 경우에 이용 효과가 차이 납니다. 그림 5.10 (a)를 보면 알 수 있듯이 서버 쪽에 캐시 서버를 두는 방법은 웹 서버의 부하를 줄이는 효과가 있지만, 인터넷을 흐르는 트래픽을 억제하는 효과는 없어요. 그 점에서는 클라이언트 쪽에 캐시 서버를 두는 쪽이 더 좋습니다.[그림 5.10 (b)] 인터넷 안에는 혼잡한 곳이 있을지도 모르고, 그곳을 지나가기엔 시간이 오래 걸립니다. 클라이언트 쪽에 캐시 서버가 있으면, 이런 혼잡에 휘말릴 일이 없는 만큼 패킷 흐름은 안정됩니다. 큰 이미지나 동영상 같은 대용량 데이터를 포함한 콘텐츠면 그 효과가 크다고 할 수 있겠죠.

하지만 클라이언트 쪽에 두는 캐시 서버는 클라이언트 쪽의 네트워크를 운영 관리하는 사람이 소유하기 때문에, 웹 서버 운영자가 제어할 수 없습니다. 예를 들어 최근 콘텐츠의 용량이 커졌기 때문에 캐시 서버의 용량을 늘리고 싶다고 웹 서버 운영자가 생각한다고 가정해 봅시다. 서버 쪽 캐시 서버라면 본인이 소유하고 있으니 디스크를 증설해서 용량을 늘리면 되지만, 클라이언트 쪽의 캐시 서버는 그렇게 안 됩니다. 애당초 클라이언트 쪽에 캐시 서버가 꼭 있다고 할 수 없거든요.

---

31 웹 접속 패킷을 가려내 투명 프록시로 전송하는 장치를 추려진 곳에 설치하는 방법도 있습니다.
32 프록시라고는 부르지 않고 캐시라고 부르는 예가 늘어난 것이 그 이유입니다. 다만 프록시 또는 캐시 서버라고 불러도 의미는 바뀌지 않습니다.

(a) 웹 서버 앞에 캐시 서버 두기

웹 서버의 부하를 억제하는 효과는 있지만, 인터넷 트래픽을 억제하는 효과는 없음

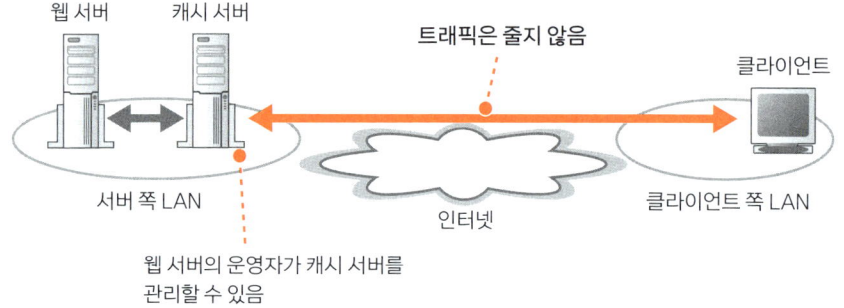

(b) 클라이언트 쪽에 캐시 서버 두기

인터넷 트래픽을 억제하는 효과는 높지만 클라이언트 쪽에 캐시 서버를 설치한 탓에 서버 운영자는 캐시 서버를 제어하지 못함

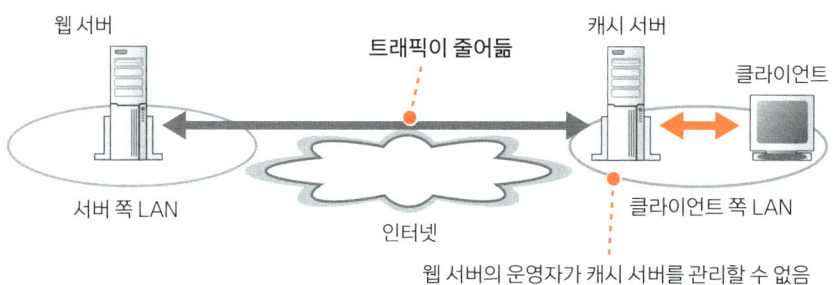

(c) 인터넷 가장자리에 캐시 서버 두기

인터넷 트래픽을 억제하는 효과가 있고, 서버 운영자는 캐시 서버를 제어할 수 있음

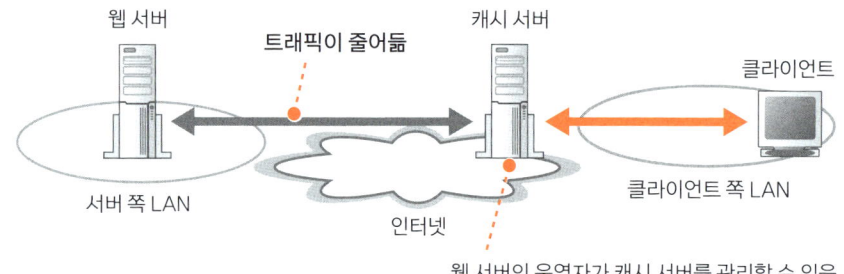

그림 5.10 캐시 서버의 배치 장소는 종류가 세 가지

캐시 서버는 두는 장소에 따라 이렇게 장단점이 있는데, 둘의 장점을 잘 뽑아낸 방법도 있습니다. 바로 그림 5.10 (c)처럼 프로바이더와 계약해 웹 서버 운영자가 제어할 수 있는 캐시 서버를 클라이언트 쪽 프로바이더에 두는 방법입니다.

이 방식을 쓰면, 사용자와 가까운 장소에 캐시 서버를 설치할 수 있고 심지어 웹 서버 운영자가 캐시 서버를 제어할 수 있습니다. 이 방법에도 문제가 있긴 합니다. 인터넷에 공개한 서버는 인터넷 어디에서 접속할지 모르기 때문에, 이 방법을 곧이곧대로 실현하려면 프로바이더의 POP 모두에 캐시 서버를 설치해야 하는 상황이 벌어집니다. 그럼 수가 너무 많아서 현실성이 떨어지죠.

물론 이 문제를 해결하는 방법도 있습니다. 우선 주요한 프로바이더로 대상을 좁히는 겁니다. 그렇게 하면 캐시 서버의 수를 줄일 수 있어요. 캐시 서버의 수를 줄이면 사용자에 따라서는 캐시 서버에 도달할 때까지 머나먼 길을 지나가는데, 그래도 웹 서버에 직접 접속하는 것보다 길을 단축할 수 있어서 나름 효과를 기대해 볼 수 있습니다.

이 방법으로 현실 가능성을 올릴 수 있지만, 또 다른 문제가 있습니다. 아무리 수를 줄인다고 해도 웹 서버 운영자가 직접 프로바이더와 계약해 캐시 서버를 설치하면 비용과 번거로움 면에서 보통 힘든 일이 아니죠. 이 문제를 해결하는 방법도 등장했습니다. 바로 캐시 서버를 설치해 웹 서버 운영자에게 빌려주는 서비스를 제공하는 사업자가 등장한 것입니다. 이런 종류의 서비스를 **콘텐츠 배포 서비스**[33]라고 부릅니다. 서비스 내용을 구체적으로 설명해 볼게요.

이 서비스를 제공하는 사업자 CDSP[34]는 주요 프로바이더와 계약해 그곳에 여러 캐시 서버를 설치합니다.[35] 반면 CDSP는 웹 서버 운영자와도 계약해 웹 서버

---

33 콘텐츠 배포 서비스 : CDS(Content Delivery Service)라고 부르기도 합니다.
34 CDSP : Content Delivery Service Provider
35 인터넷 내에 수백 대 이상의 캐시 서버를 설치한 CDSP가 있습니다.

와 CDSP의 캐시 서버를 연계합니다.

구체적인 방법은 나중에 설명할 테지만, 웹 서버와 캐시 서버를 잘 연계하면 클라이언트가 웹 서버에 접속할 때 CDSP의 캐시 서버에 접속합니다.

캐시 서버는 여러 웹 서버의 데이터를 캐시할 수 있기 때문에 CDSP가 설치한 캐시 서버를 여러 웹 서버 운영자가 공동 이용할 수도 있습니다. 그렇게 하면 웹 서버 운영자 한 곳당 비용을 줄일 수 있어요. 웹 서버 운영자의 비용 부담이 줄죠. 더 나아가 프로바이더와 한 계약은 CDSP가 일괄적으로 처리해 주기 때문에, 번거로움 면에서도 웹 서버 운영자의 부담이 없습니다.

5.5.2 가장 가까운 캐시 서버를 찾는 방법

콘텐츠 배포 서비스를 사용할 경우, 그림 5.11처럼 인터넷 전체에 설치된 여러 캐시 서버를 이용하는데, 이런 상황에서는 여러 캐시 서버 중에서 가장 가까운 캐시 서버를 찾아내 클라이언트가 그곳에 접속하도록 하는 시스템이 필요합니다.

포워드 프록시를 사용할 때처럼 브라우저에 프록시 서버를 설정해 달라고 하면 될지도 모르지만, 모든 사용자에게 철저한 건 현실적이지 않아요. 사용자가 아무것도 하지 않더라도 요청 메시지가 캐시 서버에 도달하는 시스템이 필요합니다.

몇 가지 방법이 있는데 순서대로 설명해 볼게요. 첫 번째는 여러 서버를 나열해 부하 분산할 때 DNS 서버로 접속을 할당하는 것과 비슷한 방법입니다. 즉 DNS 서버가 웹 서버의 IP 주소를 회답할 때, 가장 가까운 캐시 서버의 IP 주소를 회답하도록 DNS 서버를 제공하는 방법이죠. 이 방법을 설명하기 전에 통상적인 DNS 서버의 작동을 복습하겠습니다.

DNS 서버는 인터넷에 다수 배치돼 있으며, 서로 연계해 질의에 회답합니다. 이 작동은 클라이언트가 질의 메시지를 보내는 데서 시작합니다. 즉 제일 처음에

● 인터넷 전체에 캐시 서버를 설치하는 사례

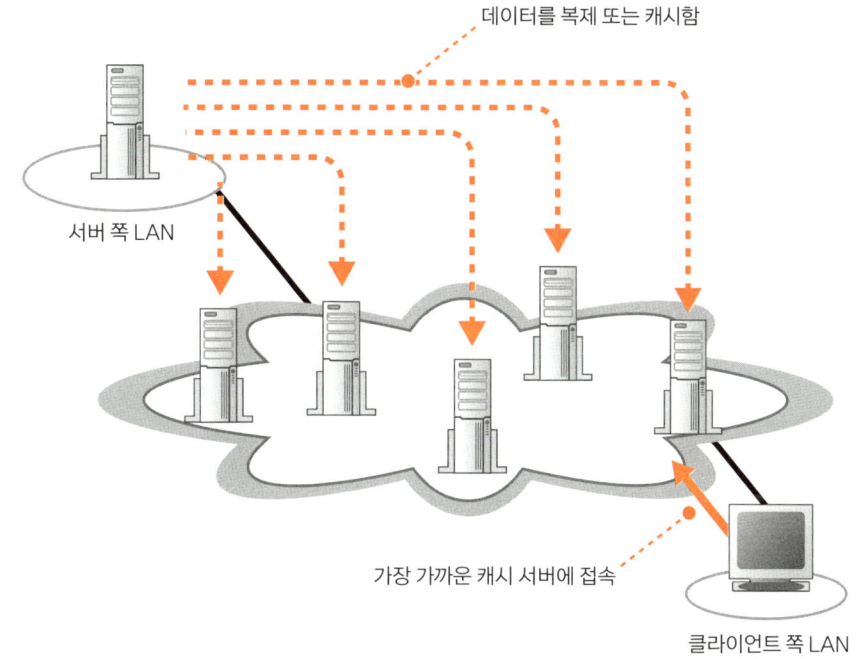

그림 5.11 접속처인 서버의 소재지

접속처인 웹 서버명을 기입한 질의 메시지를 작성해, 자신의 LAN에 있는 DNS 서버로 보내는 데서 시작하는 겁니다.[36](그림 5.12 ①) 그럼 클라이언트 쪽 DNS 서버는 웹 서버 이름의 계층 구조를 확인해서 그 이름이 등록된 DNS 서버, 즉 웹 서버 쪽에 있는 DNS 서버를 찾아내 그곳에 질의 메시지를 보냅니다.(②)

웹 서버 쪽 DNS 서버는 그 질의 메시지를 받아, 이름에 대응하는 IP 주소를 조회해 회답합니다. 웹 서버 쪽 DNS 서버에는 등록자가 등록한 서버명과 IP 주소를 대응시킨 대응표가 있습니다. 그 대응표에서 서버명을 찾고, 그에 대응하는 IP 주소를 회답하는 거죠.(③) 그럼 그 회답이 클라이언트 쪽 DNS 서버에 도달하고,

36 자기 LAN에 DNS 서버를 설치하지 않았다면 자신이 연결된 프로바이더의 DNS 서버에 질의를 보냅니다.

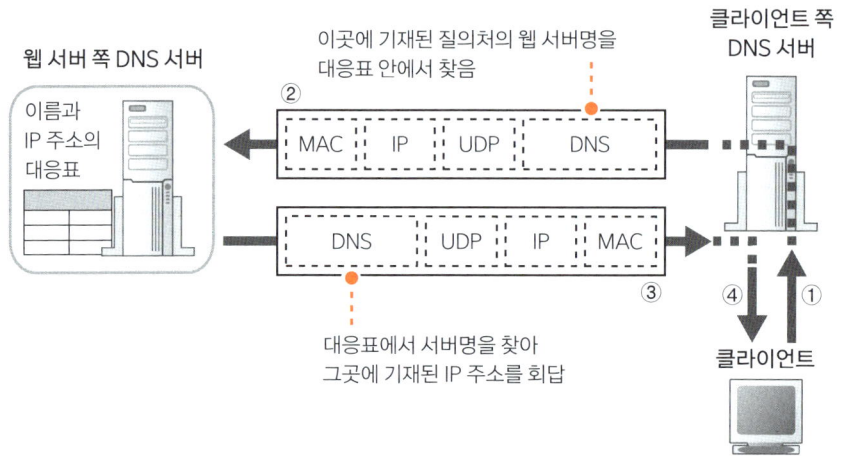

그림 5.12 통상적인 DNS 서버의 움직임

거기서 클라이언트로 회답이 되돌아옵니다.(④) 이건 이름 하나에 웹 서버의 IP 주소를 하나만 대응시킨 경우예요. 이름 하나에 여러 IP 주소를 대응시켰다면 앞서 나온 그림 5.3처럼 라운드 로빈 방식으로 IP 주소를 회답합니다.

여기까지가 통상적인 DNS 서버의 작동인데, 이걸 그대로 사용하면 클라이언트 쪽과 캐시 서버의 위치 관계를 아예 고려하지 않고 라운드 로빈 방식에 따라 순서대로 IP 주소를 회답하는 게 전부라서 먼 위치에 있는 캐시 서버의 IP 주소를 돌려보내 버릴지도 모릅니다.

그래서 가장 가까운 캐시 서버에 접속시킬 경우에는 라운드 로빈이 아니라, 클라이언트와 캐시 서버의 거리를 판단해 클라이언트와 가장 가까운 캐시 서버의 IP 주소를 회답하도록 합니다. 이때 포인트는 말할 것도 없이 클라이언트와 캐시 서버의 거리를 판단하는 방법입니다.

거리를 판단하는 방법은 이렇습니다. 먼저 준비 단계로 캐시 서버의 설치 장소에 있는 라우터에서 경로 정보를 수집해 둡니다.(그림 5.13) 예를 들어 그림 5.13

의 예와 같이 캐시 서버가 4대 있으면 캐시 서버의 설치 장소에 있는 라우터는 4대가 되기 때문에, 각 라우터에서 경로표를 입수하면 4개의 경로표가 DNS 서버 쪽에 한데 모입니다.

그 경로표를 사용해 DNS의 질의 메시지 송신원, 즉 클라이언트 쪽의 DNS 서버에 이르는 경로 정보를 확인합니다. 예를 들어 그림 5.13의 라우터 A에서 입수한 경로표를 사용해 경로를 확인하면 라우터 A에서 클라이언트 쪽의 DNS 서버까지 이어지는 경로 정보를 알 수 있습니다. 인터넷 내부의 경로 정보에는 프로바이더 X를 지나 그다음 프로바이더 Y를 거쳐 프로바이더 Z에 이르는 경로가 기재돼 있어 대략적인 거리도 알 수 있거든요. 이걸 모든 라우터에 대해 확인하고 비교해 보면, 어느 라우터가 클라이언트 쪽의 DNS 서버와 가장 가까운지 알 수 있습니다.

경로표를 입수한 라우터가 캐시 서버의 설치 장소에 있고, 클라이언트 쪽 DNS 서버도 클라이언트와 똑같은 장소에 있다고 생각하면, 이걸로 캐시 서버와 클라이언트 사이의 거리를 알 수 있습니다. 물론 어느 캐시 서버가 가장 가까운 위치에 있는지도 알 수 있습니다. 실제로는 클라이언트 쪽 DNS 서버가 반드시 클라이언트와 똑같은 장소에 있지는 않아서 정확한 거리를 알 수 있는 건 아니지만, 그럭저럭 나쁘지 않은 정밀도로 거리를 추정할 수 있다고 생각하면 됩니다.

5.5.3 리다이렉트용 서버에서 접속처를 할당

가장 가까운 캐시 서버로 접속시키는 방법은 하나 더 있습니다. HTTP 사양에는 여러 헤더 필드가 정의돼 있고, 그중에는 Location이라는 헤더가 있습니다. 이건 웹 서버의 데이터를 서버로 옮겼을 때 사용하는데, '그 데이터는 이쪽 서버에 있으니까 그쪽으로 다시 접속하세요.'라는 의미입니다. 이렇게 다른 웹 서버에 접속하도록 하는 것을 **리다이렉트**라고 부릅니다. 이를 사용해 가장 가까운 캐시 서

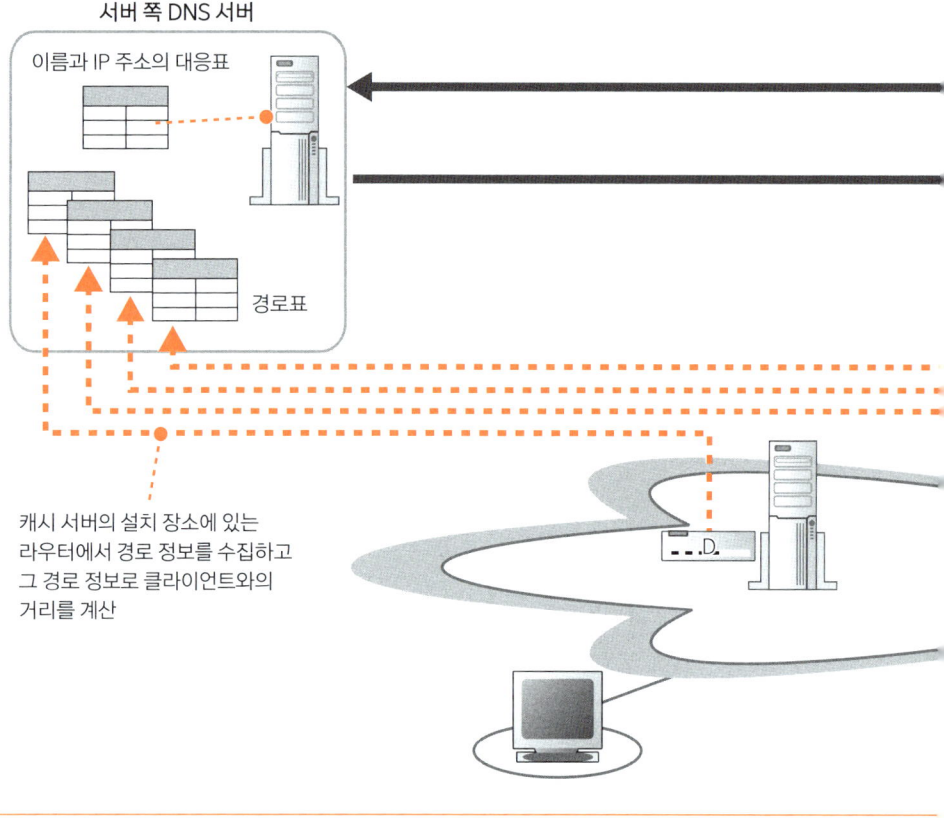

그림 5.13 경로 정보와 연동한 DNS 서버의 움직임

버에 접속처를 돌리는 것이 또 다른 방법입니다.

　리다이렉트로 가장 가까운 캐시 서버를 클라이언트에 통지할 때는 먼저 리다이렉트용 서버를 웹 서버 쪽 DNS 서버에 등록해 둡니다. 그럼 클라이언트는 그곳에 HTTP 요청 메시지를 보냅니다. 리다이렉트용 서버에는 아까 언급한 DNS 서버와 마찬가지로 라우터에서 수집한 경로 정보가 있고, 거기서 가장 가까운 캐시 서버를 찾습니다. 그리고 그 캐시 서버를 나타내는 Location 헤더를 붙여 응답을 되돌려보냅니다.

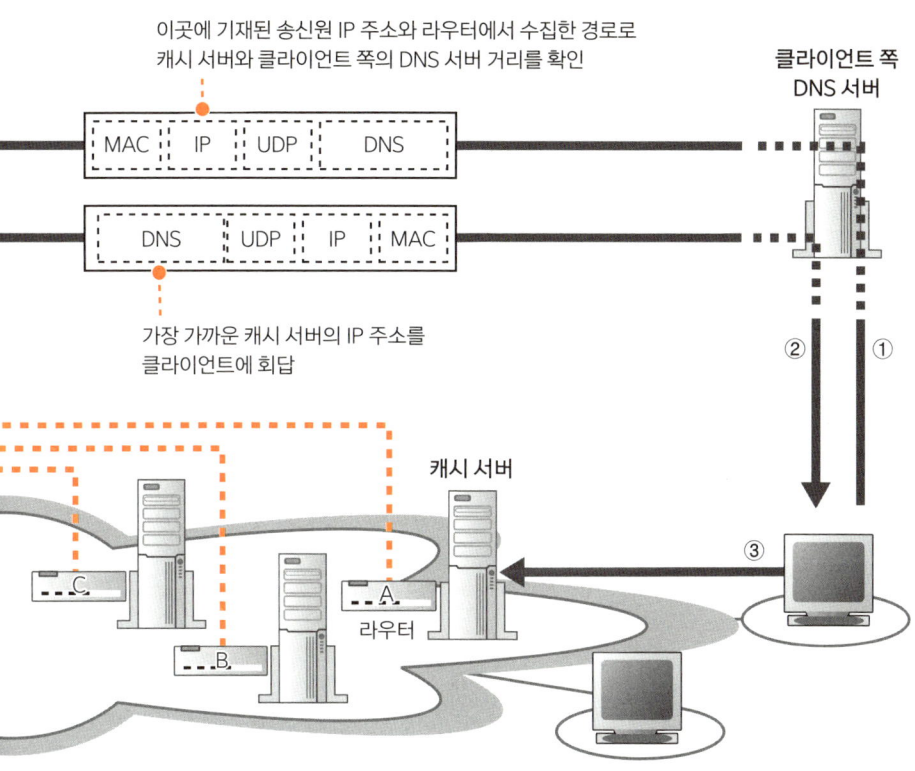

이렇게 하면 클라이언트는 그 캐시 서버에 다시 접속합니다.(그림 5.14, 그림 5.15) 이 방법은 리다이렉트의 HTTP 메시지를 주고받는 횟수가 늘어나기 때문에 그만큼 오버헤드가 많다는 단점이 있지만, 장점도 있습니다. DNS 서버를 이용하는 방법은 클라이언트 쪽 DNS 서버와 캐시 서버 사이의 거리를 계산하기 때문에 정밀도가 떨어질 수 있는 데에 반해, 리다이렉트는 클라이언트가 보내오는 HTTP 메시지의 송신원 IP 주소를 기반으로 거리를 판단해서 정밀도가 높습니다.

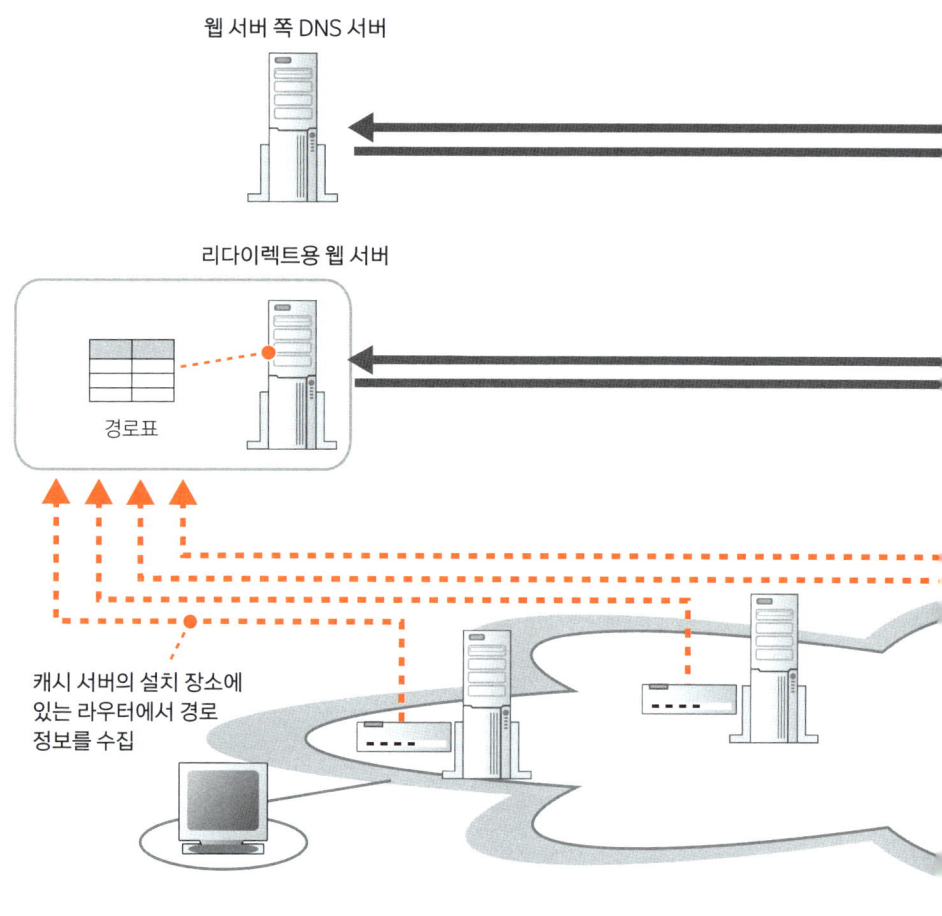

그림 5.14 리다이렉트로 가장 가까운 캐시 서버에 접속시키는 시스템

또 경로 정보를 사용하는 것이 아니라 다른 정보에서 거리를 계산해 정밀도를 더 높이는 것도 가능합니다. 리다이렉트용 서버가 Location 헤더를 포함한 HTTP 메시지를 클라이언트로 반드시 반송한다고는 말할 수 없습니다.

패킷의 왕복 시간으로 캐시 서버까지의 거리를 계산해 최적의 캐시 서버에 접속하게 하는 스크립트 프로그램을 삽입한 페이지를 반송하는 방법도 있습니다.

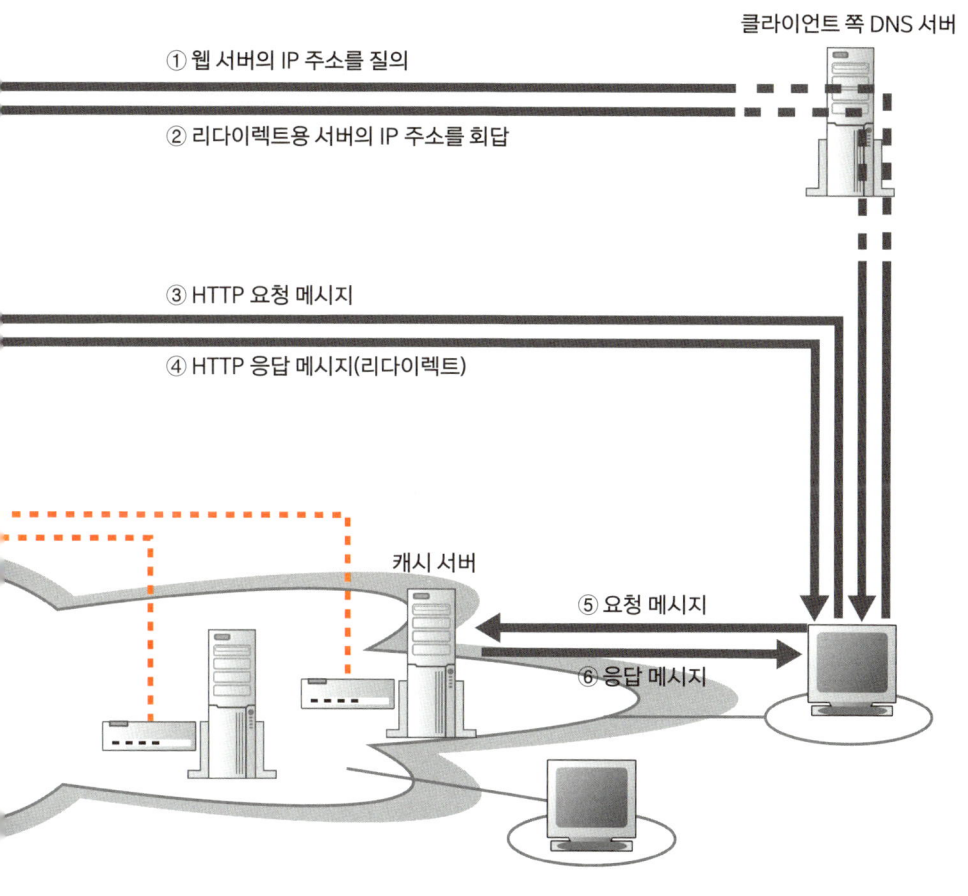

그 페이지에는 스크립트 프로그램을 삽입해 두는데, 이 프로그램은 캐시 서버 몇 곳에 시험적으로 패킷을 보내 왕복 시간을 계산한 다음에 가장 왕복 시간이 짧았던 캐시 서버에 요청을 다시 보냅니다. 이런 방식을 이용하면 클라이언트가 자신에게 최적인 캐시 서버를 판단해서 그곳에 접속할 수 있습니다.

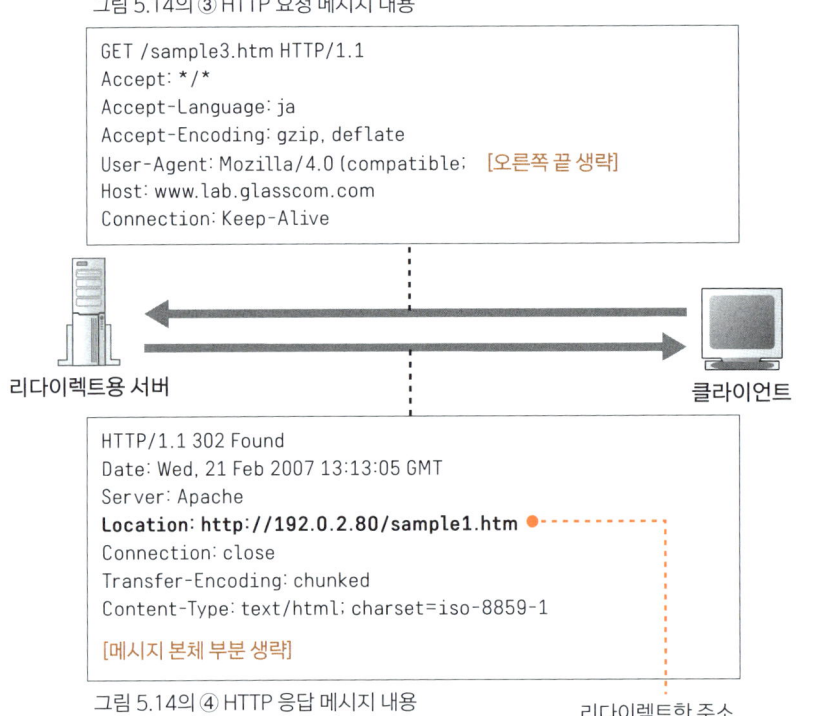

그림 5.15 리다이렉트로 사용하는 HTTP 메시지 내용

5.5.4 캐시 내용의 업데이트 방법에 따른 성능 차이

캐시 서버의 효율을 좌우하는 요소는 또 하나 있습니다. 캐시 내용을 변경하는 방법이죠. 캐시의 원래 작동 방식은 그림 5.5에 있듯이 한 번 접속한 데이터를 저장해 두고, 이걸 2번째 이후의 접속에 이용해서 접속 작동의 효율을 높이는 데 있었습니다. 하지만 이 방법으로는 첫 접속 작동에 도움이 되지 않아요. 또 2번째 이후의 접속에도 이전 데이터를 가진 웹 서버가 업데이트 유무를 확인해야 해서, 이 작업이 혼잡해지면 응답 시간이 늘어납니다.

이 점을 개선할 방법이 있습니다. 바로 웹 서버에서 이전 데이터가 업데이트되면, 이를 즉시 캐시 서버에 반영하는 겁니다. 그렇게 하면 캐시 데이터는 항상 최신 상태를 유지할 수 있어 이전 데이터의 업데이트를 확인할 필요가 없기 때문에, 첫 접속 작동에도 캐시 데이터를 이용할 수 있습니다. 콘텐츠 배포 서비스에서 사용하는 캐시 서버에는 이런 아이디어가 반영돼 있죠.

또 웹 페이지는 사전에 준비해 두는 식의 정적인 방식뿐만 아니라, 요청을 접수했을 때 CGI 애플리케이션에서 동적으로 페이지를 만드는 방식을 이용하기도 합니다. 그런 것들은 캐시 서버에 데이터를 저장할 수가 없어요. 이때는 페이지 전체를 캐시에 저장하는 것이 아니라 애플리케이션에서 만드는 부분, 즉 매번 페이지의 내용이 바뀌는 부분과 바뀌지 않는 부분을 나눠서 바뀌지 않는 부분만 캐시에 저장합니다.

방화벽, 프록시 서버, 캐시 서버 등과 같이 웹 서버 바로 앞에는 다양한 서버가 있는데, 요청은 최종적으로 그 부분을 통과해 웹 서버에 도달합니다. 웹 서버는 요청을 받아 요구 내용을 확인하고, 그 요구에 따라 응답 메시지를 만들어 되돌려 보냅니다. 이 부분은 다음 장에서 이야기하겠습니다.

확인 퀴즈

지금까지 살펴본 내용을 확인할 겸 퀴즈를 준비했습니다.

문제

1. 현재 주류가 된 방화벽의 타입을 뭐라고 부를까요?

2. 방화벽으로 애플리케이션의 종류를 특정할 때 확인하는 정보는 무엇일까요?

3. 웹 서버의 부하를 분산하기 위해 여러 서버에 접속을 할당하는 장치를 뭐라고 할까요?

4. 서버 쪽에 설치하는 장치는 포워드 프록시와 리버스 프록시 중 무엇일까요?

5. 인터넷상에 다수의 캐시 서버를 설치하고, 이를 웹 서버 운영자에게 빌려주는 서비스를 뭐라고 할까요?

COLUMN
실제로는 어렵지 않은 네트워크 용어

통신 회선이 LAN이 되는 날

탐험 대원 : LAN은 DSL 통신 회선이랑 어떻게 다른가요?

탐험 대장 : 자고로 LAN이라는 말은 말이지….

탐험 대원 : 알아요. 사전에서 찾아봤거든요. 하지만 제 사전에는 LAN이라는 단어가 없더라고요. 학생 때 샀던 오래된 사전이라 그런가?

탐험 대장 : 말은 바뀌는 법이니 새 사전을 하나 사게.

탐험 대원 : 그렇게 쉽게 말씀하지 마세요. 월급 들어오려면 아직 일주일이나 남았단 말이에요….

탐험 대장 : 할 수 없군. 그럼 이걸 빌려주지.

탐험 대원 : 아- 나왔어요. Local Area Network의 약자네요. 로컬이라는 건 지방이라는 뜻인가요?

탐험 대장 : 지방이라는 뜻만 있는 건 아냐. 좁은 지역을 가리키기도 하지. LAN은 건물 안에서 사용하잖나. 그래서 로컬인 거지.

탐험 대원 : 그건 저도 알아요. 궁금한 건 DSL 통신 회선과의 차이인데요.

탐험 대장 : DSL 통신 회선은 전화선 기반 통신 사업자라고 해야 하나, 한마디로 전화 회사가 전 세계에 퍼져 있어서 세계 어디서나 통신을 할 수 있는 것이라네. 완전 다르지?

탐험 대원 : 그것도 알고 있죠. 제가 알고 싶은 건 그런 게 아니고요. LAN이 DSL 통신 회선보다 빠르고 저렴하잖아요?

탐험 대장 : 뭐, 그렇지.

탐험 대원 : DSL 통신 회선은 왜 LAN처럼 빠르고 저렴하지 않은지 궁금해요.

탐험 대장 : 과연, 그게 궁금했군. 자네 마음은 이해가 가고, 나도 동감하는 바이네만 그리 쉽게 될 일이 아니야.

탐험 대원 : 왜요?

탐험 대장 : ADSL을 알아봤을 때를 떠올려 보게. 전화국에서 멀리 떨어지면 점점 속도가 느려졌잖나.

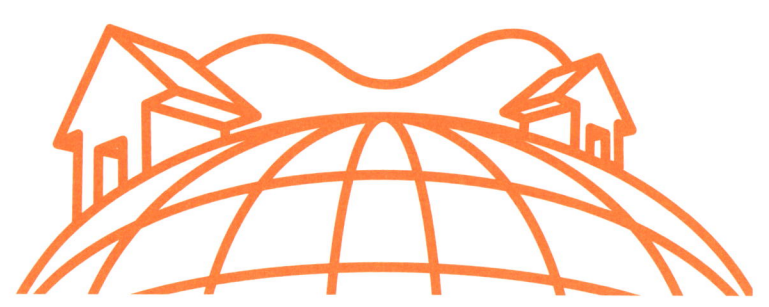

탐험 대원: 그랬죠.

탐험 대장: LAN은 건물 내부나 가까운 곳을 연결하기만 해서 그렇게 빠를 수 있는 거지. 그걸 그대로 전 세계로 확장할 수는 없어.

탐험 대원: 흐음.

탐험 대장: 이해가 안 가는 모양이구먼.

탐험 대원: ADSL은 확실히 그렇지만, FTTH 같은 건 LAN만큼 빠르잖아요.

탐험 대장: 으-음. 자네도 포기를 모르는 타입이군.

탐험 대원: 아뇨, 진실을 알고 싶을 뿐입니다. 탐험 대장님.

탐험 대장: FTTH가 저렴하고 빠른 건 LAN 기술을 사용하기 때문이야.

탐험 대원: 하지만 LAN은 멀리 떨어진 곳이면 안 되잖아요.

탐험 대장: 그래, 그렇게 말할 줄 알았지. 그래서 설명하고 싶지 않았던 거야. 아까 LAN이 가까운 곳만 연결한다고 했던 건, 광케이블이 보급되기 전의 이야기라네.

탐험 대원: 뭐야, 옛날이야기였어요?

탐험 대장: 왜 그러나?

탐험 대원: 아뇨, 아무것도 아니에요.

탐험 대장: 지금의 광케이블 기술을 사용하면 몇십 킬로나 케이블을 연장할 수 있어. 그래서 LAN 기술로도 멀리 떨어진 곳을 연결할 수 있지.

탐험 대원: 그렇군요.

탐험 대장: 심지어 네트워크가 보급된 덕에 대량생산으로 비용을 절감할 수 있어.

탐험 대원: 그럼 통신 회선을 죄다 광케이블로 전환해 버리면 되는 거 아니에요?

탐험 대장: 사실 요즘엔 많이 보급된 상태라네.

탐험 대원: 어, 진짜요?

탐험 대장: 오래된 아파트나 빌라가 아니라면 말이지.

┃해답

1. 패킷 필터링(5.2.1을 참고) **2.** 포트 번호(5.2.3을 참고) **3.** 부하 분산 장치 또는 로드 밸런서(5.3.2를 참고) **4.** 리버스 프록시(5.3.7을 참고) **5.** 콘텐츠 배포 서비스(CDS : Content Delivery Service) (5.3.8을 참고)

제6장

웹 서버에 도달해, 응답 데이터가 웹 브라우저로 복귀

워밍업

탐험을 시작하기 전에 워밍업으로 이 장에 관련된 주제를 모아 퀴즈를 만들어봤습니다. 한번 풀어보세요. 또한 퀴즈 정답을 몰라도 탐험하는 데는 지장이 없으니 편하게 시도해 보길 바랍니다.

퀴즈

아래 설명은 O 아니면 X?

1. 서버가 클라이언트로 반송한 응답 메시지는 클라이언트가 서버로 보낸 요청 메시지와 똑같은 경로를 지나간다고 할 수 없다.

2. 클라이언트 PC를 서버로 사용할 수도 있다.

3. 서버 머신 1대로 웹 서버와 메일 서버를 겸용할 수 있다.

정답

1. O

라우터나 스위칭 허브는 요청 패킷과 응답 패킷의 관련성을 고려하지 않고, 각각 독립된 것으로 취급하기 때문에 요청과 응답이 다른 경로를 지나갈 가능성도 있습니다. 어디를 지나갈지는 라우터의 경로표나 스위칭 허브의 주소 테이블에 등록된 내용에 달려 있습니다.

2. O

프로토콜 스택의 기능과 움직임은 어느 컴퓨터나 마찬가지라서, 클라이언트 PC를 서버로 사용할 수도 있습니다. 다만 클라이언트 PC는 서버 머신과 비교했을 때 성능과 신뢰성이 떨어지는 일이 있다는 점에 주의해야 합니다.

3. O

Web과 메일뿐만이 아니라 포트 번호로 서버 애플리케이션을 판별할 수 있기 때문에 여러 서버 애플리케이션을 서버 머신 1대에서 실행해 겸용할 수 있습니다. 다만 겸용하면 부하가 올라가는 만큼 서버 성능에 주의해야 합니다.

이전 장은 서버의 바로 앞에 있는 방화벽, 캐시 서버, 부하 분산 장치 같은 장치를 탐험했습니다. 그곳을 통과하면 패킷은 웹 서버 안으로 들어가는데요. 이 장의 탐험은 바로 거기서 시작합니다.

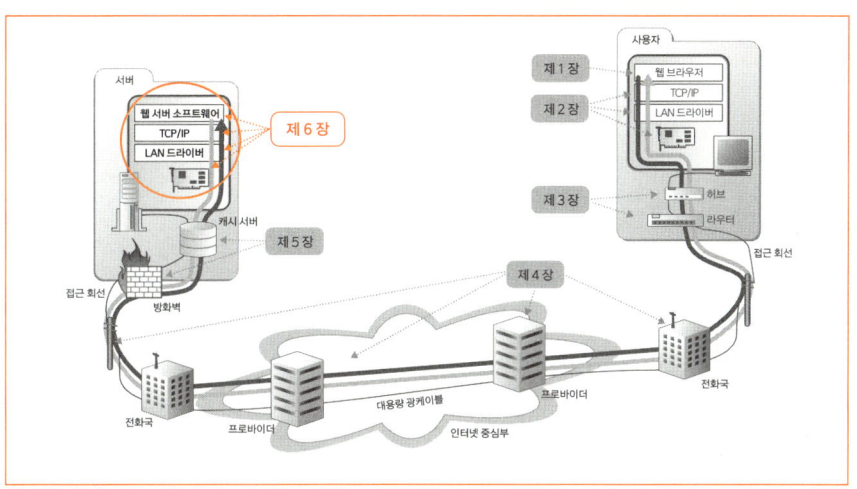

(1) 서버의 개요

클라이언트가 보낸 요청에 부응하는 게 서버의 역할이지만, 요청에 부응하는 상황에 착안하기만 하면 서버의 전체상이 보이지 않고 그러면 서버를 이해할 수 없습니다. 그러니 서버 애플리케이션 전체의 구조와 기동 후에 하는 준비 작동 등을 제일 먼저 설명할게요. 그럼 서버가 무엇인지 이해가 갈 겁니다.

(2) 서버의 수신 작동

서버의 전체상을 이해한 시점에서, 서버 프로토콜 스택의 수신 작동을 알아보겠습니다. 일단 처음에는 신호를 수신한 다음, 디지털 데이터의 패킷으로 되돌려 거기서 HTTP 메시지를 추출하는 작동입니다. 제1장과 제2장에서 송신 작동과 함께 수신 작동도 알아봤는데, 거기서는 단편적인 내용만 살펴봤기 때문에 이 장에서 한꺼번에 수신 작동의 전체를 알아볼 겁니다. 그리고 프로토콜 스택이 수신한 메시지를 Socket 라이브러리를 통해 웹 서버 애플리케이션에 건네는 부분도 살핍니다.

(3) 웹 서버 소프트웨어가 요청 메시지의 의미를 해석해 요청에 부응

메시지를 수신한 웹 서버 애플리케이션은 그곳에 적혀 있는 내용을 확인해서 요청을 받은 처리를 실행하고, 그 결과를 클라이언트에게 반송합니다. 예를 들어 요청 내용이 웹 페이지의 데이터를 읽어오는 것이면 파일에서 데이터를 가져오고, CGI 프로그램이면 거기에 파라미터를 건네 프로그램을 실행해서 출력되는 데이터를 받습니다. 그리고 그 데이터를 응답 메시지에 저장해 클라이언트로 반송합니다. 이런 웹 서버의 움직임을 알아봅니다.

(4) 브라우저가 응답 메시지를 받아 화면에 출력

웹 서버가 반송한 응답 메시지는 인터넷을 통해 클라이언트 PC의 브라우저에 도달합니다. 그러면 브라우저는 메시지 내용을 화면에 출력합니다. 이렇게 클라이언트 PC의 화면에 웹 페이지가 표시되면 웹 서버에 접속하는 작동이 완료됩니다. 이게 우리 탐험의 종점입니다.

6.1 서버의 개요

6.1.1 클라이언트와 서버의 차이

패킷이 웹 서버에 도달하면 웹 서버가 패킷을 수신하고 도달한 패킷을 처리하는데, 웹 서버의 작동이 갑자기 거기서 시작되는 건 아닙니다. 서버를 기동한 후 다양한 준비 작동을 거쳐야 비로소 클라이언트의 접속에 응답할 수 있는 상태가 됩니다. 클라이언트가 도달한 패킷을 수신해 처리하는 건, 이런 준비 작업이 끝난 뒤의 일입니다. 이 준비 작업을 포함한 서버의 전체상을 모르면 서버 작동을 이해할 수 없기 때문에 서버 전체를 개관하는 부분부터 설명하겠습니다.

먼저 서버와 클라이언트의 차이입니다. 서버 머신은 용도에 따라 종류가 다양하고, 하드웨어나 OS 부분은 클라이언트와 다른 것도 있습니다.[1] 하지만 네트워크에 관한 부분, 즉 LAN 어댑터, 프로토콜 스택, Socket 라이브러리 등의 기능은 클라이언트와 달라진 게 하나도 없습니다. TCP나 IP의 기능은 하드웨어나 OS가 뭐든 바뀔 게 없기 때문입니다. 기능이 통일돼 있다고 말해도 될 정도입니다.[2]

하지만 기능이 똑같아도 사용 방법까지 똑같은 건 아니에요. 접속 작동 때 클라이언트에서 접속 작동을 하고, 서버는 이를 접수하는 형태가 되기 때문에 Socket 라이브러리의 사용 방법이 조금 다릅니다. 애플리케이션에서 호출하는 Socket 라이브러리의 프로그램 모듈이 다르다는 뜻입니다.[3] 또 서버 애플리케이션은 동시에 여러 클라이언트 PC와 데이터를 주고받는다는 차이도 있습니다. 이 때문에 서버 애플리케이션은 클라이언트 애플리케이션과는 구조가 다릅니다.

---

1 클라이언트용 PC를 사용한 서버도 있습니다.
2 머신에 따라 기능이나 작동이 다르면 네트워크는 수습할 수 없습니다.
3 Socket 라이브러리나 프로토콜 스택이 본래 갖춘 기능에 차이는 없습니다. 클라이언트 PC에서도 접속을 대기하기 위한 프로그램 모듈을 호출하면 접속을 대기하는 형태가 되고, 서버 애플리케이션을 작동시킬 수 있습니다.

6.1.2 서버 애플리케이션의 구조

서버는 동시에 여러 클라이언트와 통신 작동을 실행하는데, 한 프로그램으로 여러 클라이언트를 상대하기는 힘듭니다. 어느 클라이언트와 어디까지 데이터를 주고받았는지, 그 상태를 모두 파악해야 하기 때문이죠.[4] 그래서 클라이언트가 접속할 때마다 새롭게 서버 프로그램을 작동시킨 다음, 서버 애플리케이션이 클라이언트와 일대일로 데이터를 주고받는 방법을 쓰는 게 통례입니다.

구체적으로는 다음과 같이 서버 프로그램을 만듭니다.(그림 6.1) 먼저 서버 프로그램을 접속을 대기하는 부분[그림 6.1 (a)]과 클라이언트와 데이터를 주고받는 부분[그림 6.1 (b)]으로 나눠 만듭니다.[5] 그리고 서버 프로그램을 기동해 설정 파일을 읽는 것 같은 초기화 작동을 끝낸 시점에서 접속을 대기하는 부분(a)을 실행합니다. 그럼 이 부분은 소켓을 생성하고, 클라이언트가 소켓을 접속하기를 기다리는 상태가 된 시점에서 휴지 상태가 됩니다. 클라이언트가 접속했을 때 다시 움직여서, 그 접속을 접수합니다.

그리고 클라이언트와 데이터를 주고받는 부분 (b)를 기동하고 그쪽에 접속이 끝난 소켓을 건네 작동을 이어받습니다. 그럼 클라이언트와 데이터를 주고받는 부분 (b)는 접속이 끝난 소켓을 사용해 클라이언트와 데이터를 주고받습니다. 데이터를 다 주고받으면 이 부분은 종료됩니다. 클라이언트와 데이터를 주고받는 부분 (b)는 새로운 클라이언트가 접속할 때마다 차례로 기동하기 때문에 (b) 부분이 클라이언트 하나와 일대일로 대응합니다.

이렇게 하면 (b) 부분은 다른 클라이언트를 신경 쓰지 않고 자기에게 대응하는 클라이언트만 상대하면 됩니다. 이걸로 프로그램 작성의 난도를 낮출 수 있습니

---

[4] 이렇게 해서 프로그램 하나로 여러 클라이언트를 상대할 수 있도록 서버 프로그램을 만드는 방법도 있지만, 프로그램 작성의 난도가 올라갑니다.
[5] 실행 형식의 프로그램을 둘로 나누는 방법도 있지만, 프로그램 하나의 내부를 두 부분으로 나누는 방법이 일반적입니다.

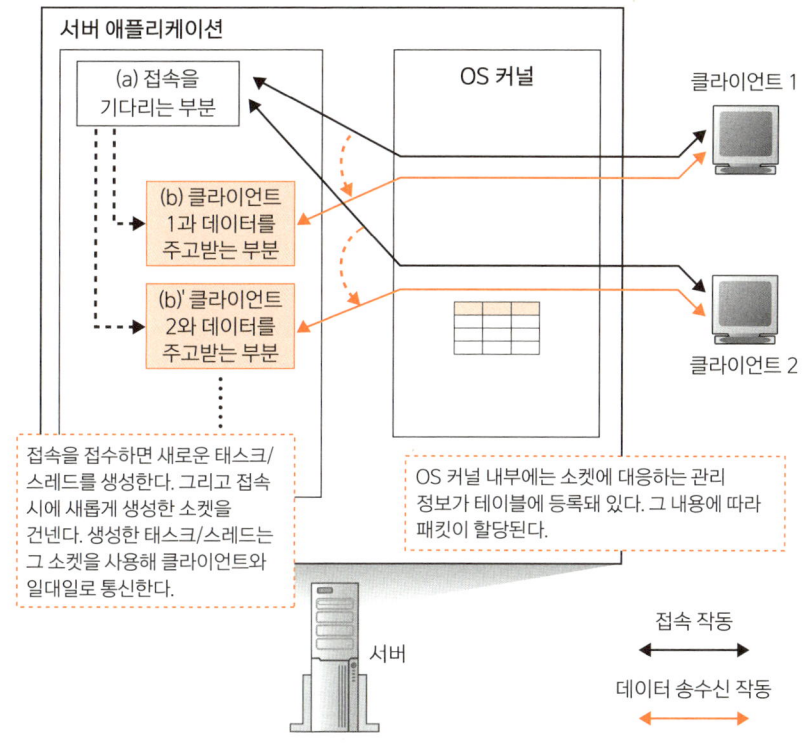

그림 6.1 클라이언트별로 다른 부분에서 데이터를 주고받는다

다. 서버 OS는 **멀티태스킹**[6] 또는 **멀티스레딩**[7]이라고 부르는 기능으로 다수의 프로그램을 동시에 작동시킬 수 있는데,[8] 이를 이용한 프로그래밍 테크닉이라고 할 수 있죠.

---

6 멀티태스킹 : OS가 갖춘 기능 중 하나로, 여러 태스크(프로그램)를 병행해 실행하는 기능을 말합니다. 프로세서 하나는 어느 시점에서 하나의 태스크만 실행할 수 있는데, 단시간에 태스크를 전환하면서 실행하면 동시에 실행되는 것처럼 보입니다. OS 종류에 따라서는 '멀티 프로세스'라고 부르기도 합니다.
7 멀티스레딩 : 멀티태스킹과 마찬가지로 여러 스레드를 병행해 실행하는 기능을 가리킵니다. 멀티태스킹과 멀티스레딩의 차이는 태스크와 스레드의 차이라고 할 수 있습니다. OS 내부에서 태스크는 하나하나가 별도 프로그램으로 취급되지만, 스레드는 한 프로그램을 몇 가지 부분으로 나눈 것으로 취급합니다.
8 클라이언트 OS에도 멀티태스킹과 멀티스레딩 기능은 있습니다.

이 방법은 클라이언트가 접속할 때 새롭게 프로그램을 기동하는 데 다소 시간이 걸리고, 응답 시간이 쓸데없이 많이 소요된다는 결점이 있습니다. 여기서 미리 클라이언트와 데이터를 주고받는 부분 몇 개를 작동시키고, 클라이언트가 접속할 때 클라이언트를 상대하지 않는 빈 곳을 찾아 소켓을 그곳에 건네서 클라이언트와 계속해서 데이터를 주고받는 방법도 있습니다.

6.1.3 서버 쪽 소켓과 포트 번호

이것이 서버 애플리케이션의 대략적인 움직임인데, Socket 라이브러리를 호출하는 부분의 구체적인 작동까지 파봐야 소켓을 사용한 통신 작동의 중요한 부분을 이해할 수 있습니다. 그래서 서버 애플리케이션이 Socket 라이브러리를 호출하는 부분의 개요를 정리해 봤어요.

먼저 클라이언트와 서버의 차이를 한 번 더 정리해 보겠습니다. 데이터를 송수신한다는 작동의 관점에서 보면, 클라이언트와 서버라는 형태로 역할을 고정해 버리는 건 좋은 방법이라고 할 수 없습니다. 지금은 클라이언트에서 서버로 접속하는 형태의 애플리케이션이 다수지만, 애플리케이션 형태에 그것만 있지는 않습니다. 본래 다양한 형태가 있고, 그 다양한 형태에 데이터를 송수신하는 시스템을 대응시키려면 데이터 송수신 시스템에서는 클라이언트나 서버 같은 역할을 정하지 않고 좌우대칭으로 어디서든 자유롭게 데이터를 송신하도록 두는 게 좋다고 할 수 있습니다. TCP의 배경에는 이런 작동 방식이 있어요.

하지만 도저히 좌우대칭으로 만들 수 없는 부분이 있습니다. 바로 접속 작동입니다. 접속 작동은 한쪽이 대기하는 곳에 다른 한쪽이 연결하러 가지 않으면 제대로 움직이지 않습니다. 양쪽이 동시에 접속하려고 해도 잘 안 되고, 둘 다 대기해도 잘 안 되죠. 이 부분만은 접속하는 쪽과 대기하는 쪽이라는 역할을 분담해야 합니다. 데이터 송수신 작동의 시점에서 봤을 때 클라이언트와 서버의 차이는 여기에 있어요. 즉 접속하는 쪽이 클라이언트고, 접속을 대기하는 쪽이 서버입니다.

이 차이는 Socket 라이브러리를 호출하는 부분에 다음과 같은 차이로 나타납니다. 먼저 클라이언트의 데이터 송수신 작동은 다음 네 단계로 성립합니다.

(1) 소켓 만들기(소켓 생성 단계)

(2) 서버 쪽의 소켓과 파이프로 연결(접속 단계)

(3) 데이터를 송수신(송수신 단계)

(4) 파이프를 제거해 소켓을 종료(종료 단계)

반면 서버 쪽은 (2) 단계의 접속 부분이 접속을 대기하는 형태가 되기 때문에 다음과 같습니다.

(1) 소켓 만들기(소켓 생성 단계)

(2-1) 소켓을 접속 대기 상태로 만듦(접속 대기 단계)

(2-2) 접속을 접수(접속 접수 단계)

(3) 데이터를 송수신(송수신 단계)

(4) 파이프를 제거해 소켓을 종료(종료 단계)

이 서버의 움직임을 클라이언트 쪽의 작동을 설명했을 때와 마찬가지로,[9] 유사 프로그램으로 표현하면 그림 6.2와 같습니다.

먼저 socket을 호출해 소켓을 만듭니다.[그림 6.2 (1)] 이 부분은 클라이언트와 같습니다.[10] 다음으로 bind를 호출해 소켓에 포트 번호를 기록해요.[그림 6.2 (2-

[9] '2.1.3 socket을 호출했을 때의 움직임' 참고
[10] 소켓을 만드는 작동의 핵심은 소켓용 메모리 영역을 확보하는 일입니다. 이건 클라이언트와 서버도 마찬가지입니다. '1.4.2 소켓을 만드는 생성 단계'에서 설명했습니다.

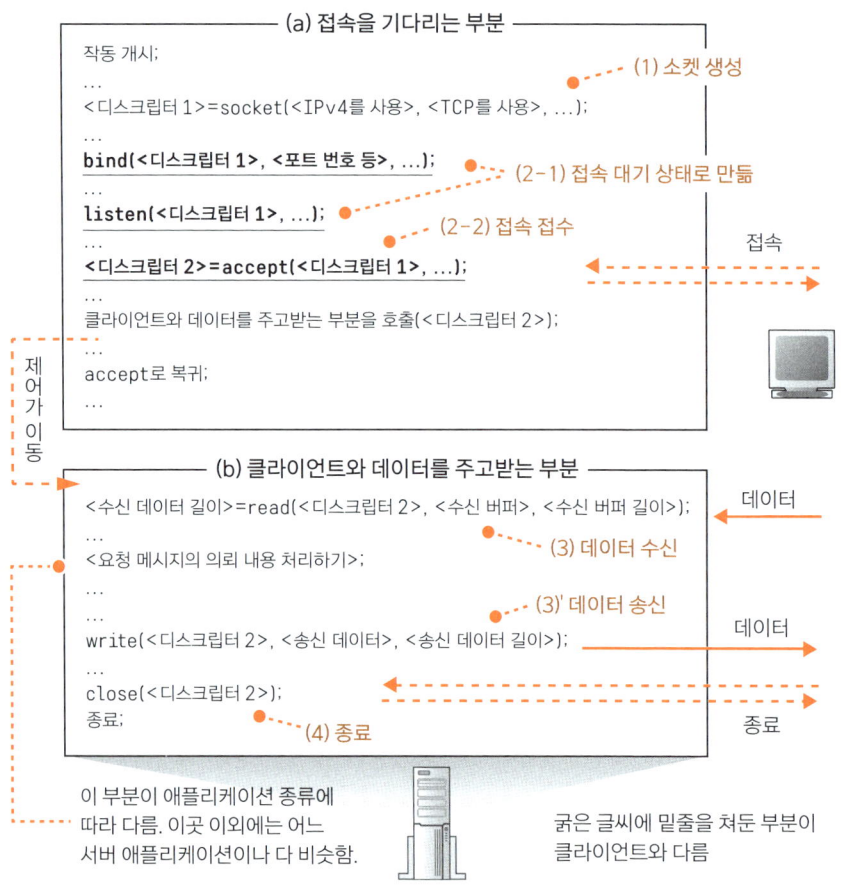

그림 6.2 서버 애플리케이션의 통신 작동

1)] 클라이언트 쪽에서 접속 작동을 실행할 때 서버 쪽 소켓에 할당한 포트 번호를 지정하는데, 바로 이 포트 번호입니다. 구체적인 번호는 규칙에 따라 서버 애플리케이션별로 정해져 있고, 웹 서버의 경우에는 80번으로 정해져 있습니다.[11]

[11] Socket 라이브러리나 프로토콜 스택은 이 규칙에 구애받지 않습니다. 단순히 bind로 지정된 포트 번호를 소켓에 기록해 그 번호로 접속해 오기를 기다릴 뿐입니다. 이 때문에 80번 이외의 포트 번호를 사용하도록 서버 프로그램을 만들 수도 있습니다. 이럴 경우, 클라이언트는 그 번호를 TCP 헤더의 수신처 포트 번호에 기재해 접속 작동을 실행해야 합니다.

포트 번호를 기록하면 listen을 호출해 소켓에 접속 대기 상태라는 제어 정보를 기록합니다.[그림 6.2 (2-1)] 이걸로 소켓은 클라이언트에서 접속 작동의 패킷이 도달하기를 기다리는 상태가 돼요.

그렇게 하면 accept를 호출해 접속을 접수합니다.[그림 6.2 (2-2)] 접속을 대기하는 부분은 서버 애플리케이션을 기동한 다음 바로 실행되기 때문에, 이 시점에서는 아직 클라이언트로부터 접속 패킷이 도달하지 않았을 겁니다. 패킷이 도달하지 않았는데 accept를 호출해 접속 접수 작동을 실행하는 건 이상하다고 느낄지도 모르겠지만, 그래도 상관없습니다. 접속 패킷이 도달하지 않으면 도달을 기다리는 상태가 되고, 패킷이 도달했을 때 접속 접수 작동을 실행하기 때문이죠. 그래서 accept를 실행한 시점에서 통상적으로 서버 쪽은 패킷 도달을 기다리는 상태가 되고, 거기서 애플리케이션은 휴지 상태가 됩니다. 그 상태로 클라이언트에서 접속 패킷이 도달하면, 응답 패킷을 반송해 접속 접수 작동을 실행합니다.

그리고 접속 대기 소켓을 복사해 새로운 소켓을 만들고, 접속 상대의 정보를 비롯한 제어 정보를 새로운 소켓에 기록합니다.(그림 6.3) 여기까지가 accept를 호출했을 때의 움직임입니다. 이걸로 새로운 소켓이 클라이언트 쪽의 소켓과 연결됩니다.

accept가 끝나면 접속을 대기하는 작동은 끝났기 때문에, 그 후 접속을 대기하는 부분은 클라이언트와 데이터를 주고받는 부분을 기동해 새로운 소켓을 클라이언트와 데이터를 주고받는 부분에 건네고, 그 부분이 클라이언트와 데이터를 주고받습니다.

이때의 데이터 송수신 작동은 아까 설명했듯이 클라이언트와 다르지 않아요. 이게 일련의 움직임인데, 설명에서 빠져버린 부분이 있습니다. 접속 작동 때 만든 새 소켓이 아니라 원래 있었던 접속 대기 상태의 소켓은 어떻게 되는가 하는 점입니다. 그쪽은 접속 대기 상태인 채로 계속 존재합니다. 그리고 다시 accept를

그림 6.3 서버 쪽의 소켓

호출하면 클라이언트에서 접속 패킷이 도달했을 때 접속 접수 작동을 실행합니다.

아까 설명했듯이 이때 접속 대기 소켓을 복사해 새로운 소켓을 만들고, 새로운 소켓이 클라이언트 쪽 소켓과 접속하며 원래 소켓은 접속 대기 상태인 채로 남습니다. 이렇게 차례로 복사해 새로운 소켓을 만드는 게 요점입니다. 새로운 소켓을 만들지 않고 접속 대기 소켓에 그대로 접속해 버리면, 접속 대기 소켓이 사라져 버리기 때문에 다른 클라이언트가 접속해 오면 난감해집니다. 그런 사태를 방지하는 좋은 방법은 새로운 소켓을 만들어 그곳에 접속시키는 겁니다.

또 새로운 소켓을 만들 때의 포트 번호도 중요합니다. 포트 번호는 소켓을 식별하기 위해 사용하는 거라서 소켓마다 다른 값을 할당해야 한다는 작동 방식을 밀고 나가면 난감해집니다. 이 작동 방식을 밀고 나가려면, 접속 대기 작동 때 새로 만들 소켓에는 원래 접속 대기 소켓과는 다른 포트 번호를 할당해야 합니다. 예를 들어 클라이언트가 80번이라는 포트 번호의 소켓에 접속 패킷을 보냈을 때, 그것과는 다른 포트 번호의 소켓에서 회신이 돌아와 버립니다. 이러면 접속 패킷을 보낸 상대 회신이 돌아온 건지, 아니면 다른 상대에게서 회신 패킷이 잘못 돌아온 것인지 판별할 수 없습니다. 이 때문에 새롭게 만든 소켓에도 접속 대기 소켓과 똑같은 포트 번호를 할당해야 합니다.

하지만 그렇게 하면 다른 문제가 생깁니다. 포트 번호는 소켓을 특정하기 위한 것인데, 똑같은 번호를 할당한 소켓이 여럿 존재해서 포트 번호로 소켓을 특정할 수 없다는 문제가 발생하죠. 클라이언트에서 패킷이 도달했을 때, 그 패킷의 TCP 헤더에 기재된 수신처 포트 번호를 조회하기만 해서는 패킷이 어느 소켓에서 데이터를 주고받고 있는지 판단할 수 없다는 뜻입니다.

이 문제는 다음과 같이 하면 해결할 수 있어요. 소켓을 특정할 때는 서버 쪽의 소켓에 할당한 포트 번호뿐만이 아니라 클라이언트 쪽의 포트 번호도 사용하고, 더 나아가 IP 주소까지 더해 다음 네 가지 정보를 사용합니다.(그림 6.4)

- 클라이언트 쪽의 IP 주소
- 클라이언트 쪽의 포트 번호
- 서버 쪽의 IP 주소
- 서버 쪽의 포트 번호

똑같은 포트 번호를 가진 서버 쪽 소켓은 여럿 존재하지만, 클라이언트 쪽 소켓은 모두 다른 포트 번호를 할당받기 때문에 클라이언트 쪽 포트 번호로 소켓을 특정할 수 있다고 생각합니다. 다만 다른 포트 번호를 사용한다는 규칙은 한 클라이언트 내부의 이야기고, 클라이언트가 여럿 있다면 각각의 클라이언트에서 똑같은 포트 번호를 사용하고 있을지도 모릅니다. 여기서 클라이언트의 IP 주소도 소켓을 특정하는 판단 근거로 씁니다.

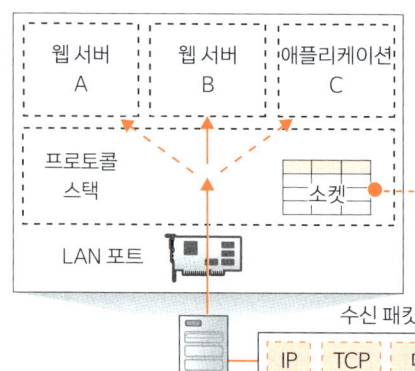
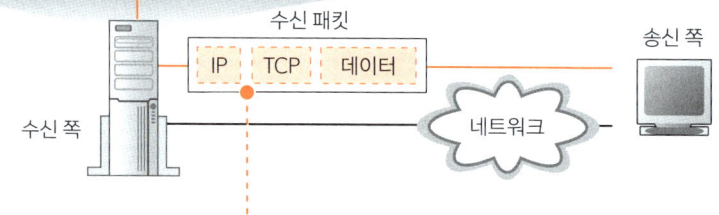

그림 6.4 수신한 패킷의 배분

이 방식을 쓰면, 예를 들어 198.18.203.154라는 IP 주소의 클라이언트 포트 번호 1025번과 198.18.142.86의 1025번은 서로 다른 소켓이라는 사실을 알 수 있어 그곳에 접속된 서버 쪽 소켓을 특정할 수 있습니다. 여기까지 이해했다면 소켓과 포트 번호에 관한 지식은 충분하다고 할 수 있어요.

여담이지만 클라이언트 쪽의 IP 주소, 클라이언트 쪽의 포트 번호, 서버 쪽의 IP 주소, 서버 쪽의 포트 번호 같은 네 가지 정보로 각 소켓을 식별할 수 있으면,

소켓을 식별할 때는 이 정보들만 사용하면 되니 디스크립터를 사용할 필요가 없는 것 아닌가 하는 의문이 들지도 모르겠습니다. 충분히 품을 만한 의문이긴 하지만, 유감스럽게도 네 가지 정보를 디스크립터 대신 사용할 수는 없어요. 그 이유는 소켓을 만든 직후, 아직 접속하지 않은 상태일 때는 이들 정보가 모이지 않았기 때문입니다. 또 소켓을 식별할 때 네 가지 정보를 이용하기보다는 디스크립터라는 정보 하나를 이용하는 게 더 간단합니다. 이 두 가지 이유로 애플리케이션과 프로토콜 스택 사이에서 소켓을 식별할 때는 디스크립터를 사용합니다.

> 소켓을 식별하기 위해 디스크립터를 사용하는 이유
> (1) 접속 대기 소켓에는 클라이언트 쪽의 IP 주소와 포트 번호가 기록돼 있지 않음
> (2) 디스크립터라는 정보 하나로 식별하는 게 더 간단함

6.2 서버의 수신 작동

6.2.1 LAN 어댑터로 수신 신호를 디지털 데이터로 변환

이제 서버의 전체상을 파악했을 겁니다. 이 지점에서 탐험을 재개하겠습니다. 클라이언트가 보낸 패킷이 서버에 도달한 부분부터입니다.

서버에 도달한 패킷의 실체는 전기나 빛의 신호고, 이를 수신하는 작동은 클라이언트와 똑같습니다. 제2장에서 클라이언트의 패킷 송신 작동을 설명할 때 함께 설명했지만,[12] 여기서 복습을 겸해 수신 작동의 전체를 살펴보도록 하죠.

수신 작동은 패킷 신호를 LAN 어댑터로 수신해 디지털 데이터로 바꾸는 부분에서 시작됩니다.[13] LAN을 흐르는 패킷 신호는 1과 0으로 이뤄진 디지털 데이터 신호와 타이밍을 나타내는 클록 신호를 합성한 것이라고 할 수 있는데요. 따라서

---

[12] '2.5.8 추가로 패킷에 3개의 제어용 데이터 붙이기'에서 설명했습니다.
[13] LAN 어댑터의 구조는 '2.5.7 IP 패킷을 전기나 빛의 신호로 변환해 송신'에서 설명했습니다.

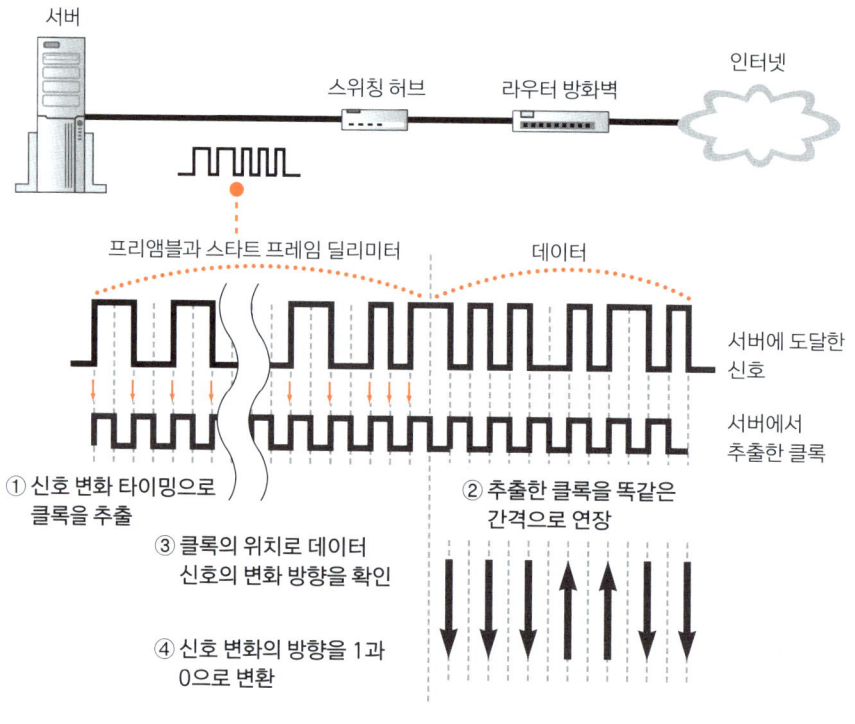

그림 6.5 서버에서 받은 전기신호를 디지털 데이터로 변환한다
서버가 받은 전기신호는 클라이언트가 신호를 송출하는 과정의 반대로 처리한다. 즉 아날로그 데이터를 디지털 데이터로 변환한다.

패킷에서 클록 신호를 추출해 클록 신호로 타이밍을 재면서 신호를 읽으면 1과 0의 디지털 데이터로 바꿀 수가 있습니다.

전송 속도에 따라 신호 형식이 다르기 때문에 세부적인 움직임은 다른데, 예를 들어 10BASE-T면 그림 6.5처럼 움직입니다. 먼저 프리앰블 부분에서 클록을 추출합니다.(그림 6.5 ①) 프리앰블 부분은 신호가 규칙적으로 변화하므로 그 변화의 타이밍을 확인해 보면 클록이 어느 위치에 있는지 알 수 있습니다. 그렇게 하면 그 클록을 똑같은 간격으로 연장합니다.(②) 그리고 클록의 위치로 신호 변화의 방향을 확인합니다.(③) 이 그림에는 상향과 하향 화살표가 그려져 있지만,

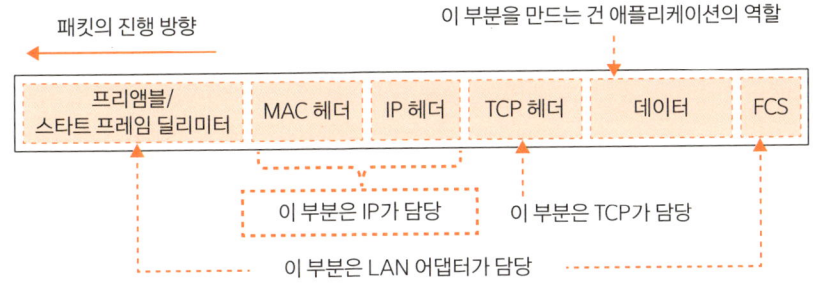

그림 6.6 신호에서 디지털 데이터로 되돌린 패킷

실제 신호는 플러스와 마이너스 전압을 가지고 있는 터라 전압이 플러스에서 마이너스로 변화하거나 또는 그 반대로 변화하는지를 확인합니다.

이 신호 변화가 디지털 데이터의 1과 0에 대응하기 때문에 신호 변화를 디지털 데이터에 대응합니다.(④) 이 그림에서는 상향이 1, 하향이 0으로 돼 있지만 실제로는 마이너스에서 플러스로 변화하면 1, 플러스에서 마이너스로 변화하면 0이 됩니다. 이걸로 패킷을 신호 형태에서 디지털 데이터로 되돌릴 수 있었죠.(그림 6.6)

다음으로 패킷의 제일 마지막 부분에 있는 프레임 체크 시퀀스(FCS)라는 오류 검사용 데이터를 사용해 오류 유무를 검사합니다. 지금 수신해 디지털 데이터로 되돌린 것을 오류 검사의 계산식[14]에 따라 계산하고, 패킷 제일 마지막의 FCS 필드값과 비교하는 겁니다.

패킷 제일 마지막에 들어 있는 값은 송신 시에 전기신호로 변환하기 전의 디지털 데이터를 기반으로 해서 계산한 거라, 신호에서 되돌아온 디지털 데이터가 송신 전과 똑같다면 계산한 값과 맨 끝에 있는 값이 일치합니다. 둘이 일치하지 않

---

14 이더넷은 CRC-32라는 방식으로 계산합니다.

으면 잡음의 영향으로 신호가 중간에 변형돼 데이터가 변질된 것입니다. 일치하지 않은 경우, 수신한 패킷은 도움이 되지 않기 때문에 버리죠.[15]

FCS가 일치해 오류가 없다는 사실을 확인하면, 그다음은 맨 앞의 MAC 헤더에 있는 수신처 MAC 주소를 조회해 패킷이 본인 앞으로 보낸 것인지 아닌지를 판단합니다. 이더넷의 기본 작동은 일단 신호를 LAN 전체에 흘려보내 해당자만 신호를 수신하는 방법을 씁니다. 이 때문에 다른 기기로 보낸 패킷의 신호가 흘러 들어오는 경우도 있습니다. 그래서 패킷의 수신처가 내가 아닌 그 이외의 곳이라면 버립니다. 이러면 신호를 수신해 디지털 데이터로 되돌리는 작동은 끝나기 때문에, 디지털 데이터로 되돌린 것을 LAN 어댑터 내부의 버퍼 메모리에 저장합니다. 여기까지는 LAN 어댑터의 MAC 부분이 실행합니다.[16]

> LAN 어댑터의 MAC 부분이 패킷을 디지털 데이터로 되돌리고, FCS를 체크하고, 버퍼 메모리에 저장한다.

그동안 서버의 CPU는 패킷 도달 여부를 감시하는 것이 아니라 다른 일을 실행하고 있어서, 패킷이 도달한 사실을 알아채지 못합니다. 그럼 수신 처리가 진행되지 않기 때문에 **인터럽트**라는 방법을 사용해 LAN 어댑터가 CPU에 패킷이 도달했음을 알립니다.

그러면 CPU는 그 시점에서 실행하고 있던 일을 중단하고 LAN 드라이버로 실행을 전환합니다. LAN 드라이버가 움직이면, LAN 어댑터의 버퍼 메모리에서 수신한 패킷을 추출해요. 그리고 MAC 헤더의 타입 필드값으로 프로토콜을 판별하고, 그 프로토콜을 처리하는 소프트웨어를 호출합니다. 타입 필드값은 IP 프로

15　패킷이 빠지면 TCP가 이를 검출해 빠진 패킷을 다시 보내기 때문에, 오류가 난 패킷은 버려도 상관이 없습니다.
16　MAC 부분에 관한 내용은 '2.5.7 IP 패킷을 전기나 빛의 신호로 변환해 송신'을 참고

토콜을 나타내는 값이 있을 것이라서, TCP/IP의 프로토콜 스택을 호출해 그곳에 패킷을 건넵니다.[17]

> LAN 드라이버가 MAC 헤더를 통해 프로토콜을 판단하고 프로토콜 스택에 패킷을 건넨다.

6.2.2 IP 담당 부분의 수신 작동

프로토콜 스택에 패킷이 건네지면 일단 IP 담당 부분이 움직여 IP 헤더를 확인합니다. 맨 처음에는 IP 헤더의 내용이 규칙에 따라 올바르게 만들어졌는지를 점검하고, 이 일이 끝나면 수신처 IP 주소가 본인 앞으로 돼 있는지를 점검합니다. 서버에서 라우터처럼 패킷을 중계하는 기능이 유효하면[18] 내 앞으로 올 패킷이 아닌데도 도달하는 경우가 있는데요. 그렇게 하면 라우터와 똑같이 경로표로 중계처를 조회하고 그곳에 패킷을 중계합니다.[19]

패킷이 내 앞으로 제대로 왔음을 확인하면, 그다음은 단편화로[20] 패킷 분할의 유무를 확인합니다. IP 헤더를 확인하면 분할 여부를 알 수 있기 때문에[21] 분할된 경우에는 그 패킷을 일시적으로 메모리에 쌓아둡니다. 그리고 분할된 패킷의 단편이 모두 도달한 시점에서 패킷의 단편을 조립해 원래 패킷으로 복원합니다. 패킷이 분할돼 있지 않으면, 받은 패킷은 원래 모습 그대로이기 때문에 이 같은 패킷 조립 작동은 필요하지 않습니다. 이걸로 패킷을 받는 거죠.

---

17   실제 움직임은 OS에 따라 다릅니다. 대부분은 LAN 드라이버에서 직접 프로토콜 스택을 호출하는 일이 없고, 일단 OS로 실행을 전환한 다음, OS가 프로토콜 스택을 호출해서 그곳으로 넘기죠.
18   서버용 OS에는 라우터 기능을 소프트웨어로 실현한 것이 내장돼 있습니다. 이 기능이 유효한 경우, 라우터와 똑같이 움직입니다.
19   방화벽에서 사용하는 패킷 필터링 기능이 서버에서 유효한 경우도 있습니다. 이때에는 이 패킷 중계 작동의 일환으로 패킷을 확인하고, 차단해야 할 패킷을 폐기합니다.
20   단편화에 관한 내용은 '3.3.7 큰 패킷은 단편화 기능으로 분할' 참고
21   '2.5.3 수신처 IP 주소를 기재한 IP 헤더 만들기'의 표 2.2에 있는 IP 헤더의 플래그난을 참고

그렇게 하면 IP 헤더의 프로토콜 번호란을 확인해 해당하는 담당 부분에 패킷을 건넵니다. 예를 들어 프로토콜 번호란이 06(16진수 표기)이라는 값이면 TCP 담당 부분에 패킷을 건네고, 11(16진수 표기)이면 UDP 담당 부분에 패킷을 건네는 방식입니다. 그다음은 TCP 담당 부분에 패킷을 건넵니다.

프로토콜 스택의 IP 담당 부분은 IP 헤더를 확인해 (1) 내 앞으로 온 것인지 판단하고 (2) 단편화로 패킷 분할 유무를 확인한 뒤 (3) TCP 담당 부분 또는 UDP 담당 부분에 패킷을 건넵니다.

6.2.3 TCP 담당 부분이 접속 패킷을 수신했을 때의 움직임

지금까지는 어느 패킷이든 똑같지만, 앞으로 살펴볼 TCP 담당 부분의 움직임은 도달한 패킷의 내용에 따라 다릅니다. 먼저 접속 작동의 패킷이 도달한 경우부터 설명하겠습니다.

패킷의 TCP 헤더에 있는 SYN이라는 컨트롤 비트가 '1'로 돼 있으면 접속 작동의 패킷입니다.(그림 6.7 ①) 이 경우, 접속을 접수하는 작동을 실행하는데 그전에 도달한 패킷의 수신처 포트 번호를 조회하고 그 번호와 똑같은 번호를 할당한 접속 대기 상태의 소켓이 있음을 확인합니다. 만약 수신처 포트 번호와 똑같은 포트 번호의 접속 대기 소켓이 없으면 뭔가 잘못된 것이니 오류 통지 패킷을 클라이언트로 반송합니다.[22]

해당하는 접속 대기 소켓이 있으면 그 소켓을 복사해 새로운 소켓을 만들어 그곳에 송신원의 IP 주소와 포트 번호, 시퀀스 번호의 초깃값, 윈도값 같은 필요한 정보를 기록합니다. 동시에 송신 버퍼나 수신 버퍼로 사용하는 메모리 영역을 확보합니다. 그리고 패킷을 받았음을 나타내는 ACK 번호, 서버에서 클라이언트로 보내는 데이터에 관한 시퀀스 번호의 초깃값, 클라이언트에서 서버로 보낸 데이

[22] 수신처 포트 번호에 해당하는 접속 대기 소켓이 없다는 취지의 ICMP 메시지를 클라이언트로 되돌려보냅니다.

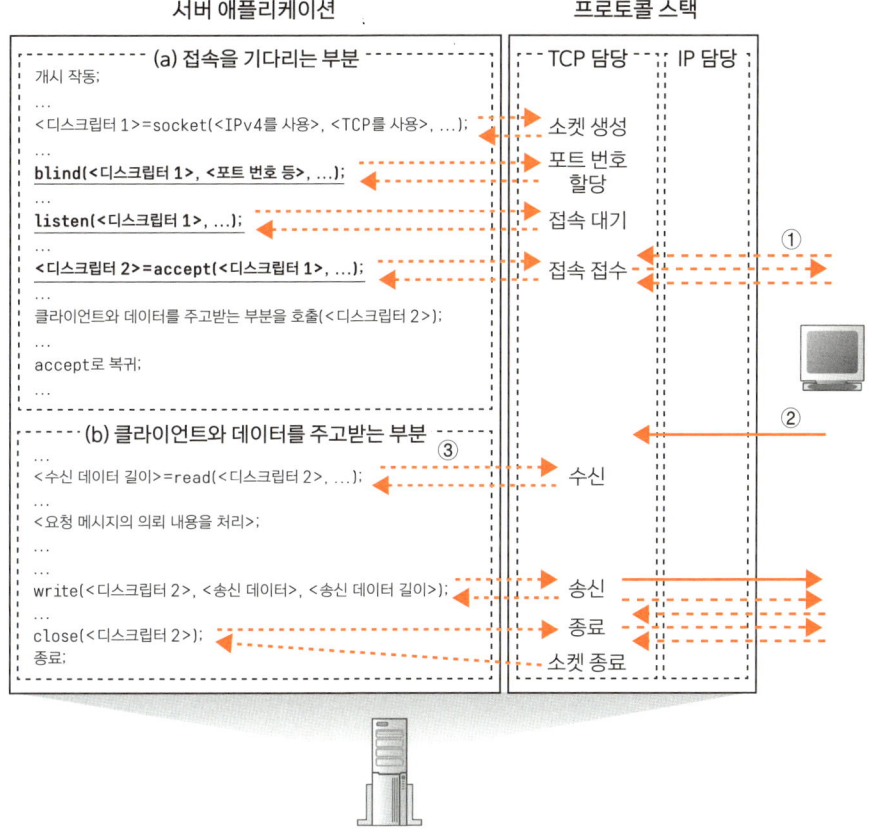

그림 6.7 서버의 작동

터를 받기 위한 수신 버퍼의 빈 용량을 나타내는 윈도값 등의 항목을 기재한 TCP 헤더를 만듭니다. 이걸 IP 담당 부분에 의뢰해 클라이언트로 돌려보내 달라고 합니다.[23]

이 패킷이 클라이언트에 도달하면 클라이언트에서 패킷을 받은 것을 나타내는 ACK 번호가 되돌아올 겁니다. 이게 되돌아오면 접속 작동은 완료됩니다.

23 패킷은 TCP 헤더뿐이고 데이터가 없습니다.

이때 서버 쪽의 애플리케이션은 accept를 호출해 실행을 휴지한 상태라서, 그곳에 새로 만든 소켓의 디스크립터를 건네 서버 애플리케이션의 작동을 재개합니다.

> 패킷이 접속 작동을 위한 것이라면 TCP 담당 부분은 (1) TCP 헤더의 SYN 컨트롤 비트를 확인한 뒤, (2) 수신처 포트 번호를 조회하고 (3) 해당하는 접속 대기 소켓을 복사해 새로운 소켓을 생성한다. 이후 (4) 송신원 IP 주소나 포트 번호 등을 기록한다.

6.2.4 TCP 담당 부분이 데이터 소켓을 수신했을 때의 움직임

다음은 데이터 송수신 단계로 들어가 데이터 패킷[24]이 도달한 경우의 움직임입니다.(그림 6.7 ②) 일단 TCP 담당 부분은 도달한 패킷이 어느 소켓에 해당하는지를 확인합니다. 접속이 끝난 소켓은 서버 쪽의 포트 번호로 똑같은 값을 할당한 것이 여럿 존재할지도 모르기 때문에 수신처 포트 번호만으로는 소켓을 특정할 수 없습니다. 여기서 IP 헤더의 송신원 IP 주소와 수신처 IP 주소, TCP 헤더의 수신처 포트 번호와 송신원 포트 번호라는 네 가지 정보 모두가 일치하는 소켓을 찾습니다.[25]

네 가지 모두가 일치하는 해당 소켓을 발견하면, 그 소켓에 기록된 데이터 송수신의 진행 상황과 도달한 패킷의 TCP 헤더 정보를 활용해 데이터 송수신 작동이 올바르게 진행되고 있는지 점검합니다.

구체적으로는 소켓에 기록된 지난번의 시퀀스 번호와 지난번의 데이터 단편 길이로 다음 시퀀스 번호의 값을 계산해서, 도달한 패킷의 TCP 헤더에 기재된 시퀀스 번호와 일치하는지 아닌지를 확인합니다.[26] 둘이 일치하면 패킷이 중간에

---

[24] 패킷에 들어 있는 데이터는 HTTP 요청 메시지입니다.
[25] '6.1.3 서버 쪽의 소켓과 포트 번호'에서 서버의 포트 번호를 설명했습니다.
[26] 시퀀스 번호는 '2.3.3 패킷이 도달한 것을 ACK 번호를 사용해 확인'에서 설명했습니다.

사라지지 않고 올바르게 서버까지 도달한 것입니다. 그렇게 하면 패킷에서 데이터 단편을 추출해 수신 버퍼에 보관합니다. 이때, 지난번의 패킷에서 수신한 데이터 단편 뒤에 바로 연결될 수 있는 상태로 저장합니다. 이렇게 해서 데이터는 분할되기 전의 상태로 돌아갑니다.[27]

이렇게 수신한 데이터를 수신 버퍼에 보관하면, 수신 확인 응답용 TCP 헤더를 만들어 그곳에 수신 패킷 시퀀스 번호와 데이터 단편의 길이로 계산한 ACK 번호를 기재하고, IP 담당 부분에 의뢰해 클라이언트로 반송해 달라고 합니다.[28]

데이터 패킷을 수신했을 때의 움직임은 수신 버퍼에 데이터 단편을 보관한 시점에서 일단 종료됩니다. 그다음 애플리케이션이 Socket 라이브러리의 read를 호출해(그림 6.7 ③) 수신한 데이터를 받으러 온 시점에서 애플리케이션으로 건넵니다. 애플리케이션이 받으러 올 때까지는 수신 버퍼에 보관한 그대로의 상태입니다. 다만 보통은 데이터 패킷이 도달하기 전에 애플리케이션이 read를 호출해 데이터의 도달을 기다립니다. 이 경우, TCP 담당 부분의 수신 작동이 끝남과 동시에 애플리케이션에 데이터를 건네는 작동이 시작된다고 생각하면 됩니다.

그 후 제어가 서버 애플리케이션으로 옮겨지고 받은 데이터를 처리하는 상황, 즉 HTTP 요청 메시지 내용을 확인해 그 내용에 따라 브라우저에 데이터를 반송하는 작동이 이어집니다. 이 작동은 TCP 담당 부분에서 벗어나기 때문에 나중에 서버 애플리케이션 내부의 움직임을 탐험할 때 설명하겠습니다.

> 데이터 패킷을 수신한 경우, TCP 담당 부분은 (1) 도달한 패킷의 송신원 IP 주소, 송신원 포트 번호, 수신처 IP 주소, 수신처 포트 번호를 이용해 해당하는 소켓을 판단하고 (2) 데이터 단편을 연결해서 수신 버퍼에 보관하며 (3) 클라이언트에 ACK를 되돌려보낸다.

---

[27] 데이터 단편을 서로 합쳐 원래 데이터로 복원하는 작동은 이처럼 데이터 패킷이 도달할 때마다 실행합니다. 데이터를 모두 수신한 다음 한꺼번에 연결하는 게 아닙니다.
[28] 이때 ACK 번호를 반송하기 전 잠시 기다립니다. 다른 응답 패킷과 합승시키기 위함입니다.

6.2.5 TCP 담당 부분의 종료 작동

데이터 송수신이 끝나면 종료 작동에 들어갑니다. 그때 움직임은 클라이언트 쪽과 똑같으니 간단하게 복습만 하겠습니다.

TCP 프로토콜의 규칙상, 종료 작동은 클라이언트와 서버 중 하나가 먼저 실행해도 상관이 없습니다. 애플리케이션이 어디서 종료 작동을 할지 결정하거든요. Web의 경우는 HTTP 프로토콜 버전에 따라 다릅니다. HTTP 1.0이면 서버에서 종료 작동을 시작합니다.

이 경우에는 서버 쪽에서 애플리케이션이 Socket 라이브러리의 close를 호출하고, TCP 담당 부분이 FIN이라는 컨트롤 비트에 1을 세팅한 TCP 헤더를 만듭니다. 그리고 IP 담당 부분에 의뢰해 클라이언트로 보내달라고 합니다. TCP 세그먼트가 클라이언트에 도달하면 클라이언트는 ACK 번호를 반송합니다. 이어서 클라이언트가 close를 호출해 FIN을 1로 한 TCP 세그먼트를 서버로 보내고 서버가 ACK 번호를 반송하면 종료 작동은 끝납니다. HTTP 1.1이라면 클라이언트가 먼저 종료 작동을 시작하기도 하지만, 이때에는 클라이언트와 서버의 순서가 뒤바뀔 뿐입니다. 어느 경우든 종료 작동이 끝나면 잠깐 기다렸다가 소켓을 종료합니다.

6.3 웹 서버 소프트웨어가 요청 메시지의 의미를 해석해 요청에 응답

6.3.1 질의 URI를 실제 파일명으로 변환

그림 6.7에서 서버 애플리케이션의 움직임을 표현했는데, 이 움직임은 웹 서버뿐 아니라 다양한 서버 애플리케이션에서 공통입니다. 데이터를 송수신하는 부분의 움직임은 어느 애플리케이션이든 비슷합니다. 서버 애플리케이션의 종류에 따라 달라지는 점은 그림의 (b) 클라이언트와 데이터를 주고받는 부분의 첫 번째 행에서 read를 호출한 뒤에 있는 부분입니다.

<요청 메시지의 의뢰 내용을 처리>;

그림 6.7에서는 딱 한 행만 적혀 있지만 실제로는 여기서 다양한 일을 하도록 프로그램을 만듭니다.[29] 이 부분이 서버 애플리케이션의 본체라고 할 수 있는 부분입니다. 그 부분의 움직임을 탐험하겠습니다.

웹 서버의 경우에는 그림 6.7의 read로 받은 데이터 내용이 HTTP 요청 메시지가 됩니다. 그리고 요청 메시지에 기재된 내용에 따라 적절하게 처리를 실행해 응답 메시지를 작성하고, 이걸 write로 클라이언트에 보내는 방식으로 움직입니다. 요청 메시지에는 메서드라는 일종의 명령과 데이터원을 나타내는 URI라는 파일의 경로명이 적혀 있어, 그 내용에 따라 데이터를 클라이언트로 반송합니다. 메서드나 URI의 내용에 따라 웹 서버 내부의 작동은 다릅니다. 간단한 것부터 순서대로 설명해 보겠습니다.

가장 간단한 건 그림 6.8의 예처럼 GET이라는 메서드와 HTML 문서의 파일명을 나타내는 URI를 기재한 요청이겠죠. 이 경우에는 파일에서 HTML 문서 데이터를 읽어와 응답 메시지로 반송합니다.

하지만 단순하게 URI에 기재된 파일을 디스크에서 읽는 것은 아닙니다. 단순하게 URI에 적혀 있는 경로명의 파일을 읽어오면[30] 디스크의 파일에 모두 접속할 수 있고, 이러면 웹 서버의 디스크가 환히 다 보여 위험하기 때문입니다. 여기서 한 가지 고안한 것이 있습니다.

웹 서버에서 공개하는 디렉터리는 디스크의 실제 디렉터리가 아니라 그림 6.9처럼 가상으로 만든 디렉터리입니다. 가상 디렉터리 구조로 경로명을 URI에 쓰

---

29 이 부분은 수만 행이 될지도 모릅니다.
30 서버가 UNIX 계열 OS라면 URI의 경로명과 똑같은 형식입니다. Windows의 경우, /를 ₩으로 치환하면 디스크에 있는 파일의 경로명과 똑같은 형식이 됩니다. 이 때문에 URI를 그대로 디스크에 있는 파일명의 경로명이라고 생각할 수도 있습니다.

게 돼 있죠. 이 때문에 파일을 읽을 때는 가상 디렉터리와 실제 디렉터리의 대응 관계를 확인해 실제 디렉터리의 경로명으로 변환한 다음, 파일을 읽어와 데이터를 반송합니다.

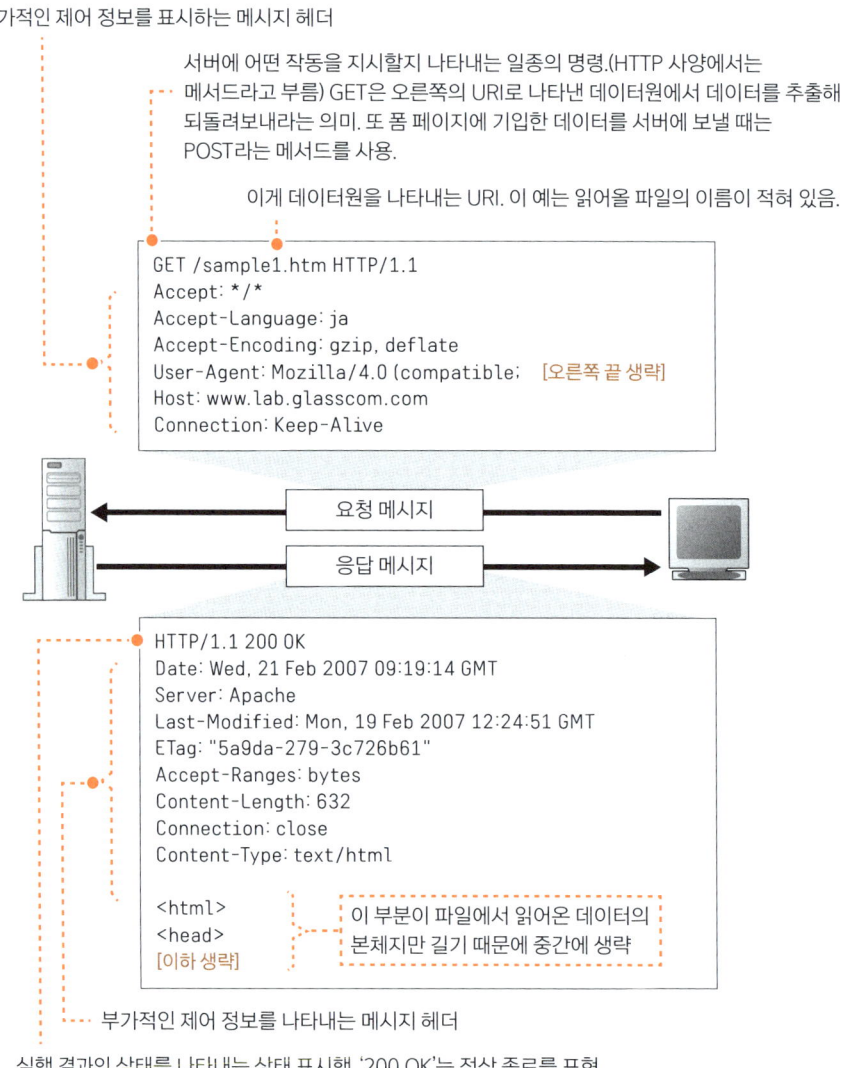

그림 6.8 Web의 기본 작동

/~user2/sub-user2/sample.html

예를 들어 그림 6.9처럼 가상 디렉터리가 만들어진 곳에서 URI에 위와 같은 요청 메시지가 도달하면 /~user2/.....은 실제 디렉터리의 /home/user2/.....에 대응되니, URI를 아래 경로명으로 변환해서 이 경로명의 파일을 디스크에서 읽어 데이터를 반송하는 식입니다.

/home/user2/sub-user2/sample.html

이 파일명 변환에는 특별한 예가 있어요. 바로 URI에 적힌 경로명이 파일명을 생략한 형태인 경우라면 미리 설정한 파일명이 적혀 있다고 간주한다는 것입니다.

http://www.glasscom.com/tone/

브라우저에서 위와 같이 파일명을 생략한 URI를 입력하면 맨 끝에 파일명이 추가돼 아래와 같은 주소의 페이지가 화면에 표시되는 경우가 있는데, 이 경우가 바로 그 예시입니다.

http://www.glasscom.com/tone/index.html

이 예시의 경우라면 index.html이라는 파일명이 서버에 설정돼 있어[31] 디렉터리명 뒤에 이 파일명이 적혀 있다고 간주하는 거죠.

---

31 이건 웹 서버의 설정 파일로 설정합니다. 파일명은 자유롭게 설정할 수 있지만 index.html, index.cgi, default.htm이라는 파일명을 설정하는 것이 관례입니다.

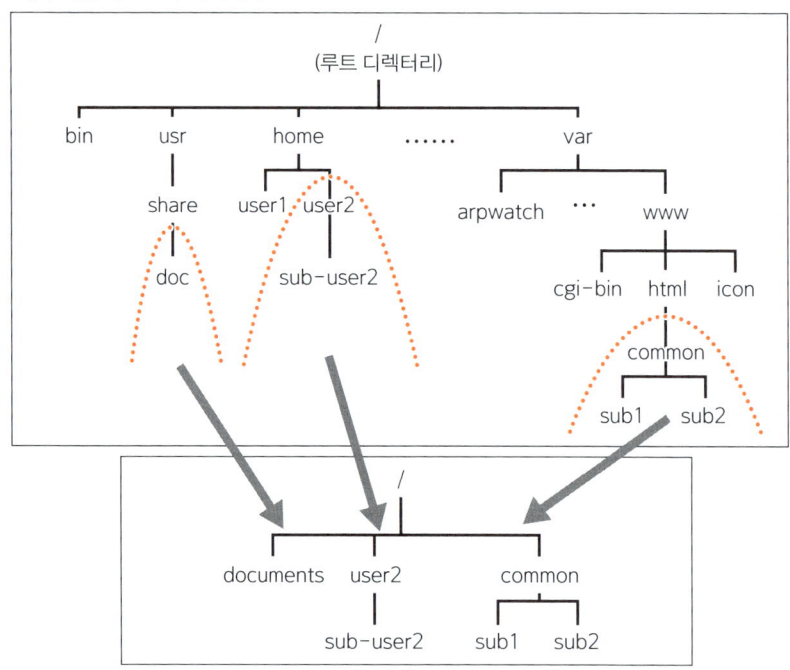

그림 6.9 클라이언트에서 보이는 디렉터리는 실제 구성과 다르다
클라이언트에서 보이는 웹 서버의 디렉터리는 가상의 것으로, 실제 디렉터리 구성과는 다르다. 웹 서버 내부에서 실제 디렉터리의 경로명과 외부에서 보이는 가상 디렉터리의 경로명을 대응시킨다.

파일명을 변환하는 규칙을 서버 쪽에 설정해 두고, 그 규칙에 따라 파일명을 변환한 다음, 파일에 접속하는 기능이 있는 웹 서버 애플리케이션도 있습니다.[32] URI에 쓴 경로명이 설정해 둔 패턴과 일치하면, 경로명을 변환한 다음 디스크에 접속합니다. 특정한 이유로 웹 서버 쪽에서 디렉터리명과 파일명을 변경했지만, 원래 URL 그대로 접속할 수 있게 하고 싶을 때 이 기능은 아주 편리합니다.

[32] Apache라는 웹 서버 애플리케이션이 그 예입니다.

6.3.2 CGI 프로그램이 작동할 경우

URI에 쓴 파일 내용이 HTML 문서나 이미지 데이터라면 파일 내용을 그대로 응답 메시지에 담아 클라이언트로 반송하지만, URI에 쓴 파일 내용이 꼭 HTML 문서라고 할 수는 없습니다. 프로그램 파일의 이름을 URI에 쓰는 경우도 있거든요. 이 경우에는 파일 내용을 그대로 반송하는 것이 아니라 그 프로그램을 작동시켜, 프로그램이 출력하는 데이터를 클라이언트로 반송합니다. 웹 서버에서 작동하는 프로그램은 여러 타입이 있는데, 그 타입에 따라 구체적인 작동은 다르지만 CGI[33]라는 타입의 프로그램은 다음과 같이 움직입니다.

웹 서버에서 프로그램이 작동하는 경우에는 브라우저가 보내는 HTTP 요청 메시지가 HTML 문서에 접속할 때와는 다르니 거기서부터 설명하겠습니다. 웹 서버에서 프로그램이 작동할 경우, HTTP 요청 메시지 안에 프로그램이 처리할 데이터를 넣어 브라우저에서 웹 서버로 보내는 것이 일반적입니다. 그 데이터에는 여러 가지가 있겠죠. 쇼핑 사이트라면 주문 양식에 품명, 개수, 송부처 등을 기입해 보낼 겁니다. 검색 엔진으로 키워드를 입력해 보내는 것도 자주 볼 수 있죠.

아무튼 특정한 데이터를 요청 메시지 안에 넣어 브라우저에서 웹 서버로 보냅니다. 이에 대한 움직임은 제1장에서 설명했듯이 두 가지 방법이 있습니다. 하나는 HTML 문서 양식 부분에서 method="GET"이라고 쓰고, HTTP의 GET 메서드를 사용해 URI 뒤에 입력 데이터를 삽입해 서버로 보내는 방법입니다. 또 하나는 HTML 문서 양식 부분에서 method="POST"라고 쓰고, HTTP 요청 메시지의 메시지 본문에[34] 데이터를 삽입해 서버로 보내는 방법입니다.(그림 6.10)

요청 메시지를 받은 웹 서버는 다음과 같이 움직입니다. 웹 서버는 제일 먼저 URI에 적혀 있는 파일명을 확인해 이것이 프로그램 파일인지를 판단합니다. 판

---

33 Common Gateway Interface
34 헤더 필드의 뒷부분입니다. '1.1.5 HTTP 요청 메시지 만들기'에서 설명했습니다.

단 방법은 미리 웹 서버에 설정해 둡니다. 파일명의 확장자로 어떤 프로그램 파일인지를 판단하는 방법이 가장 많을 테죠. '.cgi', '.php'라는 확장자를 등록해 두고 파일명의 확장자가 이것과 일치하면 프로그램 파일이라고 간주합니다. 프로그램용 디렉터리명을 설정해 두고, 그 디렉터리에 둔 파일은 모두 프로그램용 파일이

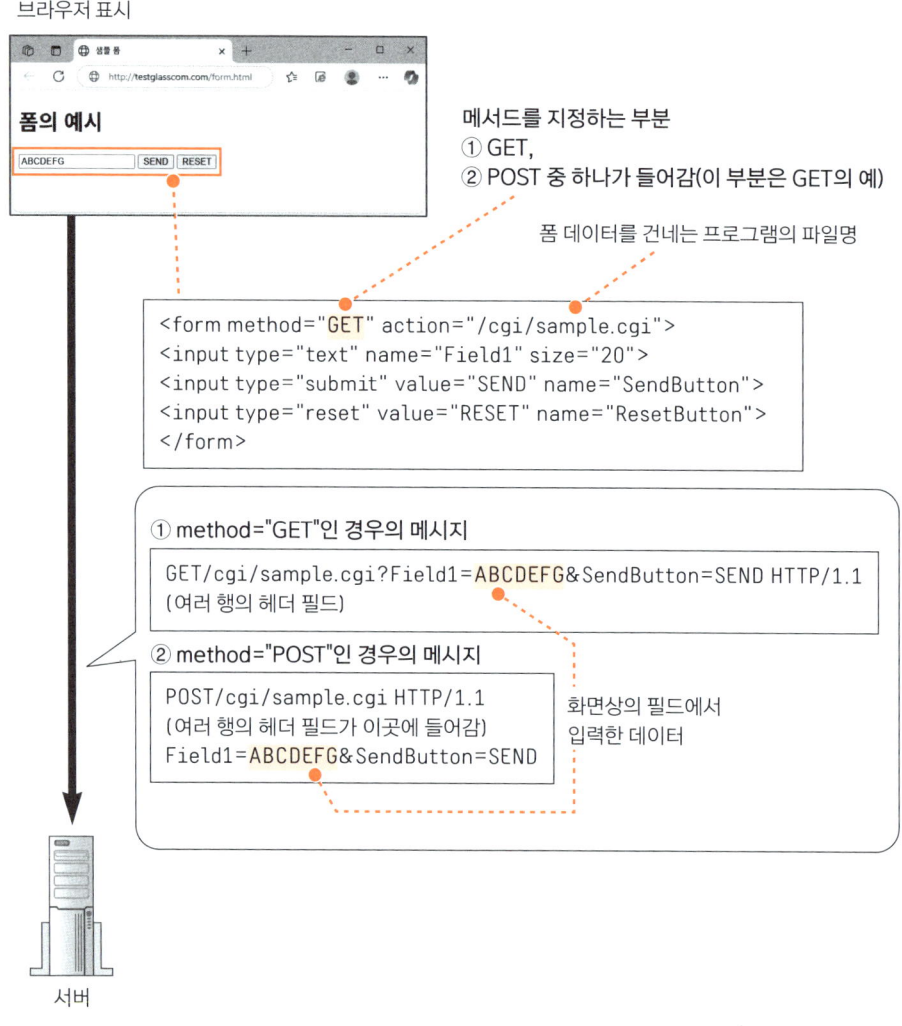

그림 6.10 폼에 입력한 내용은 HTTP의 요청으로 보내진다

라고 간주하는 방법도 있어요. 파일 속성에 따라 프로그램 파일을 판별하는 방법도 있습니다. 프로그램 파일이라는 사실을 알았으면, 웹 서버는 해당 프로그램이 작동하도록 OS에 의뢰합니다.

그리고 요청 메시지에서 데이터를 추출해 작동한 프로그램으로 건넵니다.[35] 메서드가 GET이면 URI 뒤에 삽입한 데이터를 추출해 건네고, POST면 메시지 본문에 삽입한 데이터를 추출해 건넵니다.(그림 6.11)

그럼 프로그램이 데이터를 받아서 처리하며 특정한 출력 데이터를 웹 서버로 되돌려보냅니다. 주문을 접수했음을 알리는 안내 문장이라든가, 데이터베이스로 키워드를 검색한 결과라든가, 그 내용은 다양할 테죠. 어느 쪽이든 데이터를 처리한 결과를 클라이언트로 반송하기 위해 출력 데이터를 웹 서버로 되돌려보내는 겁니다. 출력 데이터는 통상적으로 HTML 태그를 삽입한 HTML 문서가 되기 때문에 웹 서버는 그걸 그대로 응답 메시지 형태로 클라이언트에 반송합니다. 출력 데이터의 내용은 작동한 프로그램의 작성 방법에 달려 있어서 웹 서버가 알 수 없습니다. 따라서 웹 서버는 그 내용에 관여하지 않습니다.[36]

6.3.3 웹 서버로 접속 제어하기

이렇게 요청 메시지의 내용으로 데이터원을 판단하고, 거기서 데이터를 구해 클라이언트에 반송하는 작동. 이게 웹 서버의 기본입니다. 이 작동을 실행할 때 사전에 설정해 둔 조건에 해당하는지를 확인해서 조건에 해당한다면 그 작동을 금지하거나 조건에 해당하는 경우에만 작동을 실행하는 기능도 있습니다. 이처럼 조건에 따라 접속 작동의 가부를 설정하는 기능을 **접속 제어**라고 부르며, 회원제 정보 제공 서비스 등으로 특정한 사용자에게만 접속을 허가할 때 사용합니다.

---

[35] 데이터뿐만이 아니라 요청 메시지의 헤더 필드를 건넬 수도 있습니다.
[36] HTTP 메시지의 헤더 필드를 덧붙이는 경우가 있습니다.

사내에서 운용하는 웹 서버가 특정한 부서의 접속만 허가하는 사용법도 있습니다. 웹 서버에서 설정하는 조건은 주로 다음 세 가지입니다.

(1) 클라이언트의 IP 주소
(2) 클라이언트의 도메인명
(3) 사용자 이름과 비밀번호

이 조건을 데이터원인 파일이나 디렉터리와 대응시켜 설정합니다. 그리고 클라이언트의 요청 메시지를 받아 URI로 데이터원을 판단하면, 그곳에 접속 가부 조건이 설정돼 있는지를 확인하고, 접속이 허가된 경우에만 파일을 읽거나 프로그램을 실행합니다. 다음은 이 조건이 설정돼 있을 경우의 작동을 살펴보겠습니다.

처음에는 클라이언트의 IP 주소를 조건으로 설정한 경우입니다. 이때는 간단합니다. accept로 접속을 접수했을 때 클라이언트의 IP 주소를 알 수 있어서 이걸 확인하면 되거든요.

클라이언트의 도메인명을 조건으로 설정한 경우에는 클라이언트의 IP 주소로 도메인명을 조회합니다. 이때 DNS 서버를 이용합니다. 통상적으로 DNS 서버를 사용하는 것은 도메인명으로 IP 주소를 조회할 때인데, 거꾸로 IP 주소로 도메인명을 조회할 때도 DNS 서버를 사용합니다. 구체적으로는 다음과 같이 움직여요.

클라이언트에서 요청 메시지를 받은 웹 서버는(그림 6.12 ①) 프로토콜 스택에 의뢰해 패킷의 송신원 IP 주소를 조회하고, 그 IP 주소에 대응하는 이름을 질의하는 메시지를 만들어 가장 가까운 DNS 서버로 보냅니다.(②) 그럼 DNS 서버는 이 IP 주소가 등록된 DNS 서버를 찾아내 그곳에 질의를 전송합니다.(③) 거기서 도메인명을 알 수 있으니, 도메인명을 알리는 회신이 되돌아옵니다.(④) 웹 서버 쪽 DNS 서버는 이제 회신을 웹 서버에 전송합니다.(⑤) 이러면 송신원 IP 주소로

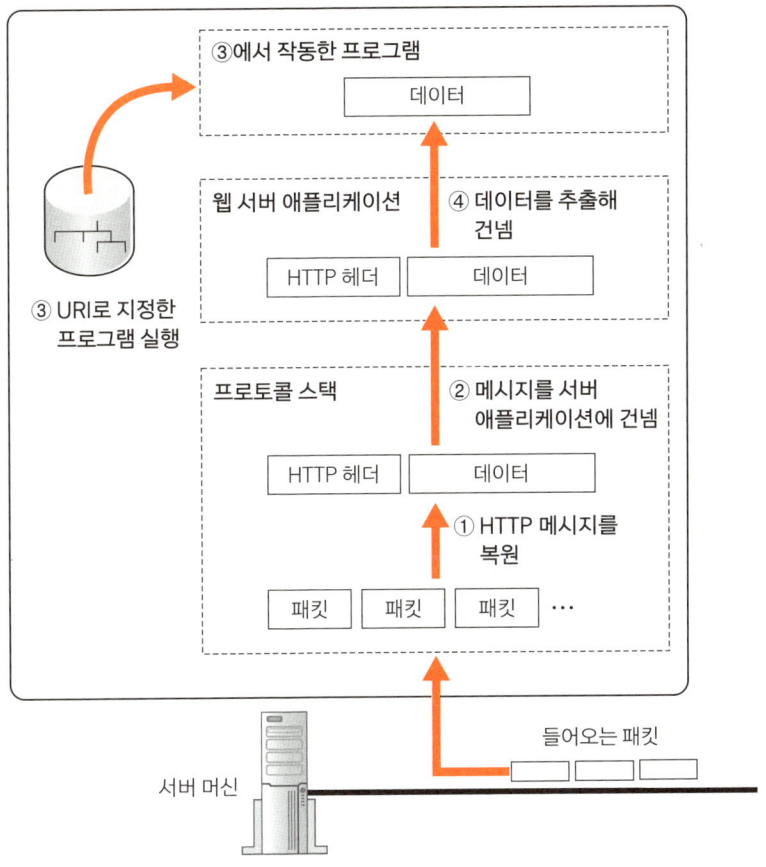

그림 6.11 웹 서버에서 움직이는 프로그램에 데이터가 도달할 때까지
웹 서버 소프트웨어가 패킷을 조립해 데이터를 복원하면 그 안에서 지정된 프로그램이 작동한다. (실제로는 OS에 작동을 의뢰함) 그리고 웹 서버는 작동한 프로그램에 데이터를 건넨다.

도메인명이 판명 납니다. 이때 만에 하나를 대비해 그 도메인명으로 IP 주소를 조회합니다. 그리고 송신원 IP 주소와 일치하는 것을 확인합니다.(⑥) 도메인명을 사칭해 DNS 서버에 등록하는 공격 방법도 있기 때문에 이 같은 일을 방지하려고 이중으로 점검하는 거죠.

양쪽이 일치하면 도메인명을 설정한 조건과 대조해 접속 가부를 판단합니다.

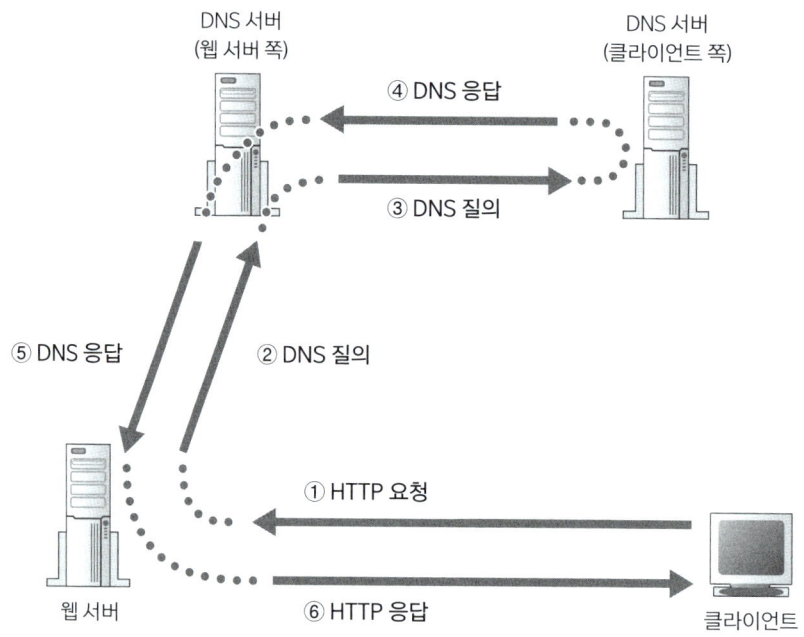

그림 6.12 도메인명에 기반해 접속을 제한한다

그림 6.12를 보면 알 수 있듯이, 이 방법은 DNS 서버의 질의 메시지가 오가는 만큼 시간이 오래 걸리고, 그만큼 웹 서버의 응답 시간도 길어집니다.

사용자 이름과 비밀번호가 설정된 경우에는 그림 6.13과 같이 움직여요.[37] 통상적인 요청 메시지에는 사용자 이름과 비밀번호가 포함돼 있지 않기 때문에, 이 경로는 사용자 이름과 비밀번호를 확인할 수가 없습니다.(그림 6.13 ①)

이 때문에 웹 서버는 사용자 이름과 비밀번호를 기입하거나 요청 메시지를 보

---

[37] 이 움직임은 웹 서버 애플리케이션이 비밀번호 확인 기능을 이용한 경우에 해당합니다. 이것과는 별개로 CGI 애플리케이션 형태로 만든 비밀번호 확인용 프로그램이 웹 서버에서 작동해 비밀번호를 확인하는 방법도 있습니다. 이 경우, 비밀번호 확인용 프로그램으로 비밀번호 기입용 폼을 포함한 페이지를 만들어 사용자에게 보내고, 사용자가 기입하도록 합니다. 기입 데이터를 사용자가 보내면 비밀번호 확인용 프로그램으로 비밀번호를 확인합니다. 이때는 비밀번호 확인용 페이지의 데이터와 사용자가 기입한 비밀번호의 데이터가 오가기 때문에 그림 6.13과는 움직임이 다릅니다.

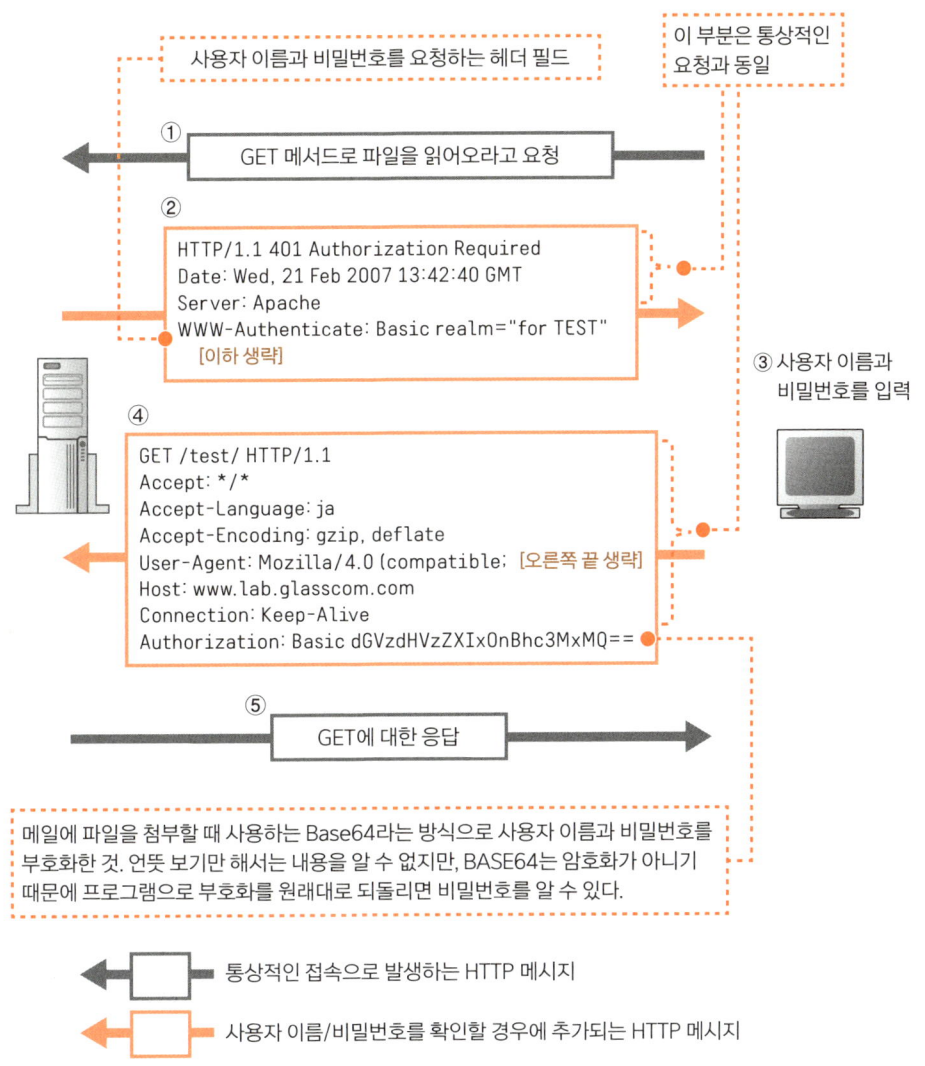

그림 6.13 비밀번호를 확인할 때도 HTTP를 이용한다

사용자 이름/비밀번호를 설정한 페이지에 접속할 때는 HTTP 메시지에 사용자 이름/비밀번호 정보를 기재한 헤더 필드(Authorization)를 추가한다. 헤더 필드가 없다면 웹 서버는 요청한 페이지의 내용을 반송하지 않고 사용자 이름/비밀번호를 요구하는 헤더 필드(WWW-Authenticate)를 포함한 메시지를 반송한다.

내도록, 응답 메시지를 클라이언트에게 통지합니다.(②) 브라우저는 이 응답 메시지를 받으면 사용자 이름과 비밀번호를 입력하는 화면을 출력합니다. 거기서 사용자가 사용자 이름과 비밀번호를 입력하면(③), 이를 요청 메시지에 기재해 한 번 더 서버에 접속합니다.(④) 웹 서버는 통지받은 사용자 이름과 비밀번호와 사전에 설정한 조건을 대조해 접속 가부를 판단하고, 접속을 허가한다면 데이터를 반송합니다.(⑤)

6.3.4 응답 메시지를 반송

이렇게 요청 메시지에 대해 해야 할 처리를 하고, 이 작업이 끝나면 응답 메시지를 반송합니다. 이때 작동 방식은 클라이언트가 요청 메시지를 처음으로 웹 서버에 보내는 작동과 같습니다.

먼저 웹 서버가 Socket 라이브러리의 write를 호출해 응답 메시지를 프로토콜 스택에 건넵니다. 이때 응답 메시지를 어디로 보내야 할지 프로토콜 스택에 알려야 하는데, 통신 상대인 클라이언트를 직접 통지하는 것이 아니라 어느 소켓을 사용해 통신하고 있는지를 나타내는 디스크립터를 통지해 상대를 지정합니다. 소켓에는 통신 상태가 모두 기록돼 있고, 통신 상대의 정보도 있으므로 디스크립터를 통지하기만 하면 끝납니다. 그렇게 하면 프로토콜 스택은 패킷 1개에 들어가는 길이로 데이터를 분할하고 헤더를 붙여 패킷을 송출합니다. 이 패킷에는 수신처로 클라이언트 주소가 기재돼 있을 거예요. 그 패킷은 스위치나 라우터를 거쳐서 인터넷 안을 지나가고, 최종적으로 클라이언트에 도달합니다.

6.4 브라우저가 응답 메시지를 받아 화면에 출력
6.4.1 응답 데이터 타입을 보고 내용을 판단

웹 서버가 보낸 응답 메시지는 많은 패킷으로 나뉘어 클라이언트에 도달할 겁니다. 이후에는 클라이언트 쪽에서 패킷을 수신합니다. 이 작동은 먼저 LAN 어댑터가 신호를 디지털 데이터로 되돌리고, 프로토콜 스택이 분할된 패킷을 모아서 데이터 부분을 추출해 원래 응답 메시지로 되돌린 다음, 브라우저에 건넵니다. 이 움직임은 서버의 수신 작동과 똑같습니다. 다음에는 브라우저 화면에 출력하는 작동으로 이어집니다.

출력 작동은 응답 메시지에 저장된 데이터가 어떤 종류의 것인지 확인하는 데서 시작합니다. Web에서 다루는 데이터는 문장, 이미지, 음성, 동영상 등 여러 가지가 있고 그 종류에 따라 표시 방법이 다르기에 제일 먼저 종류부터 확인하는 겁니다. 그렇게 하지 않으면 출력 작동을 올바르게 실행할 수 없거든요.

데이터 종류를 판단하는 근거에는 몇 가지가 있지만, 응답 메시지의 앞부분에 있는 Content-Type이라는 헤더 필드값으로 판단하는 것이 원칙입니다. 여기에는 다음과 같은 형식으로 데이터 종류를 쓰게 돼 있습니다.

Content-Type: text/html

'/' 왼쪽 부분을 '메인 타입'이라고 부르고 이걸로 데이터 종류의 대분류를 표시합니다. 위의 예시라면 메인 타입이 text고, 서브 타입이 html입니다. 메인 타입과 서브 타입의 의미는 모두 정해져 있으니,[38] 주요한 것은 표 6.1에 정리해 두겠습니다. 위의 예시는 HTML 사양에 따라 태그를 삽입한 HTML 문서라고 할 수 있습니다.

데이터 종류가 텍스트라면 어떤 문자 코드를 사용했는지 판단해야 합니다. 이 경우에는 다음과 같이 charset으로 문자 코드 정보를 덧붙이므로 이걸로 판단합니다.

---

[38] 이 타입의 값과 의미는 IP 주소의 글로벌 주소 및 포트 번호와 마찬가지로, 전 세계에서 일괄적으로 관리하고 있습니다.

표 6.1 메시지의 Content-Type으로 지정하는 데이터 형식

메인 타입	설명	서브 타입의 예	
text	텍스트 데이터를 나타냄	text/html	HTML 문서
		text/plain	플레인 텍스트
image	이미지 데이터를 나타냄	image/jpeg	JPEG 형식의 이미지
		image/gif	GIF 형식의 이미지
audio	음성 데이터를 나타냄	audio/mpeg	MP2, MP3 형식의 음성
video	영상 데이터를 나타냄	video/mpeg	MPEG 형식의 영상
		video/quicktime	Quicktime 형식의 영상
model	물체의 형태나 움직임을 모델링한 데이터를 나타냄	model/vrml	VRML 형식의 모델링 데이터
application	상기 이외의 데이터로 엑셀이나 워드 등의 애플리케이션 데이터는 모두 이 타입	application/pdf	PDF 형식의 문서 데이터
		application/msword	MS-WORD의 문서 데이터
message	메일의 메시지를 그대로 다른 메시지에 저장할 때 사용하는 타입으로 메시지가 그대로 저장돼 있음을 나타냄	message/rfc822	통상적인 메일 데이터 FROM:, Date: 같은 헤더를 포함
multipart	메시지 본문에 여러 데이터가 들어 있음	multipart/mixed	다른 형식의 여러 데이터가 메시지 본문에 저장돼 있고, 각각에 미디어 타입이 기재됨

Content-Type: text/html; charset=utf-8

만약 utf-8이면 문자 코드는 UNICODE, euc-jp라면 EUC 코드, iso-2020-jp라면 JIS-코드, shift_jis라면 시프트 JIS 코드입니다.

Content-Type으로 데이터 종류를 조회하면 Content-Encoding이라는 헤더 필드값도 조회합니다. 압축 기술이나 부호화 기술로 이전 데이터를 변환한 다음, 메시지에 저장한 경우에는 어떤 변환을 했는지 Content-Encoding 필드에 써야 합니다. 이 때문에 이 필드를 확인하고, 필요에 따라 원래대로 되돌려야 해요.

이 방법, 즉 Content-Type 필드를 사용해 데이터 종류를 나타내는 방법은 MIME[39]이라는 사양으로 규정한 것이라 Web뿐만이 아니라 메일에서도 사용하는 일반적인 방법입니다. 하지만 이 방법은 어디까지나 원칙에 지나지 않아요. Content-Type으로 판단하는 방법을 올바르게 실행하려면 웹 서버가 Content-Type의 값을 올바르게 세팅해야 하는데, 현실은 꼭 그렇지만은 않죠. 웹 서버의 운영 관리자가 일에 익숙하지 않아 부적절한 설정을 하는 바람에 Content-Type에 올바른 값을 세팅하지 않는 사태가 일어날 수 있으니까요. 그래서 원칙에 따라 Content-Type을 조회하는 것만으로는 데이터 종류를 정확하게 판단하지 못할 수도 있습니다.

이런 경우라면, 다른 판단 근거를 사용해 종합적으로 데이터 종류를 판단합니다. 요청한 파일의 확장자나 데이터 내용의 양식 등을 활용해 종합적으로 판단하는 거죠. 예를 들어 파일명의 확장자가 .html이나 .htm이면 HTML 문서로 간주하고, 또는 데이터 내용을 확인해 앞부분에 〈html〉이라는 태그가 적혀 있으면 HTML 문서라고 간주하는 식입니다. HTML 문서 같은 텍스트 데이터뿐만이 아니라 이미지 데이터도 마찬가지입니다. 이미지 데이터는 압축된 이진 데이터인데, 앞부분에 내용을 보여주는 정보가 기재돼 있습니다. 이 내용을 보고 데이터 내용을 판단합니다. 이 부분은 사양으로 정해지지 않아서 브라우저의 종류나 버전에 따라 작동 방식이 다릅니다.

---

[39] Multipurpose Internet Mail Extensions. 원래 전자 메일로 이미지나 첨부 파일 등 문자 이외의 정보를 보내려고 정한 사양이지만, 나중에 웹에서도 이용하게 됐습니다.

6.4.2 브라우저 화면에 웹 페이지를 출력! 접속 완료!

데이터 종류가 판명 나면 최종 목표는 눈앞에 와 있는 것이나 마찬가지입니다. 데이터 종류에 따라 이미지 출력 프로그램을 호출해서 데이터를 출력하면 되거든요. HTML 문서, 일반 텍스트, 이미지 같은 기본적인 데이터의 경우, 브라우저에 렌더링(HTML, CSS 등 소스코드를 해석해서 화면에 표현하는 과정) 기능이 있습니다.

이 같은 출력 작동은 데이터 종류에 따라 다르므로 HTML 문서를 예로 들어 설명하겠습니다. HTML 문서에는 문장의 레이아웃이나 폰트의 종류 등을 기입한 태그가 삽입돼 있습니다. 따라서 태그의 의미를 해석해 문장을 레이아웃한 다음, 화면에 표시합니다. 실제 화면 출력은 OS가 담당하기 때문에 화면상의 어느 위치에 어떤 문자를 어떤 폰트로 출력할지 OS에 지시를 내리는 겁니다.

웹 페이지에는 이미지를 삽입한 것도 있습니다. 이 경우에는 HTML의 문장 데이터와 이미지 데이터를 별도 파일에 저장하고, HTML의 문장 데이터에 이미지를 삽입함을 나타내는 태그를 써야 합니다.[40]

문장 데이터를 읽어와 그 태그를 찾으면, 브라우저는 이미지 데이터의 파일을 서버에서 읽어옵니다. 이 작동은 HTML의 문장 데이터 파일을 읽어오는 작동과 똑같습니다. HTTP 요청 메시지의 URI 부분에 이미지 데이터의 파일명을 쓰기만 하면 돼요. 이렇게 해서 요청 메시지를 웹 서버로 보내면 웹 서버에서 이미지 데이터가 반송됩니다. 다음에는 태그가 적혀 있던 곳에 이미지 데이터를 삽입합니다. JPEG나 GIF 형식의 이미지 데이터는 압축돼 있기 때문에 압축을 푼 다음 데이터를 OS에 건네 출력하라고 지시하죠. 물론 그곳에 문장을 표시하면 겹쳐버리니 그 부분은 이미지 크기만큼 비워서 문장을 표시합니다.

HTML 문서나 이미지처럼 브라우저에 렌더링 기능이 있는 경우에는 이렇게

---

[40] html 또는 htm이라는 확장자를 붙인 파일이 HTML의 문장 데이터입니다.

OS에 지시를 내려서 화면에 표시합니다. 하지만 웹 서버에서 읽어오는 것에는 워드프로세서나 프레젠테이션 소프트웨어 같은 애플리케이션의 데이터도 있습니다.

이 경우에는 직접 표시할 수 없으므로 해당 애플리케이션을 호출합니다. 그 애플리케이션은 브라우저에 플러그인으로 내장된 형태이거나, 독립된 프로그램입니다. 어느 쪽이든 데이터 종류에 따라 호출하는 프로그램은 정해져 있고, 브라우저에 설정돼 있으니 그 설정에 따라 프로그램을 호출해 데이터를 건넵니다. 그렇게 하면 호출된 프로그램이 데이터를 처리합니다. 이러면 브라우저는 작동을 마치고 사용자가 다음 동작을 취하길 기다립니다. 그리고 화면에 출력된 페이지 안의 링크를 클릭하거나 URL 입력란에 새롭게 URL을 입력하면, 다시 웹 서버로 접속하는 작동이 시작됩니다.

확인 퀴즈

지금까지 살펴본 내용을 확인할 겸 퀴즈를 준비했습니다.

문제

1. 서버와 클라이언트는 패킷을 송수신하는 작동에 차이가 있을까요?

2. 서버에 패킷이 도달하면 LAN 어댑터가 신호를 수신해 CPU에 수신을 알립니다. 그때 사용하는 시스템을 뭐라고 할까요?

3. 웹 서버는 여러 클라이언트와의 접속을 병행해 처리합니다. 이때 이용하는 OS 기능을 뭐라고 할까요?

4. 웹 서버로 접속하는 것을 제어하고 싶을 경우, 접속을 허가할지 거부할지 판단하는 근거로 어떤 항목을 이용할까요?

5. 웹 서버가 반송하는 데이터 내용은 문장과 이미지 등 다양한데, 클라이언트 쪽은 그 내용을 어떻게 판별할까요?

COLUMN
실제로는 어렵지 않은 네트워크 용어

게이트웨이는 다른 세계로 통하는 입구

탐험 대원 : 게이트웨이는 종류가 다양하네요.

탐험 대장 : 그렇지.

탐험 대원 : 도대체 게이트웨이는 뭔가요?

탐험 대장 : 남한테 묻기 전에 뭐부터 하랬지?

탐험 대원 : 맞다. 사전을 찾아볼게요. 음, 벽에 있는 문 같은 입구라고 적혀 있네요.

탐험 대장 : 바로 그걸세. 입구 건너편에는 뭐가 있다고 생각하나?

탐험 대원 : 엇, 건너편이요? 그러게요. 천국일까요?

탐험 대장 : 천국이라. 뭐, 완전히 틀린 말은 아니지만 맞다고 하기도 애매하군. 입구 건너편에는 이쪽과는 다른 세계가 있다고 생각하면 된다네.

탐험 대원 : 호오.

탐험 대장 : 다른 세계로 통하는 입구가 게이트웨이라는 거지.

탐험 대원 : 또 선문답 시작이네요.

탐험 대장 : 뭐, 그런 말 말게. 그럼 예를 들어볼까? 웹 서버에는 CGI(Common Gateway Interface)라는 기능이 있지. 이게 뭐였지?

탐험 대원 : 웹 서버가 CGI 프로그램을 작동해 거기서 사용자가 보내준 데이터를 처리하는 거잖아요.

탐험 대장 : 웹 서버를 기준으로 보면 맞네만, 클라이언트가 보낸 메시지라고 생각해 보면 어떻지?

탐험 대원 : 메시지는 일단 웹 서버에 도달하죠.

탐험 대장 : 맞아. 그다음은 어떻게 되나?

탐험 대원 : 그 후에는… 웹 서버 안으로 들어가 거기서 CGI 프로그램으로 들어가려나요?

탐험 대장 : 맞았어. 정확히 말하면 CGI는 CGI 프로그램 자체를 가리키는 게 아니라, 작동하는 프로그램과 웹 서버 애플리케이션 사이를 이어주는 인터페이스 사양을 말

한다네. 그러니까 웹 서버 애플리케이션에서 CGI라는 인터페이스를 지나 CGI 프로그램으로 들어간다는 느낌이라고 해야겠지.

탐험 대원 : 그렇군요. 그러니까 그 인터페이스가 CGI 프로그램이라는 다른 세계로 통하는 입구가 된다는 거죠?

탐험 대장 : 이제야 좀 이해한 것 같구먼. CGI 이외에도 다른 세계로 통하는 입구가 여럿 있지 않은가. 그걸 게이트웨이라고 부른다네.

탐험 대원 : 그럼 TCP/IP의 설정 화면에 있는 디폴트 게이트웨이의 게이트웨이도 그런가요?

탐험 대장 : 그 경우의 게이트웨이는 라우터라는 의미지.

탐험 대원 : 왜 디폴트 라우터가 아니라 디폴트 게이트웨이인가요?

탐험 대장 : 옛날에는 라우터라는 말이 없었다네. 그래서 라우터를 게이트웨이라고 불렀어. 라우터도 어떤 의미로 보면 다른 네트워크로 빠져나가는 입구 같은 것이니 말이야. 디폴트 게이트웨이라는 단어는 그 흔적이지.

탐험 대원 : 호오. 그럼 왜 라우터라는 말이 나온 건가요?

탐험 대장 : 옛날에 라우터에 해당하는 것에는 다양한 이름이 붙어 있었거든. TCP/IP에서는 게이트웨이라고 불렀지만, TCP/IP 이외에는 사람들이 다른 이름을 사용했지. 지금도 어쩌고 스위치라든가, 어쩌고 허브라든가, 하는 소리를 들으면 이해하기가 힘들잖나? 그런 느낌이었어.

탐험 대원 : 그럼 어떻게든 방법을 찾아야겠네요.

탐험 대장 : 그렇게 생각할 테지. 그래서 라우터라는 이름으로 통일하기로 한 걸세.

탐험 대원 : 그런 거였군요. 그럼 요즘 스위치니 허브니 하는 말들도 어떻게 좀 안 될까요?

탐험 대장 : 나한테 말해봐야 소용없다네.

탐험 대원 : 그런 말 마시고 어떻게 좀 해주세요.

▍해답

1. 없음(6.1.1을 참고)　**2.** 인터럽트(6.1.2를 참고)　**3.** 멀티태스킹 또는 멀티스레딩(6.2.3 참고)　**4.** (a) 클라이언트의 IP 주소, (b) 클라이언트의 도메인명, (c) 사용자 이름과 비밀번호(6.3.3 참고)　**5.** 응답 메시지의 Content-Type이라는 헤더 필드값으로 판단하는 것이 원칙입니다.(6.4.1 참고)

패킷이 지나가는 길

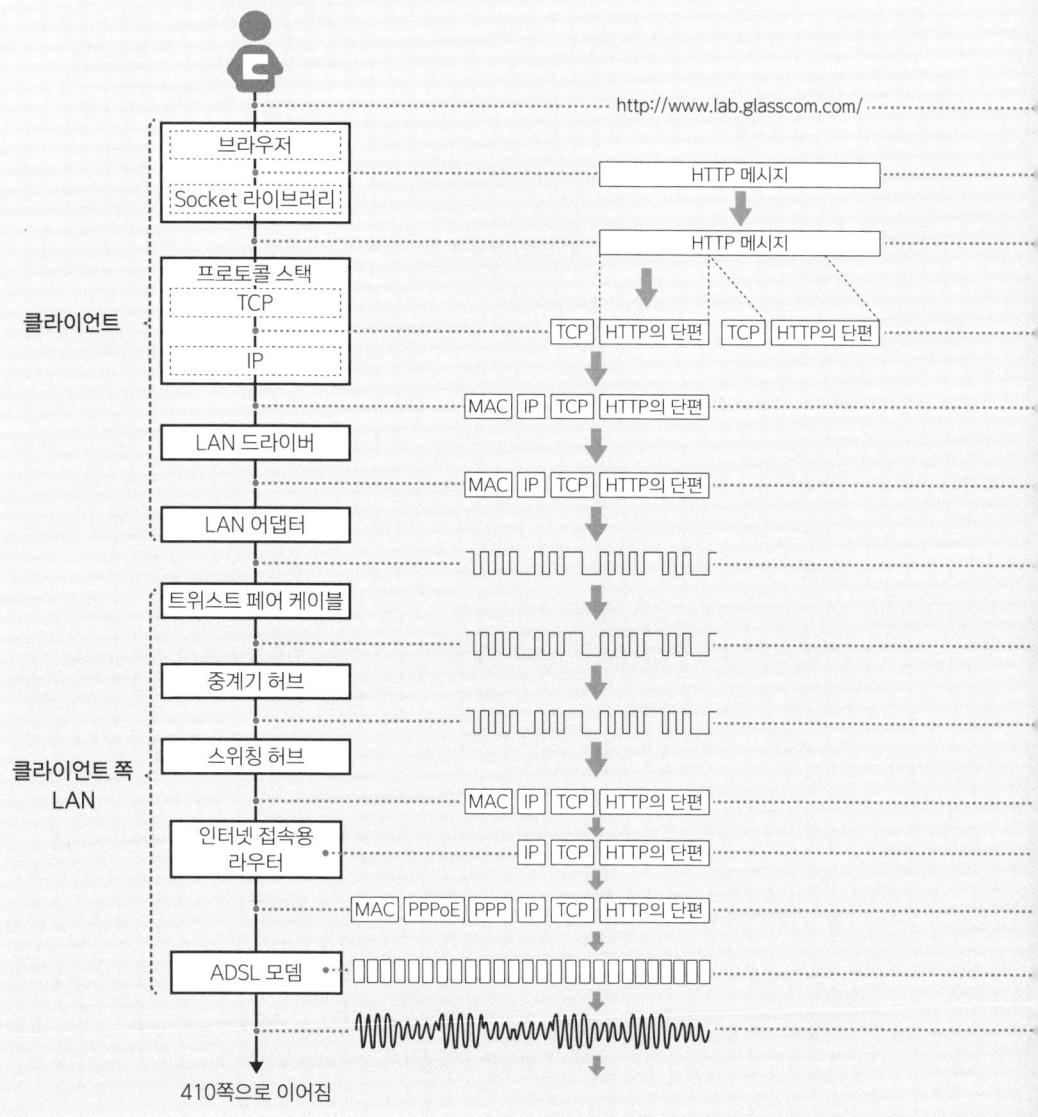

PC에서 만든 패킷은 내용이 변하지 않지만, 이 그림에서 보듯 겉모습을 바꾸며 웹 서버로 전송됩니다.

수신처 MAC 주소	수신처 IP 주소	개요	해설 장
		맨 처음 사용자가 URL을 입력합니다.	제1장
		URL을 브라우저가 해석해 HTTP 메시지를 만들어 Socket 라이브러리에 건넵니다.	
		Socket 라이브러리는 송신 데이터인 HTTP 메시지를 프로토콜 스택에 건넵니다.	
		TCP는 송신 데이터를 패킷 길이에 맞춰 분할한 다음, TCP 헤더를 덧붙여 IP에 건넵니다.	제2장
가장 가까운 라우터의 MAC 주소	웹 서버의 IP 주소	IP는 TCP에서 받은 패킷에 IP 헤더를 덧붙입니다. 나아가 MAC 주소를 조회하고 MAC 헤더도 덧붙인 후, LAN 드라이버에 건넵니다.	
가장 가까운 라우터의 MAC 주소	웹 서버의 IP 주소	LAN 드라이버는 IP에서 송신 패킷을 받아 LAN 어댑터에 건네 송신하도록 지시합니다.	
		LAN 어댑터는 이더넷이 송신 가능한 상태인지 가늠한 다음 패킷을 전기신호로 변환해 트위스트 페어 케이블로 송출합니다.	제3장
		신호는 트위스트 페어 케이블 내부를 지나 중계기 허브에 도달합니다.	
		중계기 허브는 신호를 모든 포트에 뿌립니다. 그럼 신호가 스위칭 허브에 도달합니다.	
가장 가까운 라우터의 MAC 주소	웹 서버의 IP 주소	스위칭 허브는 도달한 패킷의 수신처 MAC 주소값과 자기한테 있는 주소 테이블을 대조해 출력처 포트를 판단하고, 그 포트에 패킷을 중계합니다.	
	웹 서버의 IP 주소	인터넷 접속용 라우터는 도달한 패킷의 수신처 IP 주소값과 자기 내부에 있는 경로표 내용을 대조해 출력 포트를 판단하고, 그 포트에 패킷을 중계합니다.	제4장
BAS의 MAC 주소	웹 서버의 IP 주소	인터넷 접속용 라우터가 인터넷에 출력한 패킷에는 PPPoE 헤더와 PPP 헤더가 붙어 있습니다.	
		ADSL 모뎀에 도달한 패킷은 거기서 ATM 셀로 분할됩니다.	
		ADSL 모뎀은 ATM 셀로 분할한 후, 전기신호로 변환해 전화선으로 송출합니다.	

패킷이 지나가는 길

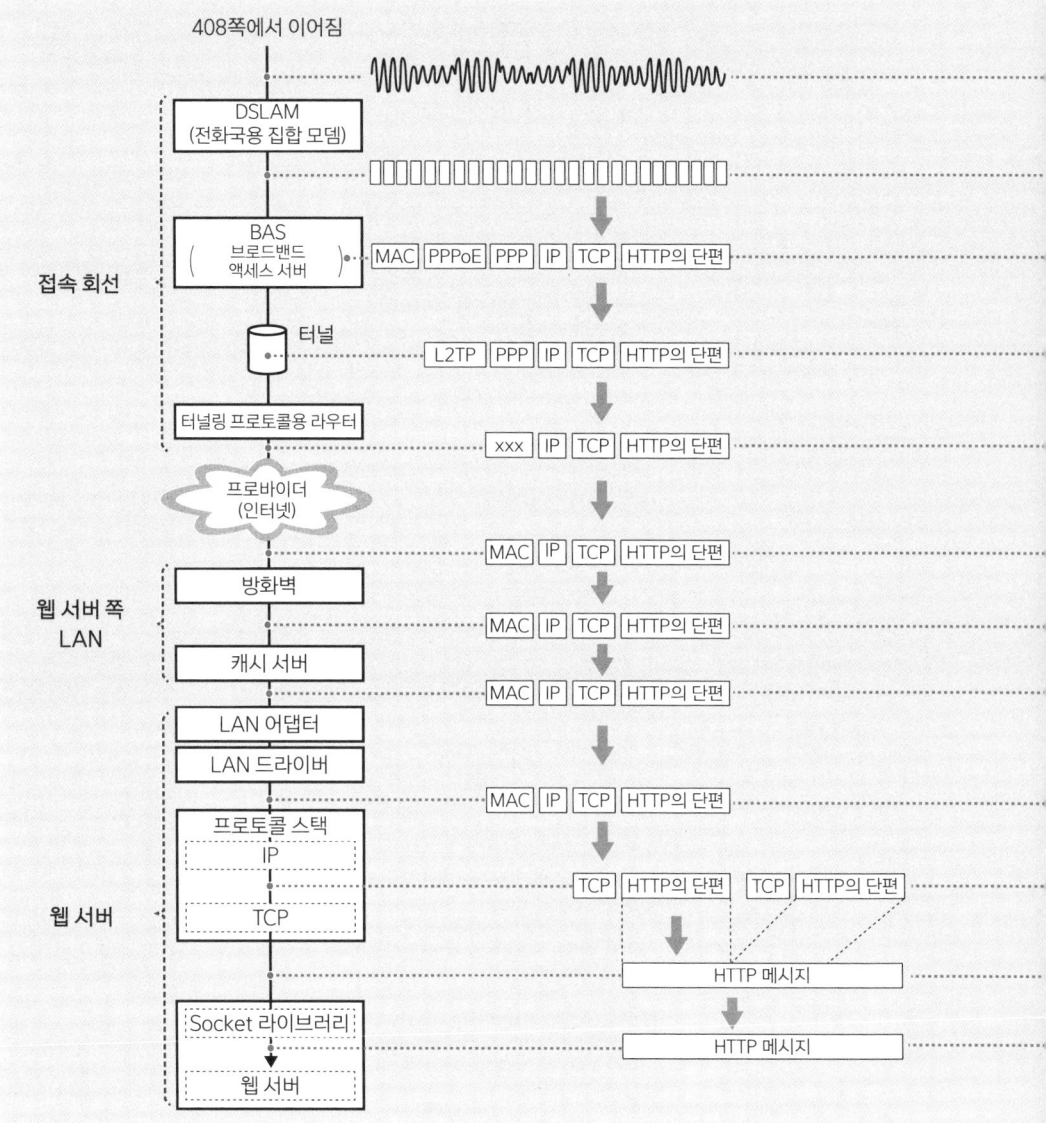

수신처 MAC 주소	수신처 IP 주소	개요	해설 장
		ADSL 모뎀이 송출한 신호는 전봇대의 전화선을 지나, 전화국의 DSLAM(전화국용 집합 모뎀)에 도달합니다.	제4장
		DSLAM은 수신한 전기신호를 ATM 셀 형태로 되돌려 브로드밴드 액세스 서버로 보냅니다.	
	웹 서버의 IP 주소	브로드밴드 액세스 서버는 ATM 셀을 패킷 형태로 만든 다음, 수신처 주소를 조회해 패킷을 중계합니다.	
	웹 서버의 IP 주소	브로드밴드 액세스 서버가 중계한 패킷은 L2TP 헤더가 붙어 터널 안으로 흘러갑니다.	
	웹 서버의 IP 주소	터널의 출구에 있는 터널링 프로토콜용 라우터에 패킷이 도달하면 L2TP 헤더와 PPP 헤더가 제거되고, 인터넷을 빠져나와 웹 서버 쪽으로 흘러갑니다.	
캐시 서버 또는 웹 서버의 MAC 주소	웹 서버의 IP 주소	서버 쪽의 LAN에는 방화벽이 있는데, 이곳으로 들어온 패킷을 검사해 통과시킬지 차단할지 판단합니다.	제5장
캐시 서버 또는 웹 서버의 MAC 주소	웹 서버의 IP 주소	웹 서버 바로 앞에 캐시 서버를 설치하면, 방화벽을 통과한 패킷을 캐시 서버가 가로챕니다. 사용자가 요청한 페이지가 캐시 서버에 있으면, 캐시 서버가 웹 서버를 대신해 페이지를 반송합니다.	
웹 서버의 MAC 주소	웹 서버의 IP 주소	캐시 서버에 페이지가 없으면 거기서 요청이 전송돼 웹 서버에 도달합니다.	
	웹 서버의 IP 주소	웹 서버에 패킷이 도달하면 LAN 어댑터와 LAN 드라이버가 연계해 패킷을 수신하고 프로토콜 스택으로 건넵니다.	제6장
		프로토콜 스택은 IP 헤더와 TCP 헤더를 순서대로 검사해, 오류가 없으면 패킷에서 HTTP 메시지의 단편을 추출하고 원래 형태로 되돌립니다.	
		원래 형태로 되돌린 HTTP 메시지는 Socket 라이브러리를 통해 웹 서버로 건넵니다.	
		웹 서버는 HTTP 메시지 내용을 해석해 그곳에 적혀 있는 의뢰 내용에 따라 데이터를 추출하고, 클라이언트로 반송합니다.	

맺음말

　　　　　　　URL을 입력한 후 페이지가 화면에 출력될 때까지는 불과 몇 초밖에 걸리지 않습니다. 하지만 그 뒤에서는 다양한 기기와 소프트웨어가 얽혀서 움직이고 있습니다. 본문에서 언급한 것만 해도 과하다 싶을 정도로 복잡하지만, 사실 일부에 지나지 않습니다. 언급하지 못한 부분이 아직 많이 남아 있거든요. 세세한 부분까지 설명하면 정말 끝이 없습니다. 그만큼 네트워크는 복잡합니다.

하지만 이번 탐험으로 네트워크의 모습이 조금이나마 보였을 겁니다. 기본적인 작동 방식도 이해했을 테고요. 탐험할 곳이 아직도 많이 남아 있긴 하지만, 독자 여러분은 남은 부분을 자신의 힘으로 탐험할 수 있을 겁니다. 그다음으로 어디를 탐험할지는 여러분 한 사람 한 사람의 관심에 따라 달라지겠죠.

지면을 빌려 이 책의 발행에 협력해 주신 분들께 감사드립니다. 특히 흔쾌하게 취재에 응해 주시고, 여러모로 많은 가르침을 주신 통신업계 여러분은 물론이고 첫 출판과 개정판의 출간에 힘을 실어준 출판사 관계자 여러분께 감사 말씀을 드립니다. 마지막으로 독자 여러분에게 진심으로 감사하다고 말하고 싶습니다. 이 책을 출판할 수 있었던 건 전부 독자 여러분 덕분입니다.

도네 쓰토무

찾아보기

숫자

10BASE-T ······································ 193
100BASE-TX ··································· 193
1000BASE-T/TX ······························· 193

A

accept ·· 375
ACK ·· 104, 109
ACK 번호 ································· 104, 114
ADSL(Asymmetric Digital Subscriber Line) ·····
······································· 247, 252, 255
ARP ······································ 95, 150, 225
ARP 캐시 ·· 151
ATM(Asynchronous Transfer Mode) ········ 262

B

BAS(Broadband Access Server) ············ 251,
······································· 262, 275, 288
BAS의 MAC 주소 ······························ 285
BGP(Border Gateway Protocol) ······ 217, 303
bind ·· 373

C

CATV ·· 247
CDS(Content Delivery Service) ············· 351
CDSP(Content Delivery Service Provider) · 351
CGI(Common Gateway Interface) ··········· 393
CGI 프로그램 ····································· 35

CHAP(Challenge Hanshake Authentication
Protocol) ·· 285
close ································· 85, 128, 388
CONNECT 메서드 ······························· 37
connect ····································· 81, 101
Content-Type ································· 401

D

DELETE 메서드 ······························ 37, 39
DHCP(Dynamic Host Configuration Protocol) ··
··· 293
Discovery ·· 285
DNS(Domain Name System) ·················· 56
DNS 서버 ······························ 63, 352, 396
DNS 서버의 기본 작동 ·························· 63
DNS 리졸버ㄹ ···································· 56
DSLAM(DSL Access Multiplexer) ··········· 261

F

FCS(Frame Check Sequence) ·········· 160, 163
file: ·· 29
FIN ··· 104, 128
ftp: ·· 29
FTP(File Transfer Protocol) ···················· 29
FTTH(Fiber To The Home) ··············· 247, 263

G

GET 메서드 ································· 37, 390

413

H

HEAD 메서드 · 37
http: · 29
HTTP(Hypertext Transfer Protocol) · 31, 35
HTTP의 헤더 필드 · 43
HTTP의 주요 메서드 · 37

I

IANA(Internet Assigned Number Authority) · 83
ICMP(Internet Control Message Protocol) · 94, 95, 172
ICMP 메시지 · 171, 219, 323
IDF(Intermediate Distribution Frame) · 258
ID 정보 · 172
IP(Internet Protocol) · 94, 95, 141, 142
IP 주소 · 50~54, 83
IP 헤더 · 137, 139, 140, 142, 322
IP 헤더의 포맷 · 144
IP 담당 부분 · 134, 383, 384
ISDN · 247
ISP(인터넷 서비스 프로바이더) · 248
IX(Internet eXchange) · 306

J

JPIX(JaPan Internet eXchange) · 307
JPNAP(Japan Network Access Point) · 307

L

LAN 어댑터 · 93, 141, 157, 159, 166, 379
LAN 어댑터의 MAC 부분 · 382
LAN 드라이버 · 95, 383

listen · 375
Location · 355

M

MAC(Media Access Control) · 157
MAC 주소 · 95, 148, 155, 156, 225
MAC 주소 테이블 · 201
MAC 헤더 · 137, 139~141, 147, 322
MAC 회로 · 157, 165
mailto: · 29
MAU(Medium Attachment Unit) · 164
MDF(Main Distribution Frame) · 258
MDI(Media Dependent Interface) · 194
MDI-X(MDI-Crossover) · 194
MIME(Multipurpose Interrnet Mail Extensions) · 403
MSS(Maximim Segment Size) · 111
MTU(Maximum Transmission Unit) · 111

N

NOC(Network Operation Center) · 298
NSPIXP-2(Network Service Provider Internet eXchange Point-2) · 307

O

OLT(Optical Line Terminal) · 274
ONU(Optical Network Unit) · 274
OPTIONS 메서드 · 37
OSPF · 217

P

PAP(Password Authentication Protocol) ··· 285
PHY(Physical Layer Device) ··········· 164, 186
PID((Process ID) ···································· 97
POP(Point of Presence) ························ 295
POST 메서드 ································· 37, 38
PPP(Point-to-Point Protocol) ················ 251
PPP 헤더 ··· 287
PPPoA(Point-to-Point Protocol over ATM) ····
··· 291
PPPoE(Point-to-Point Protocol over Ethernet)
·· 222, 276
PPPoE 헤더 ······································ 287
PUT 메서드 ································· 37, 39

R

RADIUS(Remote Authentication Dial-in User Service) ·· 276
RAS(Remote Access Server) ················· 276
read ································· 85, 126, 388
RIP ··· 217

S

socket ······························ 79, 97, 373
Socket 라이브러리 ·························· 57, 94
SYN ·· 108, 384

T

TCP(Transmission Control Protocol) ········· 94
TCP/IP ··· 50
TCP/IP의 패킷 ···································· 135
TCP 담당 부분 ······························ 107, 384
TCP 헤더 ································ 104, 108, 322
TCP 헤더의 윈도 필드 ·························· 123
TCP 헤더의 포맷 ································ 104
TRACE 메서드 ····································· 37
TTL(Time To Live) ······························· 221

U

UDP(User Datagram Protocol) ···· 94, 173, 327
UDP 헤더 ······························ 175, 176, 322
URI(Uniform Resource Identifier) ········ 36, 389
URL(Uniform Resource Locator) ··············· 29

W

write ······································· 84, 110

가

게이트웨이 ·· 216
경로 정보 교환 ···································· 305
경로표 ······································ 145, 212
광스플리터 ······································· 274
궤선점 ··· 259
글로벌 주소 ································ 230, 286
꼬임 쌍선 ··· 190

나

네트워크 번호 ······························· 52, 214
네트워크 애플리케이션 ··························· 93
넷마스크 ·· 52

다

- 다크 파이버 ······ 301
- 단편화 ······ 172, 222
- 데이터 센터 ······ 319
- 데이터 오프셋 ······ 104
- 데이터 패킷 ······ 386
- 도메인 ······ 68
- 도메인명 ······ 29, 67
- 디렉터리 ······ 33
- 디스크립터 ······ 79, 83, 101, 379
- 디폴트 게이트웨이(디폴트 경로) ··· 147, 221, 286

라

- 라우터 ······ 50, 226
- 라우터의 내부 구조 ······ 210
- 라우팅 테이블 ······ 145, 212
- 라우팅 프로토콜 ······ 217
- 라운드 로빈 ······ 332
- 라이브러리 ······ 57
- 레이어 2 스위치 ······ 308
- 로드 밸런서 ······ 334
- 루트 도메인 ······ 69
- 루트 디렉터리 ······ 34
- 리다이렉트 ······ 355
- 리버스 프록시 ······ 347
- 리소스 레코드 ······ 66
- 리어셈블링 ······ 172
- 리졸버 ······ 57, 94
- 링크 펄스 ······ 207

마

- 멀티 모드 ······ 267
- 멀티스레딩 ······ 371
- 멀티태스킹 ······ 371
- 메서드 ······ 36, 37
- 메시지 본문 ······ 42
- 메시지 헤더 ······ 42
- 메트릭 ······ 216
- 무차별 모드 ······ 168
- 미디어 컨버터 ······ 271

바

- 반이중 모드 ······ 164
- 방화벽 ······ 317
- 변조 기술 ······ 252
- 보안기 ······ 258
- 본인 확인 ······ 275
- 부하 분산 장치 ······ 334
- 분산 처리 ······ 331
- 브로드캐스트 주소 ······ 204
- 브로드캐스트 ······ 54

사

- 상태 코드 ······ 36
- 서버 애플리케이션 ······ 370
- 서브 유닛 ······ 259
- 서브넷 ······ 50, 53
- 서킷 게이트웨이 ······ 320
- 셀 ······ 251
- 소켓 생성 단계 ······ 78, 373
- 소켓 ······ 77, 95, 372, 379

송수신 단계 ·························· 84, 373, 386
송신원 IP 주소 ··························· 143, 322
송신원 MAC 주소 ······················· 149, 322
송신원 포트 번호 ························ 104, 107
수신 버퍼 ·· 84
수신 확인 응답 ···································· 116
수신란 ·· 213
수신처 IP 주소 ··························· 142, 322
수신처 MAC 주소 ······················· 149, 322
수신처 포트 번호 ················ 104, 107, 322
스위치 회로 ······································· 199
스위칭 허브 ······················· 154, 197, 226
스타트 프레임 딜리미터 ············· 161, 163
스플리터 ·· 257
시퀀스 번호 ······························· 104, 114
싱글 모드 ·· 267

아

애플리케이션 게이트웨이 ·················· 320
언넘버드 ··· 289
엔드 노드 ·· 136
요청 라인 ··· 39
위상 편이 변조 ··································· 252
윈도 제어 ··· 121
윈도 크기 ··· 124
윈도 ·· 104
유닛 ·· 259
응답 메시지 ····························· 45, 126, 342
이더 타입 ··· 148
이더넷 ··· 153
이더넷용 헤더 ···································· 137

이더넷의 기본 ···································· 153
이름 분석 ··· 57
인터넷 접속용 라우터 ························· 251
인터럽트 ·· 168
인터페이스난 ····································· 216

자

자동 협상 ··· 207
잡음 ·· 260
재밍 신호 ··· 201
전이중 모드 ······································· 205
전화 회선 ··· 247
접근 회선 ··· 247
접속 단계 ···································· 81, 373
접속 제어 ··· 395
접속 ··· 101, 102
종료 단계 ···································· 85, 373
종료 작동 ···································· 85, 388
주소 변환 ······················· 229, 231, 322
주소 집단화 ······································· 214
중계 부분 ··· 210
중계기 허브 ······················· 155, 188, 193
중계기 회로 ······································· 194
직교 진폭 변조 ··································· 252
진폭 편이 변조 ··································· 252

차

체크섬 ··· 104
최상위 도메인 ······································ 69

카

캐시 서버 · 337
캐시 · 74, 337
캡슐화 · 284
커넥션 · 109, 282
컨트롤 비트 · · · · · · · · · · · 104, 108, 322, 326, 384
코어 · 265
콘텐츠 배포 서비스 · 351
쿼드 · 259
크로스 케이블 · 194
크로스토크 · 191, 260
클록 · 160, 379

타

타임아웃값 · 120
터널링 · 282
통신 회선 · 300
통신구 · 260
투명 프록시 · 347
트랜시버 케이블 · 155
트렁크 케이블 · 155
트위스트 페어 케이블(꼬임 쌍선) · · · · · · · · · 190
트위스트 페어 케이블의 카테고리 · · · · · · · · 193

파

파장다중 · 274
패킷 필터링 · · · · · · · · · · · · · · · · 229, 237, 321, 322
패킷 필터링 방화벽 · 330
패킷 · 95, 135
패킷의 기본 · 134
포워드 프록시 · 344

포트 번호 · · · · · · · · · · · · · 29, 81, 83, 234, 325, 372
포트 부분 · 210
포트 · 197
폼 · 38
프라이빗 주소 · 230
프레임 체크 시퀀스(FCS) · · · · · · · · · · · · 160, 381
프로바이더 · 248
프로토콜 번호 · 147
프로토콜 스택 · · · · · · · · · · · · · 61, 75, 93, 96, 384
프로토콜 · 31
프록시 서버 · 346
프록시 · 337
프리앰블 · 380
플래그 · 172, 224

하

허브 · 50
헤더 · 103
호스트 번호 · 52, 54

옮긴이 김현옥

명지대학교 일어일문학과를 졸업했으며 통신기술업체에서 다년간 번역을 담당하고 있다. 현재 번역에이전시 엔터스코리아에서 전문 번역가로 활동하고 있다.

    주요 역서로는 《IT 업무의 기본이 되는 컴퓨터 구조 원리 교과서》《주말에 끝내는 PHP 프로그래밍: 이틀 만에 개발 환경 구축부터 간단한 웹 애플리케이션까지》《최신 인공지능 쉽게 이해하고 넓게 활용하기 : 인공지능 상식에 지식 더하기!》《프로그래밍 천재가 되자! : 컴퓨터 구조부터 기초 코딩 교육까지》가 있다.

IT 업무의 기본이 되는 네트워크 구조 원리 교과서
브라우저에서 서버까지 데이터가 이동하는 진짜 과정을 알려주는 네트워크 메커니즘 해설

1판 1쇄 펴낸 날 2025년 7월 10일

지은이 도네 쓰토무
일러스트 사쿠라 디자인 공방
옮긴이 김현옥
주간 안채원
책임편집 윤대호
편집 채선희, 윤성하, 장서진
디자인 김수인, 이예은
마케팅 함정윤, 김희진

펴낸이 박윤태
펴낸곳 보누스
등록 2001년 8월 17일 제313-2002-179호
주소 서울시 마포구 동교로12안길 31 보누스 4층
전화 02-333-3114
팩스 02-3143-3254
이메일 bonus@bonusbook.co.kr
인스타그램 @bonusbook_publishing

ISBN 978-89-6494-752-4 03000

• 책값은 뒤표지에 있습니다.

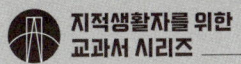
지적생활자를 위한 교과서 시리즈 ——— 지식은 현장에 있다

논리회로 구성에서 미세 공정까지,
미래 산업의 향방을 알아채는
반도체 메커니즘 해설

반도체 구조 원리 교과서
니시쿠보 야스히코 지음 | 김소영 옮김 | 280면

개발자와 프로젝트 매니저를 위한
AI 수업, 머신러닝·딥러닝·CNN·RNN·
LLM 메커니즘 해설

인공지능 구조 원리 교과서
송경빈 지음 | 남지우 그림 | 232면

자동차 구조 교과서
아오야마 모토오 지음
김정환 옮김
임옥택 감수 | 224면

자동차 정비 교과서
와키모리 히로시 지음
김정환 옮김
김태천 감수 | 216면

자동차 에코기술 교과서
다카네 히데유키 지음
김정환 옮김
류민 감수 | 200면

자동차 연비 구조 교과서
이정원 지음 | 192면

자동차 첨단기술 교과서
다카네 히데유키 지음
김정환 옮김
임옥택 감수 | 208면

전기차 첨단기술 교과서
톰 덴튼 지음
김종명 옮김 | 384면

**자동차 자율주행
기술 교과서**
이정원 지음 | 192면

자동차 운전 교과서
가와사키 준코 지음
신찬 옮김 | 208면

자동차 버튼 기능 교과서
마이클 지음 | 128면
(스프링)

자동차 엠블럼 사전
임유신, 김태진 지음 | 352면

로드바이크 진화론
나카자와 다카시 지음
김정환 옮김 | 232면

모터사이클 구조 원리 교과서
이치카와 가쓰히코 지음
216면

모터바이크 정비 교과서
스튜디오 택 크리에이티브 지음 | 162면

비행기 구조 교과서
나카무라 간지 지음
전종훈 옮김
김영남 감수 | 232면

비행기 엔진 교과서
나카무라 간지 지음
신찬 옮김
김영남 감수 | 232면

비행기 역학 교과서
고바야시 아키오 지음
전종훈 옮김
임진식 감수 | 256면

비행기 조종 교과서
나카무라 간지 지음
김정환 옮김
김영남 감수 | 232면

비행기 조종 기술 교과서
나카무라 간지 지음
전종훈 옮김
마대우 감수 | 224면

헬리콥터 조종 교과서
스즈키 히데오 지음
김정환 옮김 | 204면

기상 예측 교과서
후루카와 다케히코,
오키 하야토 지음
신찬 옮김 | 272면

다리 구조 교과서
시오이 유키타케 지음
김정환 옮김
문지영 감수 | 248면

권총의 과학
가노 요시노리 지음
신찬 옮김 | 240면

총의 과학
가노 요시노리 지음
신찬 옮김 | 236면

사격의 과학
가노 요시노리 지음
신찬 옮김 | 234면

잠수함의 과학
야마우치 도시히데 지음
강태욱 옮김 | 224면

항공모함의 과학
가키타니 데쓰야 지음
신찬 옮김 | 224면

악기 구조 교과서
야나기다 마스조 지음
안혜은 옮김
최원석 감수 | 228면

홈 레코딩 마스터 교과서
김현부 지음
윤여문 감수 | 450면

꼬마빌딩 건축 실전 교과서
김주창 지음 | 313면

조명 인테리어 셀프 교과서
김은희 지음 | 232면